淘宝网

何本军 徐悬 李庆怀 /编著

开店、装修、管理、推广

一本通

为什么我的网店更挣钱？

中国青年出版社
CHINA YOUTH PRESS

中青超猫

U0683469

图书在版编目（CIP）数据

淘宝网开店、装修、管理、推广一本通：为什么我的网店更赚钱？ / 何本军，徐悬，李庆怀编著.
— 北京：中国青年出版社，2014.3
ISBN 978-7-5153-0604-9
I.①淘…　II.①何…　②徐…　③李…　III.①电子商务 – 商业经营 – 基本知识 – 中国　IV.①F724.6
中国版本图书馆CIP数据核字（2014）第021822号

淘宝网开店、装修、管理推广一本通
—— 为什么我的网店更赚钱？

何本军 徐悬 李庆怀 / 编著

. . . .

出版发行： 中国青年出版社
地　　址： 北京市东四十二条21号
邮政编码： 100708
电　　话： （010）59521188 / 59521189
传　　真： （010）59521111
企　　划： 北京中青雄狮数码传媒科技有限公司

. . . .

策划编辑： 张海玲　孔祥飞
责任编辑： 张海玲
书籍设计： 六面体书籍设计
　　　　　　姜懿针苏

. . . .

印　　刷： 中煤涿州制图印刷厂北京分厂
开　　本： 787×1092　1/16
印　　张： 26.5
版　　次： 2014年3月北京第1版
印　　次： 2014年11月第2次 印刷
书　　号： ISBN 978-7-5153-0604-9
定　　价： 59.90元

. . . .

本书如有印装质量等问题，请与本社联系　电话：（010）59521188 / 59521189
读者来信：reader@cypmedia.com　如有其他问题请访问我们的网站：http://www.cypmedia.com

前　言

截至2013年6月底，我国网民规模达到5.91亿，较2012年底增加了2656万人。2012年，中国网络购物实现13000亿元的规模，在网络营销受到重视、网民消费观念转变等因素的影响下，不少商家纷纷打破单一经营模式，在传统渠道外开拓网络渠道，以寻求销售的新增长点。传统商家对网络渠道的应用不断深入，传统渠道和网络渠道正在加速融合。

随着网络市场的蓬勃发展以及网络购物的热潮迭起，开网店的人越来越多，在网上购物的用户也在不断增长。如今，网上开店已是非常热门的话题，互联网在中国的飞速发展，给中国网民带来无限的商机和创业灵感。网上开店，成了一大群有创业梦想的人想在互联网中赚取第一桶金的首选渠道之一。

本书的主要内容

淘宝网作为亚洲最大的网上交易平台，吸引了越来越多的人在淘宝网上开店。淘宝开店只是手段，赚钱才是最终目的，那么要如何下手才能掌握淘宝开店的技巧，让所学的知识带来实际的收益呢？为了帮助新手系统地掌握淘宝开店的准备操作、交易过程以及拍摄商品、装修店铺、包装物流、营销推广和经营管理等知识，我们编写了本书。只需要一本书，就可以解决网上开店创业的所有问题，真正做到，一册在手，网上开店创业不用愁。

本书共16章，分为7篇，内容简介如下。

篇　名	主　要　内　容
Part 01　淘宝开店准备篇	筹备网上开店、寻找优质货源
Part 02　淘宝开店交易篇	迈出淘宝网上开店第一步、开设自己的店铺并发布宝贝、做好网上第一笔生意
Part 03　商品拍摄篇	如何让你的宝贝脱颖而出
Part 04　网店装修篇	轻松装修美化店铺
Part 05　包装与物流篇	做好商品的包装与物流
Part 06　营销推广篇	免费推广网店的技巧、利用直通车快速打造爆款、搜索排名与店铺优化、玩转淘宝客让流量疯长、店内促销
Part 07　经营管理篇	做好会员营销、完善客服提升网店服务品质、处理交易纠纷与店铺管理

本书浅显易懂，并配备了大量图片，能够让大家清楚地了解网上开店的整个操作流程以及店铺营销推广的技巧，本书主要具有以下特点。

● 内容翔实全面。本书不仅介绍了淘宝网开店的准备过程和交易流程，还介绍了推广店铺、寻找货源、商品拍摄、网店装修、包装和物流、网店的经营管理等内容，并通过成功的网店致富案例，全方位地介绍了网上开店的理论和流程。学完本书后，您将真正完成从新手到高手的蜕变。

● 实战性强。16个真实的网店成功案例，揭秘皇冠级大卖家的成功秘笈。他们的宝贵经验正是千千万万的具有创业梦想的人所需要的，借鉴别人的成功就是复制成功，这也是走向成功的捷径。

● 图文详解。为了便于初学者快速上手，本书配备了大量而详细的图文参照，一步步教你操作。有了这本网上开店指南，你的网上开店将变得简单易学。

● 技巧丰富。本书针对新手卖家头疼的问题，精心筛选和提炼了实用的网店经营技巧，将高手在开店过程中积累的经验、心得、技巧等穿插在正文中，让读者能够快速掌握这些简便方法，少走弯路。小技巧蕴涵大智慧，掌握并活用这些技巧，一定能让店铺脱颖而出，把生意做得红红火火。

本书的读者对象

● 刚刚毕业找不到工作，想要创业的大学生
● 拥有实体店铺，想要扩大经营的店主
● 想在网络或者现实中创业的有志青年
● 电子商务、互联网从业人员
● 拥有网店，想快速增加人气的店主

本书由经验丰富的电子商务专家编写，同时也得到了众多网络店主的支持，在此表示衷心的感谢。由于作者水平所限，书中可能还存在疏漏和不足之处，欢迎读者朋友不吝赐教。

作　者
2014年2月

目 录

Part 01　淘宝开店准备篇

Chapter 01
筹备网上开店

Q&A 实战技巧问答

Chapter 02
货好才是王道

Part 02　淘宝开店交易篇

Chapter 03
新手开店第一步

Q&A 实战技巧问答

Chapter 04
开店铺发布宝贝

Q&A 实战技巧问答

Chapter 05
做好第一笔生意

Q&A 实战技巧问答

案例 公务员辞职淘宝开店两年赚50万

Part 03 商品拍摄篇

Chapter 06
让宝贝脱颖而出

Part 04　网店装修篇

Chapter 07
装修美化店铺

Part 05　包装与物流篇

Chapter 08
商品包装与物流

Part 06 营销推广篇

Chapter 09
免费推广网店

Q&A 实战技巧问答

Chapter 10
直通车打造爆款

Chapter 11
搜索排名与优化

Chapter 12
玩转淘宝客

Chapter 13
店内促销

Q&A 实战技巧问答

Part 07 经营管理篇

Chapter 14
做好会员营销

Q&A 实战技巧问答

案例　从负债累累到皇冠之路

Chapter 15
提升网店服务品质

Chapter 16
处理交易纠纷

Part

01

淘宝开店

准备篇

筹备网上开店

如果你还在为自己的店面每月数千元的房租焦头烂额，如果你在为办公室政治而身心疲惫，如果你意识到还可以利用网络创一番事业、改写人生轨迹时，那么请选择网上开店，一种风险最小却大有前途的创业方式。

1.1 网上开店的优势

随着电子商务、物流的发展以及诚信体系的逐步完善，会有越来越多的人选择网上开店创业。"打工不如开店"已经成为时下最流行的话语，网店如此流行是因为网店具有一些传统商业模式不可比拟的优势。那么网上开店都有哪些优势呢？

01 网上开店前景广阔

截至2013年6月底，我国网民达5.91亿，互联网普及率为44.1％。我国网络购物网民达到2.71亿人，网络购物使用率提升至45.9％。网民是最具活力的群体，也是新技术和新潮流的引导者、受益方。随着网络购物越来越方便、直观，使得越来越多的人选择在网络上购物。

网络购物增长主要来自以下四个方面。

❶ 网民数量持续增长，网民购买力不断提升，消费者网上消费习惯逐步养成，为网络购物奠定了良好的用户基础。

❷ 传统企业纷纷向电子商务转型；拓展了网络购物的品类和渠道。网上产品丰富以及网上和网下的互动，都提升了用户的购买体验。

❸ 网络促销常态化，激发消费者的购买欲望。网购市场的激烈竞争导致电商之间频繁的价格战。店庆促销、节假日促销、特卖会以及1元秒杀等营销手段的使用频率越来越高，极大地刺激了消费者的购买欲望。

❹ 移动互联网的发展和智能手机的普及，促使移动支付、移动购物快速增长，手机端和PC端的应用互补，促进了网络购物市场的发展。

如此多的人在网上购物，就产生了很多网上店铺。如今，创业已经不仅仅局限于实体店的创业，网上创业随处可见。市场调查表明，网民不断快速增长，网民平均收入提高。实际上，越来越多的大学生也开始网上创业。

截止2012年年初，淘宝网单日交易额峰值达到43.8亿元，创造270.8万直接且充分的就业机会。据了解，淘宝就业指数是指给网上卖家提供的直接就业岗位数，这还不包括间接就业数据，如给物流、支付等行业带来的就业岗位。

02　经营成本低

一项针对中国中小企业的情况调查显示，个人在网下启动销售公司的平均费用至少5万元，而网上开店成本非常小。一般说，筹办一家网店，不用去办营业执照，不用去租门面，不用囤积货品。许多大型开店平台基本免费提供，网店可以根据顾客的订单再去进货，不会因为积货占用大量资金；基本不需要水、电和管理费等方面的支出；不需要专人时时看守，节省了人力投资。

03　无营业时间、地点与面积的限制

全职经营和兼职经营皆可；营业时间比较灵活，不受营业地点、营业面积等因素限制，可以在任意角落开网店，可以在网上橱窗摆上成千上万种商品；不需要像实体店那样必须经过严格的注册登记等手续；甚至不需要或者只需要少量存货，易调转船头，风险相对较小。

网店的营业时间不受限制，不必专人看守，却能时时刻刻营业。网上商店最大限度延长了营业时间，一天24小时、一年365天不停运作，消费者随时可登录、购物，无论刮风下雨，无论白天晚上，无专人值班看店，也可照常营业。传统店铺的营业时间一般为8小时～12小时，遇上坏天气或老板、店员有急事也不得不暂时休息。网上商店则节省了人力方面的投资，不用雇佣帮手，店主完全可以在享受生活的同时把自家的网上小店打理得井井有条；还避免了因为来不及照看店铺而带来的损失。

04　网店的消费群体广泛

消费者地域跨度比较大，面向全国乃至全球的消费者，只要是上网的人都有可能成为商品的浏览者与购买者。潜在消费者众多，市场潜力巨大。只要网店的商品有特色、宣传得当、价格合理、经营得法，就可大大增加网店的销售机会，取得良好的销售收入。

05 网店与实体店的综合对比

与实体店对比，网店的优势显而易见。

❶ 因为网络连接全世界，所以网店的商品更容易销售。网店几乎不要资金投入，只要有网页发布信息就可以。网店是虚拟商店，无须仓库等存货空间，可免去昂贵的店面租金。

❷ 网店资源充足且容易组织。你可以销售本企业或自己的商品，可以销售其他企业或他人的商品，也可以到市场上去寻找商品，甚至可以销售你周围商店里的商品。

❸ 网店的适应性广。企业和家庭等都可以开网店，个人在工作之余也可以开网店来赚钱。

❹ 在生活节奏加快的今天，网店方便了老顾客，他们不必再刻意赶到实体店里，就能方便地挑选到中意的商品，顾客的忠诚度无疑会加强。

❺ 有些商品或服务拿到网上卖，目标市场会更大，如性保健用品，这是由于中国人特有的传统意识的缘故；再像数码重印、网上炒股信息服务，网上经营更便捷。

❻ 网店的成本低、收益大，是一个可以全面展现自我的广阔舞台。

最后，我们通过图表对比的方式来看看实体店与网店的异同点，如表1-1所示。

表1-1 网店与实体店的对比

对比项目	网 店	实体店
经营时间	24 小时	10 多个小时
工作时间	自由安排	8 小时
销售区域	全国	当地周围区域居民
店铺租金	0 元/月	3000~6000 元/月
其他经营成本	低	高
可展示的商品	不受限制	受门面大小的限制

1.2 什么样的人适合网上开店

虽然网上开店具有很多便利性，但事实上并不是每个人都适合在网上开店。至于是否把网上开店当成自己的第一职业，更需要根据具体情况而定。一般来说，下面类型的人比较适合在网上开店。

1. 中小企业

对于中小型企业来说，网上开店是一种无可厚非、必然需要的选择。过去那些名不见经传的中小企业，要想把产品送进大百货店的大门简直比登天还难，可如今网店给他们提供了一个广阔的天地，解开了中小企业产品"销售难"的死结。不受地理位置、经营规模、项目等因素的制约，只要上网就能资源共享，中小企业在网络店铺上与知名大品牌实现了机会平等，还可以开展以前想都不敢想的全球经营。

2. 大学生

有很多大学生朋友都在红红火火地搞网上销售，他们的那份热情和执着，让人感动，大学生创业，并非不可行。如果平时学习生活比较清闲，对网络的应用得心应手，上网开店唾手可得，还等什么！很多成功的网上店主就是在读的大学生，他们通过这种方式淘到了人生中的第一桶金。

3. 拥有货源的人

无论是网上开店还是实体店，货源都是最主要的。货源就是资源，现在需要更好的销售推广，就可以网上开店。一次投资、专业推广、自己的产品，马上就可以得到立竿见影的效果，网上开店的一个必要因素就是货源，有货源的人网上开店是一种很有眼光的选择！

4. 需要处理手中旧货的人

每个人都会有一些闲置物品，像鸡肋食之无味，弃之可惜。对于他们来说，网上商店就像以往的跳蚤市场，只不过是用来交易各种旧东西而已。当然以前的跳蚤市场是面对面，而现在开始采取网上交易。在所有网上开店的卖家中，这类人群占有不少比例。

5. 初次创业者

在现代社会中，很多人都梦想自己创业，但面对形形色色的压力和风险，往往又望而却步。对于这类人群而言，通过网上开店开始自己的创业生涯，无疑是个很好的选择。

网上开店创业风险比较小，投入资金少，甚至可以是零投入，对于初始创业的人来说，这无疑增强了信心与创业热情。网上开店和实体店的性质是一样的，都是与人交流，能锻炼沟通交流能力，增加人脉，学习宝贵的经验，为下一步发展奠定了基础。

6. 拥有实体店的人

如果你拥有实体店，那么可以选择在网上开家店，作为自己实体店的分店，从而把潜在客户拓展到网上，不断发展自己的消费群体。使用这种方法往往会有意想不到的效果，销售额还有可能超过实体店。

7. 企业白领

网络购物在职场人中渐渐盛行，网上开店也成为白领们赚取外快的方式。智联招聘的职场人网上开店特别调查显示，三成职场人开过网店，九成职场人有过网上购物经历。白领店主们表示自己开网店的主要目的是赚钱。但是开网店需要付出大量的时间和精力来打理，需要协调好本职工作与兼职之间的关系。

8. 自由职业者

年轻人越来越追求独立自主的生活方式，不喜欢被束缚，希望通过自身的奋斗，摆脱给他人打工的状况，即所谓的自由职业者。现在不少的自由职业者喜欢上网冲浪，他们开设网络店铺并不在意自己的东西能卖多少钱，而是希望那些平时逛街所购买的东西同样会有人欣赏和喜欢，其目的是通过开店来充实生活，寻找一些志趣相投的朋友。

9. 视网络为理想的人

网上购物是未来的消费发展方向，如果你喜欢网络，希望未来的日子不再奔波，过着属于自己的SOHO生活，网上开店是不错的选择。

1.3 网上开店常见的平台

开设自己的网店，大多数人都会选择专门的C2C网站平台，如淘宝、拍拍、易趣等，优势是操作方便，并且这类网站平台人气很高。还有一些提供自助开店的网站，优势则是具有更大的自定义权限。如果想更进一步，可以自己搭建专门的电子商务平台，这样可以建立起自己独立的品牌，不过这种方式相对复杂一些，可以归类于网站建设和推广范畴。

目前中国提供网上开店服务的大型购物网站有上百家，真正有一定影响力的则数量不多，在此介绍几个主要的相关网站。

01 淘宝网

淘宝网，亚洲第一大网络零售商圈，致力于创造全球首选网络零售商圈，由阿里巴巴集团于2003年5月10日投资创办。如图1-1所示为淘宝网开店平台。

图1-1 淘宝网开店平台

　　淘宝网覆盖了中国绝大部分的网购人群，是网上创业和网络购物的首选网站。淘宝网上活跃着很多依靠网络开店生活的人群，它的特点是可以免费开店，并且有着巨大的客流量。

　　淘宝网是中国深受欢迎的网购零售平台，目前拥有近5亿的注册用户数，每天有超过6000万的固定访客，同时每天的在线商品数已经超过了8亿件，平均每分钟售出4.8万件商品。

　　随着淘宝网规模的扩大和用户数量的增加，淘宝也从单一的C2C网络集市变成了包括C2C、团购、分销、拍卖等多种电子商务模式在内的综合性零售商圈。目前已经成为世界范围的电子商务交易平台之一。通过提供网络销售平台等基础性服务，帮助更多的企业开拓市场、建立品牌，实现产业升级；帮助更多胸怀梦想的人通过网络实现创业就业。新商业文明下的淘宝网，正走在创造1000万就业岗位这下一个目标的路上。

02 易趣网

易趣网是中国最早提供网上开店服务的购物网站之一，易趣秉承帮助几乎任何人在任何地方都能实现任何交易的宗旨，为卖家提供了一个网上创业、实现自我价值的平台；除了拥有品种繁多、价廉物美的国内商品资源，更推出了方便、快捷、安全的海外代购业务，给广大买家带来了全新的购物体验。如图1-2所示为易趣网开店平台。

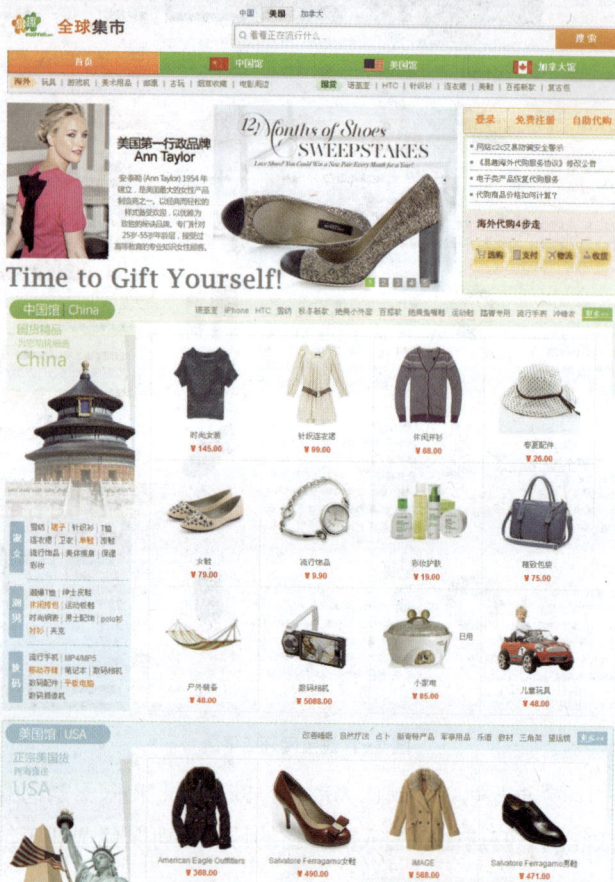

图 1-2 易趣网开店平台

03 拍拍网

拍拍网是腾讯旗下的电子商务交易平台，拍拍网依托于腾讯QQ超庞大用户群，具备良好的发展基础。它的优势是交流功能很强，可以与QQ无缝结合。对于想要在网上开店的卖家来说，拍拍网也是一个不错的C2C平台。拍拍网一直致力于打造时尚、新潮的品牌文化，希望与千百万网民一起努力共同创立一个"用户自我管理的互助诚信社区"，为广大用户提供一个安全健康的一站式在线交易平台。2010年2月正式推出海外代购业务，为买家提供代购美国购物网站商品的服务。如图1-3所示为拍拍网开店平台。

图1-3 拍拍网开店平台

1.4　网上开店必备条件

网店是一个虚拟商店，不需要支付昂贵的店面租金，不需要自己或雇佣营业员站柜台，可以说，只要具备网上开店最基本的条件，任何人都是可以在网上开店的。

01 硬件准备

尽管网上开店投资少，操作简单，但是也需要具备一些最基本的条件。其中网上开店需要的硬件主要有以下设备。

1. 电脑与便捷的网络

当今社会，快节奏的生活、工作，需要更方便的移动办公设备。拥有一台电脑是网上开店最基本的条件，必不可少。网上开店最好能拥有一台方便携带、随时随地都能投入工作的笔记本电脑。用笔记本电脑可以更加快速、方便地与自己的客户和厂家进行沟通，还可以及时查看和回复买家的留言，此外，它还可以起到移动硬盘的作用。当然，也可以配一台台式电脑，只要时间分配适当，同样可以达到事半功倍的效果。如图1-4所示为一台笔记本电脑。

图1-4 电脑

便捷的网络也是非常重要的。网上开店，顾名思义，就是需要选择一个能提供个人或企业店铺平台的网站来开店。同时，需要利用网络查询一些资料，也需要利用网络与客户或厂家联系，所以，便捷的网络也是网上开店的必备条件之一。

2. 联系电话

有时网上联系并不能解决全部问题，还需要电话来帮忙。电话也是网上开店常用的工具，因为网络联系有时受制于电脑的限制而无法随时进行，而固定电话或手机则可以解决这个问题。

电话便于客户与店主联系，客户打电话来询问，那就说明客户有一定的购买意向！客户也希望老板能很好地解答自己的问题，所以提供一个方便联系客户的移动电话是很重要的。

3. 数码相机

对于很多店铺而言，数码相机也是基本的装备之一。因为大部分的买家都是通过图片和文字的叙述来了解商品的。有了自己的数码相机，就可以自由地将产品多角度地反映在买家面前，使买家更加直观地感受和了解物品。如果没有货物的实物图片，商品就很难引起买家的注意和购买欲望，而且还会让买家怀疑该物品是否存在。如图1-5所示为数码相机。

图1-5 数码相机

因此，好的数码相机和娴熟的拍摄技术就显得尤为重要。当然，在拍摄技术方面，可以多请教一下相关的专业人士，也可以通过网络搜索一些拍摄方面的技巧，帮助自己快速掌握，以免出现高质量的数码相机拍摄出低水准图片的尴尬。

4. 打印机和传真机

当自己的网店进入实际操作阶段，小店发展成为大店时，商家可以通过传真机来接收一些订单或文件。另外，很多资料的收发也离不开传真机，所以传真机是很重要的一项设备。

在开店前期，打印机可能并不常用，但业务发展到一定程度时，可以选择使用打印机打印发货单，这相比于手写的发货单更为正规和专业。

02 软件准备

开网店在初期准备中除了投入必要的硬件外，还需要相应的软件。掌握基本的网上操作技术并学习一些相关的软件操作知识，将更加有利于开展网上销售。

以下是网上开店应该具备的一些软件操作知识。

熟练的网上操作

熟练的网上操作有利于开展网上销售，如果连自己网店的网页都不会打开，那么即使具备了开网店的一切硬件条件也没有能力把生意做好，网上开店也将成为空谈。

收发电子邮件

电子邮件是Internet应用最广泛的服务，它是一种通过网络与其他用户进行联系的简便、迅速、廉价的现代通信方式。它不但可以传送文本，还可以传递多媒体信息，如图像、声音等。在通常情况下，一个独立的网络中邮件在几秒钟之内就可以送达对方邮箱。同时，还可以得到大量免费的新闻、专题邮件，轻松实现信息搜索。

会使用聊天软件

如果卖家能够熟练地运用一些网上即时聊天工具，如阿里旺旺、腾讯QQ等，或者使用其他网站平台自带的聊天工具，将有助于卖家与买家的沟通。

另外，在与买家聊天时打字要熟练，否则买家会误会卖家怠慢了他，没有很认真地在与他交谈。网上开店，有时卖家的生意就是在手指敲击键盘的时候谈成的。

学会网站设计软件

学会网站设计的相关软件可以为自己的店铺设计几个漂亮的广告宣传页面。通常，为自己的店铺添加一些人性化的页面，效果会更好。需要学习的网站设计软件主要是Dreamweaver，它是专门的网页设计软件。

图像处理软件

　　网上开店,客户主要是通过图片来判定产品的,所以精美的商品图片和宣传图片尤其重要。精美的图片往往能吸引客户的眼球,而质量差的图片使买家望而却步。通过数码相机拍摄的照片,可能会出现各类问题,如曝光不足、反差过高等情况。因此是否能做出漂亮的商品图片,对网上开店来说也是一个至关重要的因素。现在的作图软件有很多种,而我们所需要学会的也就是最简单的作图方法,所以只要能熟练使用一款图像处理软件就可以了。这里推荐一个非常有用的图像处理软件——Photoshop。如图1-6所示为使用Photoshop软件处理图像。

图 1-6 使用 Photoshop 软件处理图像

1.5 网上开店的基本流程

　　现在想在网上开店是非常简单的,只要遵循一定的流程,掌握适当的方法,店铺很快就可以开业了。

01 店铺定位规划

　　店铺的定位与店铺的目标用户群、市场的潜力和竞争对手都相关。一个店铺不仅要有定位,而且要有一个差异化的定位。不是为了差异化而差异化,而是为目标用户群的需求而差异化,为了市场空间的不同而差异化。

　　有了清晰而合适的定位,本身就是一种竞争的优势,能够比对手少走弯路,以更少的资源做更多正确的事,所以也比竞争对手跑得更快,走得更远。

02 选择开店平台

接下来，需要选择一个合适的开店平台。大多数网站会要求网友用真实姓名和身份证等有效证件进行注册。在选择网站时，人气是否旺盛、是否收费以及如何收费等都是要考虑的因素。现在很多平台提供免费开店服务，这一点可以为你省下不少费用。

03 店铺的申请和装修

申请店铺时要详细填写自己店铺提供的商品分类。你需要为自己的店铺起个响亮的名字，买家在列表中会点击哪个店铺，更多取决于名字是否吸引人。

网店的形象在买家刚刚进入的那一刻留下的印象最深刻，如果店铺杂乱无章，没有一点美感可言，给人的印象肯定是很差，因此装修网店是店主首要考虑的事情之一。

04 进货与登录商品

从你熟悉的渠道和平台进货，在这一环节中一定要注意控制成本。选择别人不容易找到的特色商品，是一个好的开始，保证商品的质优价廉才能留住客户。

把每件商品的名称、产地、性质、外观、数量、交易方式以及交易时限等信息填写在网站上，最好搭配商品的图片。因为当别人搜索该类商品时，只有名称会显示在列表上，所以名称应尽量全面，特点突出；为了增加吸引力，图片的质量应尽量好，说明也应尽量详细；如果需要邮寄，最好注明谁负责邮费。登录商品时还有一项非常重要的事情，就是设定价格。

05 进行营销推广

俗话说：好酒不怕巷子深，在传统的卖方市场下，只要商品质量过硬，就会有人进行购买。但进入市场经济之后，随着大量商品的生产和市场种类的细分，使得消费者市场也有了更多的选择。同一类产品、甚至同一种商品的销售和经营，都要采取多种方法进行推广，这样才能够使得消费者第一时间接触到你的商品，考虑并最终选择。

为了提升自己店铺的人气，在开店初期，应适当进行营销推广，而不能只限于网络推广，要网上网下多种渠道一起推广。

06 交易与售后服务

顾客在决定是否购买的时候，很可能需要很多你之前没有提供的信息，他们随时会在网上提出自己的问题，应及时并耐心回复。但是需要注意，很多网站为了防止卖家私下交易以逃避交易费用，会禁止买卖双方在网上提供任何个人的联系方式，如信箱、电话等，否则将予以处罚。

　　成交后，网站会通知双方根据约定的方式进行交易。可以选择见面交易，也可以通过汇款、邮寄的方式交易，但应尽快完成交易，以免对方怀疑你的信用。至于是否提供其他售后服务，应视双方的事先约定而定。

　　完善周到的售后服务是使生意保持兴隆的重要手段，要随时与客户保持联系，做好客户服务工作，这会给你带来源源不断的生意。

Q&A 实战技巧问答

Q　1. 网上开店有哪些方式？

1. 网店与实体店相结合
网上开店与网下开店相结合的经营方式。此种网店因为有网下店铺的支持，在商品的价位、销售的技巧方面都更高一筹，也容易取得消费者的认可与信任。

2. 全职经营网店
经营者将全部的精力都投入到店铺的经营上，将网上开店作为自己的全部工作，将网店的收入作为个人收入的主要来源。

3. 兼职经营网店
经营者将经营网店作为自己的副业。比如现在许多在校学生会利用课余时间经营网店，也有一些职场人员利用工作的便利来开设网店，增加收入来源。

Q　2. 店铺定位中的常见困境有哪些？

（1）**驾驭不了所经营的产品**：经营自己不喜欢的商品，就会对商品不够熟悉和了解，无法使顾客树立信心，也就很难做好。

（2）**与别人的店铺没有区别**：没有找到自身独特的优势或资源，因而店铺没有自己的经营特色，容易千篇一律。

Q **3. 如何选对合适的行业?**

A

女怕嫁错郎，男怕选错行，作为网上开店创业的朋友，选择合适的行业很重要，同时也会对自己的销售结果产生一定的影响。

（1）不管你是想以淘宝为生，还是想靠兼职多赚点外快，应该先多了解多看看淘宝现在什么产品最热门、什么产品销售最火爆，时刻关注淘宝热门商品销售排行榜；你可以从最吸引人的热门产品入手。

（2）你可以把你的想法或是样品拿出来，听听亲戚或是周围朋友的意见，因为他们很多人可能就是你的潜在客户，也可以请教一些行业人士与专家，听听他们的意见。

（3）你可以上网看看别的卖家有没有这样的产品出售，如果有，那就说明产品有市场，但这样的市场是不是你的市场，这时就要看你的产品有没有竞争优势，如果是同一品牌就要看价格有没有优势，如果是不同的品牌，这个时候要看你的品牌的影响度和产品的性价比。

Q **4. 网上开店怎样才能火?**

A

1. 明确的产品定位与价格策略

网上开店最重要的是找准网店的定位，明确自己的目标客户群。

一般来说，在网上销售一些在网下不容易买到的东西是最好的。其次是产品价格：在网上开店省去了很多租金之类的费用，所以价格优势是网店的最主要的优势。找到好货源后，对产品进行合理的定价、优惠和促销措施，相信你的顾客不会只买一件就走的。

2. 产品详细的说明

做好网店定位、产品价格之后，就可以上传产品到自己的网店了。丰富的产品不仅能吸引人们的眼球，而且还能让人有一种这个店很大很全的感性认识。有了丰富的产品，还要附上精美的产品展示图片和详尽的产品说明。

3. 网店推广

无论网店做得多么完美，商品再物美价廉。如果不将它推广开来，提高它的知名度，那么，这个网上商店只能说是做给自己看的，它存在的意义就大为逊色了。

4. 不要怕退换货

实际上，许多卖家都会遇到这个问题。其实，大家不必为这一问题而头疼，因为网店和实体店一样，都会遇到退换货的问题。事先可以采取的规避措施有：卖家与快递或邮政合作方达成协议，对商品有保价协议，确保在物流运输中不出差错。

5. 降低快递费用

虽然快递费用一般都会直接传导给买家，但是如果能有一个有比较优势的物流价格，也能够对产品起到促销作用。节省快递费用可以通过压低快递价格，或是降低快递的材料成本来实现。如今，大部分的快递公司和物流费用公司都不会直接和卖家定价。通常是业务员与个人去谈，这时，可以通过对比，确定一个信誉度好、价格适中的公司，与具体的业务员建立长期的合作关系，以此来降低价格；或者也可以和业务员比较，有很多快递公司价格比他们低，以各种方法迫使对方降低价格。

成功案例 大一学生开网店月入过万

小老板以退为进，赔钱换销量

黄展是一名90后大学生。2009年的寒假，还是大一新生的他萌生了创业的念头，一家名为"梦想充值中心"、主营话费及游戏点卡充值的小店在淘宝开张了。3年来，这家小店平均月入8000元，生意好时更是收益过万，不仅为黄展赚来了人生第一桶金，也使他成了朋友口中小有名气的"黄老板"。

•梦想起步：父亲不支持，同学不看好•

黄展小时候的家境并不好，父亲在事业路上有过波折，在无奈放弃职业后，经过辛苦的奋斗，才在事业上小有成就。父亲的经历被黄展看在眼里，记在心上。他渐渐地发现，虽然成功有许多途径，但只有选择对于自己来说正确的那一条路，才能更容易地达到终点。审视自己的性格，黄展觉得创业才是他有兴趣并且有信心去做的事情。

"父亲不大支持。"黄展说，"他对我说这种事情只是玩玩就可以了，学习才是大事。"

同学也不看好他，怀疑他到底能赚几个钱。然而，凭着性格里的一股子倔强，黄展开始每天流连于各大论坛和QQ群，从消息的了解、渠道的联系开始，到主营项目的选择、网页的制作，一个人慢慢地摸索并学习成功店主的经验，他的"梦想充值中心"终于开张了，首批顾客就是身边的亲朋好友。

•以退为进，赔掉 3000 元换来销量•

很快，黄展发现小店的业务停滞不前了。原因很简单，朋友的数量毕竟有限，不可能永远靠人情吃饭。可是自己的铺子刚开业不久，一没有信用积累，二没有名气在外，谁会来这里消费呢？本身充值的利润非常小，每10块钱的话费只能赚到一毛钱，就算全楼层的人都来这里消费，也不过一两百块。

为了解决这个问题，黄展仔细地观察淘宝的界面，发现热销的商品往往被排在前面，更容易被人注意，那么要打出名气的第一步就是提高销量。有了这样的意识，黄展决定将销量放在盈利之前。他将自己的商品以低于进价的价格销售，每卖出一件，反而要倒贴几毛钱。

"倒贴"策略很快奏效，按照每天两三百件的销售量，一个月下来，他赔掉了近3000块钱，效果也很明显：他的商品出现在了淘宝销量前十的位置上。于是第二个月开始，"梦想充值中心"开始盈利了。"其实不止做生意，很多事情都是这样，有的赔才有的赚嘛！"黄展说。

•遇人不淑，上万块钱打水漂•

在谈及创业路上最大的困难时，黄展停顿了数秒才慢慢说道："其实我很久不太愿意提起这件事情。"那是大一的时候，他的店进入正轨不久。初尝甜头的黄展决定扩展业务，做Q币充值项目。为了这单生意，他只身跑到武汉去验货。

面对每箱一万块钱的充值卡，他谨慎地在不同位置随意抽取了三张现场充值，都没有问题。于是黄展便放心地带着货物回到南京，岂知开始业务的时候便傻了眼，充值卡一张都不能用。这件事对黄展造成了很大的打击，所幸父母与朋友给了他安慰，使黄展意识到不能在碰见第一个挫折时便退缩。于是他重新打起精神，再一次投入到店铺的运营中。

对于未来，黄展有着自己的打算。他计划用这些年来积蓄的钱注册一家公司，进驻淘宝商城，再雇一些志同道合的人来帮助自己，逐渐地扩大业务。

货好才是王道

开网店最重要的一步是找到好的货源，货源的好坏能够决定网店的成败。也就是说，从自己熟悉的渠道和平台进货，控制商品质量和成本，做到低价进货是关键。如果能找到这样的货源，就等于赚了一半，所以在网店开张之前，一定要好好选择自己销售的主打商品。

2.1 选择合适的商品

很多刚开网店的新手都为自己的货源问题着急，其实无论是网上进货还是网下进货，店主都应根据实际需要来做好相应的筹划，选择合适的商品。

01 进货的要点

一个商店经营能否成功，与进货有很大关系。进货太多，存货就相对过多，不仅积压资金，而且可能因销售不畅而亏损。如果进了假冒伪劣产品，不仅对消费者造成侵害，而且给自己造成不可估量的损失。相反，如果进货太少，很可能造成缺货，失去更多的赢利机会。

进货时，应注意把握以下要领。

❶ 按不同商品的供求规律来进。对于供求平衡、货源正常的日用工业品，适销什么就进什么，多销就多进，少销就少进；对于货源时断时续、供不应求的商品，根据市场需要开辟进货来源，随时了解供货情况，随供随进；对于要扩大推销而销量却不大的商品，应当少进，在保持品种齐全和必备库存的前提下，随进随销。

❷ 按商品季节产销特点来进。季节生产、季节销售的日用品，季初多进，季中少进，季末补进；常年生产、季节销售的日用品，淡季少进，旺季多进。

❸ 按商品供应地点来进。当地进货，要少进勤进；外地进货，适当多进，适当储备。

❹ 按商品的市场寿命周期来进。新产品要通过试销打开销路，进货从少到多。

❺ 按商品的产销性质来进。季节生产、常年销售、生产周期比较长、受自然灾害影

响较大、生产不稳定的一些农副产品，应寻找生产基地，保证稳定货源。对于大宗产品，可采用期货购买方式，减少风险，保证货源，降低进货价格。对于花色、品种多变的商品，要加强调研，密切注意市场动态，以需定进。

❻ 严格把好进货关。在进货时，要对进货厂家有个初步了解，了解厂家是否为合法经营实体，严格考察厂家的商品质量。

❼ 进货时，至少选择两家以上的供货单位。好处在于：一是可以促使供货方之间在商品质量、价格和服务等方面产生竞争；二是可以有效防止进货人员与供货方之间不正当交易，比如回扣等；三是可以及时掌握商品信息、商品动态，从而做到有的放矢。

02 进货的禁忌

一忌：按照自己的好恶进货

你喜欢，不代表其他人喜欢；你喜欢，不代表市场喜欢；你喜欢，更不代表你店铺的位置、你店铺的装修喜欢。

二忌：经不住批发商的"忽悠"

这种是典型的立场不坚定，去之前信誓旦旦不能被批发商忽悠，一旦进了市场脑袋就晕了，选货的标准也模糊了，再加上别人几句溢美之词，马上见货就拿，相信在批发市场里，被批发商恭维了几句，多拿货的人绝对不少。

三忌：不要指望批发商换货

千万不要对批发商提出调换滞销商品这类问题，如果这样问，批发商就知道我们之前没有做过生意，是生意场上的新手。由于把自己的心理承受能力暴露无遗，不用猜就知道批发商会给出怎样的报价了，因为批发商自己也要承担经营的风险，他们没有义务为我们承担，能够同意调换瑕疵品已经是很好的售后支持了。

四忌：不要使劲压低批发价

批发商单件商品的利润很低，全靠销量来赚取利润，所以商品价格的下调不可能像零售商那样，如果要求在批发价上再打个5折，批发商马上就会知道这是很少到批发市场进货的新手。

03 初次进货数量

进货数量包括多个方面，如进货金额、进货商品种类、单个商品种类及数量等。确定进货金额有个比较简单的方法，即把整个店铺的单月经营成本加起来，然后除以利润率，得出的数据就是你每月要进货的金额。

第一次的商品进货种类应尽可能的多，因为你需要给顾客各类产品的选择。当对顾客有了一定了解的时候，你就可以锁定一定种类的产品了。资金总是有限的，只有把资金集中投入到有限的种类中，你才可能单个产品进货量大，要求批发商给予更低的批发价格。

从有多年经营经验的经营者得出的结论看，起码每个单品要有3个才能够维持一个比较良性的商品周转。当你进了一件商品又出现了热销，你很快就需要为这个商品单独补货，这时无论从所花费的时间和资金上看，都是得不偿失的。而不补货，又只好眼睁睁看着顾客失望地离开。

2.2 传统进货渠道大揭秘

确定卖什么之后，就要开始找货源了。网上开店之所以有利润空间，低成本是重要的因素。拥有了物美价廉的货源，便取得了制胜的法宝。不管是通过何种渠道寻找货源，低廉的价格是关键因素。找到了物美价廉的货源，网上商店就有了成功的基础。

01 批发市场

批发市场产品多样、地域分布广泛，能够小额批发，更加适合以零售为主的小店。批发市场的商品价格一般比较便宜，这也是经营者选择最多的货源地。如图2-1所示为批发市场。

图 2-1 批发市场

从批发市场进货一般有以下特点。

- 进货时间和数量的自由度很大。
- 品种繁多、数量充足，便于卖家挑选。
- 价格低，有利于薄利多销。

一般批发商不会轻易地将最实在的价格告诉初次接触的客人，而是根据经验和标准去衡量，然后才酌情开价，这无疑给毫无经验的新卖家增加了一些难度。

在批发市场进货时的技巧讲解如下。

❶ 进批发市场，先不要急着问价买东西，先把整个批发市场纵观浏览一遍，把各类款式和风格的店铺分类，做到批发时心中有数。

❷ 如果进货不多，可以手上拿一两个批发市场最常见的黑色大塑料袋。

❸ 钱货要当面清点，避免遭受损失。这里所说的清点有两层含义，一是当面清点好钱款，一是当面清点好货品；钱款好说，只要注意别收到假币或多收就行；而货品则要不怕麻烦，尽可能细致地检查，在人头攒动的批发市场，特别是紧俏新品被人疯抢时，少发一件货、发错颜色、尺码、款型的事经常发生。对于数量大的批发货品，虽然厂家承诺有问题可以调换，但很多拿货的人是不会有耐心去一件件细致检查的；这里说的检查是针对我们这样的小卖家来说的，数量不多又没时间经常去的，完全可以做到当面检查当面调换，把瑕疵和损失概率减到最低。

❹ 因为批发市场主要针对的是批发客户，第一次进货时一般量都不大，所以砍价要量力而为，不要太狠；否则店家都不会太愿意跟这样的买家合作。还有，货比三家并不是以买到低价货为目的，更重要的是要发掘优质供应商，这是以后合作中关键的一环。

❺ 已经买好的货物，千万要不离左右。批发市场环境复杂，人潮涌动，什么人都有，隐藏着很多根本无从察觉的陷阱。在批发市场，有些人专做偷拿别人货品，然后低价转卖的勾当。如果你进店挑选时间较长（有的店人多小推车进不去）而疏于看管，出来时就有找不到自己货物的危险。所以，始终要记着货物不离左右，随时注意周围情况。

❻ 不要失去主张，完全被批发商意见所左右。有的新手去拿货因为一点也不了解和熟悉市场行情，所以看到别人拿什么就拿什么，批发商说什么好就按批发商的意见赶快掏钱，这样完全没有自我主张的进货态度往往造成货品混乱、不易搭配，更无从谈个人风格，所以去之前一定要分析好经营定向。

❼ 第一次进货，不要太多，容易压货。对于初次进货，新手往往有些茫然，不知道拿多少拿些什么合适，好像觉得这也行那也行；而有的人一旦开拿又往往止不住，有的人拿完货回到家再看时，就发现对货品不满意了。

❽ 对中意的店铺，要留下联络方式。每个店铺都有不同的风格，所以淘货也会受到这样的主观影响，每次去批发市场只专挑对口味的选择，遇到比较满意的就留下名片，作为今后长期合作考虑对象，留下名片是因批发市场太大，下次你不一定就能找到，还因有了名片叫得出店家名字、知道电话，有什么可随时联系比较方便；店主如果平时要货不多，又不想跑时，就可和批发商联系，亲自去拿或对方寄来都很方便，所以这个细节也应留意。

02 二手闲置与跳蚤市场

虽然二手物品具有不合时宜、无法保证品质、价格低廉以及不可退换等缺点，但它还是具有许多适合在网上销售的特点。

- 二手闲置商品不用担心压货。
- 有利于改掉浪费的习惯。
- 物尽所能，为他人行方便。
- 货源广，成本低。

如图2-2所示为淘宝二手闲置商品网站。

图2-2 二手闲置商品网站

闲置物品不会一直增加，卖掉一件就少一件。那么，卖光这些闲置二手货后怎样保持现有的经营特色继续经营下去呢？其实有一个地方能收集到便宜的二手货，那就是跳蚤市场。

"跳蚤市场"是欧美国家对旧货地摊市场的别称，它由一个个地摊摊位组成，市场规模大小不等，所售商品多是旧货，如多余的物品及未曾用过但已过时的衣物等。小到衣服上的小件饰物，大到完整的旧汽车、录像机、电视机、洗衣机，一应俱全，应有尽有，价格低廉，仅为新货价格的10％～30％。

03 外贸尾单货

外贸尾单货就是正式外贸订单的多余货品。我们都知道，外商在国内工厂下订单时，一般工厂会按5％～10％的比例多生产一些，这样做是为了万一在实际生产过程中出现次品，就可以拿多生产的数量来替补，这些多出来的货品就是我们常说的外贸尾单货了。这些外贸尾单货价格十分低廉，通常为市场价格的两三折，品质做工绝对保证，这是一个不错的进货渠道。

外贸尾单货有个优点就是性价比高，通常我们所卖的几十块钱的产品出口后都是几十美金或是更高的价格。但外贸尾单货有个缺点也是优点的地方，就是颜色和尺码有的不全，不能像内销厂家的货品那样齐码齐色。因此价格比商场或其他地方来的便宜，市场却不会造成雷同。又由于外商检验非常严格，因此外贸货的质量是非常不错的。

04 民族特色工艺品

民族工艺品价值很高。由于其民族特色而足以使它在琳琅满目的商品中鹤立鸡群。如图2-3所示为民族特色工艺品。

图 2-3 民族特色工艺品

网店店主之所以愿意让这类产品来充实自己的店铺，不仅是因为它们稀有、能吸引人的眼球，而且还拥有其他产品无法取代的特点。

- 具有很强的个性。
- 具有丰富的文化底蕴。
- 富含淳朴气息。
- 具有奇特的特点。
- 富有民族特色和地域特色。

05 库存积压的品牌商品

随着社会经济和物质生产高速发展，新技术、新产品层出不穷，更新速度加快，库存商品及闲置物资越来越多，而地区间、国际间的经济发展不平衡为库存积压商品的发展提供了广阔的市场，"旧货"、"库存货"市场得以迅速发展。当前传统意义的"旧货"概念正在被打破，很多崭新的商品在市场的更新换代中积压下来，但仍具有完善的使用价值，"旧货"成为多品种、多层次、数量巨大的各类库存商品及闲置物资的代名词，其交易额已占到各旧货市场交易额的60％以上。如图2-4所示库存积压商品广告。

图2-4 库存积压商品广告

有些品牌商品的库存积压很多，一些商家干脆把库存全部卖给专职网络销售卖家。不少品牌虽然在某一地域属于积压品，但由于网络覆盖面广的特性，完全可使其在其他地域成为畅销品。如果能经常淘到积压的品牌服饰或鞋等货物，拿到网上来销售，一定能获得丰厚的利润。这是因为品牌积压库存有以下自身优势。

- 质量好，竞争力强。
- 需求量大，市场前景看好。
- 利用网络的地域性差异提高价格。

06 换季、节后、拆迁与转让的清仓品

在很多情况下，商家因换季等原因而清仓处理，是因为这时他们已经收回成本了或是赚够了，剩下的能卖多少就卖多少。这时候，对网店的店主来说蕴涵着良好的商机，但在进货时也要小心。如图2-5所示换季清仓商品广告。

1. 换季清仓品

每到换季时间，你会发现大大小小的商场各显身手，名目繁多的优惠活动层出不穷，这时是开网店的人进货的好时机，但一定要注意以下事项。

换季商品的品质

选购换季商品时，在商品品质方面要注意以下几点。

（1）有些特殊的商品要注意有效期或保质期。

（2）要注意察看商品是否为瑕疵品。

（3）要注意察看商品是否适合当前季节。

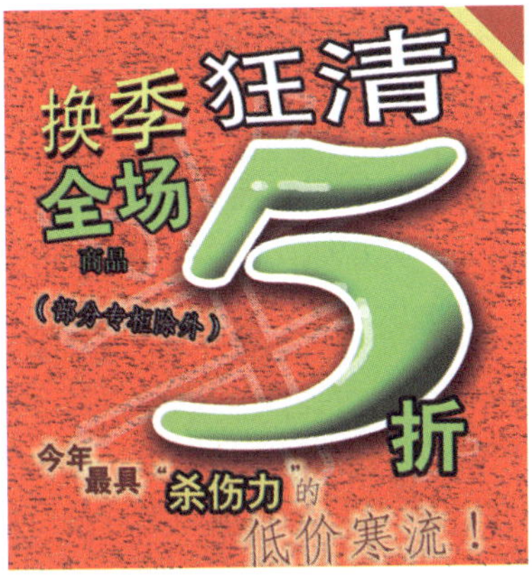

图 2-5 换季清仓商品广告

换季商品的价格

一些商家在商品上标示的原价格和现折扣价格只是商家的"数字游戏"，目的是让你以为他确实是亏本大甩卖。其实，原价并非真正的价格，折扣价格也并非是价格的底线，还是有还价余地的。

2. 节后清仓品

传统店铺的节后清货确实是网店的重要货源之一，可是，如何把握其中的分寸，才能避免进错货呢？这就需要多加小心了。

商品的生命力

凡是应节的商品，必然是有生命周期的，有的商品在节日过后，就很少有人购买了，比如情人节的玫瑰、中秋节的月饼、圣诞节的松树等。

商品的再生力

有的应节商品可以等待下一年的这个时候再行销售，比如圣诞节的圣诞卡。因为实体的固定成本居高不下，如果商家为了下一年再销售而将货物积压在仓库里，那么利润将会被一点点蚕食掉。到下一年的这个时候，不管商家以什么价格出售该商品都是亏损的。所以，理智的商家都会不计成本地处理节后商品。相对而言，网店的固定成本非常低廉，可以趁虚而入，做起压货生意。

3. 拆迁清仓品

拆迁清仓品也是网店很好的货源之一，如图2-6所示。但卖家进货时一定要小心里面是否有陷阱，一般来说，应注意以下几个方面。

是否真的要拆迁

先弄清楚商家所谓的拆迁消息是否可靠，如果只是商家的一个促销手段，那肯定有问题，最好不要进货；否则，如果你进来的货物价格过高，在网上就没有竞争优势了。

谨慎挑货

由于商家急需清货，时间紧迫，价格必然很低，这样才能吸引消费者在短时间内决定购买。但由于拆迁是偶然事件，无规律可循，将拆迁视为网店货源的唯一渠道或重要渠道，无疑是不可行的。

4. 店铺转让清仓品

店铺转让时最令商家头痛的是如何处理店铺里的货物。权衡利弊，低价抛售套现无疑是商家最明智的选择。如图2-7所示店铺转让清仓商品广告。

图 2-6 拆迁清仓广告

图 2-7 店铺转让清仓商品广告

实体店铺转让时所抛售的都是之前正常经营时剩余的商品，所以品质比较可靠，价格又便宜很多，完全可以放到网上店铺的货架上出售。但一般的实体店商品数量和品种都比较多，如果将整个店铺的商品都包揽下来，需要较大的投资，对于小本经营的网店来说，风险实在太大。可以选择某些合适的品种与商家洽谈买断事宜，商家一向非常注重大批量的购买行为，所以价格可以压得很低。

5. 不宜购进的商品

像以下几类产品最好不要大量进货。

日用品

日用品随处可见，在超市也很容易买到。若在网上购买加上邮寄费用后和在超市购买的成本差不多，买家肯定是不愿意在网上买的，他们更愿意在超市购买，因为觉得那样更有质量保障。此外，网上经营日用品的店随处可见，销量都不是很大。所以遇到这类产品换季、节后、拆迁或转让清仓时，最好少进或不进，以免难以销出去。

高科技产品，如电脑、手机等

这类产品更新换代快，价格变化也快，所以还是小心为好。有人经不住店家的蛊惑，一下子进了几十部手机，以为自己能大赚一笔，结果赔得一塌糊涂。因为游说他进货的卖家是知道这种产品不久会降价的信息后才处理的，一时贪小便宜的店主接了个"烫手山芋"。毫无疑问，烫到的终究是自己。所以在购进这类产品时一定要非常谨慎，免得一不小心就被套进去了。

有效期限短的商品要慎进

这类产品期限短，若进多了还没有等你卖完就过期了，肯定是不适合多进的。像服装、装饰品等可以考虑别人处理时多进一些。

07 厂家直接进货

一件商品从生产厂家到消费者手中，要经过许多环节，基本流程是：原料供应商→生产厂家→全国批发商→地方批发商→终端批发商→零售商→消费者。

如果是进口商品，还要经过进口商、批发商、零售商等环节，涉及运输、报关、商检、银行和财务结算。经过如此多环节、多层次的流通组织和多次重复运输过程，自然就会产生额外的附加费用。这些费用都被分摊到每一件商品上，所以，对于一件出厂价格为30元的商品，消费者往往需要花300元才能买得到。

如果可以直接从厂家进货，且有稳定的进货量，无疑可以拿到理想的价格。而且正规的厂家货源充足，信誉度高，如果长期合作的话，一般都能争取产品调换和退货还款。但是，一般能从厂家拿到的货源商品并不多，因为多数厂家不屑与小规模的卖家打交道，但有些网下不算热销的商品是可以从源头进货的。一般来说，厂家要求的起批量非常大。以外贸服装为例，厂家要求的批发量至少要在近百件或上千件，达不到要求是很难争取到合作的。如图2-8所示为厂家直接进货的广告。

图 2-8 厂家直接进货广告

2.3 善用网络寻找资源

随着电子商务的发展，网上进货必将成为一种主流方式。目前而言，网上进货对于一个新手来说，可以说是进货的首选途径，因为门槛比较低，不需要你有厂家关系，也不需要你跑批发市场；而对于老手甚至是皇冠级的卖家来说，也不失为一个很好的渠道来丰富自己的商铺。

01 网上进货的优势

网上批发是近几年开始兴起的新事物，发展还不成熟，但网络进货相比传统渠道进货的优势已经很明显。

（1）成本优势。可以省去来回批发市场的时间成本、交通成本、住宿费以及物流费用等。

（2）选购的紧迫性减少。若亲自去批发市场选购，由于时间所限，不可能长时间慢慢挑选，有些商品也许并未相中但迫于进货压力不得不赶快选购，而网上进货则可以慢慢挑选。

（3）批发数量限制优势。一般的网上批发基本上都是10件起批，有的甚至是1件起批，这样在一定程上增大了选择余地。

（4）网络进货还能减少库存压力。由于网上进货可以很低数量起批，相对买家的备货压力就减少，库存积压的风险就下降，相当于资金投入减少，成本减少。

（5）批发价格透明化。正规的批发网站，如正式成为批发代理之后，会有明确的价格展示出来，相比传统渠道进货，减少了讨价还价的环节，价格透明度进一步开放，有利于进 步的选择和衡量。

（6）资金周转优势，批发市场进货一般都是现款现货，一次性投入不少资金但需要所有商品全部卖出去后才能回笼资金，期间的资金占用时间较长。网上进货可以更灵活，可以多次小额批货，减少资金占用时间。

（7）款式更新优势，款式好坏是生意兴旺与否的关键，一般店主不可能频繁去批发市场进货，以每月两次算，则店里的服装款式更新只能是一月两次，不能紧跟时尚潮流，无法扩大自己的商机，但网上有的产品一个月会更新十几次，比传统渠道进货的更新速度快多了，可以轻松选购新款，增加客户回头率。

02 巧用百度搜索货源

在网上开店，找货源是最难的一件事情，网上开店的人都知道，找到好的货源那网上开店就等于成功了一半。寻找货源是成功的第一步，没有货源就没有淘宝创业。

Internet上的信息浩如烟海，网络资源无穷无尽，如何快速找到我们需要的资源是摆在我们面前的大问题，搜索引擎为我们解决了这个问题。搜索引擎主要功能是建立数据库，将杂乱无序的信息组织起来，建立有序的索引文档，供人们查询使用。

在百度主页的检索栏内输入关键字"淘宝货源"，单击"百度一下"按钮，百度搜索引擎会将检索的结果显示出来，单击某一链接即可查看详细内容，如图2-9所示为用百度搜索货源。

图 2-9 用百度搜索货源

03 在行业批发网站找货源

当然,还有一些行业批发网站,比如易淘分销网、慧聪批发网站等。这些网站的产品多,商品描述详细,服务好,有模特照、实物照、数据包等,它可以一件代发,不需要备货,上手快,适合刚创业的卖家。如图2-10所示为行业批发网站易淘分销网。

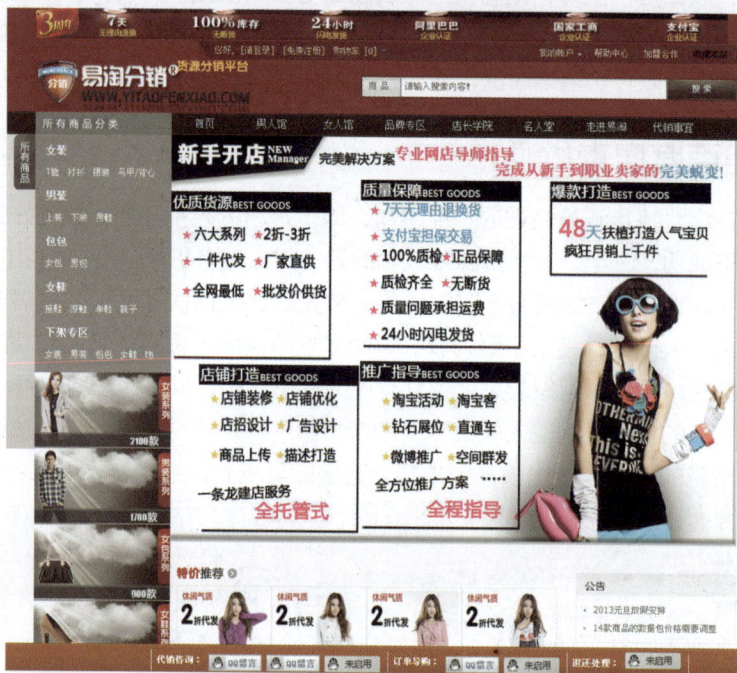

图 2-10 行业批发网站易淘分销网

04 在阿里巴巴寻找货源

阿里巴巴国际交易市场(www.alibaba.com)创立于1999年,是阿里巴巴集团旗下业务,现为全球领先的小企业电子商务平台。阿里巴巴国际交易市场,旨在打造以英语为基础、任何两国之间的跨界贸易平台,帮助全球中小企业拓展海外市场。截至2012年12月31日,阿里巴巴国际交易市场拥有3,670万名注册用户及280万个企业商铺,服务覆盖超过240个国家和地区。

在阿里巴巴上进货,首先登录阿里巴巴批发平台:http://www.1688.com/,如图2-11所示。

图 2-11 阿里巴巴批发平台

到了批发平台以后，可以先浏览平台上推荐产品，这些都是精选出来的优质货源；还可以关注平台上的活动，活动一般都是商家以促销价提供货源。

当然如果这些还不能满足你的需求，你可以使用搜索功能，寻找自己需要的个性化产品。阿里巴巴有很强大的搜索功能，进货时可以最大限度地货比三家。

阿里巴巴批发进货要点如下。

❶ 在阿里巴巴上批发，首先选择诚信通用户，选择诚信通用户中积分较高的或是上传了工商营业执照等相关证件的商家进行交易。

❷ 一定要用支付宝进货，这是安全交易的基本保障。

❸ 在交易之前一定要和商家沟通好，如价格、运费、质量、换货制度等，一定要做聊天记录备份以便变化之用。和商家沟通时尽量使用阿里旺旺，如果以后有什么纠纷，也能作为证据之一。

❹ 付款要多加小心。很多阿里巴巴的商家，他们是不直接在阿里巴巴上买卖的，会给你一个他们公司的相册。你下订单后，会给你一个他们的店的淘宝链接商品，让你拍下。这个时候，我们一定要多加小心了。一是要看这家淘宝店铺的掌柜是不是在阿里巴巴上跟你洽商的人。二是要看清楚这家店铺的评价内容。也就是评价的内容里是不是也有人和你一样，通过链接方式来使用支付宝。他们对这批货物的评价如何？三是要看你付款时，卖家更改的价钱。

❺ 寻找固定的卖家。假如你四周没有好的批发市场，阿里巴巴的确是你小额进货的最佳选择。假如你已经决定在阿里巴巴进货，建议先批发少量货品试试看。假如质量满足的话，可以继续在这家公司批发。这样折扣更多，同样，风险也少了很多。

❻ 多比较、多研究。不贸然进货，是每个人都应该留意的，要考虑的因素很多。例如商家是否是阿里巴巴诚信通会员？他们的价钱跟同行比起来如何？这里大家要谨记：并不是便宜的东西就是好的。

2.4 防范进货陷阱和骗局

如何防止在网络进货中被骗是广大卖家比较关心的问题，下面总结了几条，希望对大家有所帮助。

01 注意批发商提供的地址

一般来说，批发商会有一个固定地址，如果是个人供应商的话，那进价可能就要贵些了。所以网上还是以公司的批发商居多，而公司都会有一个固定的地址。可以在百度或其他搜索引擎查询一下，这样可以找到很多的信息，仔细看一下有没有漏洞。

也可以去各地的工商部门官方网站查询，但是不是所有地区工商部门的官方网站都可以查，也可以打电话去当地的工商部门查询。

02 观察网站的营业资格

一般的骗子公司都没有营业执照，可以要求他们出示营业执照等证明。不过需要注意的是，一些比较高明的骗子网站也会用图片处理软件伪造一份营业执照，在观察营业执照时需要仔细辨认，查看是否有涂改痕迹；而正规的注册公司网站则会主动出示他们的营业执照。

03 注意批发商的电话号码

通过电话号码也可以查询出是否有问题，首先直接打电话到所在城市的114，去查一下这个号码的归属。其次，也可以去网上搜索这个电话号码，看看网上有没有投诉这个电话的，以及这个电话对应的公司名称和公司地址等是否一致。

04 注意批发商提供的网址

如果供应商有自己的销售网站，那就要仔细看看了，可以多研究下网站的商品，然后提出一些专业的问题，通过询问，应该也可以了解一二，如果连问题都没有办法好好的回答的话，那么，这个真实性就很值得怀疑的了，但是也有很多训练有素的骗子，因此问问题的时候，一定要仔细询问，是骗子总是会有漏洞的!

05 注意批发商提供的汇款途径

如果从网络进货的话，就一定会存在汇款。用什么方式汇款，也能查到很多疑点。一般来说，正规的实体公司进行网络批发的时候，应当提供的是公司账号而不是个人账号。另外，有的供应商也同意通过支付宝汇款。还有一种办法，就是通过快递公司的货到付款服务。

06 网站是否支持上门看货

如果不能支持上门看货，那就要先考虑一下这个商家是不是骗子公司了。当然有些公司由于代理数量比较多，可能会对上门看货提出一定的要求，如有的公司会要求必须一次性批发50件并预交定金之后才支持上门看货，一是为了最大限度地优化客服工作程序，二是最大限度地保证对每一位经销商的正常服务，这样的要求也是可以理解的。所以在是否支持上门看货这一点上，还需要大家更加仔细地辨别和分析，不能一概而论。

07 要看网站的发货速度

有些网站的发货速度非常慢，可能下了订单之后两三天甚至五六天才发货，严重影响了顾客对卖家的信任，造成了客户资源的流失。所以在选择批发网站时，一定要看网站对发货速度的承诺。发货以后还要看网站是否支持退换货，有些网站以次充好或者在产品发生质量问题时以各种理由搪塞并拒绝退换货。这一点也需要加以注意。

Q&A 实战技巧问答

Q 1. 网上有哪些热卖的商品？

A 目前网上交易量比较大的商品主要是服装、数码产品、化妆品、家居日用以及珠宝首饰等。

1. 服装

无论在哪个购物网站，服装卖家永远都是最多的。服装的购买人群以女性为主，这也印证了一句话："女人的衣橱里面，永远少一件衣服。"

2. 化妆品

爱美是人的天性，现代人的生活和工作压力特别大，很容易使人憔悴，化妆品可以让女人更美丽。而且以前只有女人才用化妆品，现在男人也开始使用，市场需求更大。

3. 家居日用品

电子商务渐渐开始成为这类产品的主流销售方式，比如厨房用品、床品布艺、家具等商品的销售量增长幅度明显超过了其他类商品。

4. 珠宝首饰

从古至今，珠宝首饰一直受到女人的青睐。作为男人，可能永远也无法理解为什么有这么多的女人会对珠宝首饰趋之若鹜。事实上，无论在淘宝网还是其他购物网站，珠宝首饰（尤其是水晶、翡翠类首饰）一直都是卖得最好的商品之一。

5. 数码产品

数码产品在网上销售的比较多，目前应用于大型网络销售的数码类产品包括电脑及电脑配件产品、数码及数码配件产品、智能手机、数码相机、内存卡和移动硬盘等。这类商品的利润空间比较高，市场消费空间比较大，但容易在物流配送的过程中出现丢失和损坏现象，卖家需要掌握相关专业知识才能更好地得到消费者的信赖。

6. 虚拟商品

目前游戏点卡、电子宠物及充值卡等虚拟产品的销售也比较乐观。经营该类网店的优点是不需要投入很多资金进货，缺点是这些虚拟商品本身需要花很多时间在网上培养和积累，而且利润空间也比较小，客户群也是以年轻人为主。

Q ◀ **2. 新手开网店怎么找货源?**

A

开店初期，大多店主因为不想压太多的商品，而会选择每种商品只进一小部分作为样品，通过样品去慢慢了解买家的市场需求。若发现哪一种商品需求量大，再去补货也不迟。这样相对更稳妥一些，风险也会小很多。

但这种进货方式也有一个缺点，就是批发商一般不愿给你货，价格也要比批发价格高出很多。这样一来，你的产品因进货价格高，售价自然不菲，缺乏市场竞争力，让很多买家望而却步，无形中干扰了你对这个产品的市场远景的判断。所以，进货之前，需要深入了解客户群的消费需求，对自己的选货眼光要有绝对的信心。并且在进货过程中要给批发商以足够的诚意和决心，用进货的数量来争取拿到一个较好的批发价格。

影响批发商对你支持的有两个因素。

第一是首次进货的金额。假如你首次进货的金额太少，批发商会以为你没有实力或对他的产品缺少信心，而不重视你。

第二是补货的频率。假如你常常到批发商那里去补货，即使每次数目不多，但批发商知道你的货物周转快，能够为他带来长期的效益，那么他也会重视你。

Q ◀ **3. 怎样进货与补货?**

A

第一次进货的商品种类应该尽可能的多，因为需要给买家各类产品的选择。种类越多，买家选择的空间越大，其需求取向越容易被你了解，消费潜力也越能被激发。

当对买家有一定了解，你就可以锁定一定种类的产品。因为资金有限，所以只有把资金集中到有限的种类上，才可能单个产品进货量大，要求批发商给予更低的价格。

当某件商品热销时，需要快速为这个商品单独补货，这时不管从所花费的时间和资金上来看，都是得不偿失的。而如果不补货的话，就只好眼睁睁看着顾客失望离去。

但是，假如你进了五件同样的商品，在它们的销售期内，其他的产品也很可能需要补货，这样你就可以一次性去补货，来提高补货的效率，并节约补货开支。

Q 4. 在换季时，怎样选择进货时机？

把握好了商品换季的节奏，就掌控了市场的主动权，获取更大的利润。受季节变化因素的影响，除特殊功能性产品之外，很多商品都有特定的销售时间段以及销售高峰期和低潮期。如果未能在这个特定的时间段来临之前进货，供给顾客购买，对于商家来说，将导致各种潜在的损失，损失最严重的莫过于错失销售良机。

例如在11月份气温逐渐降低时，当某天突发大风降温，顾客急需购买一件羽绒服，这时如果店铺还没来得及上羽绒服，顾客就会转身到别家店铺购买他需要的应季货品，顾客是不会因为某个品牌或店铺没上货而等上几天甚至几周时间再回来购买。

在季节销售之中，新货上市时间只要滞后了一次，营业额的损失就很难再追回了，这是其一；其二，原本应该畅销的货品由于迟到而错过了最好的销售高峰期，畅销货品因为过季变为滞销货品，从而沦落为无效的积压库存，还要通过折扣处理才能被清理，这直接会导致利润额的损失。

Q 5. 服装进货怎样进到最好卖的款？

想做一个产品，就必须去了解它。不仅要知道进货的地点、各批发市场的价格水平和面对的客户群，还要了解客户群的喜好和身材特点。更重要的是要会淘货，练就一双会选货的火眼金睛。

想要懂货，在平时卖服装的同时要学会"听"、"看"、"访"、"查"。

"听"就是一方面与买家交流时，听取买家对颜色、款式的要求，另一方面是在平常留意倾听人们对颜色、款式方面的议论；

"看"一是看内外地市场情况，二是看电视上的时装表演和服装展销，三是看报刊上的信息等；

"访"就是直接寻问穿戴者其服装的销售货源；

"查"就是对不便直接询问的，寄信或打电话跟踪查询。一旦掌握信息就抢时间进货，捷足先登。

服装进货前得掌握当季市场行情：出现了哪些新品种、销售趋势如何、社会存量多少、价格涨势如何、购买力状况如何，大体做到心中有数。

成功案例 白领兼职开网店赚外快

货源选择是成功的关键

备齐针线，依样画葫芦，人人都可以完成一幅手工"杰作"。十字绣这种人人都可以动手制作的廉价商品，颇受大众欢迎，在市场上兴起了几年并一直热销。所谓无心插柳柳成荫，一幅十字绣版样，经过加工后，可以售到几百元至几百万元，从一件大众闲余的玩物，变成炙手可热的珍品。

开店半年，有手工工艺品收集爱好的马小姐，在淘宝开了一家十字绣店。短短半年时间，马小姐的小店就在众多竞争者中脱颖而出，在没有任何推广的情况下，小店每月营业额达到两万元，纯利近万元，是她每月工资的5倍。

•走高端路线：专卖进口货•

差异化经营、保证小店的信誉和商品的质量是制胜之道。无论是网上线下，十字绣店在市场上都随处可见，价位一般是几元、十几元，这些商品多是国产的线料，便宜的国产货满足了部分顾客群的需要。而马小姐却专攻进口十字绣，满足中高端消费群体的市场需求。进口线和国产线价格可以相差10倍左右，同样是八米长的线，国产线是7元24根，而进口线一根就要达到3元。

高端产品并非有价无市，像一幅长达二十几米的清明上河图全卷，用料就要几公斤，4千多支线，光版样的售价就高达5000元，但这个款式的十字绣，却是最畅销的货品之一，每个月都可以卖出几套。

•做特色经营："来图定制"•

十字绣虽然在市场上已经出现多年，但市场上的十字绣大多图案雷同、缺乏个性，加上受到实体店店面的限制，款式有限、更新慢、店铺租金高，实体店的经营遭遇瓶颈。而网店的经营就比较灵活，不但展示的品种数量不受限制，还可以做一些特色的经营。

除了传统的经营方式，近年来，十字绣还流行起"来图定制"。顾客只要提供自己的照片给商家，如结婚照、孩子的生活照等，便可从商家处得到一张十字绣的图纸和效果图，自备针线，依样画葫芦，绣出一幅个性化的十字绣图案，避免了十字绣图案的千篇一律。据了解，订做这么一幅十字绣效果图图纸，依据大小，可以收费20~50元。

•出品很精致：成品叫价高•

手工工艺品，因为附加值高售价不菲，十字绣虽然不及刺绣，但一幅具有收藏价值的精品十字绣，在市场上也是罕见的。一幅精致的十字绣成品，拍卖价达到几百万元，一幅简单图案的十字绣成品，至少也要几百元以上。喜欢十字绣的顾客，往往无心插柳绣成了一幅价值不菲的作品，在市场中卖出了高价。卖十字绣成品，也成为商家经营创收的一部分。

马小姐说，她的一名顾客绣了一幅"四臂观音"，图案不到一米，被开价8万元买下；还有一名顾客绣了一幅名为"花开富贵"的牡丹图，放到市场上以8000元成交。今年3月，一幅参展的全球最长十字绣《清明上河图》亮相成都，由18名专业的高级绣师经过半年才绣成，这幅精致的绣品以高达200万元的价格被买走。

不过，十字绣制作毕竟花费时间长，要搜罗一批成品难度不小。在马小姐的店里，十字绣成品也只是作为辅助经营，或者以顾客寄卖的形式存在，市场上还鲜见专卖十字绣成品的店铺。

•主动赔偿赢取客户口碑•

网上开店赚的不止是人气，更要赚客户的口碑。马小姐骄傲地说，她的网店信用指数已拿到了100%的好评率。由于买家对网店的评论是最好的广告，她的生意因此做得比较旺。

今年6月份，她在网店评论栏上看到一位外地买家只给自己评了个中等。原来是买家要的商品在邮寄途中受损，买家不是很满意。于是马小姐主动提出赔偿，并当天将赠品寄了过去。最后这位顾客很快将评价改过来了，还是100%。

马小姐称，卖十字绣，一定要脾气好才行，平时即使心情不好，对客人态度也一定要好，别人稍微有一点不满意就会投诉。"上次有个客人，我上面写的是每套材料包配1～2跟针，她买了一个不是很大的十字绣，我就给了一个针给她，后来她说我少给了一根针，硬要给我一个差评，我打了十几个电话费尽了口舌，才说服她帮我修改了过来，出了一点问题，利润就无法再考虑了，能保住信用就好。"

Part

02

淘宝开店
交易篇

新手开店第一步

本章主要介绍如何注册与登录淘宝网，使读者了解与掌握阿里旺旺的使用方法，同时还讲解了如何使用和管理支付宝账户，如何开通网银以及给支付宝充值。通过本章的学习，读者可以对淘宝和支付宝的基本功能有一个初步的认识，为深入学习淘宝网的买卖交易打下基础。

3.1 注册电子邮箱和淘宝会员

在淘宝网上开店之前，首先要注册电子邮箱，电子邮箱在开店的过程中占有很重要的地位，它不仅可以用来接收信件，而且还是支付宝账户的用户名。

01 注册电子邮箱

电子邮箱非常重要，主要有以下几点作用：一是用于接收激活注册淘宝会员名的邮件，二是淘宝网通过此邮箱给会员发送在淘宝网上的买卖交易、资金提取、收发站内信等主要信息，三是支付宝的账户名正是此邮箱的地址，四是用于接收申请淘宝的支付宝服务并申请实名认证开设店铺，另外通过该电子邮箱用户可以与淘宝网的工作人员进行互动。

下面以注册163邮箱为例讲述注册电子邮箱的过程。

❶ 启动浏览器，在地址栏中输入email.163.com，进入到163邮箱的首页，单击"注册网易免费邮"链接，如图3-1所示。

图 3-1 163 邮箱首页

❷ 打开注册页面，首先选择使用字母还是使用手机号注册邮箱，在这里选择使用字母，然后填写邮箱地址、密码以及验证码等，单击"立即注册"按钮，如图3-2所示。

图 3-2 填写邮箱信息

❸ 打开提示信息页面，提示"您的注册信息正在处理中…"，输入手机号码，单击"免费获取短信验证码"按钮，手机即可收到网易邮箱的验证码，输入验证码后，单击"提交"按钮，如图3-3所示。

图 3-3 提示信息

❹ 进入注册成功提示页面，单击"开启网易邮箱之旅"按钮，如图3-4所示。

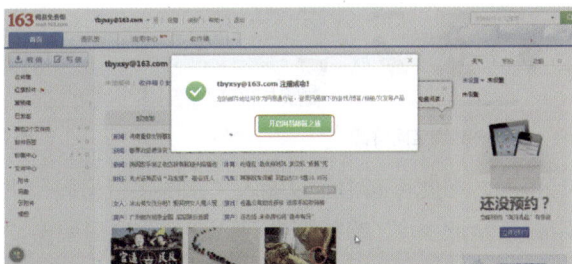

图 3-4 邮箱注册成功

❺ 即可进入到网易邮箱主页面，如图3-5所示。

图3-5 网易邮箱

02 注册为淘宝会员

注册邮箱后，用户就可以注册成为淘宝网会员了。使用邮箱注册淘宝网会员的具体操作步骤如下。

❶ 启动浏览器，在地址栏中输入www.taobao.com，打开淘宝网首页，单击"免费注册"按钮，如图3-6所示。

❷ 进入到淘宝网账户注册页面，如图3-7所示。输入会员名、登录密码、确认密码和验证码后，单击"同意协议并注册"按钮。

图3-6 淘宝网首页

图3-7 注册页面

❸ 打开验证账户信息页面，在此页面中可以输入"您的手机号码"进行验证，也可以单击"您还可以：使用邮箱验证 >>"超链接进行验证，在这里单击"使用邮箱验证"，如图3-8所示。

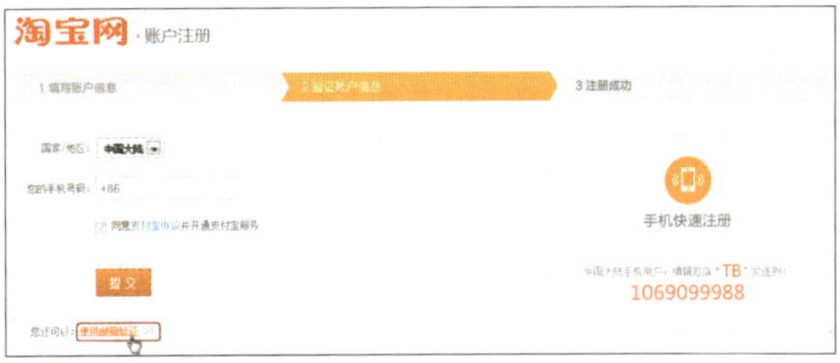

图 3-8 验证账户信息

❹ 在打开页面中的 "您的电子邮箱"文本框中输入电子邮箱地址，并勾选"同意支付宝协议并开通支付宝服务"复选框，单击"提交"按钮，也可以单击"返回手机验证"超链接进行验证。单击"提交"按钮，如图3-9所示。

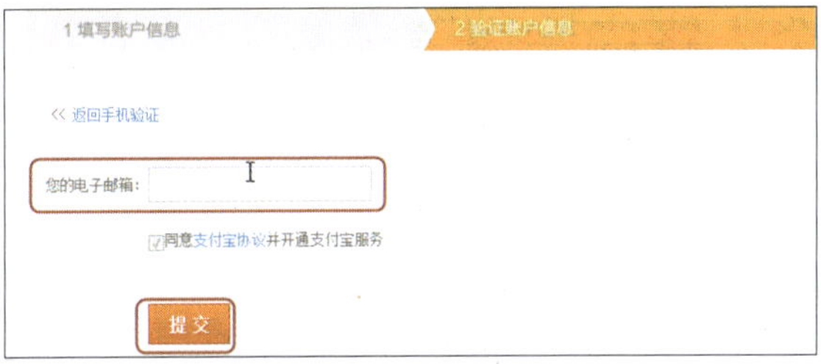

图 3-9 输入电子邮箱地址

❺ 进入到如图3-10所示的页面，单击"去邮箱激活账户"按钮。

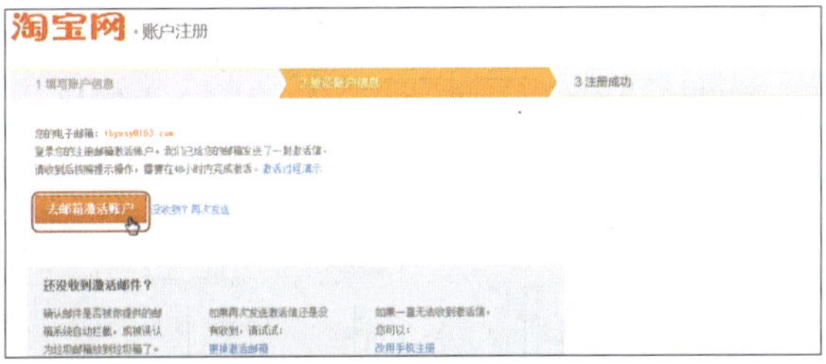

图 3-10 单击"去邮箱激活账户"按钮

❻ 进入到邮箱，单击"完成注册"按钮，如图3-11所示。

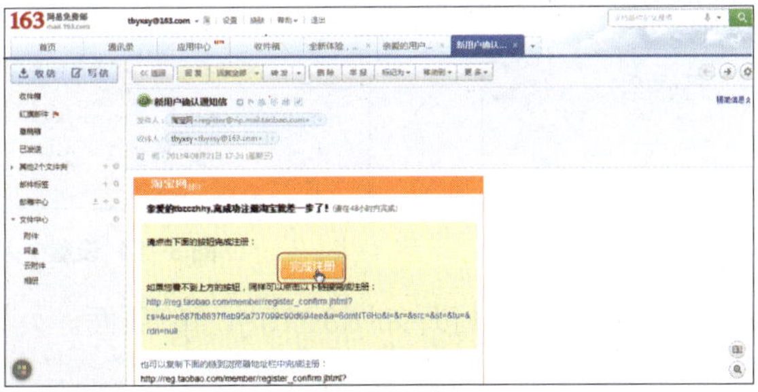

图 3-11 单击"完成注册"按钮

❼ 提示注册成功，如图3-12所示。

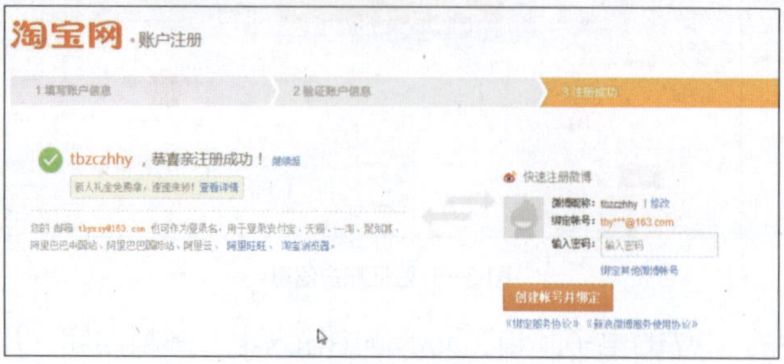

图 3-12 注册成功

3.2 设置个人账户信息

在淘宝网注册成功后，要设置个人账户信息，最好设置密码保护，下面来详细讲解。

01 编辑个人信息

进入"我的淘宝"→"账号管理"→"个人资料"页面，进行交易信息的设置和修改个人交易信息。

❶ 登录淘宝网，将光标放置在会员名的上方，会自动出现如图3-13所示的对话框。单击"账号管理"超链接。

❷ 打开基础信息页面，如图3-14所示，在这里可以设置个人信息。

图 3-13 单击"账号管理"超链接

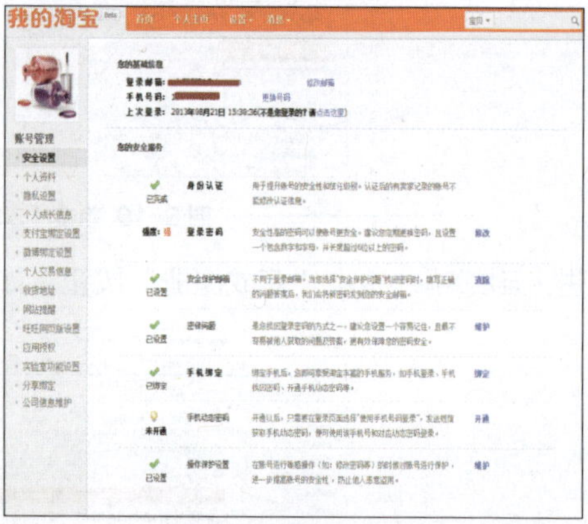

图 3-14 设置个人信息

❸ 单击左侧的"个人资料"超链接，打开如图3-15所示的页面。

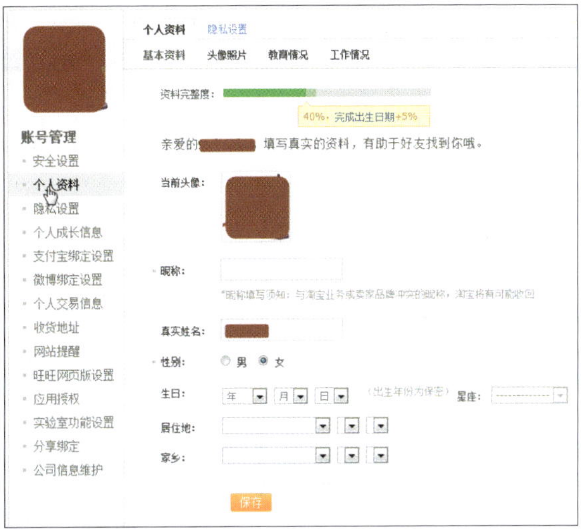

图 3-15 设置个人信息

02 设置密码保护

密码保护问题是由自己选定的3个问题及对应答案组成。密码保护问题的范围是你个人的私有信息，其他人一般无法回答，如父母的生日、你的出生地等。为了避免遗忘，在填写问题答案时尽量填写真实信息。

❶ 在"安全设置"页面中单击"密保问题"后面的"维护"超链接，如图3-16所示。

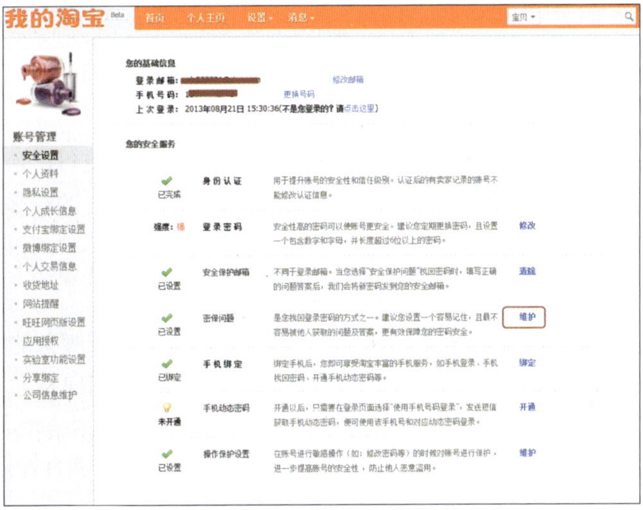

图 3-16 安全设置

❷ 打开如图3-17所示的安全中心，单击"立即修改密保问题"超链接。

图 3-17 安全中心

❸ 选择三个密保问题，并设置好答案，单击"保存"按钮即可，如图3-18所示。

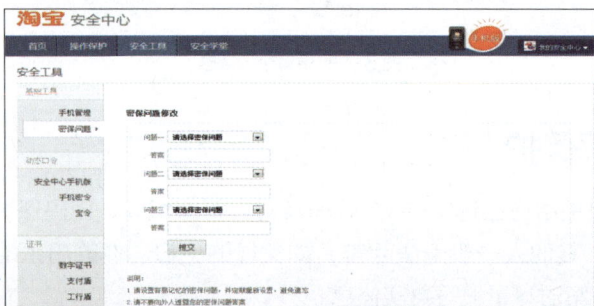

图 3-18 设置密保问题

3.3 开通支付宝

　　支付宝（中国）网络技术有限公司是国内领先的独立第三方支付平台，由阿里巴巴集团创办。支付宝致力于为中国电子商务提供"简单、安全、快速"的在线支付解决方案。

01 支付宝账户的作用

　　支付宝公司从2004年建立开始，始终以"信任"作为产品和服务的核心。不仅从产品上确保用户在线支付的安全，同时让用户通过支付宝在网络间建立起相互的信任，为建立纯净的互联网环境迈出了非常有意义的一步。支付宝创新的产品技术、独特的理念及庞大的用户群吸引了越来越多的互联网商家主动选择支付宝作为其在线支付体系。

　　目前除淘宝和阿里巴巴外，支持使用支付宝交易服务的商家已经超过46万家；涵盖了虚拟游戏、数码通讯、商业服务、机票等行业。这些商家在享受支付宝服务的同时，更是拥有了一个极具潜力的消费市场。

支付宝最初是作为淘宝网为了解决网络交易安全所设的一个功能，该功能为首先使用的"第三方担保交易模式"，由买家将货款打到支付宝账户，由支付宝向卖家通知发货，买家收到商品确认后指令支付宝将货款放于卖家，至此完成一笔网络交易。

买家使用的好处：

（1）货款先由支付宝保管，收货满意后才付钱给卖家，安全放心。

（2）不必跑银行汇款，网上在线支付，方便简单。

（3）付款成功后，卖家立刻发货，快速高效。

（4）经济实惠。

卖家使用的好处：

（1）无需到银行查账，支付宝即时告知您买家付款情况，省力、省时。

（2）账目分明，交易管理帮你清晰地记录每一笔交易的详细信息，省心。

（3）支付宝认证是卖家信誉的有效体现。

使用支付宝账户要收费吗？

（1）注册支付宝账户是免费。

（2）普通提现和实时提现免费的；2小时提现需要手续费；转账到卡需要手续费。

（3）支付宝网站内，创建的"我要收款"、"AA收款"、"担保交易收款"、"转账付款"、"送礼金"、"交房租"等服务在支付成功超过一定额度会收费。

02 注册并激活支付宝账户

注册为淘宝网会员时，可以选择自动创建支付宝账号。淘宝网将为用户自动创建一个以注册邮箱为账户名的账号。激活支付宝账户具体操作步骤如下。

❶ 登录注册邮箱并打开邮件，单击"立即登录支付宝"按钮，如图3-19所示。

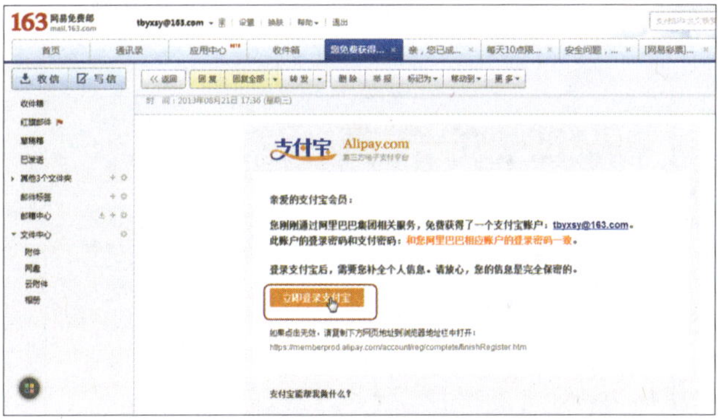

图 3-19 单击"立即登录支付宝"按钮

❷ 进入"支付宝"登录页面，输入"账户名"和"密码"，单击"登录"按钮，如图3-20所示。

图 3-20 "支付宝"登录页面

❸ 进入"支付宝补全账户信息"页面，如图3-21所示。

图 3-21 "支付宝补全账户信息"页面

❹ 单击"确定"按钮，输入银行卡卡号和手机号码，单击"同意协议并确定"按钮，如图3-22所示。

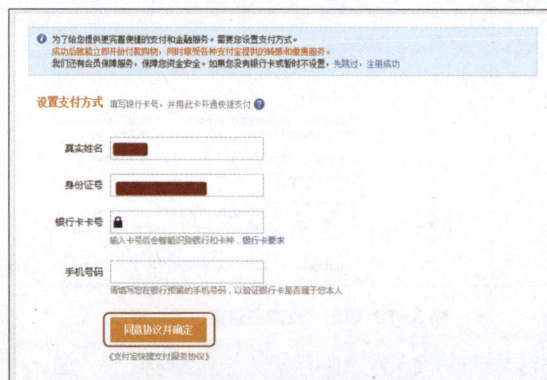

图 3-22 输入银行卡卡号和手机号码

❺ 提示成功开通支付宝服务，如图3-23所示。

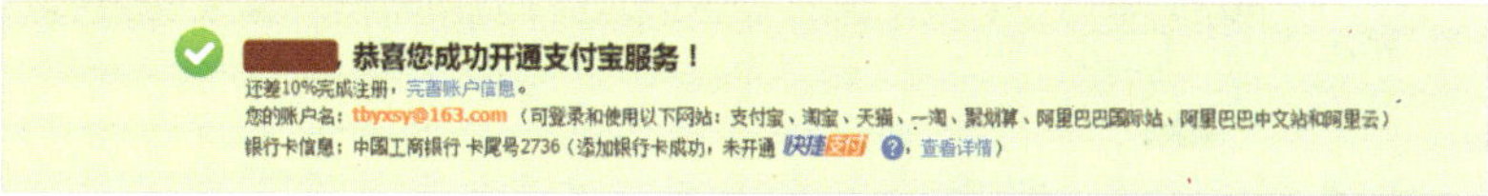

图 3-23 成功开通支付宝

小提示

网上银行及支付宝是很多网上交易者关心的重点防护对象，因为一旦被入侵，损失可能是巨大的。网上银行最安全的办法是申请客户证书USBkey，这是银行提供的收费服务之一，有时也会免费提供，好处是使用硬件的形式、来检测是否是本人使用，比起数字证书及其他方法来，更要安全些。

另外一个重要的技巧是：将账户与手机捆绑在一起。支付宝及很多银行都提供这样的服务，只要账户有任何重要的操作就会短信通知你，一旦发生异动也可以及时知晓并联系支付宝或银行及时冻结账户并处理。

---

03 进行支付宝实名认证

支付宝实名认证是由支付宝（中国）网络技术有限公司提供的一项身份识别服务。支付宝实名认证同时核实会员身份信息和银行账户信息。通过支付宝实名认证后相当于拥有了一张互联网身份证；可以在淘宝网等众多电子商务网站开店、出售商品；增加支付宝账户拥有者的信用度。

小提示

个人认证需要的时间是多久？

（1）时间：1~2天。（温馨提示：邮政储蓄银行需1~2个工作日。）

（2）收到支付宝公司给你银行账户打款的1元以下资金之后，登录支付宝输入打款金额。

（3）银行卡认证通过后，等待身份信息核实2秒钟，如身份信息审核通过，你的认证就完成了。若没有通过身份信息审核，在认证页面提交两个证件给支付宝客服人工审核，两天内会有审核结果，可登录支付宝账户中查询。

进行支付宝实名认证的流程如下。

❶ 登录支付宝，在"我的支付宝"下面单击"实名认证"按钮，如图3-24所示。

图 3-24 单击"实名认证"按钮

❷ 进入到支付宝实名认证页面，单击"立即申请"按钮，如图3-25所示。

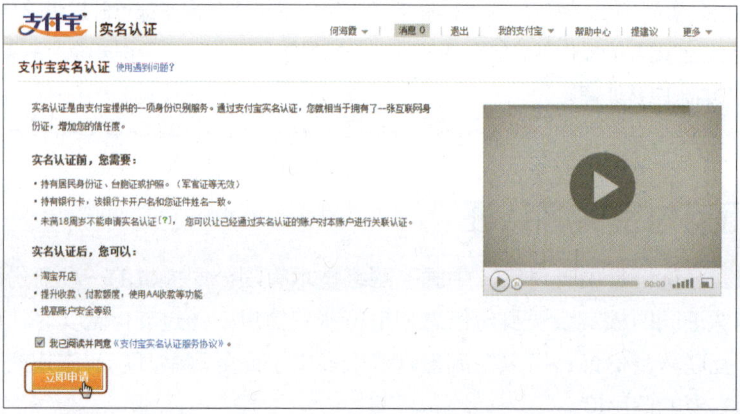

图 3-25 单击"立即申请"按钮

❸ 进入如图3-26所示的页面，在这里选择"普通认证"后，单击"立即申请"按钮。

图 3-26 单击"立即申请"按钮

❹ 填写个人信息，填写完成后，单击"下一步"按钮，如图3-27所示。

图 3-27 填写个人信息

小提示

提供证件有什么要求？

（1）证件必须是彩色原件电子版，可以是扫描件或者数码拍摄照片。

（2）身份证需要提供正反两面，注意有效期。

（3）户口本需要提供本人这页的明细，以及户口本第一页有公安局盖章的这页，共两页。

（4）户籍证明注意有效期限。

（5）确保图片完整（不缺边角），证件的周围不允许加上边角框（例如：自行加上红框），证件上不包含任何网站字样。

（6）社保卡、市民卡、医保卡需要卡片类型的，纸质类型的不予受理。

（7）以上证件除护照都需有身份证号码。

---

❺ 进入到如图3-28所示的填写银行卡信息页面，单击"下一步"按钮。

图 3-28 填写银行卡信息

小提示

认证的银行卡需要开通网上银行吗？

不需要，只要填写的身份证信息和银行开户名是一个人，即可申请认证。建议开通网上银行，查询金额和划账比较方便。

❻ 进入"确认个人信息"页面，单击"确认信息并提交"按钮，如图3-29所示。

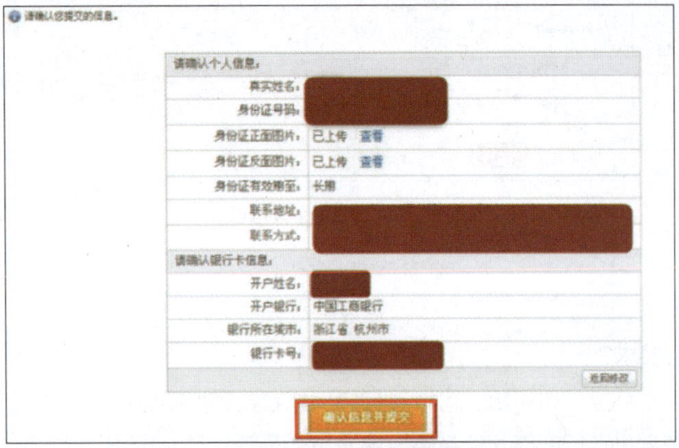

图3-29 确认银行信息

❼ 提示认证申请提交成功，支付宝会在1天~2天内给你所使用申请支付宝的银行卡汇入一笔小于1块钱的款项，如图3-30所示。

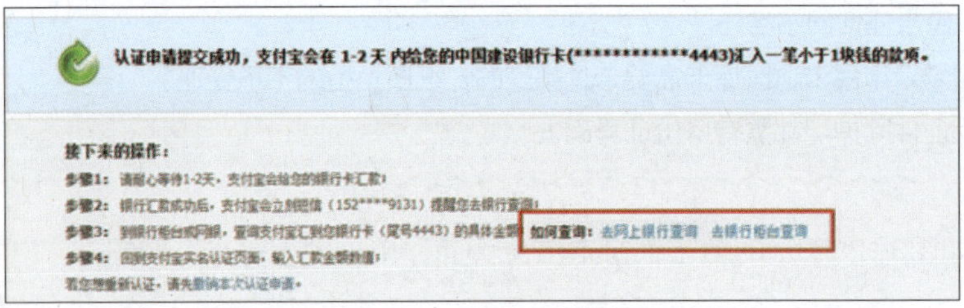

图3-30 提示认证申请成功

小提示

认证时提示证件号码已被另一个账户用于认证是什么原因？

这是因为你的身份证信息已经被其他支付宝账户用于认证，若你想在淘宝上开店，请确认之前用这个身份证申请认证的账户是否已开过店，若已开过，则关联认证后无法再开店，因为一个身份信息只能开一个店。

3.4　申请网上银行并为支付宝充值

网上银行是支持在网络上进行交易的虚拟银行，使用网上银行可以方便地实现支付宝充值、商品付款以及转账等功能。

01　申请网上银行业务

下面以在工商银行网站开通网上银行业务为例讲述如何开通网上银行。

❶ 登录工商银行网站www.icbc.com.cn，单击"个人网上银行登录"下面的"注册"按钮，如图3-31所示。

图 3-31　登录工商银行网站

❷ 进入"网上自助注册须知"页面，单击"注册个人网上银行"按钮，如图3-32所示。

❸ 进入阅读《注册协议》，单击"接受此协议"按钮，如图3-33所示。

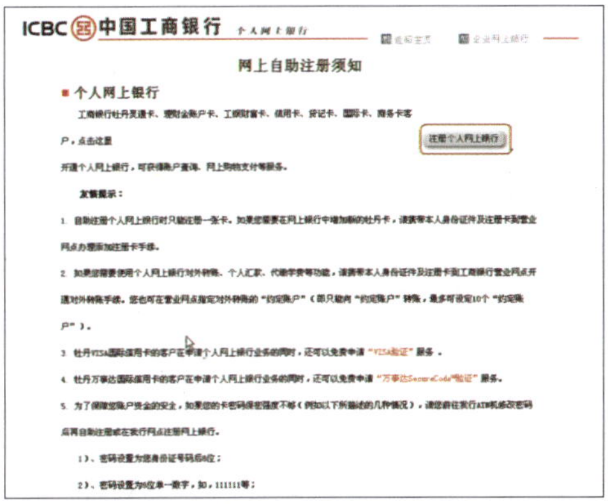

图 3-32　单击"注册个人网上银行"按钮

图 3-33　单击"接受此协议"按钮

④进入用户自助注册页面，输入卡号后，单击"提交"按钮，如图3-34所示。

⑤进入详细用户填写页面，填写个人信息，如图3-35所示。

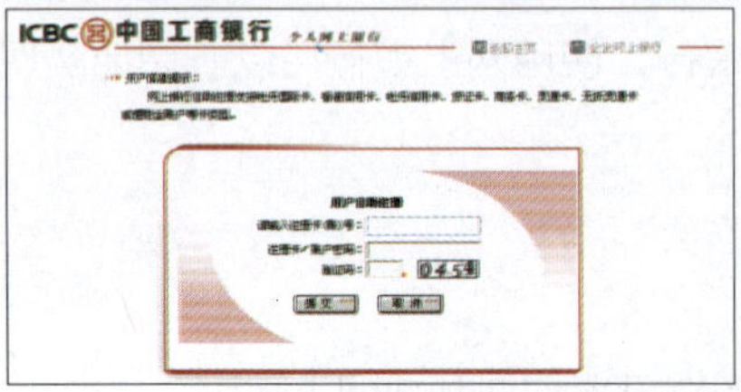

图 3-34 用户自助注册

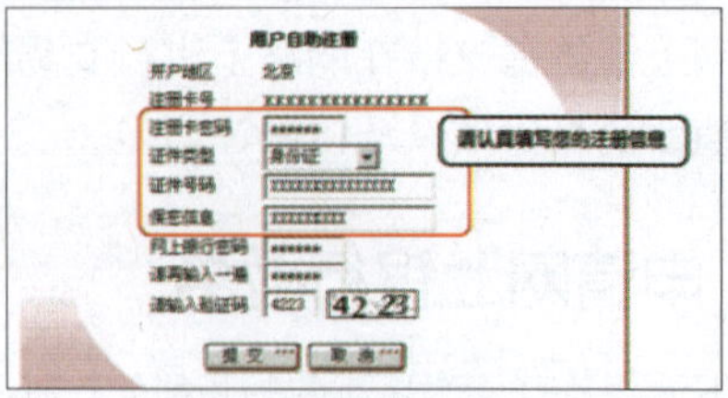

图 3-35 填写用户信息

⑥确认无误后，单击"提交"按钮，进入用户自助注册确认页面，如图3-36所示。

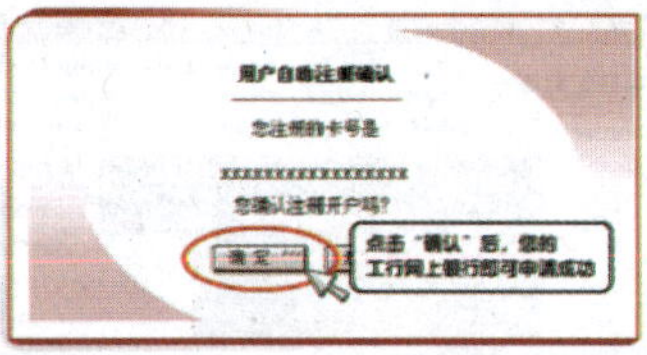

图 3-36 确认提交

⑦单击"确定"按钮注册成功，网上银行业务即可开通了。

02 为支付宝充值

支付宝作为国内领先的独立第三方支付平台，致力于为中国电子商务提供简单、安全，快速的在线支付解决方案，是淘宝网及其他在线交易的重要媒介。

支付宝充值就是把银行卡上的钱或现金转到支付宝账户上的过程，成功后可以进行付款，在充值前，需要先开通银行卡的网上支付功能。给支付宝账户充值的具体操作步骤如下。

①打开浏览器，在地址栏中输入auth.alipay.com，登录支付宝首页，在"账户名"文本框中输入账户名，在"登录密码"文本框中输入登录密码，单击"登录"按钮，如图3-37所示。

②进入到"我的支付宝"页面，单击"充值"按钮，如图3-38所示。

图 3-37 登录支付宝

图 3-38 "我的支付宝"页面

❸ 进入到"充值"界面，在"请选择充值方式："中选择"储蓄卡"单选按钮，单击"下一步"按钮，如图3-39所示。或者单击"选择其他"下三角按钮选择其他银行，如图3-40所示。

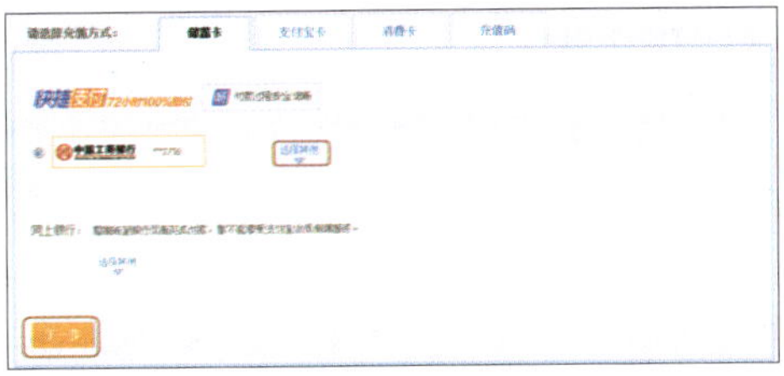

图 3-39　充值向导

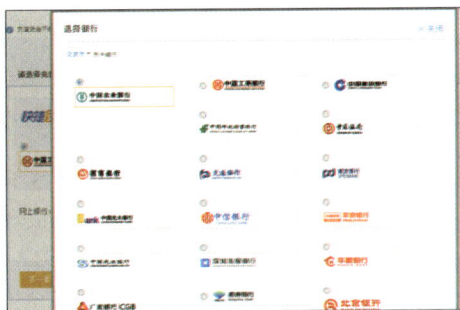

图 3-40　选择其他银行

小提示

是否可以使用他人的银行卡给我的"支付宝账户"充值？

● 网上银行充值：可以使用他人的银行卡对自己的"支付宝账户"充值，这对你充值是没有影响。

● 支付宝卡通充值：限于使用与需要充值的支付宝账户签约绑定的开通卡通功能的银行卡进行充值。

---

❹ 在这里以中国工商银行为例，单击网上银行"个人版"单选按钮，单击"中国工商银行"单选按钮，输入"充值金额"，单击"登录到网上银行充值"按钮，如图3-41所示。

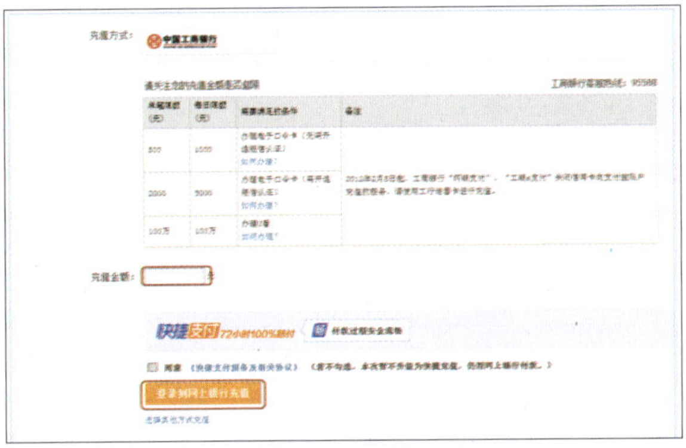

图 3-41　选择网上银行

❺ 进入到中国工商银行客户订单支付服务，输入"卡（账）号："，输入"验证码"，单击"下一步"按钮，如图3-42所示。

73

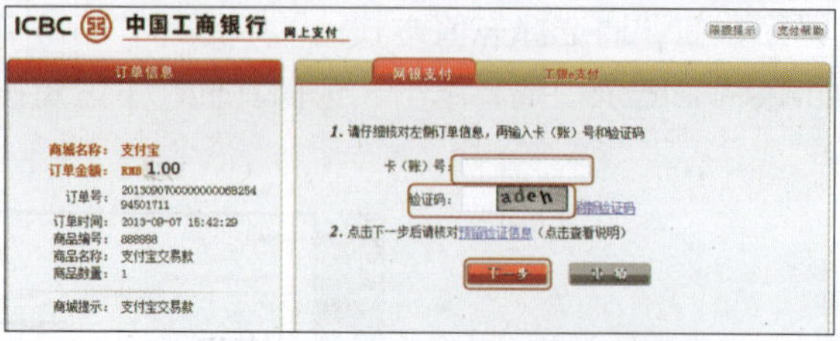

图 3-42 中国工商银行客户订单支付服务

小提示

充值成功了，支付宝余额没有显示怎么办？

在确认银行卡扣款的情况下，一般第二个工作日18点前关注你的支付宝账户，部分银行也有可能会在第二个工作日后退回至你的银行卡，届时可登录网上银行查询详情。

---

❻ 在银行预留信息，单击"全额付款"按钮，如图3-43所示。

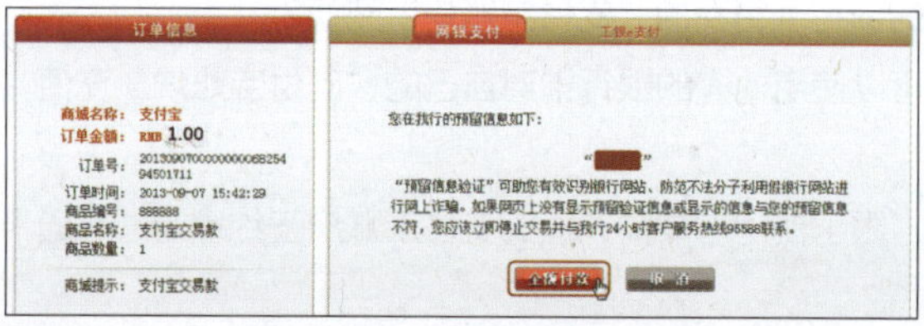

图 3-43 全额付款

03 修改支付宝账户密码

为保障账户安全，支付宝账户在使用过程中会涉及到很多密码。经常使用到的会有：支付宝账户登录密码、支付宝账户支付密码、银行卡付款密码、淘宝账户登录密码。

修改支付宝账户密码的具体操作步骤如下。

❶ 在支付宝首页www.alipay.com登录支付宝账户，单击"账户管理"超链接，如图3-44所示。

图 3-44 单击"账户管理"超链接

❷ 进入账户管理页面，单击"账户设置"按钮，如图3-45所示。

图 3-45 账户设置页面

小提示

支付宝账户有两个密码，分别是：

● 登录密码：登录支付宝账户时需要输入的密码。

● 支付密码：使用余额和快捷支付付款、提现、修改账户名、绑定手机、查询"支付宝卡通"余额、确认收到货、给卖家打款、交易中一些退款申请和确认等时需要输入的密码。

---

❸ 单击"修改登录密码"超链接，如图3-46所示。可以打开修改登录密码页面，如图3-47所示。修改登录密码成功，下次登录时使用新的登录密码登录账户。

图 3-46 账户设置

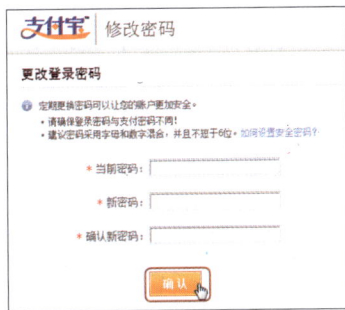

图 3-47 修改登录密码页面

❹ 单击"修改支付密码"超链接，可以打开修改支付密码页面，如图3-48所示。修改支付密码成功，下次支付时使用新密支付。

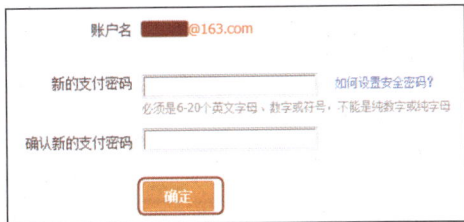

图 3-48 修改支付密码页面

04 了解余额宝

余额宝是由第三方支付平台支付宝打造的一项余额增值服务。2013年6月17日，余额宝正式上线。通过余额宝，用户不仅能够得到较高的收益，还能随时消费支付和转出，用户在支付宝网站内就可以直接购买基金等理财产品，获得相对较高的收益，同时余额宝内的资金还能随时用于网上购物、支付宝转账等支付功能。转入余额宝的资金在第二个工作日由基金公司进行份额确认，对已确认的份额会开始计算收益。余额宝的优势在于转入余额宝的资金不仅可以获得较高的收益，还能随时消费支付，灵活便捷。

余额宝优势在于：用户转入余额宝的资金不仅可以获得收益，还能随时消费支付，非常灵活便捷，让你赚钱花钱两不误。

在安全方面，余额宝的安全措施与支付宝余额相同。手机客户端还有手势密码、手机宝令以及手机绑定等安全辅助措施。

余额宝具备的优势如下。

❶ 7×24小时可操作。不管是在工作日还是在周末，不管是白天还是晚上，都可以利用电脑或手机进行转入与转出操作。转出资金到支付宝余额中，可以立即用于银行卡转账、信用卡还款和购物消费等。

❷ 可随时用于购物消费。当你用支付宝进行支付时可以勾选余额宝支付，视为余额宝自动赎回。

❸ 手机客户端银行卡转账零手续费。先将余额宝转出，再利用手机客户端进行转账，2小时内到账，无手续费用。但是要注意转账金额限额，不同银行有所不同，并且部分银行周末转账需次日到账。

❹ 随时随地信用卡还款，当天到账。需要进行信用卡还款时，从余额宝转出相应金额后，可以立即用于信用卡还款，并且当天到账。注意根据银行的不同到账时间有所差异。

余额宝具体使用步骤如下。

❶ 登录支付宝账户，在页面中单击"转入"按钮，如图3-49所示。

图3-49 支付宝账户

76

❷ 首次转入需要确认个人身份信息，单击"下一步"按钮，如图3-50所示。

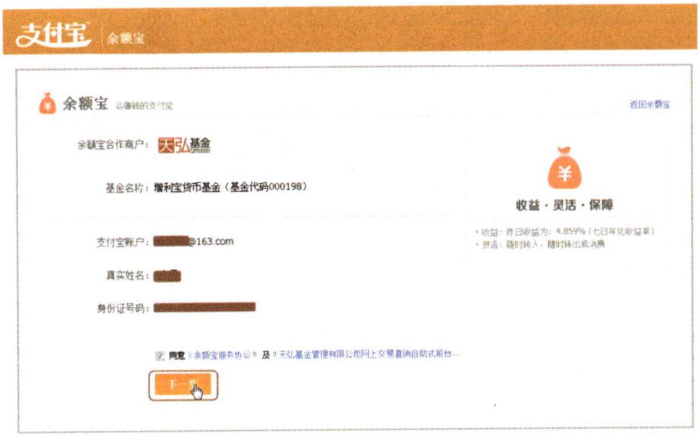

图 3-50 确认个人身份信息

❸ 输入转入金额，单击"下一步"按钮，如图3-51所示。

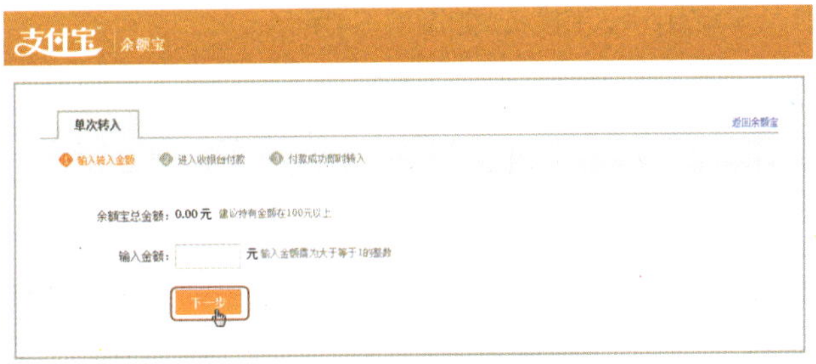

图 3-51 输入转入金额

❹ 选择支付方式进行支付，支持"支付宝账户余额及储蓄卡快捷支付（含卡通）支付"，如图3-52所示。

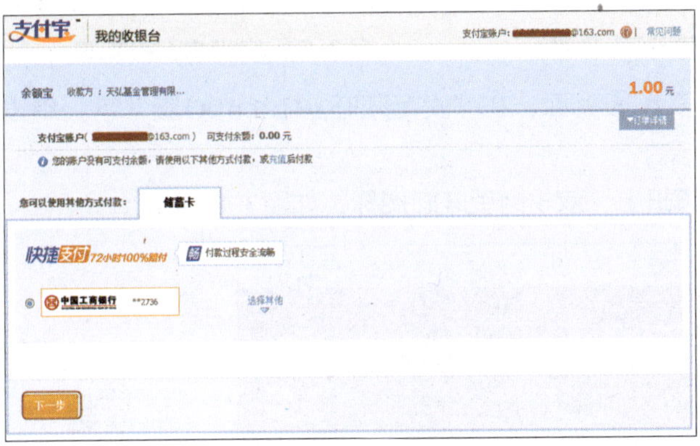

图 3-52 选择支付方式

❺ 转入成功后，返回"账户管理—账户资产"中查看余额宝的余额。

3.5 下载并安装淘宝工具软件

没有阿里旺旺的网上交易，只能通过电子邮件和页面留言联系对方。阿里旺旺能及时沟通方式，增加信任、促进交易。

01 下载并安装阿里旺旺

阿里旺旺是将原先的淘宝旺旺与阿里巴巴贸易通整合在一起的一个新品牌。它是淘宝和阿里巴巴为商人度身定做的免费网上商务沟通软件，可以帮助卖家轻松找客户，发布和管理商业信息，及时把握商机，随时洽谈做生意，简洁方便。

下载与安装阿里旺旺具体操作步骤如下。

❶ 登录淘宝网首页，在页面左侧单击"阿里旺旺"超链接，如图3-53所示。

❷ 进入到阿里旺旺下载页面，在这里有买家版旺旺和卖家版旺旺供用户选择，在这里下载卖家旺旺，单击"卖家用户入口"，如图3-54所示。

图3-53 单击"阿里旺旺"超链接

图3-54 下载卖家版阿里旺旺

❸ 打开阿里旺旺卖家版页面，在"卖家旺旺2013beta1版"下，单击"立即下载"按钮，如图3-55所示。

❹ 下载到本地计算机上，双击阿里旺旺图标，如图3-56所示。

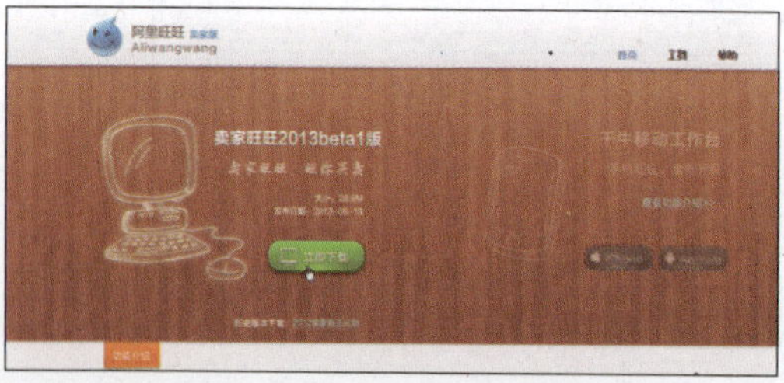

图3-55 下载卖家版阿里旺旺

图3-56 单击阿里旺旺图标

❺ 弹出"阿里旺旺卖家版安装"对话框，单击"下一步"按钮，如图3-57所示。

❻ 弹出"许可协议"对话框，单击"下一步"按钮，如图3-58所示。

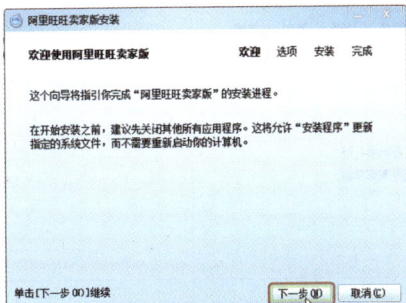

图 3-57 阿里旺旺卖家版安装

图 3-58 许可协议

❼ 弹出"选择安装位置"对话框，单击"浏览"按钮即可选择安装位置，单击"下一步"按钮，如图3-59所示。

❽ 弹出"选择个人文件夹"对话框，在这里选择"保存到安装目录"单选按钮，单击"下一步"按钮，如图3-60所示。

图 3-59 选择安装位置

图 3-60 选择个人文件夹

❾ 弹出如图3-61所示的对话框，单击"安装"按钮，如图3-61所示。

❿ 弹出"正在安装"对话框，如图3-62所示。

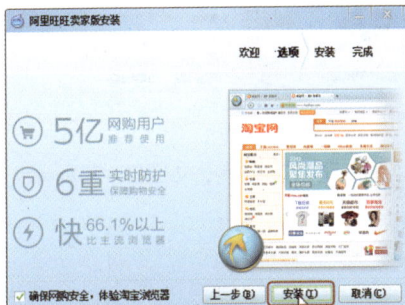

图 3-61 单击"安装"按钮

图 3-62 正在安装

⑪ 弹出"安装完成"对话框，单击"完成"按钮，即可安装成功，如图3-63所示。

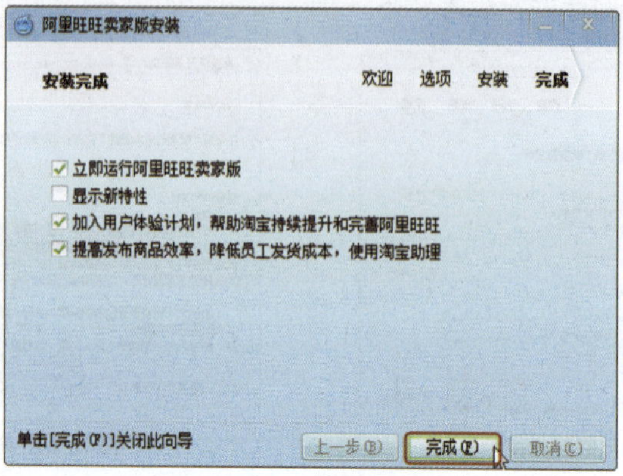

图 3-63 安装阿里旺旺成功

02 下载并安装淘宝助理

淘宝助理是一款免费客户端工具软件，它可以直接编辑宝贝信息，快捷批量上传宝贝。淘宝助理也是上传和管理宝贝的一个店铺管理工具。

下载并安装淘宝助理的具体操作步骤如下。

❶ 在浏览器中打开淘宝网首页，在页面左上角单击"更多>"超链接，如图3-64所示。

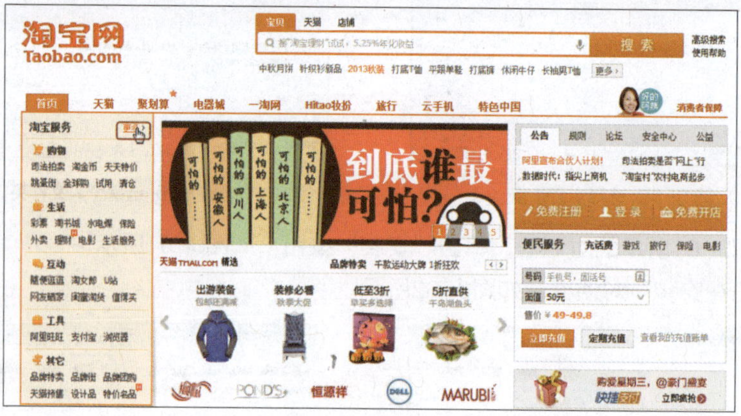

图 3-64 淘宝网首页

❷ 打开淘宝服务页面，在卖家服务下面单击"淘宝助理"超链接，如图3-65所示。

图 3-65 单击"淘宝助理"超链接

❸ 进入到淘宝助理下载页面，单击"立刻下载"按钮，如图3-66所示。

❹ 将淘宝助理下载到本地计算机上相应的文件夹中，双击淘宝助理图标，如图3-67所示。

图 3-66 下载淘宝助理

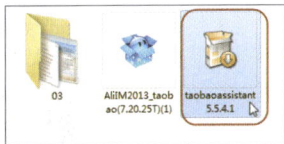

图 3-67 双击淘宝助理图标

❺ 弹出"淘宝助理5.5安装"对话框，单击"下一步"按钮，如图3-68所示。

❻ 打开"选择安装位置"对话框，单击"浏览"按钮，选择相应的位置，或者使用默认的位置，然后单击"下一步"按钮，如图3-69所示。

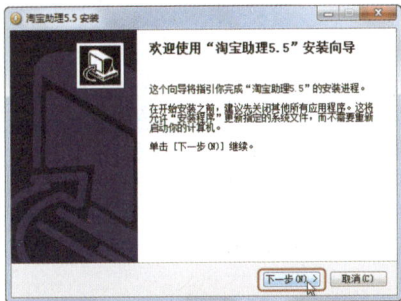

图 3-68 "淘宝助理 5.5 安装"对话框

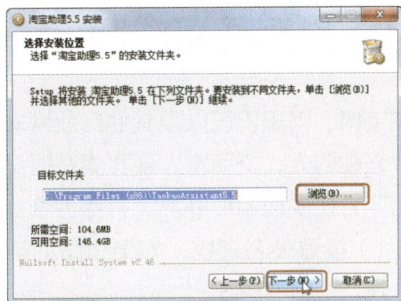

图 3-69 选择安装位置

❼ 弹出"选择开始文件夹"对话框，单击"安装"按钮，如图3-70所示。

❽ 弹出"正在安装"对话框，如图3-71所示。

图 3-70 单击"安装"按钮   图 3-71 正在安装

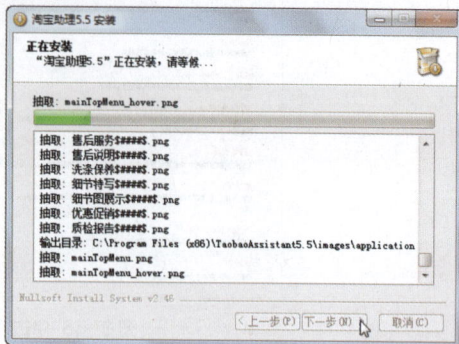

❾ 安装完毕，弹出"正在完成'淘宝助理5.5安装向导'"对话框，单击"完成"按钮，即可安装完成，如图3-72所示。

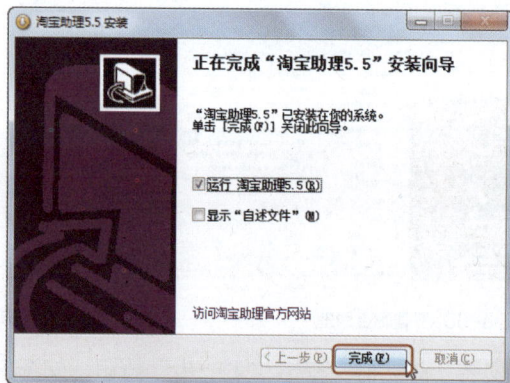

图 3-72 淘宝助理安装完成

3.6 使用阿里旺旺

　　淘宝网、阿里巴巴以及其他行业网站，有4800万以上会员，可以通过阿里旺旺，从中寻找兴趣的人，交朋友、谈买卖及时又方便。

　　为了方便快速添加好友，有两种查找方式。

　　（1）按登录名查找。如果想添加某人为好友，并已知道对方的登录名，可以直接输入查找。

　　（2）按关键字查找。如想要添加有相同爱好的人，或者找有感兴趣的宝贝的人，可以输入相关词查找，如：衣服、美妆等。每个人都可编辑自己的关键字，便于其他人搜索到自己。当然，如果不想太多陌生人骚扰，可以设置好友验证。只有通过验证，才能加为好友开始交谈。

01 登录阿里旺旺

登录阿里旺旺具体操作步骤如下。

❶ 在本地计算机上单击左下角的"开始"按钮，在弹出的列表中单击"阿里旺旺卖家版"，如图3-73所示。

❷ 打开阿里旺旺操作界面，输入登录名和密码后单击"登录"按钮，如图3-74所示。

❸ 即可登录阿里旺旺，如图3-75所示。

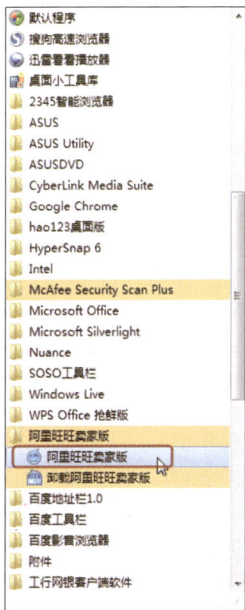

图 3-73 单击"阿里旺旺卖家版"　　图 3-74 登录阿里旺旺　　图 3-75 阿里旺旺

02 阿里旺旺的系统设置

下面讲述阿里旺旺的基本设置，具体步骤如下。

❶ 登录阿里旺旺卖家版，在软件的左下角单击"设置"按钮，如图3-76所示。

❷ 弹出"系统设置"对话框，如图3-77所示。

❸ 可以在"基本设置"中设置"启动、登录和退出"、"主界面"等选项，设置完毕单击"确定"按钮。

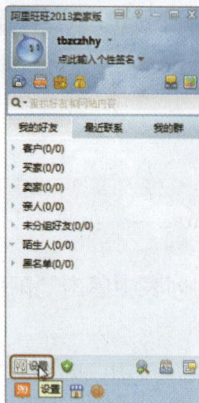

图 3-76 阿里旺旺

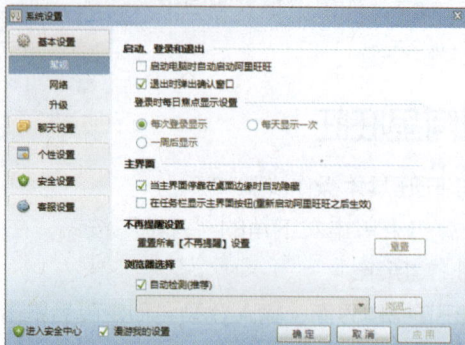

图 3-77 系统设置

03 阿里旺旺的分组功能

很多用户在管理旺旺时显得杂乱无章。例如，很多旺旺用户有了促销活动就全部群发，虽然这样的方法也能招来一些买家，但同时也会让一家卖家反感，一不小心还会被投诉禁用。这里大家可以利用旺旺的分组功能，为自己的客户做一个分组，更有针对性地发送信息。

❶ 登录阿里旺旺卖家版，在界面上单击右键，在弹出的菜单中选择"添加组"选项，如图3-78所示。

❷ 即可添加一个新组，如图3-79所示。

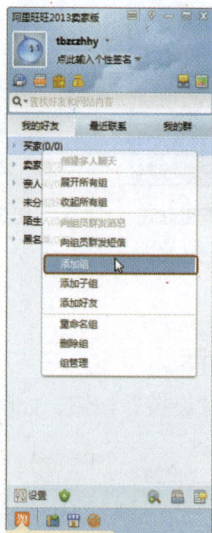

图 3-78 添加组

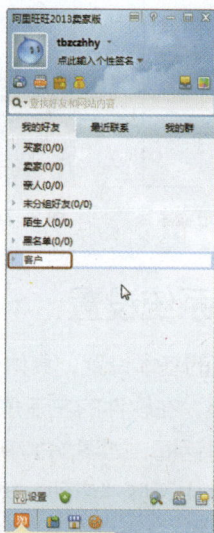

图 3-79 添加"客户"组

利用旺旺分组，可以在旺旺把客户分成"咨询"、"订单"、"发货"、"成交"及"回头客"5组。

1. 咨询组

把每个前来咨询的卖家都加为好友放在咨询组，同时在备注里说明买家咨询过的产品，这样时间再长也不会忘记买家曾经感兴趣的产品。能够前来咨询的买家肯定是对产品感兴趣的，虽然可能因为种种原因没有成交，但这些买家仍然属于目标客户，一旦有类似的活动，就可以发给买家看看，这样得到回应的几率就大得多。

2. 订单组

订单组里面是已经拍下商品，但还未付款的一部分买家。一般来说，顾客都是在拍下产品后就付款的，但是还会遇到买家因为网络不通畅、支付宝里没钱这样的情况而后没有达成交易的，在这个分组里，店家应很礼貌地提醒买家付款。

3. 发货组

付款、发货之后，店主将订单里的买家分到发货组里，随时问买家是否已经收到货，或者对收到货品的意见。如果顺利，店主应及时提醒买家做出评价。

4. 成交组

把成交之后的买家放在成交组中。他们大多数都收藏过店家的店铺，也曾接受过店家的服务。只要店家对自己的商品有信心，那么就很容易把这些买家再次吸引过来。当然，不仅仅给买家发商品信息，还要把买家当成朋友，例如送上节日的祝福等。

5. 回头客组

当成交组里的买家第二次到你的店铺里来买东西时，就要更注意了，这肯定表示你的商品是让人满意的，而且要让买家继续感觉舒服和满意。把这些买家放到"回头客"组，并不时给他们一些折扣。利润厚一些的还可以给一个包邮；利润薄一些的可以赠送小礼品，虽然不多，但是也可以让买家觉得你是用心记得他的。

其实人的记忆总是有限的，特别是顾客多、生意好的时候，但是所有买家都是希望卖家能够记住自己的。那么好好的利用旺旺分组，就可以把新顾客变成老顾客，甚至是朋友了。

04 添加联系人

使用阿里旺旺可以方便添加联系人，具体操作步骤如下。

❶ 单击阿里旺旺卖家版软件底部的"添加好友"按钮，如图3-80所示。

❷ 弹出"查找/添加"对话框，在"请选择查找方式"中选择相应的方式，在这里单击"精确查找"单选按钮，在下方的文本框中输入"会员名"，单击"查找"按钮，如图3-81所示。

图 3-80 单击"添加好友"按钮

图 3-81 "查找 / 添加"对话框

❸ 打开如图3-82所示的对话框，单击"加为好友"按钮。

❹ 弹出"阿里旺旺-安全验证"对话框，输入"验证字符"，单击"确定"按钮，如图3-83所示。

图 3-82 单击"加为好友"按钮

图 3-83 "阿里旺旺 - 安全验证"对话框

❺ 弹出"添加好友成功！"对话框，如图3-84所示，单击"完成"按钮即可。如图3-85所示的在阿里旺旺界面中显示的刚添加的好友。

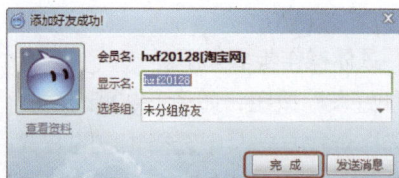

图 3-84 添加好友成功

图 3-85 显示刚添加的好友

05 聊天功能

阿里旺旺网上沟通，不仅可以即时文字交流，还可以语音视频，可以看得见听得到。可爱的动态表情，在交流时可随心选用，更贴切地表达心情。同时拉近彼此的距离，让谈生意变得更亲切、更容易。如图3-86所示阿里旺旺"客服工作台"的聊天对话框。

图 3-86 阿里旺旺聊天对话框

小提示

阿里旺旺的主要功能是什么？

（1）利用阿里旺旺发送即时消息，就能立刻与对方沟通，了解买卖交易细节。

（2）阿里旺旺含有免费语音聊天功能。想和对方自由交谈，您只需拥有一个麦克风。

（3）视频聊天影像耳听为虚，眼见为实。想亲眼看看要买的宝贝，只需拥有一个摄像头。免费视频影像功能，让你安安心心买到心仪的宝贝。

（4）离线消息即使不在线，也不会错过任何消息，只要一上线，就能收到离线消息，确保买家的询问"有问有答"。

---

06 查看聊天记录

可以使用阿里旺旺聊天，也可以查看聊天记录。打开想要查看聊天记录的阿里旺旺，单击"查看消息记录"按钮，如图3-87所示。即可查看聊天记录。

图 3-87 查看聊天记录

Q&A 实战技巧问答

Q 1. 提交申请淘宝身份信息认证后多久可以有审核结果？

A 淘宝身份信息认证基于支付宝认证成功，审核结束后会通过即时通过邮件和站内信方式提醒卖家审核结果，具体审核时间分以下两种情况。

（1）若是在支付宝认证通过后提交的淘宝身份信息认证申请，那么会在提交申请后的 1.5 个工作日内审核完毕。

（2）若是支付宝认证和淘宝身份信息认证一起提交申请，那么淘宝身份信息认证会在支付宝认证成功后的 1.5 个工作日内审核完毕。

Q 2. 没有手机不能注册为淘宝会员吗？

A 在电脑上注册成为淘宝会员有两种方式，手机验证和邮箱验证，但是都需要通过手机来完成注册工作，没有手机则无法注册成功。

若没有手机或者手机已经绑定其他淘宝账户，可以使用邮箱的方式来注册，在邮箱接收激活邮件之前，需要通过手机来验证注册的安全性。可以向家人、朋友、同事借用一下手机，接收验证码，完成注册。

Q **3.一个人可以注册多个支付宝账户吗?**

A 一个人可以注册多个支付宝账户,并且多个支付宝账户都可以通过实名认证,只要之前没有开店行为,支付宝任意关联认证的其中一个账户就可以开店。但是一个人的身份证只能开一个店。

Q **4.为什么淘宝账户无法正常登录?**

A 淘宝账户不能正常登录淘宝网或阿里旺旺,通常是有如下几种原因。
① 账户名和密码不匹配;② 手机号码输入格式错误;③ 账户被盗并已由淘宝暂时监管了账户;④ 其他严重违反淘宝规则行为被处罚;⑤ 未安装安全控件;⑥ 阿里巴巴账户无法登录淘宝网。

Q **5.为什么账户名和密码不匹配?**

A 在淘宝网登录页面,注意输入的账户名和密码是否匹配,如果不匹配,重新输入。
如确认输入的账户名和密码正确无误,但仍是此提示,可能账户已被他人盗用,一定要及时联系淘宝客服反馈。如图3-88所示,可以单击"忘记密码"或者单击"忘记登录密码"找回密码。

图 3-88 登录密码输入错误

Q **6.为什么提示手机号码输入格式错误?**

A 手机注册或已绑定手机号码的用户,可以使用手机号码作为账户名登录。当手机号码输入格式不正确时会提示:"该账户名不存在 忘记用户名?",如图3-89所示。

图 3-89 提示输入账户名错误

成功案例 手工糕点从半年一单到年入百万

选择淘宝，坚持到底就是胜利

从一家路边小奶茶铺，发展成为拥有13个员工的手工制作食品正规企业；从开业半年才迎来首位顾客，到现在年收入上百万元……即使只是做手工糕点这门"小生意"，蔡丽敏和老公胡玉刚仍感到无限满足——他们让其他人品尝到了手工美食里的幸福感。

• 为老婆的笑容而开店 •

蔡丽敏和老公胡玉刚的缘分起于2008年年初，彼时，胡玉刚正经营着一家不起眼的小奶茶铺。

"我是福建武夷山人，那时候初到杭州工作，人生地不熟。也就是在那个时候，我认识了他。"蔡丽敏语气里透着一丝甜蜜。

"我老公很喜欢自己研制西点和饮品，经常在自己的奶茶铺里捣鼓手工点心。恰巧我非常爱吃，所以每次到他店里，他都会把新研制的小点心端给我试吃。一来二去，我这个吃货就被他的好手艺俘获了。"蔡丽敏笑着说。

尽管胡玉刚在制作手工点心上颇有心得，但因为奶茶铺的位置偏僻，顾客并不多。

2008年，看着越来越多的人投身电商狂潮，蔡丽敏向胡玉刚提出："咱们也开个淘宝店吧。"可让两人觉得为难的是，不知道卖什么好。

"有一次，我吃了亲戚从台湾带回来的饼干，觉得味道很不错。给老公念叨了好几次，他说了句'这有什么难的，我给你做'，几天后就拿了一盒自制饼干给我。我一尝，比之前吃过的饼干更美味，就觉得既然他这么喜欢做手工饼干，味道也好，不如就开网店卖糕点吧。"蔡丽敏说。

面对信心十足的蔡丽敏，胡玉刚二话没说就研制起了新款产品，然后把十几款饼干挂到了网店"柯蒂手制"里，正式开启了淘宝之路。

"如果没有老婆的鼓励，或许我下不了决心触网，是她说很美味时的笑容让我有了自信。是这份美味情缘让我勇敢踏出了创业的第一步。"胡玉刚说。

• 半年才等来第一位顾客 •

对于一家手工食品店而言，如何打破"零信誉"，是"柯蒂手制"不得不面临的难题。

胡玉刚说："那个时候，我、我妈和我老婆三个人围着网店连轴转。不仅要研究淘宝网的各项规则，连买设备、找材料、研发制作、后期客服和打包发货，都要亲力亲为。不过，比起没有顾客上门，没有任何销量来说，这些都不算事儿。每次我都对自己说，再等等，生意很快就会来了。"

让小两口没想到的是，这一等，就等了半年。而长达半年时间里，"柯蒂手制"没有接到一笔订单，就靠实体店苦苦支撑着。

"突然有一天，淘宝旺旺就响了起来。那位顾客似乎没有注意到我们是零信誉，直接告诉我们她要的品种，询问了何时发货等问题后，就成交了。"蔡丽敏回忆道，"她当时买了很多，包括现在还在经营的丹麦乳酪酥、椒盐核桃酥等，还有一部分产品我们现在已经停产了。"

也许这位来自宁波的顾客根本不知道，她的出现给蔡丽敏和胡玉刚带来的，远不止一笔订单这么简单。"她让我们知道，我们的糕点还是能够被人发现、被人认可的。"蔡丽敏说。

做成了第一笔订单后，"柯蒂手制"的生意开始慢慢有了起色。越来越多的网上吃货知道了这家手工制作的点心店，网店订单量最大的时候，每天能接到上百个订单。到了2009年中秋节的时候，蔡丽敏和胡玉刚决定，将重心搬到线上，着重开发淘宝店。

•订单再多也不放弃纯手工•

对大部分人来说，在网上购买食品，最看重的有两个因素：一是味道，二是安全。为了确保这两点，蔡丽敏和胡玉刚也费尽了心思。

"要保持糕点的新鲜，最重要的就是运输。所以在选择合作的物流公司时，我们特别慎重，都是找有信誉保证的大公司。其次就是如何保鲜。比如今年夏天这么热，为了尽量延续糕点的新鲜程度，我们会用泡沫箱加冰袋运输。而在食品安全上，我们早就拥有了正规的厂房、QS和食品流通许可证，受省质监局监督管理。所以，现在只不过是把贩售地点从线下店铺转移到了电商平台上，没有任何问题。"蔡丽敏坦然地说。

"柯蒂手制"目前的顾客以江沪浙地区的居多，因为物流快，能给顾客最新鲜的消费体验。但蔡丽敏表示，他们正在想办法如何更进一步解决食品保鲜的问题，这个问题解决以后，他们的产品才能放心地卖到更远的地方。

至于糕点的味道，"大厨"胡玉刚自信十足，网店的客户流量越来越大，对产品的需求量也日渐增加，让他在制作周期上感到了压力，但他仍坚持所有糕点都使用纯手工制作，"因为这样味道更好"。

"现在我们一共请了10个人做糕点，每天都会根据客户的需求量启动厂里的烤箱，一般是6~8个烤箱同时使用。"胡玉刚介绍，"纯手工制作是我们这个网店的立足之本，所以，即使偶尔发货速度会略慢一些，我也会坚持手工制作"。

曾经开过奶茶铺的胡玉刚深知，产品创新对一家食品类店铺有多么重要。因此，这些年来，他从来没有放弃过改良产品的口味。"目前店里的这些产品，口味比较偏向于台湾点心。以今年的月饼为例，我用了自制的馅料和独门手工曲奇表皮制作，打破了传统的苏式、广式的做法。全淘宝只有我一家才有这种口味。"胡玉刚有些得意地说。

•去年营业额突破百万•

从一个家庭作坊到注册品牌，再成为一家正规的食品生产企业，蔡丽敏说，她完全没想到能走到今天这一步。就在去年，她将"柯蒂手制"注册成了杭州优卡食品有限公司，同时将淘宝店更名为"甜柚手工"。这一年，公司的年营业额一举突破了百万元。

蔡丽敏说："在手工糕点这个领域，甜柚手工在整个淘宝上一直位列前三，这是我非常自豪的事情。"

但她同时强调："我始终没有忘记自己的初衷，纯粹赚钱并不是我们的目的。能将自己从美食里感受到的幸福感，分享给每一个人，这才是甜柚的初衷。现在甜柚在杭州市中心拥有一家实体店，我希望未来能将线上线下结合起来。"

开店铺发布宝贝

在前几章的讲解中已经介绍了前期的准备，万事俱备，只等开张了。网上店铺开张，其实同实际店铺开张一样，要做很多工作，主要包括设置店铺、上传发布宝贝、使用淘宝助理等软件等。在商品比较多的时候，使用淘宝助理可以批量编辑商品。

4.1 设置店铺

店铺开张后首先要给店铺起个好名字，以及选择合适的店铺风格。

01 给店铺起个好名字

好名字价值千金，对于网络店铺来说，店名更加重要，所以起名不能过于随意，而是遵循以下原则。

❶ 店铺起名必须与经营的商品相吻合，通常要能反映经营者的经营特色，或反映主营商店的优良品质，使买家易于识别并产生购买欲望。比如同仁堂，作为老字号中药店已是家喻户晓，"堂"作为中药铺的名称已成了约定俗成的识别标志，人们只一看到这样的字，就知道是卖中药相关的。

❷ 店铺起名必须新颖，不落俗套，能迅速抓住买家的视觉，引起买家的兴趣，吸引他们光顾商店。

❸ 店铺起名简洁为好，易读易记。店名不能起得太复杂，否则会有负面作用。比如有的商店喜欢采用繁难字为店名，不仅顾客不能认识，推广起来也会颇费周折。

❹ 店铺起名应给人美感，有文化底蕴的店名，使买家感到放心惬意。

❺ 名字可以与众不同，但要朗朗上口，响亮好听。店名和会员ID的创建一样，要考虑到顾客是否好记、好搜。

如今，从买家的角度去起名已经成为众多商家首选的起名思路。这样的起名思路，要求名字取得符合买家需要，使买家产生好感，得到某种心理满足。例如，"及时雨典当行"、"便民超市"、"利民鞋业"等。

02 店标设计

电子商务平台已渐渐成熟，网上开店的朋友也越来越多。网上开淘宝店时，首先需要构建店铺框架，需要给自己的店铺上传一个"店标"，淘宝店标是店铺的标识，一个好的店标图片可以提高店铺的浏览率。

店标设计的主要特点如下。

❶ 准确性。店铺标志无论是寓意还是象征，其含义必须准确。首先要易懂，符合人们认识心理和认识能力。其次要准确，避免意料之外的多解或误解，尤应注意禁忌。要让人在极短时间内一目了然、准确无误领会。

❷ 识别性。标志最突出的特点是易于识别，并显示事物自身特征。标示事物间不同的意义、区别与归属是标志的主要功能。

❸ 持久性。标志与广告或其他宣传品不同，一般都具有长期使用价值，不要轻易改动。

❹ 功用性。虽然标志要具有观赏价值，但其主要目的不是为了供人观赏，而是实用，标志具有不可替代的独特功能。

03 设置店铺风格

店铺风格决定了店铺给人留下的直观印象，因此选择一个合理的店铺风格很重要，淘宝网为卖家免费提供了几款网上店铺风格模板，卖家可以根据所出售的宝贝来选择合理的店铺风格。

设置店铺风格具体操作步骤如下。

❶ 登录淘宝网，进入"卖家中心"，单击"左侧"的"店铺管理"下面的"店铺装修"超链接，如图4-1所示。

❷ 打开"旺铺基础版"页面，将光标放置在"装修"上，自动出现下拉列表，选择"样式管理"选项，如图4-2所示。

图 4-2 选择"样式管理"选项

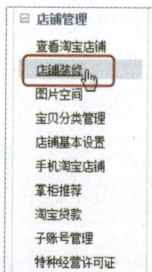

图 4-1 单击"店铺装修"超链接

❸ 打开如图4-3所示的页面，根据自己店铺的宝贝特点来自行选择店铺风格。

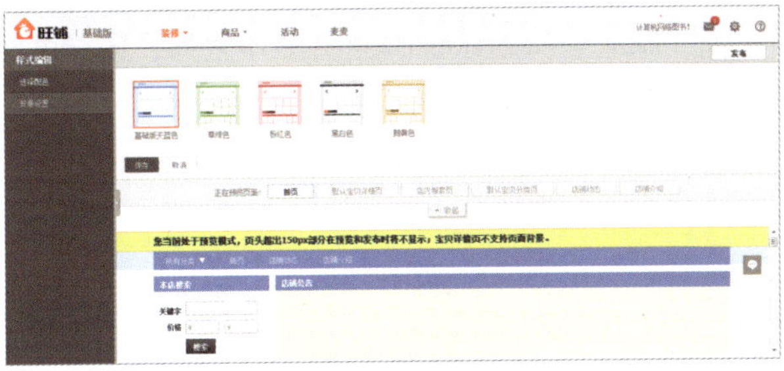

图 4-3 店铺装修

❹ 在这里选择了"粉红色"，如图4-4所示。

图 4-4 选择店铺风格

4.2 在淘宝网发布宝贝

目前在淘宝网发布宝贝有三种方式：发布一口价商品、发布拍卖商品、发布闲置商品。

01 准备宝贝信息资料

和传统店铺一样，在网上开店的第一步就是要考虑卖什么，选择的商品要根据自己的兴趣、能力、条件以及商品属性、消费者的需求等来定，并考虑到自己有什么样的优势货源等。

网上开店成功的一个关键因素在于进货渠道，同样一件商品，不同的进货渠道，价格是不同的。

通过身份验证后，就要整理自己已经有的宝贝。为了将销售的宝贝更直观地展示在消费者面前，图片的拍摄至关重要，最好使用相应的图形图像处理工具进行图片格式和大小转换，比如利用Photoshop和光影魔术手等。如图4-5所示为某宝贝图片。

图 4-5 宝贝图片

02 以"一口价"方式发布宝贝

要在淘宝上开店铺，除了要符合认证的会员条件之外，还需要发布10件以上的宝贝。整理好商品资料和图片后，就可以发布宝贝了。

以"一口价"方式发布宝贝的具体操作步骤如下。

❶ 登录淘宝网，在"我是卖家"下的"宝贝管理"下面单击"发布宝贝"超链接，如图4-6所示。

❷ 打开如图4-7所示的选择宝贝类目，选择上方的"一口价"选项，在下面选择相应的类目，单击"我已阅读以下规则，现在发布宝贝"按钮。

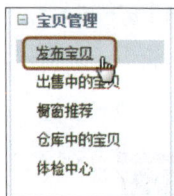

图 4-6 单击"发布宝贝"链接

图 4-7 选择宝贝类目

❸ 打开填写宝贝基本信息页面，如图4-8和图4-9所示。

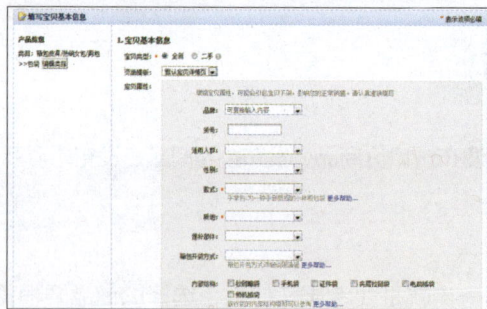

图 4-8 填写宝贝基本信息

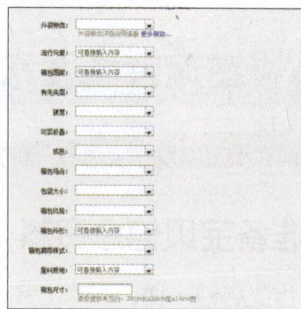

图 4-9 填写宝贝其余信息

❹ 接下来填写运费模板，如图4-10所示。

❺ 下面填写宝贝标题、价格和宝贝规格，如图4-11所示。

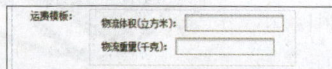

图 4-10 填写运费模板

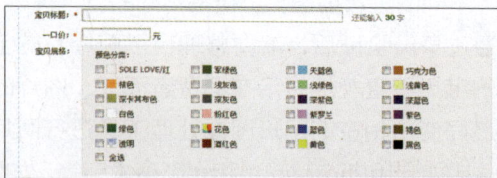

图 4-11 填写宝贝标题、价格和宝贝规格

❻ 接下来填写宝贝数量并上传宝贝图片，如图4-12所示。

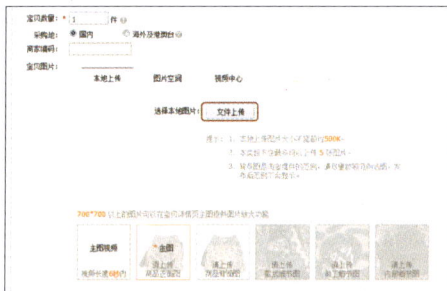

图 4-12 填写宝贝数量、上传宝贝图片

❼ 填写宝贝描述，如图4-13所示。

❽ 选择宝贝物流信息，如图4-14所示。

图 4-13 填写宝贝描述

图 4-14 选择物流信息

❾ 选择售后保障信息，如图4-15所示。

图 4-15 售后保障信息

❿ 设置其他信息，如图4-16所示，设置完毕后单击"发布"按钮，即可将宝贝发布成功，如图4-17所示。

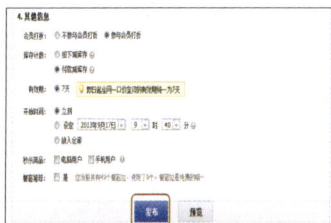

图 4-16 设置其他信息

图 4-17 宝贝发布成功

03 发布二手与闲置物品

发布二手与闲置物品与发布一口价物品类似，只需把"一口价"改为选择"闲置物品"即可，具体操作步骤如下。

❶ 在选择宝贝类目页面中选择"个人闲置"选项，如图4-18所示。

❷ 单击"我已阅读以下规则，现在发布宝贝"按钮，进入"淘宝二手"页面，如图4-19所示。

图4-18 选择"个人闲置"选项

图4-19 发布个人闲置物品

❸ 接下来填写宝贝描述信息，如图4-20所示。

❹ 设置完毕后，单击"立刻发布"按钮，即可发布成功，如图4-21所示。

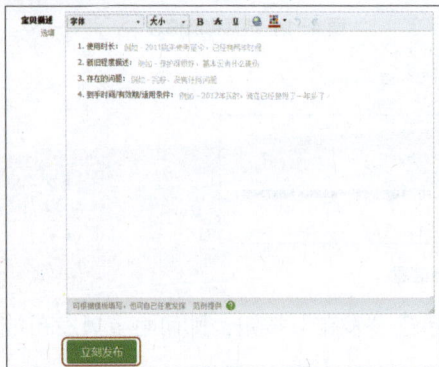

图4-20 填写宝贝描述信息

图4-21 发布成功

04 以"拍卖"方式发布宝贝

拍卖商品时，需要设置起拍价，即商品最低成交价格；同时卖家还需要设置加价幅度，既可以选择系统自动代理出价，也可以自己设置加价幅度。商品发布以后，发布方式不能相互转换，如无法将一口价修改成拍卖。

❶ 在类目中选择"拍卖"选项，如图4-22所示。

❷ 选择相应的类目，单击"我已阅读以下规则，现在发布宝贝"按钮，打开如图4-23
所示页面，首先填写宝贝的基本信息。

图 4-23 填写宝贝基本信息

图 4-22 选择"拍卖"选项

❸ 选择拍卖类型，如图4-24所示。

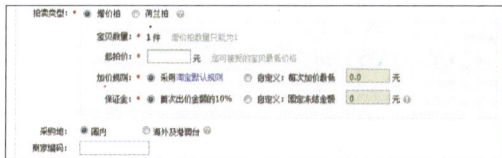

图 4-24 选择拍卖类型

❹ 上传宝贝图片，如图4-25所示。

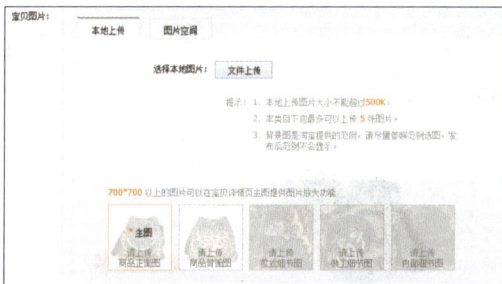

图 4-25 上传宝贝图片

❺ 填写宝贝描述信息，如图4-26所示。

❻ 选择在店铺中的所属类目，如图4-27所示。

图 4-26 填写宝贝描述

图 4-27 选择在店铺中的所属类目

❼ 选择宝贝物流信息，如图4-28所示。

图 4-28 选择宝贝物流信息

❽ 选择售后保障信息并设置其他信息，设置完毕后单击"发布"按钮，如图4-29所示。

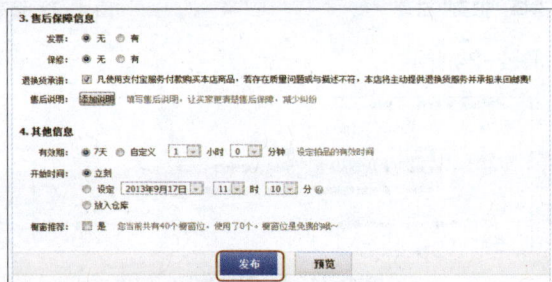

图 4-29 选择售后保障信息以及其他信息

❾ 发布后效果如图4-30所示。

图 4-30 发布拍卖宝贝

4.3　使用淘宝助理批量发布宝贝

　　淘宝助理是一款免费客户端工具软件，是上传和管理宝贝的一个店铺管理工具。它可以使用户不登录淘宝网就能直接编辑宝贝信息，快捷批量上传宝贝。

01　上传宝贝

　　使用淘宝助理上传宝贝的具体操作步骤如下。

❶ 启动淘宝助理，输入会员名和密码，单击"登录"按钮，如图4-31所示。

❷ 打开淘宝助理界面，单击顶部的"宝贝管理"按钮，如图4-32所示。

图 4-31　启动淘宝助理　　　　　　　　图 4-32　淘宝助理界面

❸ 打开如图4-33所示的界面，单击"新建宝贝"按钮。

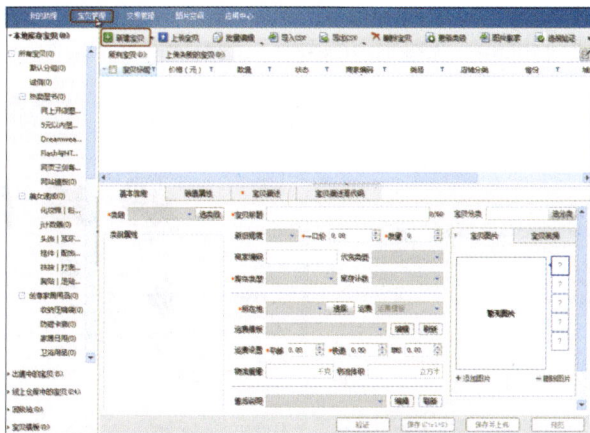

图 4-33　单击"新建宝贝"按钮

❹ 打开"基本信息"界面，如图4-34所示，单击"选类目"按钮。

图 4-34 基本信息页面

❺ 在打开"选择类目"列表中，选择相应的宝贝类目，单击"确定"按钮，如图4-35
所示。

图 4-35 选择类目

❻ 单击"选择要上传的图片"按钮，如图4-36所示。

❼ 打开"选择图片"对话框，选择相应的图片，单击"打开"按钮，如图4-37所示。

图 4-36 上传图片

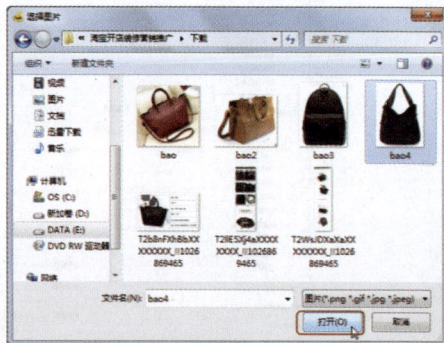

图 4-37 "选择图片"对话框

❽ 返回"选择图片"对话框，单击"插入"按钮，如图4-38所示。

图4-38 插入图片

❾ 返回到"基本信息"界面，填写完成所有信息后，单击"保存并上传"按钮，如图4-39所示。

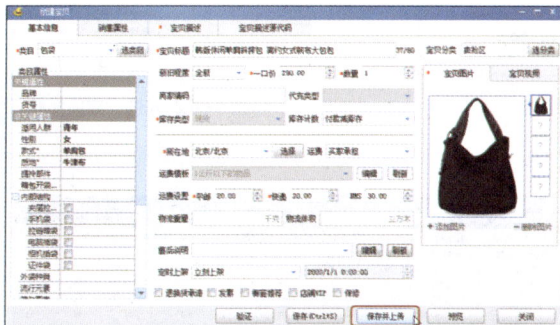

图4-39"基本信息"界面

❿ 弹出"上传宝贝"对话框，单击"上传"按钮，如图4-40所示，即可上传成功。

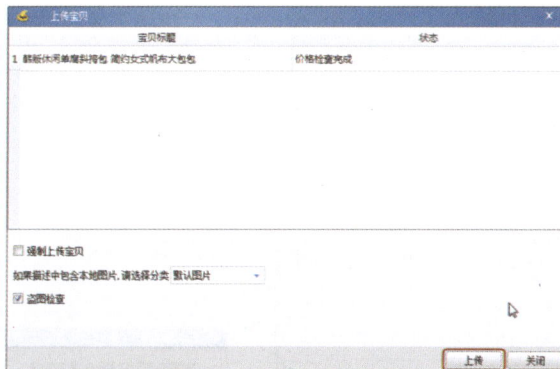

图4-40"上传宝贝"对话框

02 导出 CSV 文件

使用淘宝助理导出CSV文件,具体操作步骤如下。

❶ 双击"淘宝助理"图标,启动淘宝助理,输入会员名和密码,单击"登录"按钮,如图4-41所示。

❷ 打开淘宝助理,切换至"宝贝管理"页面,勾选"所有宝贝"下面的"宝贝标题"复选框,如图4-42所示。

图 4-41 登录淘宝助理

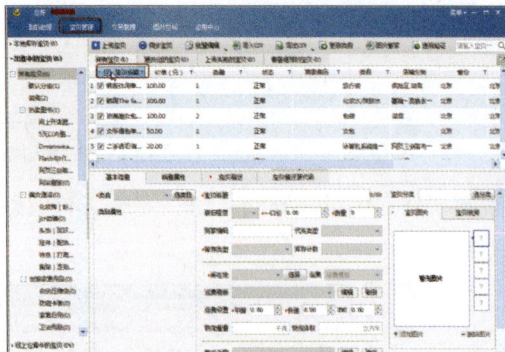

图 4-42 勾选"宝贝标题"复选框

❸ 单击"导出CSV"按钮,在展开的列表中选出导出命令,如图4-43所示。

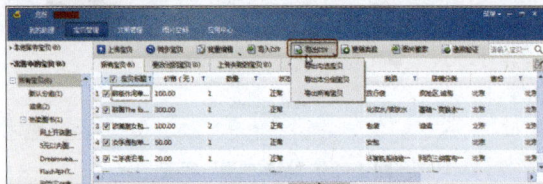

图 4-43 单击"导出 CSV"按钮

❹ 弹出"保存"对话框,输入文件名,单击"保存"按钮,如图4-44所示。

❺ 弹出提示"导出CSV"对话框,即可导出成功,如图4-45所示。

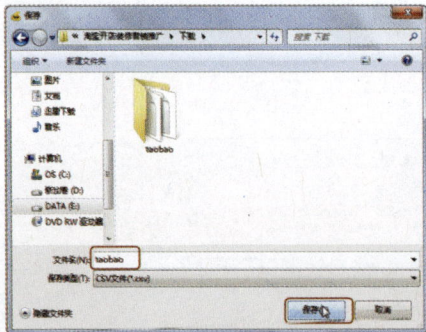

图 4-44 "保存"对话框

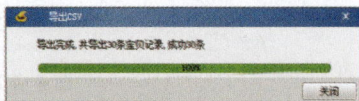

图 4-45 导出成功

03 导入数据包并上传

下面需要用户导入数据包并上传，具体操作步骤如下。

❶ 双击淘宝助理图标，启动淘宝助理，输入会员名和密码，单击"登录"按钮，如图4-46所示。

❷ 切换至"宝贝管理"页面，单击"导入CSV"按钮，如图4-47所示。

图 4-46 启动淘宝助理

图 4-47 单击"导入 CSV"按钮

❸ 弹出"打开文件"对话框，选择目标文件，单击"打开"按钮，如图4-48所示。

❹ 弹出"导入CSV文件"对话框，提示成功导入30个宝贝，此时，即可显示刚导入的文件，如图4-49所示。

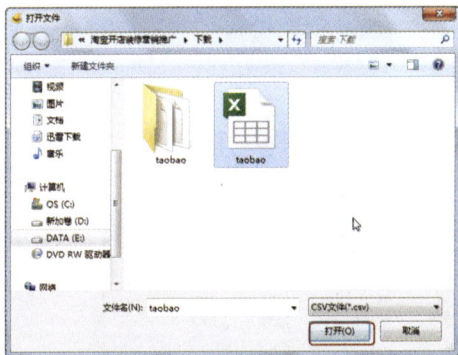

图 4-48 "打开文件"对话框

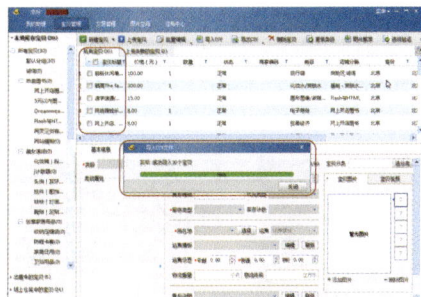

图 4-49 提示成功导入 30 个宝贝

04 批量修改宝贝信息

导入CSV文件后，就要批量修改宝贝信息，其具体操作步骤如下。

❶ 启动淘宝助理，切换至"宝贝管理"页面，勾选想要修改信息的宝贝，执行"批量编辑"命令，在菜单中选择想要修改的信息，如这里选择"宝贝名称"，如图4-50所示。

图 4-50 批量修改宝贝名称

❷ 打开"宝贝名称"对话框，在对话框中进行需要的设置，如图4-51所示。

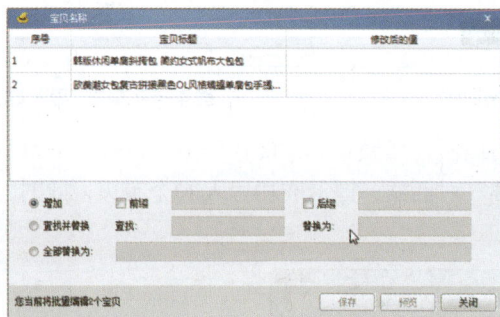

图 4-51 "宝贝名称"对话框

❸ 设置完毕后，单击"保存"按钮，在"状态"栏中即可显示"被修改"，如图4-52所示。

图 4-52 显示"被修改"

Q&A 实战技巧问答

Q ◀ 1. 如何修改店铺名?

A 开店成功后,进入"卖家中心"→"店铺管理"→"店铺基本设置"页面就可以修改店铺名。但店铺名是唯一的,如果存在重名,修改会不成功。同时,为了保障店铺名及店铺其他信息的规范性,淘宝的店铺名称设置必须遵循一定的规范。

店铺名修改后会有滞缓期,一般24小时后生效,如超过时间仍然未显示,建议在店铺基本设置中查看是否修改成功,并清空浏览器历史记录和cookies,关闭浏览器后重新登录查看即可。

Q ◀ 2. 如何注销或关闭店铺?

A 如果想暂时关闭或永久注销店铺,只要将店铺里"出售中的宝贝"全部下架即可。店铺在售宝贝数量连续6周为0件后,淘宝会彻底释放你的店铺。之后若你想继续开店,重新单击"我要开店"按钮即可,再次创建的店铺地址不会变,之前的卖家信用也可以继续累积。

Q ◀ 3. 为什么不能发布宝贝?

A 先确认你的账户是否具备发布商品的条件,并查看账户是否有因违规被处罚限制发布商品,如果都没有问题,可根据下面的情况选择查看。

(1)发布商品时提示"你的店铺状态不正常,不能发布、编辑全新商品"。

(2)超过发布商品数量上限。

(3)上架时提示宝贝数量必须大于0。

(4)发布宝贝时提示输入属性错误。

(5)发布宝贝时无法选择类目。

(6)发布宝贝不成功,有出错提示。

Q 4. 什么是运费模板，有什么好处？

如果大部分商品的体积和重量都很接近，那么建议使用运费模板功能。运费模板就是为一批商品设置同一个运费。当需要修改运费的时候，这些关联的商品的运费将一起被修改。如发布商品时不想使用运费模板，可以在发布商品时不选择运费模板即可。

Q 5. 淘宝助理有哪些好的特点？

• 离线管理、轻松编辑商品信息。

• 快速创建新宝贝。通过模板，数秒钟就建立新的宝贝。

• 批量编辑宝贝信息，节省宝贵的时间。

• 通过下载，轻松修改已经发布的宝贝。

• 修改后批量上传，无需人工操作。

• 批量打印快递单、发货单，省下大量人工填写工作，还可以自定义打印模板。

• 批量发货，减少手工操作，针对某些快递单还能自动填写运单号。

• 批量好评，减少手工操作，方便通过好评进行营销。

• 图片搬家操作简单，将宝贝描述中的图片自动迁移到淘宝图片空间。

• 支持本地图片。上传宝贝时自动将本地图片上传图片空间，让本地图片在宝贝描述中尽情展现。

• 支持视频和flash，可以炫出你的宝贝，让宝贝动起来。

• 批量编辑宝贝，对宝贝描述、类目或属性全新改版时，节省更多的宝贵时间。

• 交易管理批量编辑。批量编辑物流公司和运单号，减少手工操作。

• 导入导出CSV格式，让店主更自由地编辑库存宝贝、出售中宝贝以及线上仓库中宝贝的商品信息。

• 数据库修复。最大化地修复受损数据库。

成功案例 "轮上巨人"淘宝创业年赚40万

残疾人自立自强一样可以生活得很精彩

骆润法出生的时候，因先天性营养不全而导致残疾。八岁的他，还不会走路和站立，甚至连坐都坐不稳。

到了十岁那年，骆润法终于可以蹒跚着慢慢走路了，看着自己儿子可以走了，母亲高兴得不亦乐乎。一天，骆润法对母亲说：妈，我想去读书。

十八岁那年，骆润法初中毕业就离开了学校。虽然是个残疾人，但骆润法的心里却有着同样一种渴望，渴望考大学，做个科学家或者医生，渴望像其他同学那样在大学校园里学习生活，然而残疾让他远离了这些。

•摆地摊开始自谋生路•

1981年父亲单位的几位领导看到骆润法家里的特殊情况，出了个主意，让他们去单位门口摆小摊，也好赚点饭钱。从此，骆润法开始自谋生路。

在摆杂货摊的八年中，骆润法学会了自信，学会了怎样和人打交道。有空的时候，骆润法不断自学，看书、学写文章、学英语、学书法。他的文章经常在报刊中刊登出来，书法也在全市比赛中获奖。

从1995年开始，骆润法开设了电脑培训班，为30000余人提供了就业机会。同时，为440多名残疾人提供了免费培训。

•组成了淘宝创业团队，为残疾人提供就业•

2008年，看到一些残疾人找不到工作，骆润法萌生了在淘宝上开店的念头，如今，他变身一名"网商"，从电脑培训业转型为在淘宝上开网店，卖的是绍兴黄酒。组成了淘宝创业团队，开始了人生的又一次挑战。

骆润法说："大包装的黄酒，通过物流发送，小包装就通过快递。有时候一个月销售额能有20万，有时候就几万。如今，老客户不断增加，新客户也越来越多，总觉得这个市场很大。"

找客户、寻订单，轮椅上的骆润法付出了常人难以想象的艰辛，一点点摸索出网店的经营技巧。让他自豪的是，经过几年的努力，他的网店迅速成长为淘宝网上最大的黄酒销售企业之一，2010年销售额达300多万元。为带动残疾人一起创业，骆润法专门招了5名残疾员工。

在骆润法不大的办公间里,残疾人和健全人之间协作非常顺利,残疾人通过网络做客服、填单子,健全人则负责打包、做木架子以及运输等。

在琳琅满目的黄酒样品专营店里,肢残姑娘禹红琴正坐在电脑前给客户下单,键盘上十指如飞。

骆润法说,现在仅仅是个开始,他的心中琢磨着更大的"蓝图"。他坚定地告诉记者:"我希望有一天能够像'飞达'(电脑培训学校)一样搞得很大,然后为20到40余个残疾人提供就业门路。"

·免费培训帮助残疾人创业·

被称为绍兴"轮上巨人"的残疾人骆润法正在干一件让自己心跳的大事:为全国残疾人免费传授开网店的技术和经验。消息在网上发布后,吸引了全国30多名残疾人到绍兴学习,因其创业精神,也被网友称为"励志哥"。

骆润法说,有创业梦想的残疾人可以到他这里来,每期培训时间两个月,我们给他们提供技术指导老师和电脑,路远的残疾人可以在这里住宿,一天只收30元的住宿和伙食费。残疾人可以通过培训,在淘宝网上开网店,需要什么货源,他会帮忙联系。

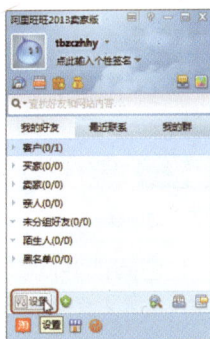

Chapter
05

做好第一笔生意

第一笔交易总是令人欢喜和期待的，你做好准备迎接你的第一单了吗？好不容易终于等来了生意，如何更好地为买家服务，博得买家的信任，交易流程是怎样的？本章将介绍淘宝成功交易的基本流程，确保交易的顺利完成。

5.1 用阿里旺旺揽生意

阿里旺旺是淘宝网为店主量身定做的免费网上商务沟通软件。它能帮商家轻松联系客户，发布并管理商业信息，及时把握商机，随时洽谈做生意。

01 设置自动回复，不让客户久等

作为一个优秀的淘宝卖家，当别人向你咨询时，你要立即给对方一个回复，当你不在时你也要给对方一个合理的回复。这就需要设置阿里旺旺自动回复，无需客户久等，那么这些回复在哪里设置，怎么设置呢？具体操作步骤如下。

❶ 启动阿里旺旺卖家版，单击左下角的"设置"按钮，如图5-1所示。

❷ 弹出"系统设置"对话框，切换至"客服设置"选项面板，单击"自动回复设置"按钮，如图5-2所示。

图5-1 阿里旺旺卖家版

图5-2 "系统设置"对话框

❸ 单击"新增"按钮，弹出"新增字段回复"对话框，如图5-3所示。

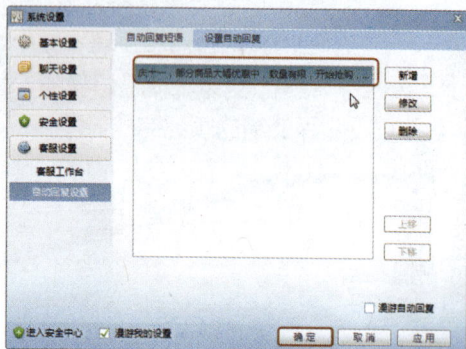

❹ 输入回复内容，单击"保存"按钮，新增的自动回复短语即可添加到对话框中，单击"确定"按钮，如图5-4所示。

图 5-3 "新增字段回复"对话框　　　　　图 5-4 新增自动回复短语

02 使用移动旺旺，随时随地谈生意

手机阿里旺旺是指阿里旺旺的手机客户端版本，目前支持Java和Android手机系统两个版本，并且只有跟系统相对应的手机才能使用。

短信（移动）阿里旺旺是指通过手机短信和旺旺互通消息的产品。这个是收费产品，有按短信条数或包月计费的。

❶ 启动阿里旺旺软件，单击顶部的"短信旺旺"按钮，如图5-5所示。

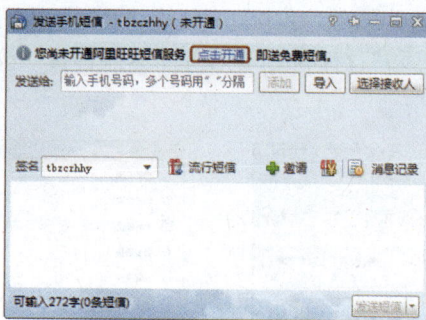

❷ 弹出"发送手机短信"对话框，在对话框中单击"点击开通"超链接，如图5-6所示。

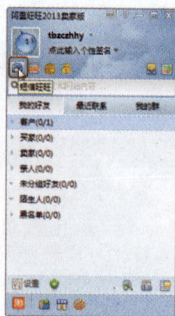

图 5-5 单击"短信旺旺"按钮　　　　　图 5-6 "发送手机短信"对话框

❸ 弹出"免费绑定手机向导"对话框，在对话框中勾选"我已阅读并同意用户协议"复选框，单击"下一步"按钮，如图5-7所示。

❹ 在对话框中输入手机号码，单击"我要直接验证：请点击这里"中的"请点击这里"超链接，获得验证码，单击"下一步"按钮，如图5-8所示。

图 5-7 "免费绑定手机向导"对话框

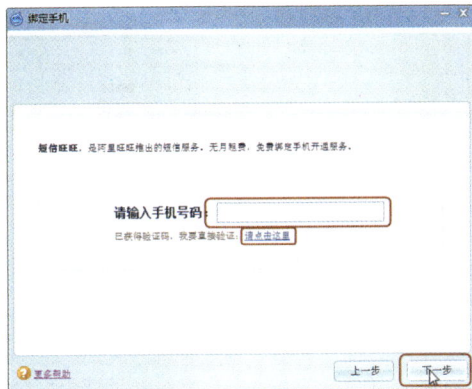

图 5-8 输入手机号码

❺ 手机即可收到淘宝发来的验证码，在"验证码"文本框中输入验证码，单击"下一步"按钮，如图5-9所示。

❻ 提示绑定成功，单击"完成"按钮即可，如图5-10所示。

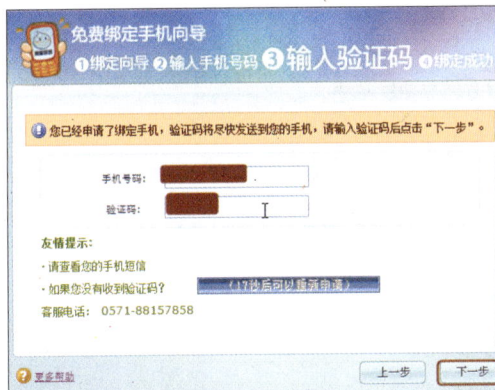

图 5-9 输入验证码

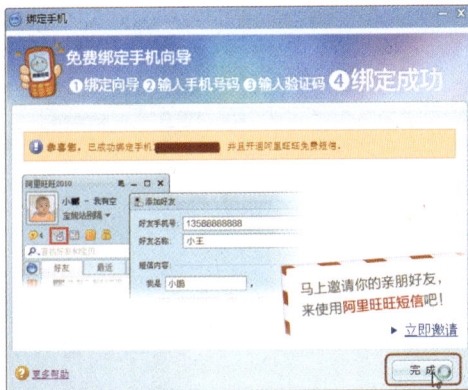

图 5-10 绑定成功

03 妥善保存聊天记录

目前阿里旺旺中可导入的聊天记录有.wmd、.bak、.atb和.db四种格式，如果想在重装阿里旺旺后能保留聊天记录，可以将聊天记录先导出，建议导出时选择.wmd格式，安装完成后再导入就可以。

保存聊天记录的具体操作步骤如下。

❶ 打开"客服工作台"对话框，单击"查看消息记录"右边的下三角按钮，在弹出的下拉列表中选择"消息记录设置"，如图5-11所示。

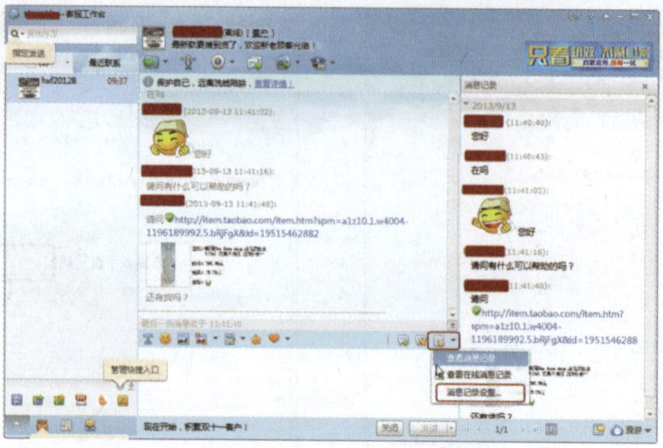

图5-11 "客服工作台"对话框

❷ 弹出"系统设置"对话框，勾选"将我的消息记录保存到这台电脑上"复选框，单击
"确定"按钮，如图5-12所示。

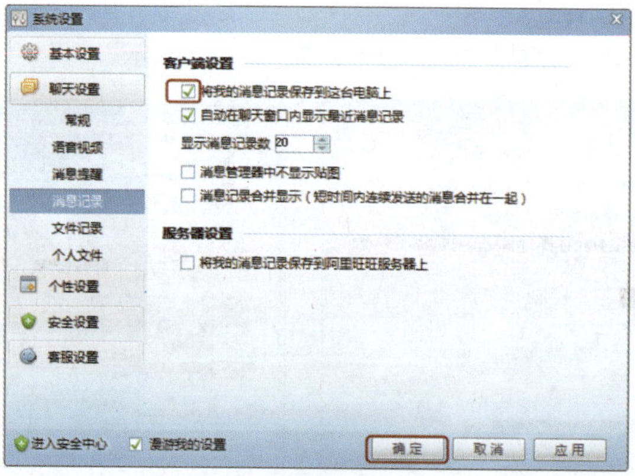

图5-12 保存消息记录

❸ 单击"客服工作台"对话框底部的"消息记录"按钮，弹出"消息管理器"对话框，
如图5-13所示。

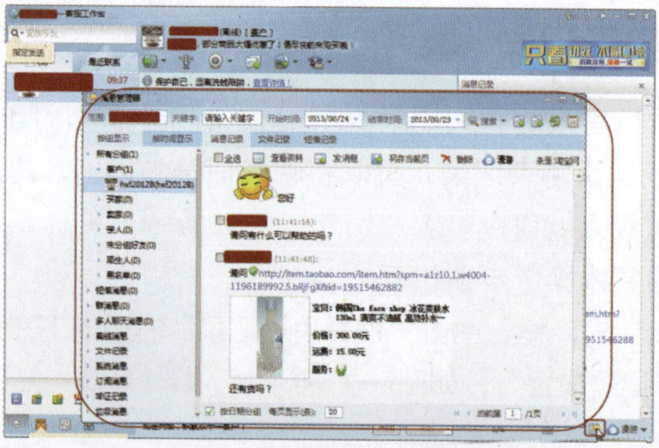

图5-13 "消息管理器"对话框

❹ 单击"导出消息记录"按钮，弹出"导出选择"对话框。如图5-14所示。

图 5-14 "导出选择"对话框

❺ 单击"开始时间"文本框右侧的下三角按钮，在打开的列表框中选择开始的时间，单击"确定"按钮，如图5-15所示。

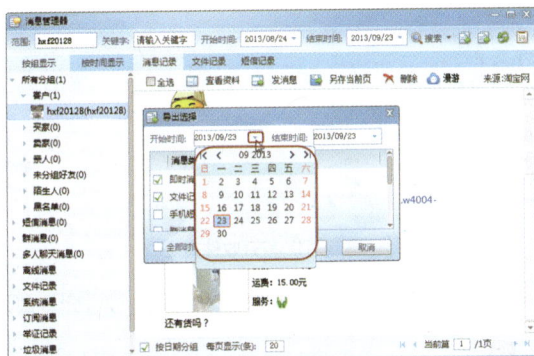

图 5-15 选择开始时间

❻ 弹出"导出"对话框，在"文件名"文本框中输入文件名，单击"保存"按钮，如图5-16所示。

❼ 提示"导出成功"，如图5-17所示，单击"确定"按钮。

图 5-16 "导出"对话框

图 5-17 导出成功

5.2 用站内信回复买家

在淘宝网上做生意，要懂得怎样与买家交流。用户可以使用旺旺跟买家交流，也可以使用其他方式与买家交流，如使用站内信。

使用站内信回复买家的具体操作步骤如下。

❶ 登录淘宝网，单击页面左上角的"站内信"超链接，如图5-18所示。

图5-18 单击"站内信"超链接

❷ 打开淘宝网的"收件夹"，如图5-19所示。

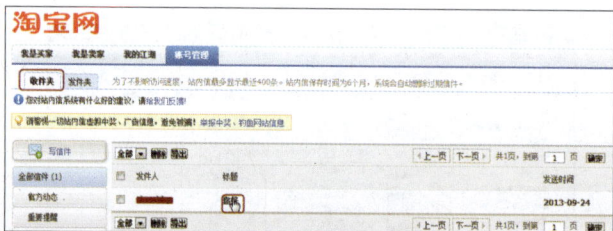

图5-19 打开收件夹

❸ 单击"标题"下面的超链接，会在下面出现信息内容，如图5-20所示。

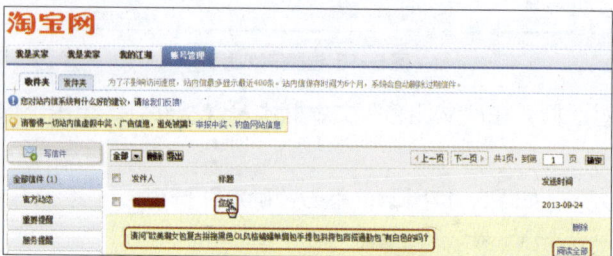

图5-20 查看信件内容

❹ 单击"阅读全部"超链接阅读信件内容，单击"回复该信件"按钮，如图5-21所示。

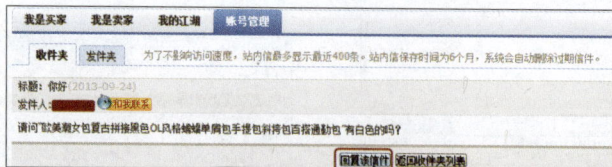

图5-21 单击"回复该信件"按钮

❺ 打开"发送新信件"页面，在"主题"文本框中输入主题，在"内容"文本框中输入信件内容，在"校验码"文本框中输入后面的校验码，如果想保存该信件，也可以勾选"发送的同时保存到发件箱"复选框，并单击"发表"按钮，如图5-22所示。

❻ 提示站内信发送成功，如图5-23所示。

图 5-22 发送新信件

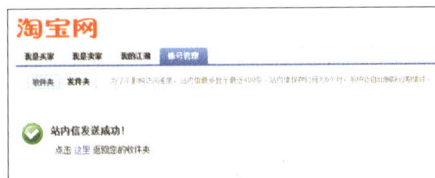

图 5-23 站内信发送成功

5.3 成交第一笔生意

如果买家拍下了店铺的宝贝，在"卖家中心"→"已卖出的宝贝"页面会生成交易订单。也可以到"我的淘宝"→"账户管理"→"网站提醒"页面设置消息订阅，设置成交记录即时通过阿里旺旺、站内信、邮箱等方式提醒，就可以及时查看到出售宝贝卖出的情况。

01 宝贝被拍中，与买家沟通修改价格

宝贝被拍中后，与买家沟通修改价格后具体操作步骤如下。

❶ 登录淘宝网，进入到"卖家中心"，单击左侧的"交易管理"下面的"已卖出的宝贝"超链接，如图5-24所示。

❷ 打开已卖出的宝贝页面，单击"修改价格"超链接，如图5-25所示。

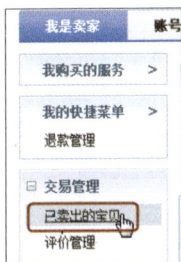

图 5-24 单击"已卖出的宝贝"

图 5-25 单击"修改价格"

❸ 打开如图5-26所示的页面，在"涨价或折扣"下面的文本框中直接输入折扣，可以在"邮费"和"快递"下面的文本框中直接输入邮费金额，也可以单击下面的"免邮费"链接直接免邮费。

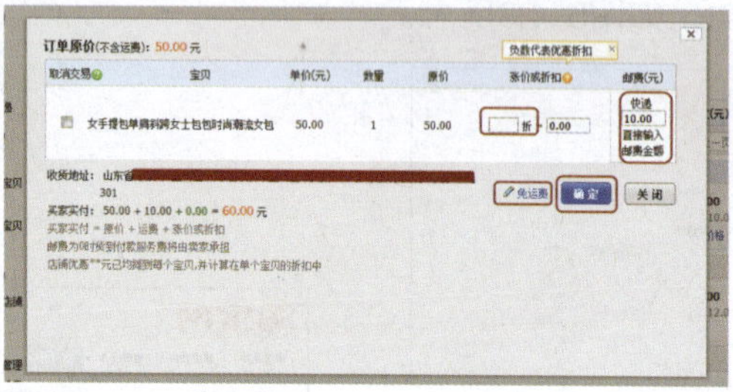

图 5-26 修改价格

❹ 设置完毕后，单击"确定"按钮，就可以看到已经修改完的价格，如图5-27所示。

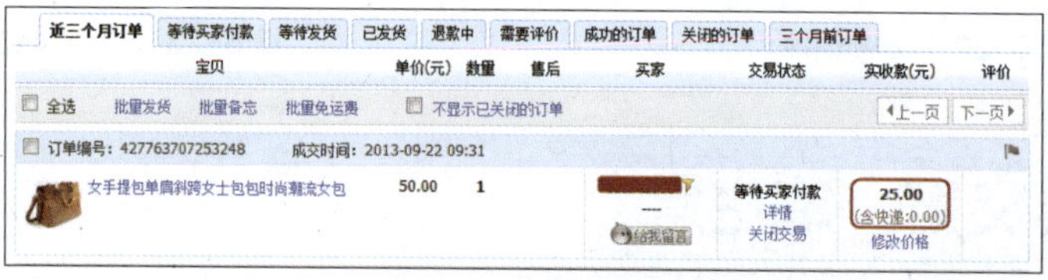

图 5-27 修改价格

小提示

若是买家已付款的状态时，卖家无法修改交易价格，建议联系买家说明，在买家收到货以后申请部分退款即可。

02 查看支付宝买家付款

在卖家中心单击左侧的"交易管理"下面的"已卖出的宝贝"超链接，进入到如图5-28所示的页面，就可以查看到买家是否付款了。

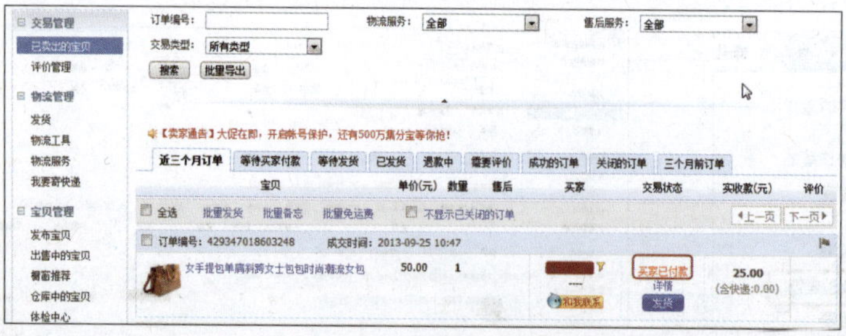

图 5-28 查看买家是否付款

小提示

我发布的宝贝价格写错了，被买家拍下怎么办？

如果发布宝贝时不小心发错了价格，在买家未拍下前可及时修改，但如果买家已经拍下，建议联系买家说明情况，征得买家同意后关闭交易。

若单方面关闭交易，有可能导致买家投诉，一定要慎重操作。

---

03 使用淘宝推荐物流发货

查看到买家已经付款，就可以发货了，可以选择淘宝推荐的物流发货，也可以自己选择物流发货，使用淘宝推荐物流发货的具体操作步骤如下。

❶ 在卖家中心单击左侧的"交易管理"下面的"已卖出的宝贝"超链接，单击"发货"按钮，如图5-29所示。

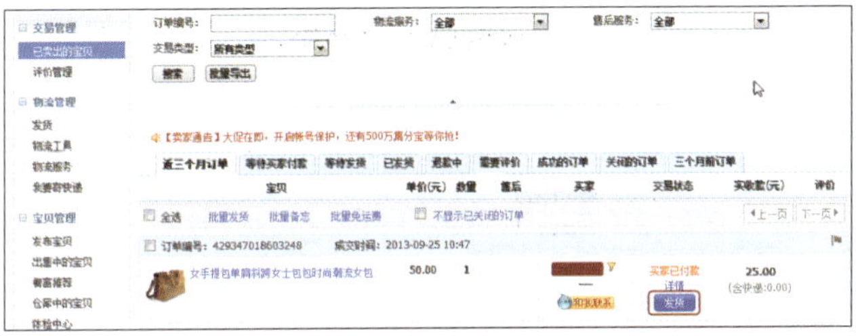

图 5-29 单击"发货"按钮

❷ 打开"确认收货信息及交易详情"，如图5-30所示。

图 5-30 确认收货信息及交易详情

❸ 在"选择物流服务"中选择"自己联系物流"选项卡，可以选择自己想要联系的物流公司，在"运单号码"下面的文本框中输入运单号码，然后单击后面的"确认"按钮，如图5-31所示。

图 5-31 联系物流

❹ 提示发货成功，如图5-32所示。

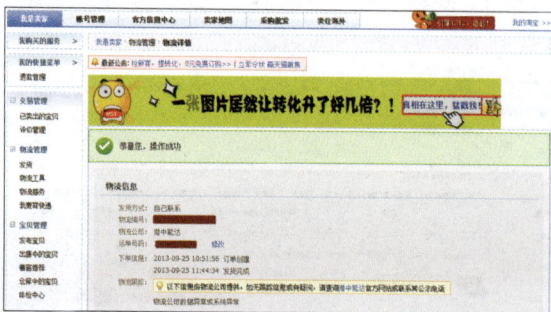

图 5-32 发货成功

04 给买家评价

买家收到货或系统自动付款后，买家和卖家就可以对对方进行评价了。给买家评价的具体操作步骤如下。

❶ 登录淘宝网，进入"我是卖家"，单击"已卖出的宝贝"超链接，进入到"已卖出的宝贝"页面，看到显示"交易成功"，单击"评价"超链接，如图5-33所示。

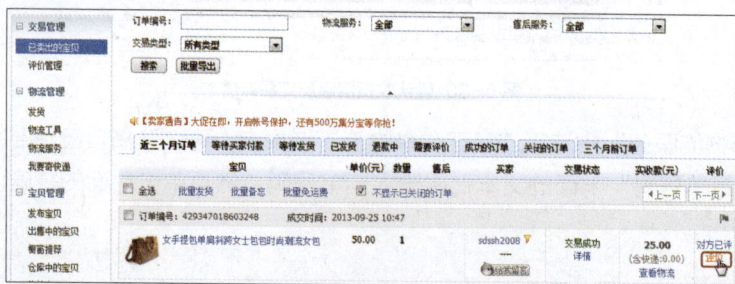

图 5-33 单击"评价"超链接

❷ 这里可以看到有好评、中评及差评三个评价，在这里选择好评，并附上好的评语，然后单击"提交评论"按钮，如图5-34所示。

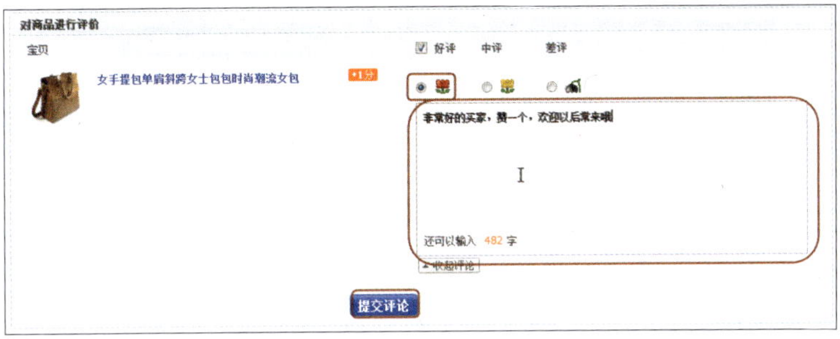

图5-34 对买家进行评价

小提示

好评即好的评价、有利于被评方的评价，好评加一分；中评即一般评价，不好不差的评价，对被评方无关痛痒的评价，中评零分，中评不记分但会影响被评方好评率；差评即差的评价，不好的评价，不利于被评方的评价，差评减一分。

---

❸ 提示信用评价成功，如图5-35所示。

图5-35 信用评价成功

05 从支付宝中提取货款

支付宝提现是指把支付宝中的钱提取到指定的银行账户上。支付宝提现的方式分为实时提现、2小时快速提现以及普通提现三种。其中，2小时到账提现方式支持全部的支付宝余额提现，而其他提现方式不支持充值款项提现。

从支付宝中提取货款的具体操作步骤如下。

❶ 在浏览器中输入http://www.alipay.com并登录支付宝，输入账户名和登录密码，单击"登录"按钮，如图5-36所示。

图 5-36 登录支付宝

❷ 登录到"我的支付宝"页面，如图5-37所示，单击"提现"按钮。

图 5-37 我的支付宝

❸ 进入到"支付宝提现"页面，单击"添加银行卡"按钮，如图5-38所示。

图 5-38 单击"添加银行卡"按钮

❹ 弹出"添加新银行卡"对话框，选择银行，输入银行卡号，单击"保存账户"按钮，如图5-39所示。

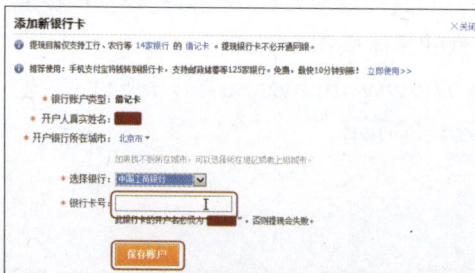

图 5-39 "添加新银行卡"对话框

❺ 输入提现金额，选择转账时间，单击"下一步"按钮，如图5-40所示。

图 5-40 输入金额

❻ 确认提现信息，输入"支付密码"，单击"确认提现"按钮，如图5-41所示。

图 5-41 确认提现信息

❼ 提示"提现申请已提交，等待银行处理。"信息，如图5-42所示。

图 5-42 提交提现申请

Q&A 实战技巧问答

Q 1. 卖家如何关闭订单交易？

A 只有交易状态为"等待买家付款"时，卖家才可以操作关闭订单交易，如图5-43所示。单击"关闭交易"超链接，弹出"请选择关闭该交易的理由"对话框，在下拉列表中选择要关闭的理由，如图5-44所示。

图5-43 等待买家付款

图5-44 选择关闭理由

选择要关闭的理由后，单击"确定"按钮，如图5-45所示。即可将交易关闭，如图5-46所示。

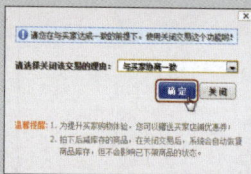

图5-45 单击"确定"按钮

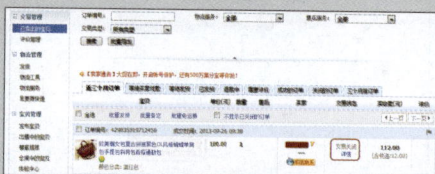

图5-46 关闭交易

Q 2. 买家拍下商品不付款怎么办？

A 如果遇到买家拍下商品却没有付款，建议与买家联系，核实买家是否需要货物，如需要提醒买家拍下后72小时内付款，逾期未付款系统会自动关闭交易。

Q ▶ 3. 买家收货后如果一直不确认怎么办？

A 在卖家点击发货之日起，自动发货商品1天、虚拟物品3天、快递、EMS、不需要运输等10天、平邮30天后，即使买家收到货后不确认收货也没有申请退款的，系统将会以超时情况打款给卖家。同时建议卖家可以及时联系买家了解情况，做好服务哦。

Q ▶ 4. 买家表示已经付款了，为什么我还没有收到货款?

A 买家拍下宝贝操作付款后，此时款项是在支付宝账户中的。当买家收到货物并确认收货，交易显示"交易成功"后，钱款才会立即打入卖家相关的支付宝帐户中，建议可以登录到支付宝账户，在"我的支付宝"→"我的账户"中查询相关账户余额及收支明细。
如果需要将支付宝的款项转账到银行卡中，可以申请"提现"操作。

成功案例　公务员辞职淘宝开店两年赚50万

零利润网上销售，迅速积累人气

"如果给我重来一次的机会，我还是会选择自己创业。"短短两年的时间里，王龙已经从一名涉世未深的在读研究生，成长为一名公司小老板。回忆起自己这几年的创业经历，王龙感慨良多。

•当上公务员却辞职读研•

王龙原本有着令一般人羡慕的职业。大学毕业后，在家里人的安排下，他进入了政府机关，成为一名让人羡慕的公务员，每天过着朝九晚五的生活，传说中巨大的工作压力仿佛也与他无缘。可这种一眼望到头的生活并不是王龙的选择："我明显天生就是属于坐不住的人，当公务员，天天对着文件发呆，这样的生活怎么可能适合我？要我看啊，我宁愿做导游，能够全国各地到处跑，或者干推销，那也很有成就感。"

现实的工作当然不能让王龙满意，于是，"心在曹营身在汉"的他开始规划属于自己的生活。

在工作中他还认识了同是公务员的女友赵婧，两人约定一起到高校深造。他们一起参加了当年的研究生考试，并且双双考入同一所大学。

然而，单位不能够带薪读研。经过商量，王龙和赵婧决心一起辞职，用工作积攒下的几万元存款交了学费，开始了半工半读的生活。

靠着给中学生当家教、在外打零工，加上学校每人每个月的200元生活补助，两个人每个月的收入平均在1500元左右，日子还是过得紧巴巴的，于是王龙一直在寻找可以赚钱的机会。

•经验不足半年没有赚钱•

"当时还是太冲动了，经营上欠缺实战经验。"王龙第一次创业是在研二。得知做化妆品生意比较赚钱后，他找了当时一个人气比较旺的化妆品品牌进行代理销售。

王龙第一次向家里伸手，找父亲借了3万元，在商场租了间几平米的小门面，做起了化妆品零售生意。

没有想到，由于知名度不高，再加上对化妆品行业完全陌生，他经营的品牌在商场完全卖不动，第一个月就亏了1000多元。接下来的两个月，王龙成天忙着做宣传、向顾客推荐产品、学习化妆品的相关知识，虽然摆脱了亏损，但仍旧只能赚回成本。

半年下来，王龙基本没有盈利。当年年底他和赵婧商量后，决定结束营业。

•网上处理积货发现商机•

但此时手里一批保质期有限的化妆用品怎么办？王龙打算在网上开店处理存货。2006年12月，他在淘宝网上开了网店。

让人意外的是，由于商品价格比一般的网店都便宜，一时间，王龙手中积压的商品竟然被抢断了货，而且小赚了一笔，王龙感受到巨大商机。

于是王龙用卖出存货的近1万元又进了40多种化妆品，以近乎零利润的价格在网上销售，积累人气。不到2个月，王龙在淘宝上的网店信用度猛增，回头客也越来越多。第三个月开始，店铺有了微薄的利润。

两年下来竟然赚了50万元。

•获得爱情和事业双丰收•

王龙没有安于现状，他在自己租住的小单间里面放上一个二手货柜，做起了网店的实体店经营，由赵婧负责日常事务。这让淘宝上的本地买家十分欣喜，上门光顾的顾客也越来越多。

现在王龙注册了自己的公司，并有了自己的商标。他们的网店在淘宝网上成了人气最旺的化妆品店之一。王龙告诉记者，他还准备发展连锁加盟经营模式。

Part

03

商品拍摄篇

让宝贝脱颖而出

为什么有的店铺商品不错，浏览量也不在少数，可偏偏不能成交呢？
其实开网店，还有一个重要因素就是图片的展示。一张漂亮的图片
可以让店铺的宝贝脱颖而出，为宝贝带来高涨的人气，让买家怦然
心动。

6.1 如何拍出有吸引力的好照片

网店不同于实体店，在网店上买家无法看到真实的物品，只能通过网店上的照片来
看，为了增加商品的成交率，卖家就需要在图片的拍摄与处理上下一番功夫了。

01 选择合适的数码相机

摄影器材应选择好的数码相机。在数码时代，器材更新换代越来越快，面对琳琅满
目、品种繁多的数码相机产品，究竟选择哪款产品更适合呢？下面为大家大致介绍一下
数码相机的种类。

数码相机的种类众多，大致可分成三种：普通数码相机、高档数码相机和专业数码
相机。

1. 普通数码相机

普通数码相机的特点是价格低廉，这类相机适合用于拍摄家人、朋友、宠物或旅行
照片。这是数码相机中的主流产品，价格在1000~10000之间，它们的图片效果确实相
当不错，而且生产这类相机的厂家众多，有足够的余地进行挑选。对于拍摄网络商品来
说，使用普通的数码相机就足够了。

2. 高档数码相机

高档数码相机的价格一般都在万元以上，生产高档数码相机的厂家相对要少一些，
比较著名品牌的有Canon和Nikon等，通常Canon公司的数码相机是以 Canon EOS的
机身为基础，Nikon公司所生产的数码相机是以Nikon F4机身为基础。它们可以更换镜
头，使用连闪闪光灯，如果配合上多用途附件可以用在更多场合。

3. 专业数码相机

专业数码相机的售价高达数十万元，需要受过良好训练的专业人员以及一台SGI或非常高档的Mac图形工作站与之相配合。许多专业数码照相机缺乏在内部存储图片的能力，必须通过数据线与计算机相连接。

我结合自己的经验体会，说一说在选购数码相机时的注意事项。

● 品牌。影响相机成像效果的主要因素还是厂家在成像质量方面的整体技术水平。如今我们经常听闻的数码相机品牌大概在10多种。根据"中关村在线"网站上提供的最新品牌关注排行版，佳能、索尼、三星名列前三甲。尼康、松下、富士、奥巴等继之。目前也有国产品牌出现，如爱国者、明基等。

● 像素。现在主流的数码相机像素是1000万以上。当然像素越高，照片质量越好，但是适用网络的图片800万像素就足够用了。现在市场上大部分的相机都在700万至1200万像素之间，所以700万至800万像素的相机就是最好的选择，像佳能IXUS80、IXUS950，索尼的S730、W110、W120，三星的S760等。

● 购买时在电脑里查看有无偏色，在选购数码相机时，都会随便拍几张，在数码相机的液晶屏上看过效果可以了，其实这种方法是不正确的，因为数码相机的液晶屏很小，效果好坏并不能看出来。正确的方法是拍出来后在电脑屏幕上确认一下，注意看照片里有没有偏色。因此尽量到配备有电脑的经销处购买。

● 外型。数码相机最好便携，例如大部分人喜欢的卡片机，携带非常方便。

● 防抖。现在的主流机型都配备了光学防抖功能。不过个人认为，不防抖机型比防抖机型也差不了多少，只要学会最基本的持机方式，都可以拍出清晰的照片，不防抖的相机价格要低不少，可以选择不防抖的机型。

02　辅助拍摄器材要备好

绝大多数网上卖家都知道，高质量的照片对店铺的生意好坏起着至关重要的影响。如何利用现有器材和资源拍摄好的照片，也是大部分卖家头疼的问题。要获得一张成功的商品照片，除了相机本身的功能外，人为创造辅助拍摄条件也很重要，这就是下面要介绍的拍摄场景布置。

1. 为什么要布置场景

在室内拍摄商品和在专业摄影棚里拍摄商品有很大区别。第一，室内拍摄环境既复杂又简单，背景杂乱，需要花费不少力气处理；第二没有专用工作台，开展工作不方便；第三，缺少必要的专用拍摄工具，需要找到合适的代用品。

布置场景的过程，就是解决拍摄前遇到的困难，为商品创建最佳拍摄环境。只有懂得开动脑筋思考的人，才能达成如期目标。如图6-1所示为没有布置场景而杂乱无章的照片，图6-2所示为布置好场景后拍摄的图片。

图6-1 杂乱无章的照片　　　　图6-2 布置好场景拍摄的图片

2. 使用反光板材布置场景

反光板是我们常用的补光设备。常见的是金银双面可折叠的反光板，携带方便。同时，这种反光板的反光率比较高，光线强度大，光质适中，适用于多种主体摄影。不过这种便携性反光板在使用时，需要一个人配合。反光板的另一个作用是还可以改变主体的色温，比如用金色反光板，在某些情况下可以使主体更加突出。如图6-3所示为在淘宝上出售的反光板，一般价格在几十元左右。

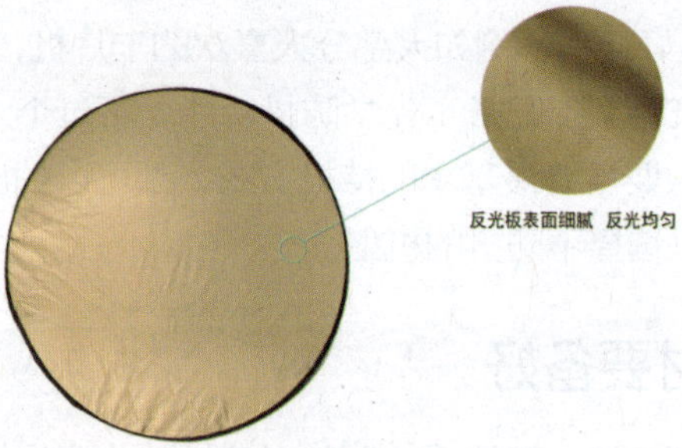

反光板表面细腻　反光均匀

图6-3 反光板

3. 使用墙纸、背景纸布置场景

生活中能够用于布置场景的材料很多，需要我们开拓思路去寻找各种道具。例如美化家居用的花纹墙纸非常适合用来充当小型商品照片的背景画，通常装饰市场就有大量的墙纸专卖店。如图6-4所示为用精美墙纸布置场景的效果，也可以使用背景布或背景纸，给人感觉很干净，能明显突出主体，如图6-5所示为使用背景布布置场景。

图 6-4 用精美墙纸布置场景的效果

图 6-5 使用背景布布置场景

03 摄影常用术语介绍

- 焦距：透镜中心到其焦点的距离。焦距的单位通常用mm（毫米）来表示，一个镜头的焦距一般都标在镜头的前面，如焦距50mm这就是我们通常所说的"标准镜头"，28mm~70mm是我们最常用的镜头、70mm~210mm是长焦镜头等。

- 光圈：用于控制镜头通光量大小的装置。

- 快门：用于控制曝光时间长短的装置。快门一般可分为帘幕式快门和镜间叶片式快门以及钢片快门三种。其中帘幕式快门又可分为纵走式帘幕快门和横走式帘幕快门。而钢片快门可以达到更高的速度（目前最高快门速度可达1/12000秒以上）。镜间叶片式快门的最高速度一般不超过1/500秒，但镜间叶片式快门的最大优点是拍摄时产生的噪音极低，极利于偷拍，并可以实现全速度范围内的同步闪光。

- 快门速度：快门开启的时间。它是指光线扫过胶片的时间即曝光时间。例如，1/30是指曝光时间为1/30秒，同样，1/60是指曝光时间为1/60秒，1/60秒的快门是1/30秒快门速度的两倍。其余以此类推。

- 景深：影像相对清晰的范围。景深的长短取决于三个因素：镜头焦距、相机与拍摄对象的距离以及所用的光圈。

- 感光度：表示感光材料感光的快慢程度。感光度的单位用"度"或"定"来表示，如"ISO100/21"表示感光度为100度/21定的胶卷。感光度越高，胶片越灵敏（就是在同样的拍摄环境下正常拍摄同一张照片所需要的光线越少，其表现为能用更高的快门或更小的光圈）。200度的胶卷感光的灵敏度是100度胶卷的2倍，400度的胶卷的灵敏度是200度胶卷的2倍，其余以此类推。

- 色温：各种不同的光所含的不同色素称为"色温"。色温的单位为"K"（开尔文）。我们通常所用的日光型彩色负片所能适应的色温为5400K-5600K；灯光型A型、B型所能适应的色温分别为3400K和3200K。所以，我们要根据拍摄对象和环境来选择不同类型的胶卷，否则就会出现偏色现象（除非用滤色镜校正色温）。

- 曝光：光到达胶片表面使胶片感光的过程。需注意的是，我们这里说的曝光是指胶片感光，这是我们要得到照片所必需经过的一个过程。这和非专业人士所说的"曝光"大不相同,他们所说的"曝光"是指因相机漏光导致胶卷作废的意外事故。

• 相对孔径:镜头有效通光口径(光束直径)与焦距的比值。相对孔径越大,镜头就越"快"。如1:2.8、1:3.5~4.5等。在变焦镜头中,一般把相对孔径固定的镜头称为专业镜头,把相对孔径不固定、但相对孔径在1:2.8~1:4之间的镜头称为准专业镜头,其余则称为普及型镜头。

• 曝光组合:是指在同一拍摄环境中可以使用不同的光圈和快门的组合。比如用测光表测得快门为1/30秒时,光圈应用5.6,这样,F5.6与1/30秒就是一个曝光组合。

04 拍摄时其他注意事项

如果没有专业的室内摄影棚,建议还是到外面日光下拍摄。日光是最自然的光线,是再专业的室内灯光也无法比拟的。

• 拍摄时间。室外拍摄时,上午9-11点,下午3-5点,是比较适合拍照的时间。避免中午阳光直射,在头顶和脸上形成不均匀的光斑,不好看。光线不足的情况下,很多普通的相机拍不出好看的图片,所以大家尽量选择下午5点前的光线来拍照。

• 化妆和POSE。给人物拍照时最好还是化妆,并且只突出眼部和嘴唇就可以了,拍出来脸部会比较立体好看。POSE么,大家都会摆的,可以对镜子摆POSE练习。

• 拍摄角度。模特实拍可能会遇到一个问题,如果是全身照,从上往下拍,会显得腿儿短,这是万万不可的。但也不能从下往上拍,这样很容易就拍出双下巴,显得脸胖胖,而且照片也失真了。最好的高度,是对着模特腰部左右的高度来拍摄,这样照片很真实且不变形。

• 拍摄主体要突出。如果在模特附近有影响画面的人,可以请他离开一下。远处的人可以不必请他们离开,只要突出这个主体就可以了。

• 抖动问题。如果相机不是防抖动的,那一定要端稳相机,尽量保持静止,拍完再动。

• 不使用闪光灯。特别是对于大家的傻瓜相机来说,内置闪光灯不怎么好用,会使得脸部生硬不自然。拍出柔和自然的照片才是最重要的。

• 试着不看镜头。有时候看着窗外,看着斜45度的地面,配合漂亮的景色,都能拍出有意境的图片。每次拍照尽量多拍些,这样选择余地大,一定能挑选出好照片来。

6.2 常用的图像编辑软件

网上商店精美的产品图片使人产生愉悦的快感,能增加产品销售成交率。本节来介绍一下常用的图片编辑软件。

01 光影魔术手

光影魔术手是一个能对数码照片画质进行改善及效果处理的软件。简单、易用，不需要任何专业的图像技术，每个人都能制作精美的相框、艺术照，甚至达到专业胶片效果，而且完全免费，是摄影作品后期处理、图片快速美容、数码照片冲印整理时必备的图像处理软件。光影魔术手界面如图6-6所示。

图 6-6 光影魔术手

02 Photoshop 软件

宝贝图片的美化处理有很多软件都可以来完成，但目前最好的处理软件还是Photoshop，Photoshop界面如图6-7所示。

图 6-7 Photoshop 界面

6.3 简单照片处理

在上传照片和按照要求修改照片的时候经常需要调整照片大小。下面通过实例手把手教你使用Photoshop做出赚钱的好照片。

01 调整拍歪的照片

本节讲述如何调整拍歪的照片，具体操作步骤如下。

❶ 执行"文件>打开"命令，打开要调整的图像文件，如图6-8所示。

图6-8 打开图像文件

❷ 执行"图像>调整>任意角度"命令，如图6-9所示。

❸ 选择以后弹出"旋转画布"对话框，在该对话框中将"角度"设置为30，勾选"度（逆时针）"复选框，如图6-10所示。

图6-9 执行"任意角度"命令

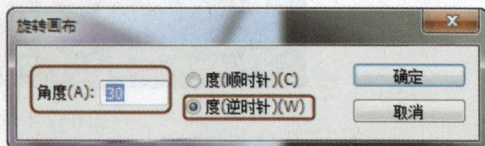

图6-10 设置"旋转画布"对话框

❹ 单击"确定"按钮，图像调整完毕，如图6-11所示。

图 6-11 调整图像

02 放大缩小图片

由于网店产品展示对图片大小不同的需要，拍摄照片的大小不一定适合直接上传到网页，这时就需要对照片进行放大或缩小操作，本节讲述如何放大缩小照片，具体操作步骤如下。

❶ 执行"文件>打开"命令，打开目标图像文件，如图6-12所示。

图 6-12 打开图像文件

❷ 执行"图像>图像大小"命令，弹出"图像大小"对话框，在该对话框设置"高度"和"宽度"，如图6-13所示。

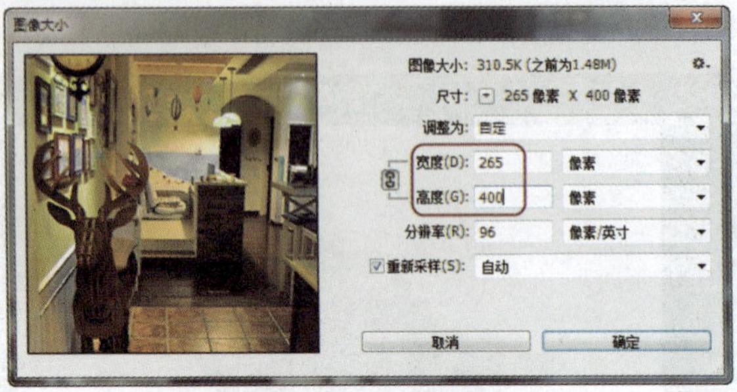

图 6-13 选择"任意角度"命令

❸ 单击"确定"按钮，即可修改图像大小，如图6-14所示。

图 6-14 修改图像大小

03 自由裁剪照片到想要的尺寸

本节讲述通过自由裁剪照片得到想要的尺寸，具体操作步骤如下。

❶ 执行"文件>打开"命令，打开目标图像文件，如图6-15所示。

图 6-15 打开图像文件

❷ 选择工具箱中的"裁切"工具，在图像中选择相应的区域，如图6-16所示。

图 6-16　选择区域

❸ 双击鼠标即可裁剪图像，如图6-17所示。

图 6-17　裁剪图像

04　如何抠取图像

本节讲述如何抠取图像，具体操作步骤如下。

❶ 执行"文件>打开"命令，打开目标图像文件，如图6-18所示。

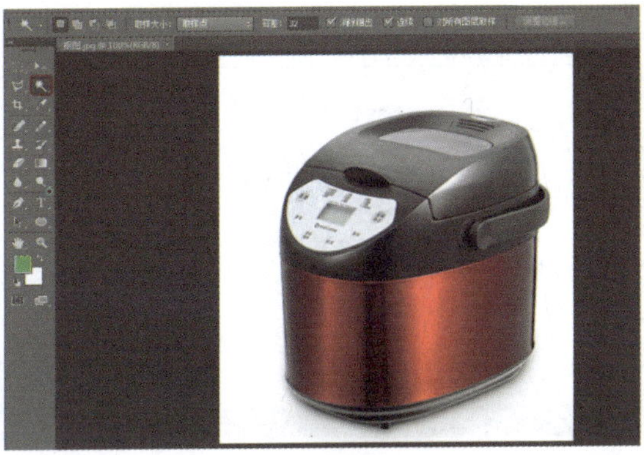

图 6-18　打开图像文件

❷ 在图像中单击背景处，选择白色的背景，按住Shift键的同时，单击没有选中的地方，即可将背景选中，如图6-19所示。

图6-19 选择区域

❸ 执行"窗口>图层"命令，打开"图层"面板，在该面板中双击背景图层，如图6-20所示。

❹ 弹出"新建图层"对话框，如图6-21所示。

图6-20 双击背景图层

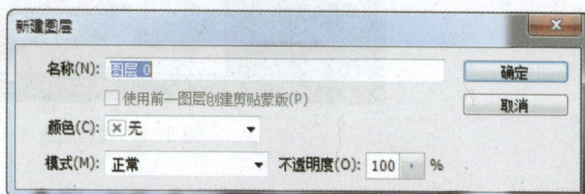

图6-21 "新建图层"对话框

❺ 单击"确定"按钮，解锁背景图层。按Delete键删除即可抠取图像，如图6-22所示。

图6-22 抠取图像

05 将照片保存为 GIF 格式

本节讲述如何将照片保存为GIF格式，具体操作步骤如下。

❶ 打开抠取好的图像，如图6-23所示。

图 6-23 打开图像文件

❷ 执行"文件>存储为Web格式"命令，弹出"存储为Web格式"对话框，"格式"设置为gif，如图6-24所示。

图 6-24 "存储为 Web 格式"对话框

❸ 选择以后弹出"将优化结果存储为"对话框，在该对话框中将"格式"设置为"仅限图像"，如图6-25所示。单击"保存"按钮，存储为gif透明格式。

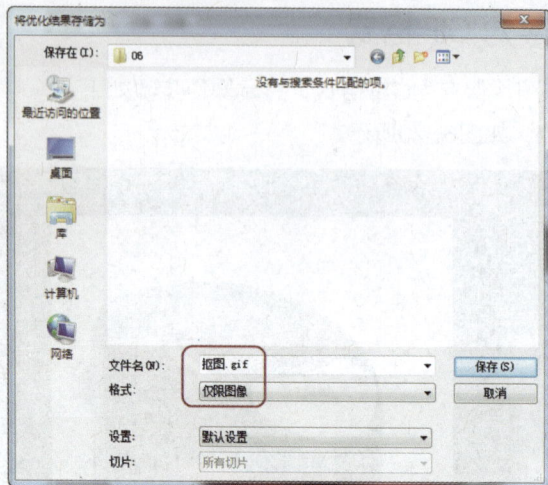

图 6-25 "将优化结果存储为"对话框

06　轻松批量处理产品照片

　　在整理商品照片时，常常要同时处理几十张照片，每一张都要打开，调整图像大小、曲线再保存起来，浪费很多时间和精力，如果这些简单的重复性操作都可以让机器自己来完成就事半功倍了。下面来详细讲述一下如何进行批处理，具体操作步骤如下。

❶ 启动Photoshop，打开需要编辑的图片，如图6-26所示。

❷ 执行"窗口>动作"命令，打开"动作"面板，如图6-27所示。

图 6-26 打开图像

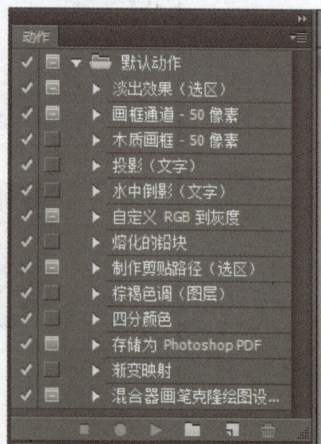

图 6-27 动作面板

❸ 单击右下角的"创建新动作"按钮，弹出"新建动作"对话框，如图6-28所示。

❹ 单击"记录"按钮，即可新建"动作1"，如图6-29所示。

图 6-28 "新建动作"对话框

图 6-29 新建动作 1

❺ 执行"图像>图像大小"命令，弹出"图像大小"对话框，在该对话框中设置图像大小，如图6-30所示。

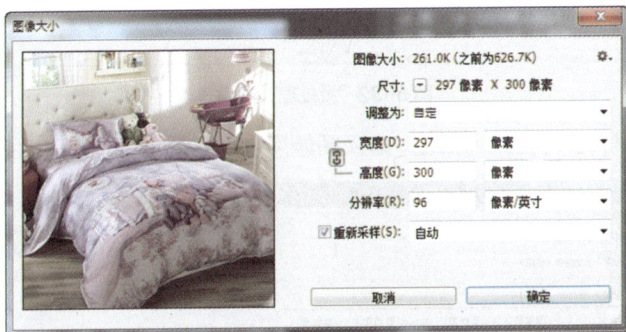

图 6-30 "图像大小"对话框

❻ 单击"确定"按钮，调整图像的大小。然后单击左下角的"停止播放/记录"按钮，停止记录，如图6-31所示。

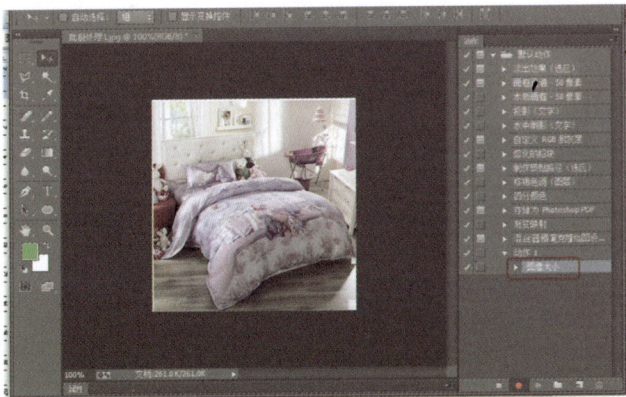

图 6-31 停止记录

❼ 执行"文件>自动>批处理"命令，弹出"批处理"对话框，如图6-32所示。

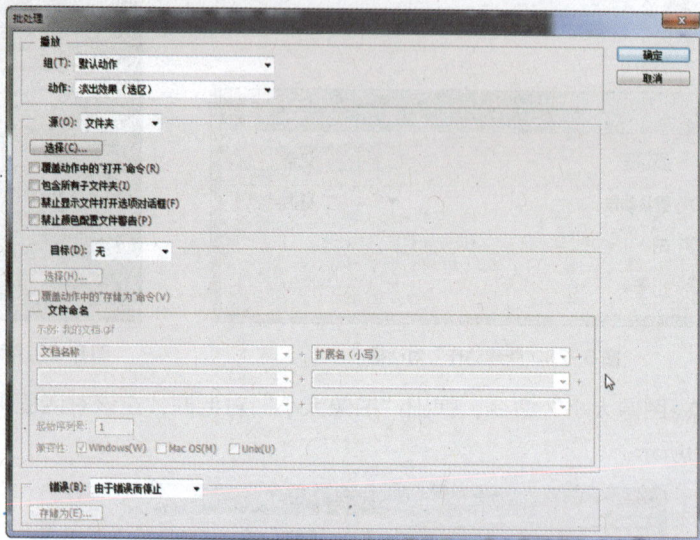

图6-32 "批处理"对话框

❽ 单击"源"下面的"选择"按钮，选择图像所在的位置，如图6-33所示。

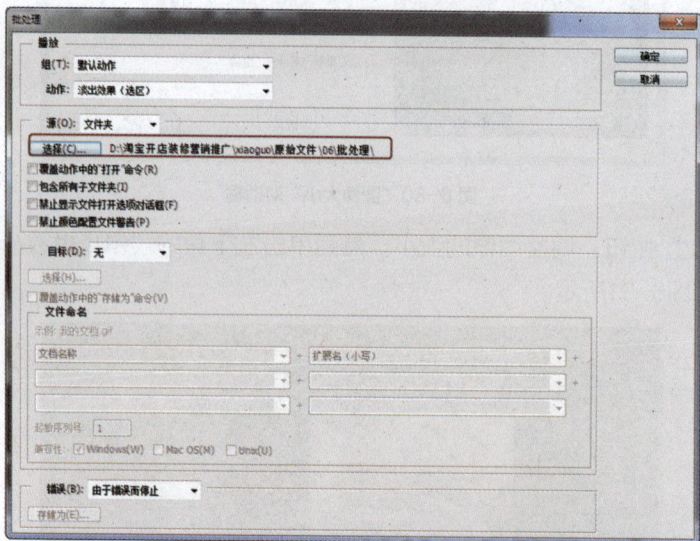

图6-33 选择图像所在的位置

❾ 单击"确定"按钮，即可对文件中所有的图像进行修改大小处理，如图6-34所示。

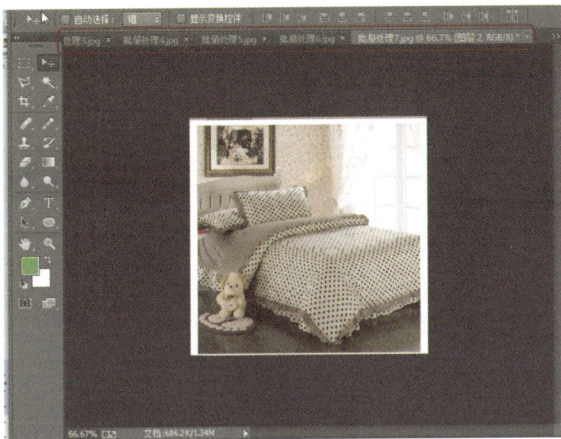

图6-34 处理图像大小

6.4　调整照片效果

从本节开始将介绍几种常用的Photoshop调整照片功能，即使不太会使用Photoshop的用户，只要根据步骤操作，也能制作出令人满意的图片来。

01　调整曝光不足的照片

有时由于技术、天气、时间等原因或条件所限，拍出来的照片会不尽如人意，最常见的问题就是曝光过度或者曝光不足，以及因雾气等原因造成的缺乏对比度。下面就来讲述如何调节曝光不足的照片。具体操作步骤如下。

❶ 启动Photoshop，打开一张曝光过度照片，如图6-35所示。

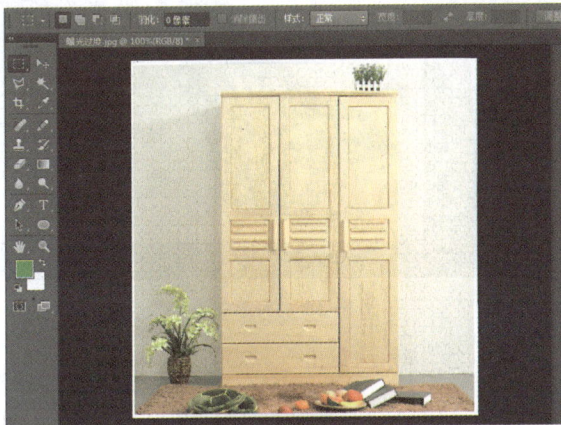

图6-35 打开文件

❷ 执行"图像>调整>曝光度"命令，弹出"曝光度"对话框，如图6-36所示。

❸ 在该对话框中设置相应的参数，单击"确定"按钮，即可调整曝光的图片，如图6-37所示。

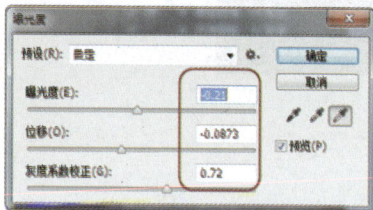

图6-36 设置参数

图6-37 调整曝光后

02 调整模糊的照片让细节更明显

下面使用Photoshop来处理一张不清晰的照片，具体操作步骤如下。

❶ 打开一张不清楚的照片，如图6-38所示。

图6-38 打开原文件

❷ 执行"图像>模式>Lab颜色"命令，如图6-39所示。

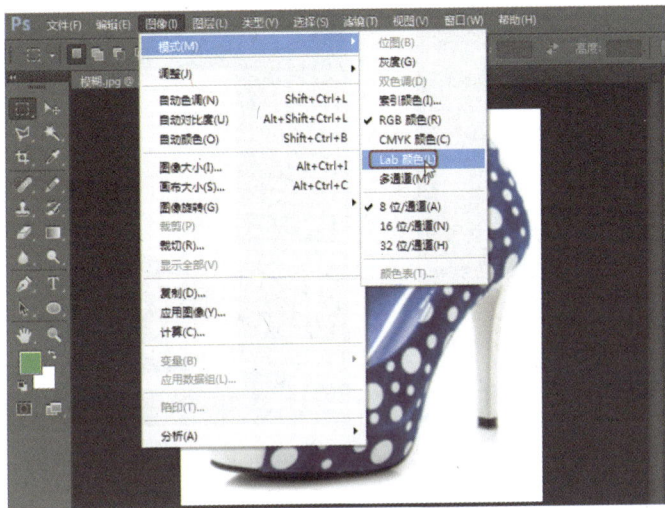

图 6-39 执行命令

❸ 打开"图层"面板，在该面板中将背景层拖动到"创建新图层"按钮上，复制背景图层，如图6-40所示。

❹ 执行"滤镜>锐化>USM锐化"命令，弹出"USM锐化"对话框，如图6-41所示。

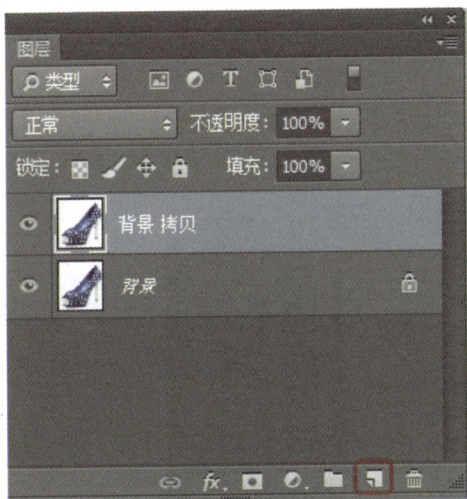

图 6-40 复制背景图层

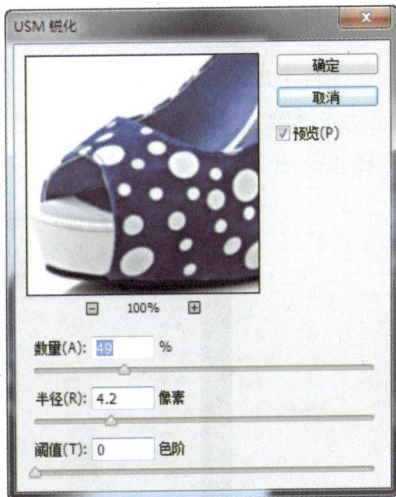

图 6-41 "USM 锐化"对话框

❺ 将图层模式设置为"柔光"，不透明度设置为90%，如图6-42所示。

❻ 如果仍不够清楚，可以复制相应图层，直到调整到清楚为止，如图6-43所示。

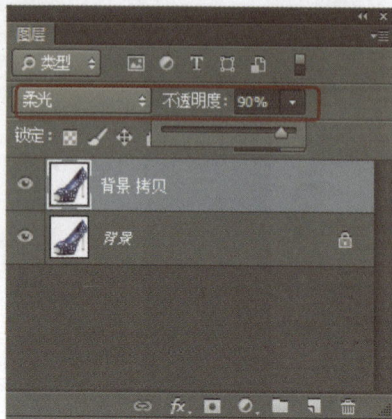

图 6-42 设置图层模式

图 6-43 调整清晰度

6.5 为照片添加水印和边框

本节主要讲述为照片添加水印和边框的方法。

01 为照片添加水印防止他人盗用

在图片上加上水印可以防止别人盗用，具体操作步骤如下。

❶ 启动光影魔术手软件，单击上面的"打开"按钮，弹出"打开"对话框，在该对话框中选择水印图像文件，如图6-44所示。

图 6-44 "打开"对话框

❷ 打开图像文件，单击最右边的"水印"导航按钮，在左侧显示相关参数，如图6-45所示。

图6-45 打开水印参数

❸ 单击"添加水印"超链接，在弹出的"打开"对话框中选择之前做好的水印图像，如图6-46所示。

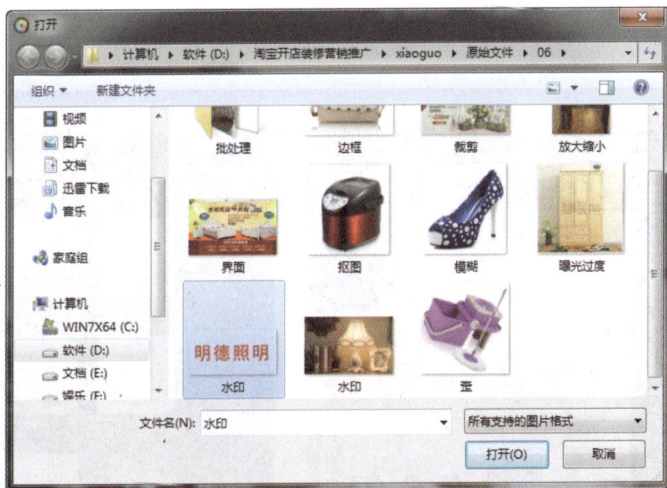

图6-46 "打开"对话框

❹ 单击"打开"按钮，添加水印。在左侧的导航中将"不透明度"设置为58%、"水印大小"设置为160%，如图6-47所示。单击右上边的"另存"超链接，即可保存文件。

图 6-47 添加水印效果

02 为照片加上相框提高商品档次

本节讲述如何为照片添加相框以提高商品档次，具体操作步骤如下。

❶ 启动光影魔术手软件，打开图像文件。将光标移动到"边框"导航上面，如图6-48所示。

图 6-48 "打开"对话框

❷ 单击最右边的"轻松边框"超链接，打开"轻松边框"对话框，在左侧选择相应的边框样式，如图6-49所示。

图6-49 选择边框

❸ 单击"确定"按钮，添加边框，如图6-50所示。

图6-50 添加边框效果

Q&A 实战技巧问答

Q 1. 怎样用数码相机拍出好照片?

A

网上销售有个最重要的特点就是商品是通过图片的形式来展现的。一幅好的图片,是吸引买家点击和购买的最重要因素。所以,拍摄出漂亮真实的图片可以说是网店销售至关重要的一个环节。只要掌握好技巧,完全可以拍摄出精美、吸引人的图片。拍好照片需要注意如下方面。

(1)首先是拍照前准备阶段,也就是说在拍宝贝前要准备一些必备的东西。首先要准备照相机,像素在600万以上的应该说可以了。除了相机外,还需要一个详细的拍摄计划,在这个计划中选好拍摄背景,并把所要拍的图片都分门别类,这样拍摄时就不会混乱,从而事半功倍。

(2)为了保证拍摄质量,一定要保持被拍摄物品清洁干净,没有灰尘、指纹等。

(3)选择拍摄环境。拍摄环境的选择与被拍物品的大小有一定关系。在拍摄大物品时可以选择露天环境,比如宽阔的阳台或楼顶,也可以在空旷的院子里,利用自然光来拍摄,这是最理想的,最好让阳光斜照在物品上方,并用一个反光板来补光,切忌在阴天或黄昏时拍摄物品。在拍摄小的物品时,可以利用节能灯、背景纸制作一个简易的摄影棚,一定要买专业的背景纸,要不然背景反光。

(4)在具体拍摄时要注意突出主题,背景要简单,还要注意图片的放置以及拍摄方式,拍摄的图片主要有正方形和长方形两种,实物最好居于中间或黄金分割点。

(5)一般拍摄照片时最好用M手动模式,把相机微距打开,这样产品的细节就可以很清楚地表现出来。

在拍摄的地方放一张白纸,将相机设置为手动白平衡,然后将镜头对着白纸,使白色充满相机屏幕中间的框,按下设置键。(不同的相机有不同的设置键,会在相机屏幕上有提示)。

(6)相机的曝光补偿功能可以在拍摄时进行调节,补充光线不足或光线过于强烈时会引起曝光不足和过度曝光。

（7）最后就是拍照后图片的处理阶段，这是弥补照相技术不佳、照前准备不足的惟一办法。可以使用Photoshop软件来全面处理其对比度、亮度等。

总得来说，要拍出好的照片，首先在相机设置方面要正确，尽量使用手动模式，设置正确的白平衡和曝光补偿，在拍摄环境方面尽量使用单色背景，尽量找光线亮色干扰小的地方。

Q 2. 利用模特展示商品的拍摄技巧有哪些?

利用模特摄影时，首先要计划拍摄什么感觉的照片。如果事先不做任何计划，只按照临时想法单纯依靠模特，不但会拖延摄影时间，而且也无法得到满意的结果。模特使用时间越长，费用也越高，增加经济上的负担。

拍摄服饰类商品的方法有很多种，其中，模特穿着实际产品的方法最常见。模特摄影大致可以分为室内摄影和室外摄影两种，二者最大的区别就是照明，也就是使用自然光和人工光的区别。拍摄时要拍全身，背景要多一些，这是为后期的图片处理打基础，这也是单反的一个优势所在，像素够，图片够大够清楚。拍摄时，摄影师要蹲下来拍摄，拍摄者是在离模特5米远的地方由下仰望模特拍摄。这样的好处就是：照片上模特的腿就会显得比较长，增加图片的美观度。

Q 3. 平铺服装拍摄时有哪些注意事项?

衣服的拍摄是所有物品拍摄中最容易的一类，也是最容易表现特点的。在拍摄过程中，手绝对不能颤抖，否则会抹杀了服装质感的表现。在用光方面，细腻质感的服装比较适合用柔和点的光；粗糙质感的服装比较适合直接打光，以挽回质感差的缺陷。刚进货的衣服由于折叠会比较皱，可以先用熨斗把它烫平整再拍摄，图片的效果会更好。

侧光即来自景物左侧或右侧的光线，同景物、照相机成90°左右的水平角度。这种光线能产生明显的强烈对比。影子修长而富有表现力，表面结构十分明显，每一个细小的隆起处都产生明显的影子。采用侧光摄影，能造成较强烈的造型效果。人物摄影中，也往往用侧光来表现人物的特定情绪。有时也把侧光用作装饰光，突出表现画面的某一局部或细部。

成功案例 大四学生开网店月赚20万

新商业时代的开启需要淘宝

徐洪斌，正在宁波大学信息学院上大四，稚气未脱的他已经是一家贸易公司的总经理，有一家月销售额超90万、利润达到约20万的网店，专卖婴幼儿用品。

·选择合适的创业环境·

镇海区庄市街道光明新村，徐洪斌的网店就开在这里，这里的别墅都是当地农民的安置房，很多人家都有两套，一套自住，一套出租，由于地理位置比较偏，每幢每年租金只有一万元左右，多家网店都将"总部"设在这里，徐洪斌的网店就开在两幢别墅里。

走进其中一幢别墅，只见客厅里放着一箱箱货物，一位中年男人正在打包，一位妇女则在检查货物是否有瑕疵，还有几个小姑娘正跑来跑去照着单子配货。

客厅四周全是货架，架子上放着各式各样的婴幼儿饰品，有动物造型的小包包，有印着卡通图案的小太阳帽，还有婴幼儿口水巾……

客厅桌子上放着四台电脑，一个女孩不停地敲击着键盘，电脑不时传出QQ的提示音。徐洪斌说，这是他的女朋友王千千，她是宁波大学商学院国际贸易专业大四学生，与自己休学创业不同，女朋友跟着他一起开网店，但没有休学，马上就要毕业了，而自己今年9月份得继续去上大四，到时候网店就得女朋友管了。

中年男人是王千千的父亲，妇女则是徐洪斌的妈妈，两人都是去年底来宁波给孩子帮忙的，几个小姑娘是公司的员工。

·传统创业失败·

徐洪斌1987年出生于湖州，2006年9月，他考入宁波大学信息学院计算机专业，刚踏入校门半个月，他就通过一家家教中介公司找到一份家教工作，在双休日给家住市区的一位初三学生补课，每小时20元。后来，他又找了另外两份家教，双休日一家接着一家去上课，最多的时候，他双休日要上16个小时的课，赚300元钱。

这种"疯狂"的家教生活大约持续了一年，徐洪斌发现做家教中介赚钱更轻松。上大二后，他就在宁波大学附近租了间房子，办起了家教中介所，为了扩大家教中介所的影响力，他还在报纸和墙体上发布过广告。做了半年后，他发现自己基本没赚钱，开始淡出这个行业。

徐洪斌的第二次创业是买卖二手笔记本电脑。上大二时，经朋友介绍，他购进了一批日本人淘汰的旧笔记本电脑，通过在校园论坛上发帖，他卖出了10多台，每台有200多元的利润。

卖完这批电脑后，徐洪斌开始在淘宝网上搜寻二手笔记本电脑，发现价格便宜的，便买下来，再卖给宁大的学生。但几个月后，他发现这个行业也不好赚钱，因为二手笔记本电脑卖出后很容易坏掉，一出问题，买电脑的同学就会找到他，他得去修，很花时间，有时还得花钱给同学补配件。这次创业，也没赚到钱。

徐洪斌的第三次创业，是倒卖书籍。有一次，他在鼓楼逛街时，发现一家书店的武侠小说很畅销，而且价格很便宜，便以很低的折扣进了一大批，闲暇时在宁波大学附近摆起了书摊，但最终也没赚钱，因为网络很发达，网上的书又很便宜，许多同学都会从网上购书。

•赚钱从淘宝开店开始•

2009年3月，徐洪斌在淘宝网上注册了自己的店铺，刚开始卖一些名牌服装的尾货，生意很不好。无意中，他听一位做婴幼儿饰品批发生意的网友说，现在网上最好卖的是婴幼儿口水巾，一块小小的三角布，上面绣着孩子们喜欢的图案，围在脖子上，既可以擦口水，也可以当装饰品。

他便试着进了一批，将口水巾的宣传照片往网上一挂，立即吸引了许多年轻爸妈的目光，生意异常红火。进价每条4元的口水巾，他在网上可以卖到10元，赚了一大笔钱。

徐洪斌欣喜若狂，总结出一个规律：网上卖的东西，一定是实体店里很难买到的，而且是爱上网的群体有购买需求的。

慢慢地，除了卖口水巾外，徐洪斌还卖婴幼儿太阳帽、小背包等。为了让自己的货物有吸引力，他开始频频进入国外一些婴幼儿用品网站，高价网购来国外新款婴幼儿饰品，再加入自己的一些思想，改造后打上自己的品牌，直接向工厂下订单。

去年9月，为了方便批量生产，他专门做婴幼儿用品批发生意，不再零售，产品销量大增。生意做大后，他经常早上4点多起床，前往慈溪胜山的布料交易市场进面料，再马不停蹄地将采购来的面料送到工厂加工，以便及时出货。

如今，他的客户主要是开婴幼儿用品网店的零售商。徐洪斌自信地说，在全国婴幼儿用品网上批发商中，他的销售量已经进入了前10名，产品也开始销往国外。

·新的电子商务时代超越传统商业时代·

当问起徐洪斌上大学刚半个月就去做家教的原因时，他的回答有些另类："我天生爱赚钱，赚了钱就会有成就感。"

据他母亲介绍，从他出生起，家里就不缺钱，父亲是一位音乐教师，母亲在当地一家企业工作，他是家中的独子。他上大学后，父母最大的愿望就是他能好好读书，最好是研究生毕业，找一份机关或事业单位的工作。而徐洪斌一入学就到处去赚钱，她当时并不知道，要是知道，早就制止了。

直到2009年9月，她接到了儿子老师打来的电话，说儿子生意做得很好，学校也鼓励学生休学创业，希望她能同意儿子休学开网店的事，她才知道，儿子除了念书外，还在做生意。

她实在心疼儿子，便帮儿子一起做起了生意。不久，徐洪斌女朋友王千千的父亲也从台州老家来到了宁波，帮助孩子一起做生意。王千千的父亲告诉记者，他原来是开服装店的，最多时开有8家服装店，受金融危机和服装网络交易量大增的影响，服装店生意每况愈下，去年年底，他关了最后一家店。

王千千的父亲告诉记者，10多年前自己刚开服装店的时候，生意很火，但现在，房租占去很大比重的实体服装店越来越难开了，越来越多的客户加入了网购的行列。

从王千千父亲的眼神中，仿佛看到一个商业时代的过去，另一个商业时代的到来。

Part

04

网店装修篇

装修美化店铺

网店的首页往往是买家对店铺的"第一印象"，专业、美观的店铺页面能为你的商品加分，还能刺激买家购物的冲动。网店装修是网上开店过程中一个至关重要的环节，网店装修带给网络店铺的不仅仅是美观，它能创造出一个精美的店铺形象，产生强烈的吸引力。

7.1 网店为什么要装修

网店装修与实体店装修是一个意思，都是让店铺变得更美，更吸引人。对于网店来讲，一个好的店铺设计更为至关重要，因为买家只能从网上的文字、图片来了解店铺和产品，所以店铺设计得好能增加用户的信任感，甚至还能对自己店铺品牌的树立起到关键作用。"普通店铺"的结构很固定，只能做一小点装饰，功能性不强。而"旺铺"自由度非常大，功能也很强，关键就看你自己的创意和技术了。

下面具体介绍为什么要装修网店。

❶ 新手基本上都没有网店销售信誉，拿什么让买家相信你不是骗子呢？把网店装修得漂漂亮亮的，即使买家质疑你是骗子，你也可以挺直腰杆说："有这么认真的骗子吗？"

❷ 经过装修的网店会给买家留下一个好印象。很多新手在开店时，整个网店都可以看到马虎的痕迹：标题不规范，有长有短；分类不整齐，看起来相当不协调；商品描述乱七八糟。而装修靓丽的网店会给顾客留下一个好印象，大大提高购买几率。

❸ 装修网店时，要注意整体搭配。很多新手在装修时到处找免费的东西，七拼八凑，把网店装修起来之后，还很炫耀地说："怎么样，不赖吧？"其实整个店面花花绿绿，那样的装修还不如不装修。

❹ 网店商品虽然非常重要，但是绝对不能忽视装修。正所谓三分长相七分打扮，网店的美化如同实体店的装修一样，能让买家从视觉上和心理上感觉到店主对店铺的用心，并且能够最大限度地提升店铺的形象，有利于网店品牌的形成，提高浏览量。

⑤ 好的装修能增加顾客在网店停留的时间。漂亮、恰当的网店装修，可以给顾客带来美感，顾客浏览网页时不易疲劳，会更细心地察看你的店铺。好的商品在诱人的装饰品的衬托下，会使人更加不愿意拒绝，有利于促进成交。

7.2　简单装修店铺

　　网店装修是开店后必不可少的一步，一家漂亮的店铺足以让人留恋忘返，新手对网店装修比较陌生，本节给大家详细介绍一下如何简单地装修淘宝店铺。

01　设置宝贝分类

　　一个网店的分类是否清晰明了直接关系着店铺宝贝的浏览量和成交量，所以店铺的分类制作在装修中很重要，本节讲述如何设置宝贝分类，具体操作步骤如下。

❶ 首先登录"我的淘宝"，单击"卖家中心"超链接，进入"卖家中心"，单击"宝贝管理"超链接，如图7-1所示。

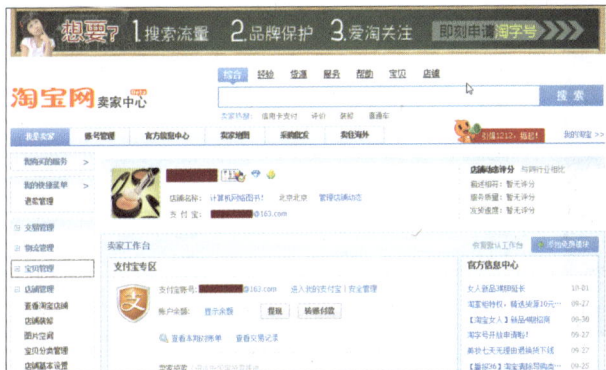

图7-1　卖家中心

❷ 进入"宝贝分类"页面，单击"添加手工分类"超链接，如图7-2所示。

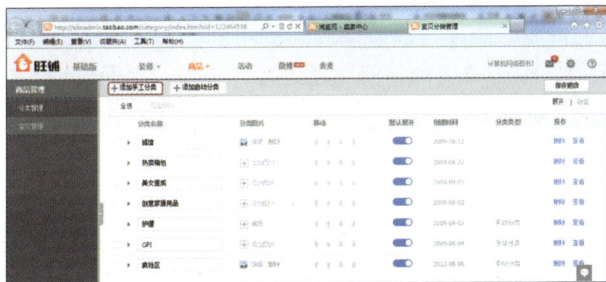

图7-2　宝贝分类

❸ 在下面添加分类，在分类名称中输入分类的名字即可，如图7-3所示。

图7-3 添加分类

❹ 单击"添加子分类"超链接，即可添加子分类，在分类名称中输入子分类的名称，如图7-4所示。单击顶部的"保存更改"按钮即可成功添加分类。

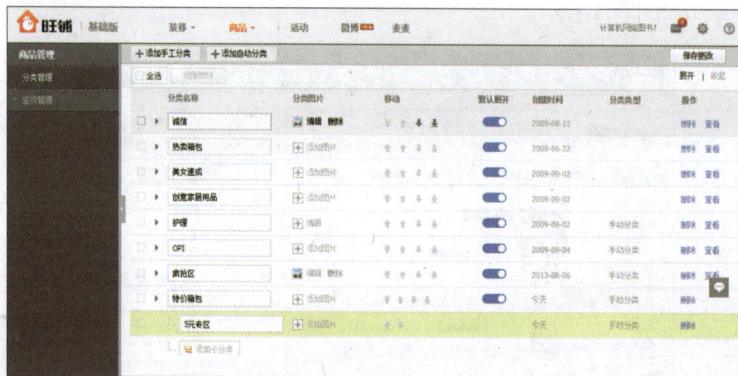

图7-4 添加子分类

02 建立友情链接

本实例讲述友情链接的添加，具体操作步骤如下。

❶ 登录"我的淘宝"，单击"店铺装修"超链接，进入"页面管理"中心，单击左边的"添加模块"超链接，如图7-5所示。

图7-5 "页面管理"中心

❷ 打开"添加模块"页面，在弹出的列表框中选择"友情链接"选项，单击"添加"按钮，如图7-6所示。

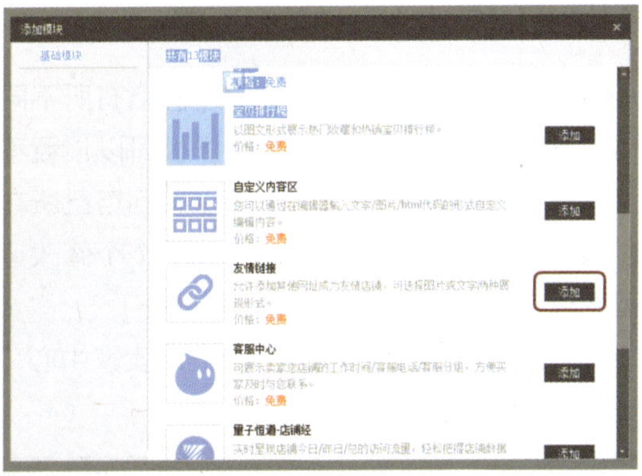

图7-6 "添加模块"页面

❸ 成功添加友情链接，单击右上角的"发布"超链接，如图7-7所示。

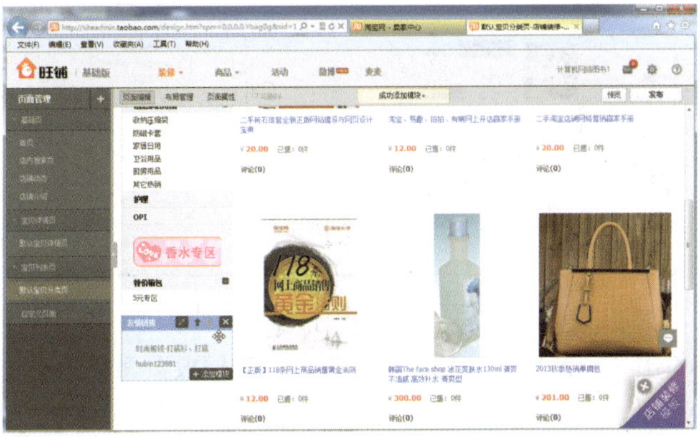

图7-7 添加友情链接

159

❹ 即可成功发布，预览效果，如图7-8所示。

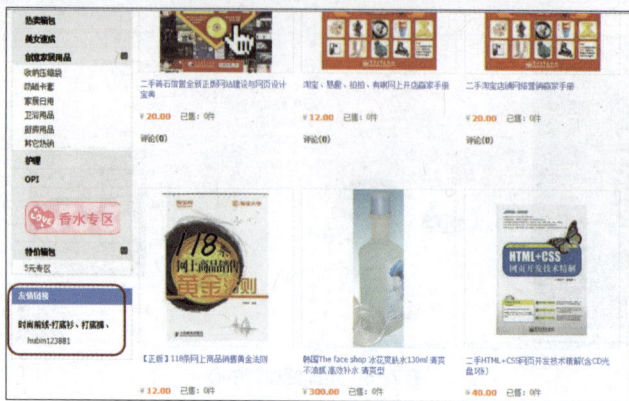

图7-8 预览效果

03 设置运费模板

网上开店面向的是全国各地的买家，各地的快递价格有所不同，这就卖家带来了麻烦。淘宝的运费模板可以解决这个问题，使用运费模板可以设置不同地区的快递价格，然后应用在商品上，当买家浏览商品页面时，就可以看到自己所在地的快递费用。另外使用运费模版，还可以快速批量更改快递价格，避免一个个修改运费，大量节省了时间和人力。下面来讲解运费模板的使用，具体操作步骤如下。

❶ 登录"我的淘宝"，单击"我是卖家"超链接，进入卖家中心，单击左边的"物流管理"下面的"物流工具"超链接，如图7-9所示。

图7-9 卖家中心

❷ 打开物流页，单击"运费模板"超连接，进入运费模板页面，单击"新增运费模板"按钮，如图7-10所示。

图7-10 运费模板页面

❸ 进入新增运费模板页面，设置相应的模板信息，如图7-11所示。

图7-11 设置模板信息

❹ 使用同样的方法，设置不同地区的平邮和快递费用，如图7-12所示。

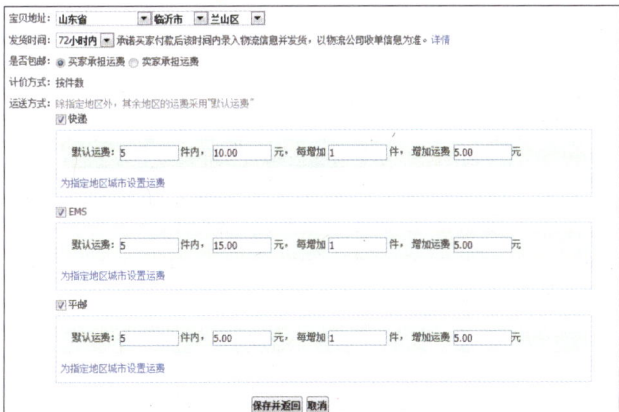

图7-12 设置平邮和快递费用

❺ 单击"保存并返回"按钮，新增运费模板，如图7-13所示。

图7-13 新增运费模板

❻ 单击"出售中的宝贝"超链接，打开正在出售中宝贝，单击底部的"设置运费"按钮，如图7-14所示。

图7-14 设置宝贝运费

❼ 打开运费模板，单击"应用该模板"按钮，即可应用运费模板，如图7-15所示。

图7-15 应用运费模板

04 设置店铺介绍

店铺介绍是对店铺的整体情况进行介绍，也是宣传店铺的一种方式。好的介绍是吸引顾客的因素之一，只要自己用心去介绍，一定会有意想不到的收获，请仔细推敲每一个字，多读几遍。

首先登录"我的淘宝"，在"我是卖家"中单击"店铺管理"中的"店铺基本设置"超链接，在右边的"店铺基本设置"页面中设置店铺介绍，如图7-16所示。

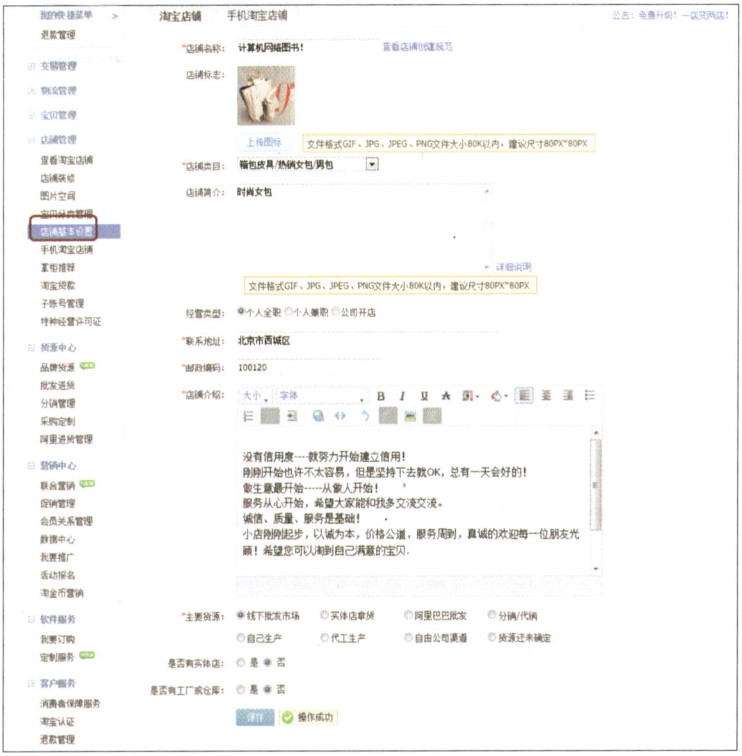

图7-16 设置店铺介绍

05 设置店铺公告

公告栏是发布店铺最新信息、促销信息或店铺经营范围等内容的区域。公告栏发布的内容方便顾客了解店铺的重要信息。

设置店铺公告的具体操作步骤如下。

❶ 登录"我的淘宝"，单击左边的"店铺装修"超链接，进入"页面管理"，单击"店铺公告"右边的"编辑"按钮，如图7-17所示。

图 7-17 单击"编辑"按钮

❷ 打开"店铺公告"文本框，输入店铺公告的内容，如图7-18所示。

图 7-18 输入店铺公告内容

❸ 选中输入的文本，将字体大小设置为"36"、"加粗"，并将字体颜色设置为红色，如图7-19所示。

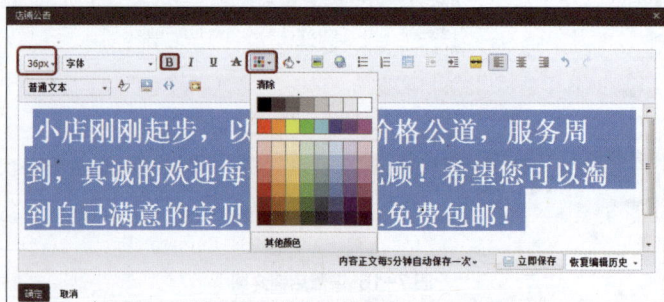

图 7-19 设置字体

❹ 单击"确定"按钮，插入店铺公告，如图7-20所示。

图 7-20 插入店铺公告

❺ 单击"发布"按钮发布，并预览店铺效果，如图7-21所示。店铺公告出现在卖家店铺的首页，个性化的店铺公告不仅能美化店铺，还能吸引买家的注意力，达到更好的促销效果。

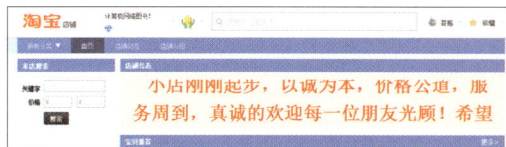

图 7-21 预览店铺公告效果

06 为店铺添加计数器

计数器的主要作用就是统计店铺的访问量，一款好的计数器不仅能够准确地记录每天店铺被访问的实际次数，还可以详细地反映各个时段中店铺的访问情况，有助于卖家选择最合适的时间发布合适的商品，从而有效提高交易量。

为店铺添加计数器的具体操作步骤如下。

❶ 登录"我的淘宝"，单击左边的"店铺装修"超链接，进入"页面管理"，单击"本店搜索"下面的"添加模块"超链接，如图7-22所示。

图 7-22 单击"添加模块"超链接

❷ 弹出添加模块页面，单击"量子恒道-店铺经"右边的"添加"按钮，如图7-23所示。

图 7-23 添加模块页面

❸ 单击"确定"按钮，即可添加计数器，如图7-24所示，单击"发布"完成计数器的添加。

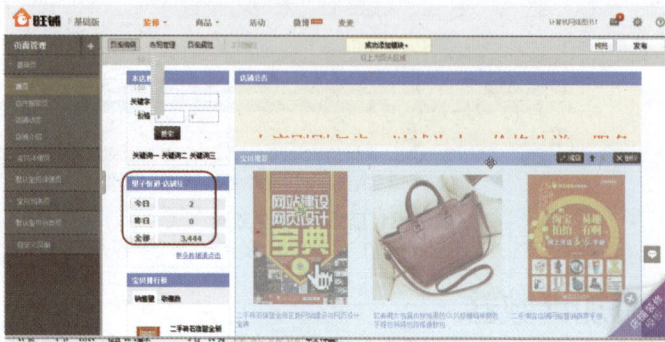

图 7-24 添加计数器

7.3 推荐优势商品

店铺推荐宝贝出现在每个宝贝介绍页面的底部或在店铺中间的推荐位上。买家在浏览宝贝及店铺时第一眼就能看到这些被推荐的宝贝。

01 使用橱窗推荐位，提高商品曝光率

橱窗推荐位是淘宝卖家的特色功能，是淘宝提供给卖家展示推荐宝贝的位置之一。合理利用这些橱窗推荐位，可以大大提高宝贝点击率。在店铺中使用橱窗推荐的具体操作步骤如下。

❶ 登录"我的淘宝"，单击"宝贝管理"下面"出售中的宝贝"超链接，打开正在出售中的宝贝，勾选要推荐的宝贝，单击底部的"橱窗推荐"按钮，如图7-25所示。

图 7-25 选择宝贝

❷ 单击"店铺管理"下面的"查看淘宝店铺"超链接，如图7-26所示。

图 7-26 橱窗推荐宝贝

❸ 可以看到橱窗推荐的宝贝，如图7-27所示。

图 7-27 推荐宝贝

02 使用掌柜推荐吸引更多人气

"掌柜推荐"会出现在旺旺对话框的推荐宝贝中，与买家聊天时，对方可直接在旺旺对话框中看到掌柜推荐的宝贝。在店铺中使用掌柜推荐的具体操作步骤如下。

❶ 登录"我的淘宝"，单击"店铺管理"下面"掌柜"超链接，打开"掌柜推荐"页面，如图7-28所示。

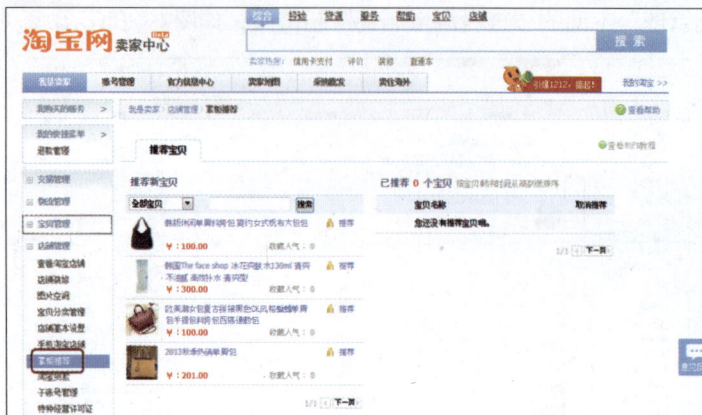

图 7-28 掌柜推荐

❷ 单击宝贝后面的"推荐"超链接，宝贝就自动显示在"已推荐宝贝"下面了，已推荐完的宝贝会显示"已推荐"字样，如图7-29所示。

图 7-29 掌柜推荐

7.4 设计时尚的店标

店标就是店铺招牌，它是旺铺十分重要的宣传工具。店标要大而醒目，识别性要强。

01 店标设计的原则

店标是传达信息的一个重要手段，店标设计不仅仅是一般的图案设计，最重要的是要体现店铺的精神、商品的特征，甚至店主的经营理念等。一个好的店标设计，除了给人传达明确信息外，还要在方寸之间表现出深刻的精神内涵和艺术感染力，给人静谧、柔和、饱满、和谐的感觉。

要做到这一点，在设计店标时需要遵循一定的设计原则和要求。

富于个性，新颖独特

店标并非一个图案那么简单，它代表一个品牌，也代表一种艺术。所以店标的制作可以说是一种艺术创作，需要设计者从生活中、从店铺规划中去捕捉创作的灵感。

店标是用来表达店铺的独特性质的，要让买家认清店铺的独特品质、风格和情感，因此，店标在设计上除了要讲究艺术性外，还需要讲个性化，让店标与众不同。

设计个性独特的店标的根本性原则就是要设计出可视性高的视觉形象，要善于使用夸张、重复、节奏、抽象和寓意的手法，使设计出来的店标易于识别和便于记忆。店主在设计店标前，需要做好材料搜集和材料提炼的准备。

简练明确、信息表达

店标是一种直接表达的视觉语言，要求产生瞬间效应，因此店标设计要求简练、明确、醒目。图案切忌复杂，也不宜过于含蓄，要做到近看精致巧妙，远看清晰醒目，从各个角度和各个方向上看都有较好的识别性。

另外，店标还要表达一定的含义，传达明确的信息，能给买家留下美好的、独特的印象。

符合美学原理

店标设计要符合人们的审美观点，买家在观察店标的同时，也是一个审美的过程。买家把视觉所感受的图形，用社会所公认的相对客观的标准进行评价、分析和比较，引起美感冲动。这种美的冲动会传入大脑而留下记忆。因此，店标设计要形象并具有简练清晰的视觉效果和视觉冲击力。

店标的造型要素有点、线、面、体4种，设计者要借助这4种要素，通过掌握不同造型形式的相关规则，使图案具有独立于各种具体事物结构的美。

02 设计网店的店标

由于店标多样性，在此仅举一个实例来简明讲述一下如何设计网店店标，具体操作步骤如下。

❶ 打开Photoshop软件，新建一个空白文档，如图7-30所示。

❷ 选择工具箱中的"椭圆"工具，在选项栏中将"填充"设置为#f26522，并绘制形状，如图7-31所示。

图 7-30 新建空白文档

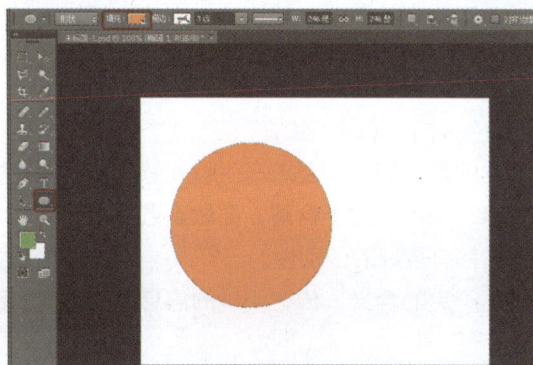

图 7-31 绘制椭圆

❸ 选择工具箱中的"椭圆"工具，在选项栏中将"填充"设置为#ffffff，绘制另一个椭圆，如图7-32所示。

❹ 选择工具箱中的"自定义形状"工具，在选项栏中单击"形状"右边的下拉按钮，在弹出的下拉列表中选择"灯泡"形状，如图7-33所示。

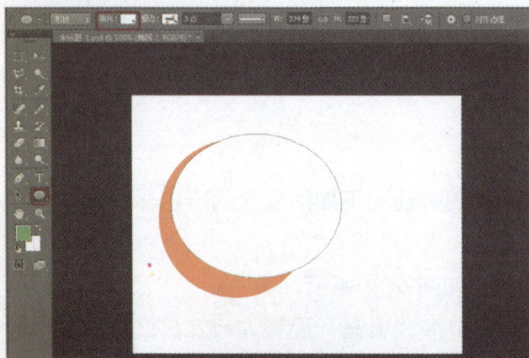

图 7-32 绘制椭圆

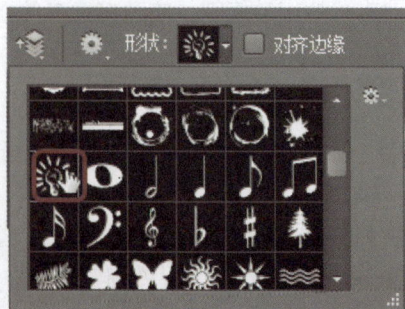

图 7-33 选择形状

❺ 在图像中按住鼠标左键并拖动以绘制形状，如图7-34所示。

❻ 执行"图层>图层样式>渐变叠加"命令，设置渐变叠加选项组中的"渐变"的颜色，如图7-35所示。

图 7-34 绘制形状

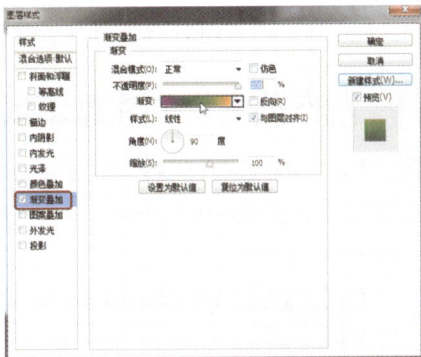

图 7-35 设置渐变颜色

❼ 单击"确定"按钮，设置渐变叠加颜色，如图7-36所示。

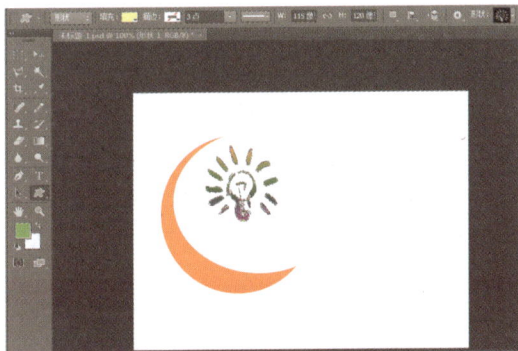

图 7-36 设置渐变叠加颜色

❽ 选择工具箱中的"横排文字"工具，输入文本"明辉照明"，如图7-37所示。

图 7-37 输入文本

7.5 制作公告栏

如前所述，公告栏是发布店铺最新信息、促销信息或店铺经营范围等内容的区域。公告栏发布的内容可以方便顾客了解店铺的重要信息。

01 制作公告栏的注意事项

卖家在淘宝网开店后，淘宝网为店铺提供了公告栏的功能，卖家可以在"管理我的店铺"页面中设置公告内容。卖家在制作公告栏前，需要了解并注意一些事项，以便制作出效果更好的公告栏。

（1）淘宝基本店铺的公告栏具有默认样式。卖家只能在默认样式的公告栏上添加公告内容。

（2）由于店铺已经存在默认的公告栏样式，而且这个样式无法更改，因此卖家在制作公告栏时，可以将默认的公告栏效果作为参考，使公告内容效果与之搭配。

（3）淘宝基本店铺的公告栏默认设置了滚动效果，制作时无需再为公告内容添加滚动设置。

（4）公告栏内容的宽度不要超过750像素，否则超过部分将无法显示，公告栏的高度可随意设置。

（5）如果公告栏的内容为图片，那么需要指定图片在互联网的位置。

02 制作美观的图片公告

本实例讲述如何制作美观的店铺公告图片，具体操作步骤如下。

❶ 打开Photoshop软件，新建一个空白文档，如图7-38所示。

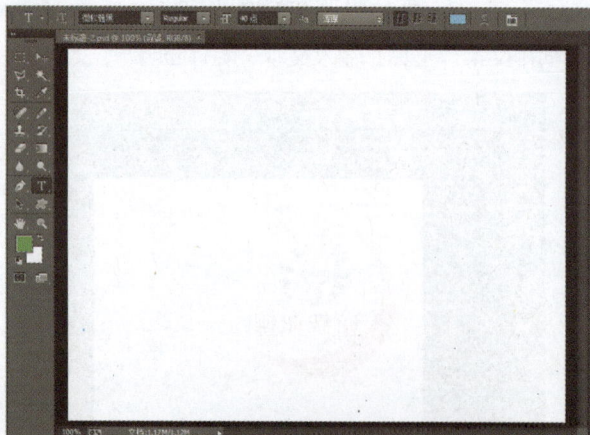

图 7-38 新建空白文档

❷ 选择工具箱中的"圆角矩形"工具，在选项栏中将"填充"设置为#87fffe，将"半径"设置为20，绘制圆角矩形，如图7-39所示。

图 7-39 绘制圆角矩形

❸ 执行"图层>图层样式>描边"命令，弹出"图层样式"对话框，在该对话框中将"大小"设置为20，"颜色"设置为#21c8ff，如图7-40所示。

❹ 单击"确定"按钮，设置图层样式，如图7-41所示。

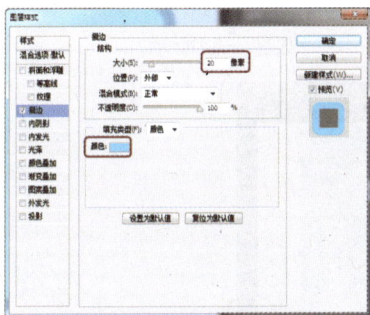

图 7-40 "图层样式"对话框

图 7-41 设置图层样式

❺ 选择工具箱中的"椭圆"工具，绘制一白色椭圆，如图7-42所示。

图 7-42 绘制椭圆

❻ 再绘制另外三个椭圆，如图7-43所示。

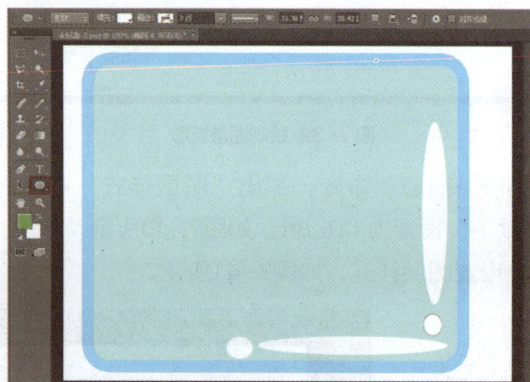

图 7-43 绘制椭圆

❼ 选择工具箱中的"横排文字"工具，输入文字"公告栏"，如图7-44所示。

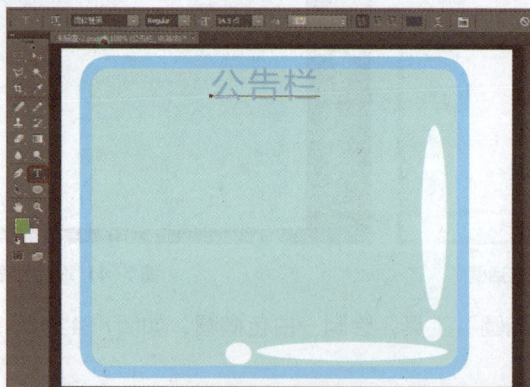

图 7-44 输入文本

❽ 执行"图层>图层样式>描边"命令，设置描边颜色，如图7-45所示。

图 7-45 设置描边颜色

❾ 执行"文件>置入"命令，弹出"置入"对话框，在该对话框中选择图像文件bao. png，如图7-46所示。

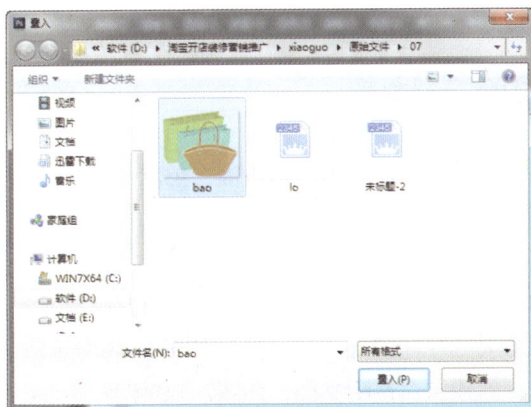

图 7-46 选择文件

❿ 单击"置入"按钮，置入图像文件，如图7-47所示。

图 7-47 置入图像文件

⓫ 选择工具箱中的"横排文字"工具，输入公告文本，如图7-48所示。

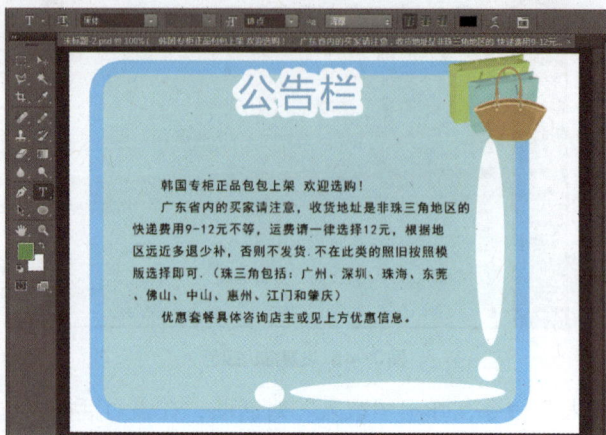

图7-48 输入文本

7.6 分类导航设计

好的店铺分类，会大大方便买家浏览和查询，提高成交量。可以使用文字作为分类导航，也可以使用漂亮的图片按钮作为分类导航。下面讲述如何利用图片作为分类导航按钮，具体制作步骤如下。

❶ 打开Photoshop软件，执行"文件>新建"命令，打开"新建"对话框，在该对话框中将"宽度"设置为300、"高度"设置为200，如图7-49所示。

❷ 单击"确定"按钮，新建空白透明文档，如图7-50所示。

图7-49 "新建"对话框

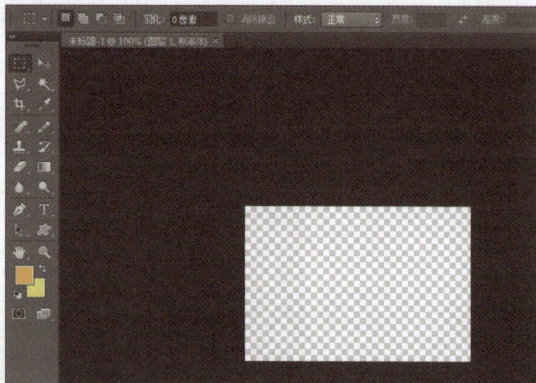

图7-50 新建文档

❸ 选择工具箱中的"圆角矩形"工具绘制，如图7-51所示。

图 7-51 绘制圆角矩形

❹ 执行"图层>图层样式>混合选项"命令，弹出"图层样式"对话框，在该对话框中选择"样式"选项，在相应的选项面板中选择相应的样式，如图7-52所示。

❺ 单击"确定"按钮，设置图层样式，如图7-53所示。

图 7-52 "图层样式"对话框

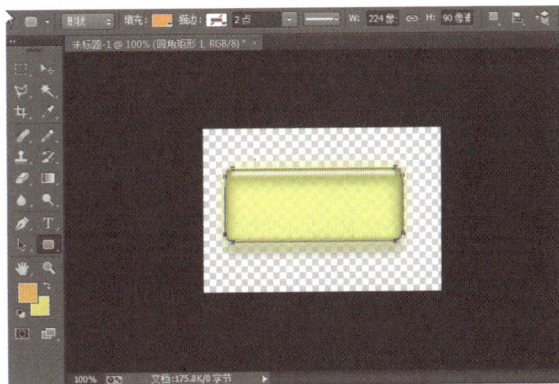

图 7-53 设置图层样式

❻ 选择工具箱中的"横排文字"工具，输入文本"特价箱包"，如图7-54所示。

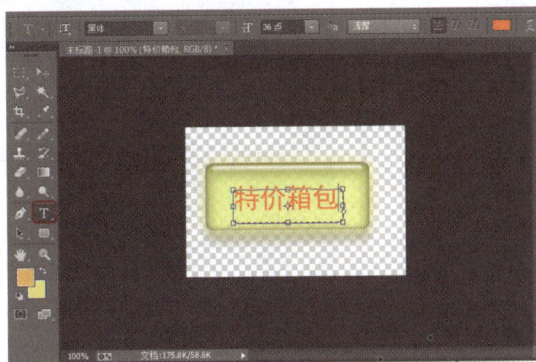

图 7-54 输入文本

7.7 设计店铺招牌

只有把淘宝店铺的每一个细节都要做好，才能给各位卖家带来生意，不要忽视细节。例如买家进店第一眼看到的就是店招，店招的好坏直接影响卖家的生意。

01 好的店招设计要素

店招就是店铺招牌，它是店铺十分重要的宣传工具，店招要大而醒目、识别性强。在旺铺中，每个页面都可以独立设置店招。店招可以通过旺铺的照片设置区域功能来设置。制作和应用旺铺店招时，要考虑以下方面。

（1）店招要直观明确地告诉客户自己店铺的卖点（特点、优势、差异化）。

（2）店铺名字（告诉客户自己店铺是卖什么的，品牌店铺可以标榜自己的品牌）。

（3）实物照片（直观形象地告诉客户自己店铺卖的什么）。

（4）产品特点（直接阐述自己店铺的产品特点，第一时间打动客户、吸引客户）。

（5）店铺（产品）优势和差异化（店铺和产品的优势以及和其他店铺的不同，形成差异化竞争）。

02 设计店招实例

本节以一个店招设计为实例，大致讲解一下具体操作步骤。

❶ 打开Photoshop软件，执行"文件>新建"命令，弹出"新建"对话框，将"宽度"设置为950、"高度"设置为150，如图7-55所示。

❷ 单击"确定"按钮，新建空白文档，将文件保存为"店招.psd"，如图7-56所示。

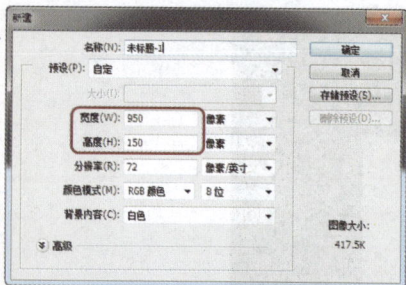

图 7-55 "新建"对话框

图 7-56 新建文档

❸ 选择工具箱中的"填充"工具，在选项栏中将"填充"设置为"前景"，在工具箱中将"前景色"设置为#cd204d，单击填充背景色，如图7-57所示。

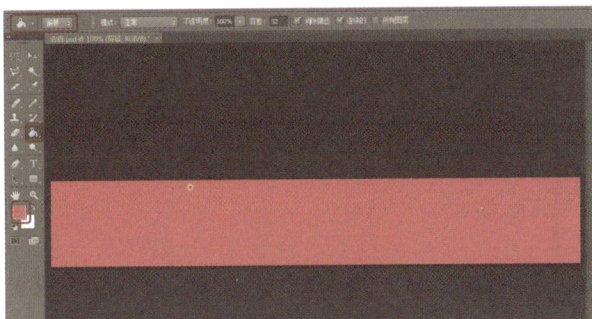

图 7-57 设置背景颜色

❹ 选择工具箱中的"横排文字"工具，在选项栏中将字体设置为黑色、字体大小设置为48、颜色设置为白色，输入文字"佳美箱包"，如图7-58所示。

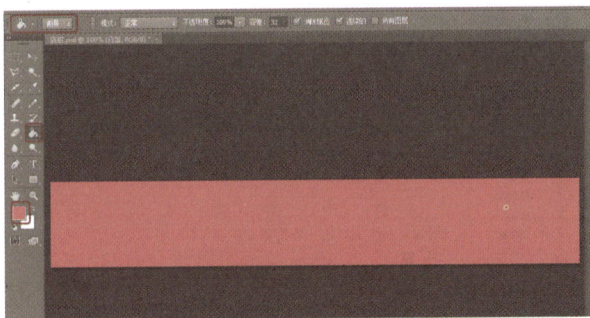

图 7-58 输入文本

❺ 执行"图层>图层样式>描边"命令，弹出"图层样式"对话框，将"颜色"设置为黑色，如图7-59所示。

❻ 单击"确定"按钮，设置图层样式，如图7-60所示。

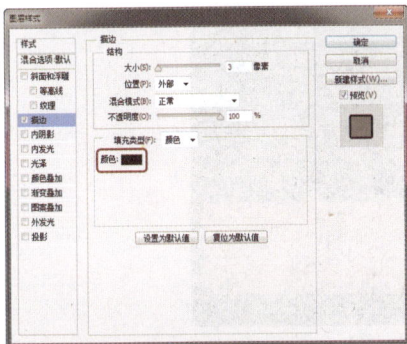

图 7-59 置入图像

图 7-60 设置图层样式

179

❼ 选择工具箱中的"横排文字"工具，输入相应文本，并设置文本颜色，如图7-61所示。

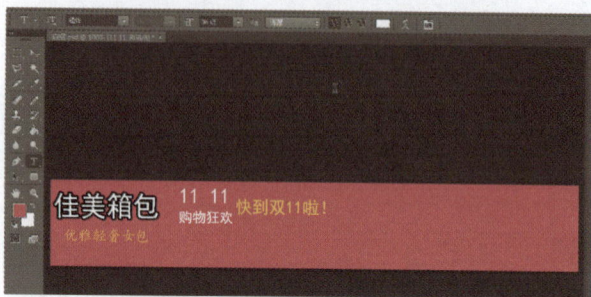

图7-61 输入文本

❽ 选择文本"11 11"，执行"图层>图层样式>混合选项"命令，选择"样式"选项，在右边的选项面板中选择相应的样式，如图7-62所示。

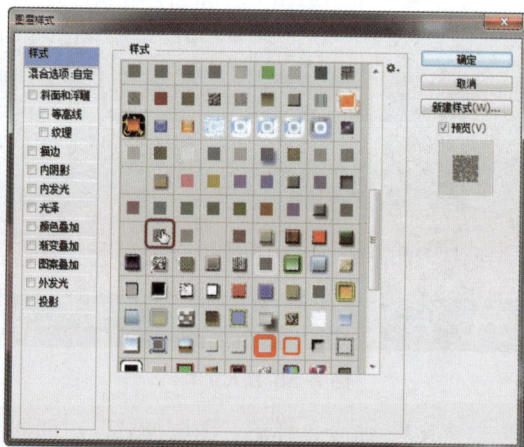

图7-62 "图层样式"对话框

❾ 单击"确定"按钮，设置图层样式，如图7-63所示。

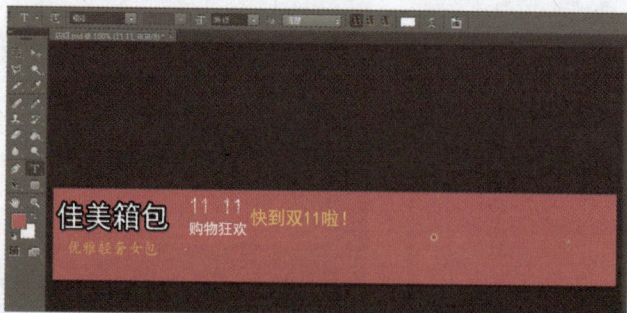

图7-63 设置图层样式

⑩ 选择"购物狂欢"文本，单击选项栏中的"创建变形文字"按钮，弹出"变形文字"对话框，在该对话框中的"样式"下拉列表中选择"扇形"，如图7-64所示。

⑪ 单击"确定"按钮，创建变形文字，如图7-65所示。

图 7-64 "变形文字"对话框　　　　　　　　图 7-65 创建变形文字

⑫ 选择工具箱中的"圆角矩形"工具，在选项栏中将"填充"颜色设置为#fafd0e，绘制圆角矩形，如图7-66所示。

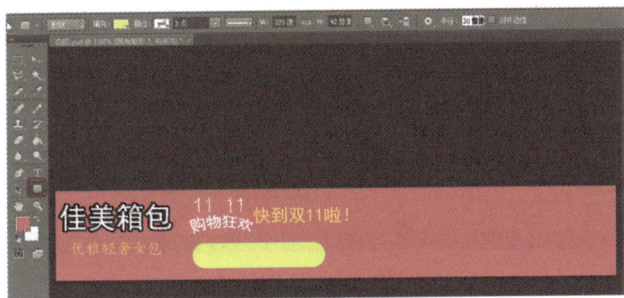

图 7-66 绘制圆角矩形

⑬ 选择工具箱中的"自定义形状"工具，在选项栏"形状"右边的下拉列表中选择"红心形卡"，如图7-67所示。

⑭ 在选项栏中将"填充"颜色设置为#ff0000，绘制两个心形，如图7-68所示。

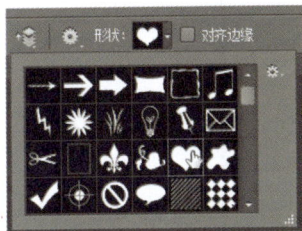

图 7-67 选择形状　　　　　　　　　　图 7-68 绘制形状

⓯ 选择工具箱中的"横排文字"工具，输入文本"超低价 先关注"，如图7-69所示。

图7-69 输入文本

⓰ 再次选择"自定义形状"工具，绘制相应形状。输入文本"新款预定"，如图7-70所示。

图7-70 绘制形状并输入文本

⓱ 执行"文件>置入"命令，弹出"置入"对话框，在该对话框中选择相应的图像文件，如图7-71所示。

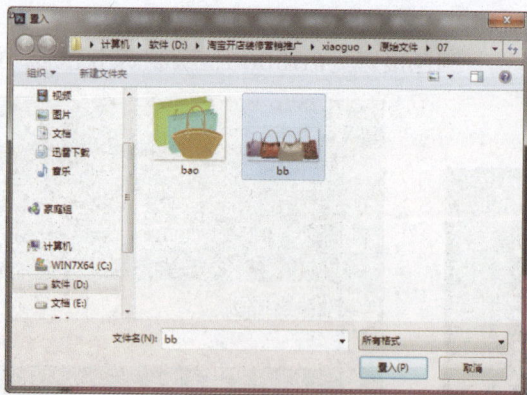

图7-71 "置入"对话框

⓲ 单击"置入"按钮，置入图像文件，并将其拖动到合适位置，如图7-72所示。

图 7-72 置入图像

⓳ 选择工具箱中的"圆角矩形"工具，在选项栏中单击"填充"右边按钮，在弹出的列表框中设置渐变颜色，如图7-73所示。

⓴ 在图像中按住鼠标左键并拖动以绘制形状，如图7-74所示。

图 7-73 设置填充颜色

图 7-74 绘制形状

㉑ 选择工具箱中的"横排文字"工具，在圆角矩形上面输入文本，如图7-75所示。

图 7-75 输入文本

7.8 设计精美个性化的淘宝旺铺促销区

宝贝促销区是淘宝旺铺非常重要的特色之一。促销区设计得好，买家能一目了然地知道店铺在搞什么活动，有哪些特别推荐促销的宝贝，非常吸引买家的眼光。

01 宝贝促销区的制作方法

目前，制作宝贝促销区的基本方法有三种。

❶ 通过互联网寻找一些免费的宝贝促销模板，下载到本地后进行修改，或者直接在线修改，在模板上添加自己店铺的促销宝贝信息和公告信息，最后将修改后的模板代码应用到店铺的促销区即可。这种方法方便快捷，而且不用支付费用；缺点是在设计上有所限制，个性化不足。

❷ 自行设计宝贝促销网页。卖家可以先使用图像制作软件设计好宝贝促销版面，然后进行切片处理并将其保存为网页，接着通过网页制作软件（如Dreamweaver、FrontPage）编排和添加网页特效。最后将网页代码应用到店铺的宝贝促销区上即可。由于是自行设计，所以这种方法在设计上可以随心所欲，能按照自己的意向设计出独一无二的宝贝促销效果；缺点是对卖家的设计能力要求比较高，需要卖家掌握一定的图像设计和网页制作技能。

❸ 最省力的，就是卖家从提供淘宝店铺装修服务的店铺购买整店装修服务，或者只购买宝贝设计服务。目前淘宝网上有很多专门提供店铺装修服务和出售店铺装修模板的店铺，卖家可以购买这些装修服务。

就宝贝促销区的设计而言，购买一个精美模板的价格大约在几十元左右。如果卖家不想使用现成的模板，可以让提供装修服务的店铺为你设计一个专属的宝贝促销模板，价格比购买现成模板稍贵，但这种方法最省心，还可以定制到专属的宝贝促销模板。

02 设计制作宝贝促销区

卖家可以通过促销区展示漂亮的促销宝贝，吸引买家注意。本节将举一例子来大致讲解一下设计精美个性化淘宝旺铺促销区的操作步骤。

❶ 打开Photoshop软件，新建一个空白文档，将文件保存为"宝贝促销区.psd"，如图7-76示。

图 7-76 新建文档

❷ 选择工具箱中的"填充"工具，将"前景色"设置为#fbe541，单击并填充背景颜色，如图7-77所示。

图 7-77 填充背景

❸ 选择工具箱中的"横排文字"工具，输入文字"换季清仓"，如图7-78所示。

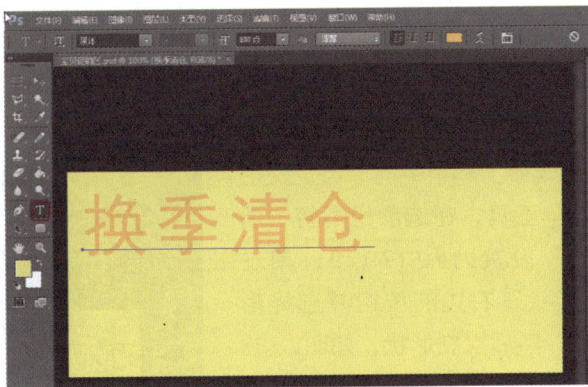

图 7-78 输入文本

❹ 执行"图层>图层样式>混合选项"命令，弹出"图层样式"对话框，在该对话框中选择"样式"选项，在选项面板中选择相应的样式，如图7-79所示。

❺ 单击"确定"按钮，设置图层样式，如图7-80所示。

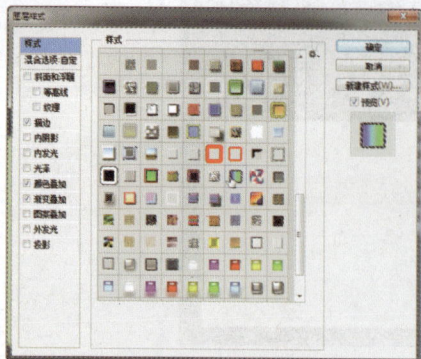

图7-79 "图层样式"对话框

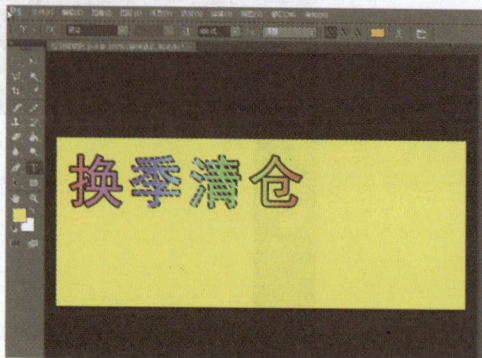

图7-80 设置图层样式

❻ 单击选项栏中的"创建文字变形"按钮，弹出"变形文字"对话框，在该对话框中将"样式"设置为"鱼形"，在下面的列表中设置变形的参数，如图7-81所示。

❼ 单击"确定"按钮，设置变形文字，如图7-82所示。

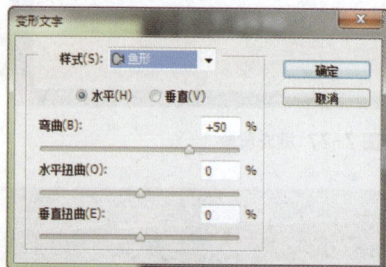

图7-81 "变形文字"对话框

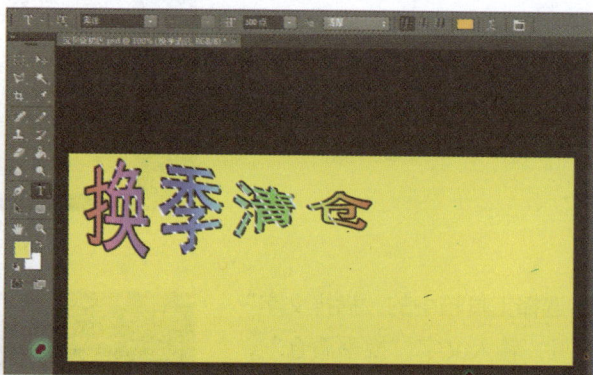

图7-82 设置变形文字

❽ 选择工具箱中的"自定义形状"工具，在选项栏中将"填充"设置为#037979，单击"形状"右边的按钮并选择形状，然后绘制形状，如图7-83所示。

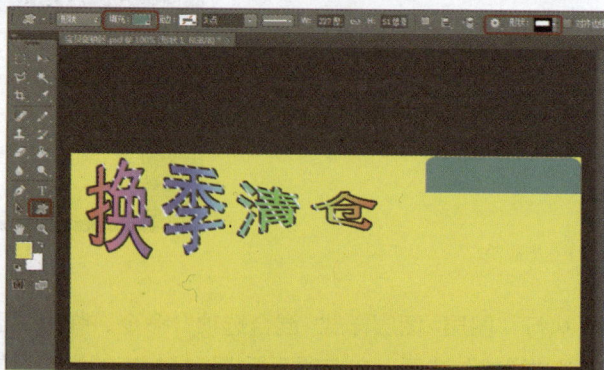

图7-83 绘制形状

❾ 选择工具箱中的"横排文字"工具，在形状上面输入文字"换季大清仓"，如图7-84所示。

图7-84 输入文本

❿ 执行"文件>置入"命令，置入两副图像文件，如图7-85所示。

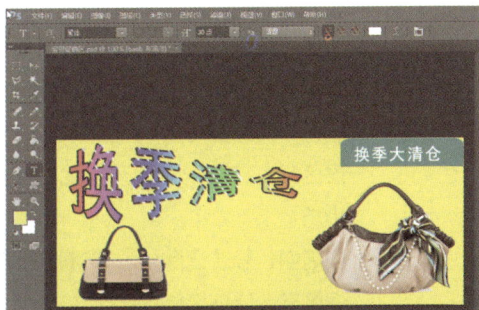

图7-85 置入图像文件

⓫ 执行"图层>图层样式>外发光"命令，将两幅图像设置为外发光效果，如图7-86所示。

图7-86 设置外发光效果

⓬ 选择工具箱中的"横排文字"工具，输入相应的文本，并设置文本大小和颜色，如图7-87所示。

图7-87 输入文本

Q&A 实战技巧问答

Q 1. 网店装修有哪些误区？

A

网店装修和网店进货一样，不能全凭自己的喜好。店铺装修不是给自己看到，而是给广大的买家看的。

误区一： 首页设计太复杂、太长，有的店铺首页多达20屏以上。

误区二： 超级大的图片加载起来很慢，若3分钟后首页的图片都没有加载完，请问能有几个买家耐心等待？

误区三： 首页配色繁杂混乱，颜色太过于刺眼，让人感觉进了一个大染坊。

误区四： 导航混乱，没有清晰明确的顶部导航。

误区五： 店铺装修不能抓住重点，完全根据店主自我喜好和想当然来进行设计装修，买家也许并不喜好这样的设计风格。

误区六： 宝贝详情内页入口太多，流量不能充分集中到几个优势宝贝上。

误区七： 忽略了首页的搜索功能，如果你的店铺宝贝超过100个，一定要在首页店招下部加入快捷搜索框。

Q 2. 制作宝贝描述模板时应注意什么问题？

A

宝贝描述模板通常是指包含宝贝描述在内的宝贝介绍页面。漂亮美观的宝贝描述页面，不仅为宝贝介绍增色不少，也在一定程度上增加了买家的浏览时间，无形中会增加宝贝出售的机会。

在制作宝贝描述模板前，需要了解并注意如下一些事项。

（1）宝贝描述模板是店铺的形象页面，其他区域例如公告栏和店标等也应根据宝贝描述模板的风格来展开设计，所以宝贝描述模板的设计风格非常重要。

（2）初次使用模板时，可以先把那些所有宝贝都会用到且内容相同的栏目编辑好，如邮资说明、顾客须知、联系方式以及公告等。然后把编辑好的模板代码复制出来，下次发布商品时就用这个编辑好的模板代码，就不用再重复编辑那些相同的内容了。

（3）宝贝描述模板的作用是从各方面将宝贝的特点描述得尽可能详细，让买家下决心购买。对于买家一般会特别注意宝贝的哪几个方面，不同的宝贝有不同的标准。如服饰店，顾客看重的可能是品牌、款式、颜色、尺码等；对于数码产品，用户关注的可能是品牌、性能、参数、外观等。

（4）在宝贝店铺管理页面上直接设计宝贝描述模板并不方便，建议先在本地设计好，并将相关的图片上传到相册中，然后再将模板的HTML代码粘贴到店铺描述的设置上。

（5）宝贝描述页上的图片地址链接必须正确，否则图片在页面上将不能显示。为了加快下载速度，不要在宝贝描述模板中使用过多的大图。

（6）淘宝网页的页面宽度是950像素，由于普通店铺的宝贝描述页不能像旺铺那样有侧边栏，所以为了有效地显示宝贝内容，一定要把普通店铺的宝贝描述模板的宽度限制在950像素以内，如900像素、800像素都可以。

Q **3. 淘宝自定义装修区怎样设计？**

A 每个淘宝店铺的装修模板都有一个自定义区，这个区域对网店是否美观的影响很大，如果装修得当，会给店铺带来意想不到的好处。

1. 用自定义区展现店铺的特别之处

淘宝旺铺带有自定义内容功能，能否使用好自定义内容功能，直接关系到店铺的主页质量。道理很简单，既然是自定义，就是想让卖家体现差异化个性的地方。想从数百万淘宝卖家中脱颖而出，自定义内容区的装修无疑是实现的途径之一。

2. 重点突出、主次分明

一般来说，由于宽度上的明显差异，左右两部分的自定义区还是有不同侧重点的，左侧比较常见的是自定义产品分类或者直接展示产品，右侧内容则更加丰富重要，如品牌展示、促销活动等一般体现卖家最想表达的信息。

自定义内容区以推介性的图片和文字为主，动态图片或者Flash的展现手段也已经越来越多地被使用。

Q **4. 如何选择店标图片的素材？**

A

店标是淘宝网普通店铺的标志，它在淘宝店铺中以两种形态显示：静态图像和动态图像。店标通常由店铺名称、产品图片、宣传文字等组合成。

店标的图片素材通常可以从网站上直接找到。在百度只需要输入关键字可以很快找到很多相关的图片素材；也可以去设计资源网站，那里有更多精美、专业的图片。选择图片素材时要选择尺寸稍微大一些、清晰度好、没有版权问题并适合自己店铺特点的素材图片。

成功案例 网店装修师月入过万

"装修"网店也赚真金白银

不知不觉中淘宝走过了十个年头，在电商行业飞速发展以及网购日益火爆的过程中，不少新职业应运而生，如网店装修师、淘女郎。其中像网店装修师、模特、摄影师这样的从业人员收入不菲。

据淘宝方面介绍，淘宝直接和间接的就业人员已经超过1000万人，淘宝已经成为一个"自循环和自生长的生态系统"，而不仅仅是一个"购物平台"。据称，淘宝里已经催生出至少十三种相关的新兴职业。

决定你是否走进一家网店，是否在里面购物的因素有很多，比如价格的高低，东西的好坏，还有一项可能你都没有意识到，但实际上它已经影响了你的选择，那就是店面装修。在网购火爆的今天，一个网店除了商品和价格外，店铺的门面也很重要。在现实生活中，很多消费者是被店面的风格吸引而购物的，为了招徕顾客，网店也同样需要进行"装修"才能吸引眼球。

这就催生了一个新职业——网店装修师。他们用图案和文字拓展营销的意义，带来全新的购物体验。对于这个新职业，不少人认为只要能熟悉运用制图软件就行了，其实这只是个基本技巧。成为一个优秀的网店装修师，需要更多看不见的软实力。

据了解，2010年11月，淘宝网推出了一个"卖家装修市场"平台，招募网店装修师，提供各种装修模板，供卖家购买使用。

此外，早在2005年，淘宝集市上就出现了卖装修代码的生意，网店装修师的从业人数逐年上升，既有具备广告公司从业经验的专业人士，也有大学生兼职者，目前较活跃的地区是长三角、珠三角和北京等地。

除了入驻该平台外，不少网店装修师直接选择在淘宝上开店，商品就是装修服务。目前仅在"卖家装修市场"平台上的用户数就有170万，旺盛的需求预示着，这是一个潜藏着巨大商机的买卖。

•开网店没赚钱，动态店标却火了•

"2005年淘宝网刚开始火，我媳妇也赶潮流，工作之余花1000元进货，在网上开了一家银饰品店。"安刚说，一个月下来，小夫妻俩一盘算，不但没赚钱，还亏了700元。不甘心就这样关门大吉，学计算机出身的安刚没少琢磨网络营销的"伎俩"。后来他发现，店铺门面好看、夺人眼球，是吸引点击率的因素之一。

恰巧大学学临床医学的安霆从小就喜欢设计，虽然不会用Photoshop，但是在安刚的强化训练下，仅用7天，安霆就跨过了这道门槛。她闭关研究了一周，就鼓捣出一个新鲜的动态店标。图标上的店名和图案都会轻柔地闪动，店标上的蝴蝶还一开一合地扇动翅膀，好似翩翩起舞。这在当时淘宝网上一堆"静若处子"的店标中，显得很抢眼。

店标上线，店铺销量一时没有多大起色，但浏览量明显上升。许多人在旺旺以及论坛上打听"这会动的玩意儿是谁设计的，我们也想弄一个"。

随着咨询的人越来越多，夫妻俩意识到网店视觉形象设计是一个空白的市场，俩人决定转型从事网店装修。安霆每天大量学习关于网店的知识，寻找能把传统设计转化为最适合网店设计的灵感。他们利用Photoshop、Dreamweaver等制作软件处理图片，通过精美图片、Flash动画及音乐等，将店铺装修得美丽诱人。

•网页漂亮不顶用，刺激消费是王道•

随着客户不断增多，大家反馈的问题也集中起来。"光漂亮了，流量倒是提升了，可是转化不够，销售量变化不大。"IT出身的安刚开始大量摸索一个页面的构造。他曾经多次用几百个计数器对一个促销页面进行评测，查看每个像素点的点击率，然后由安霆进行设计，摸索店铺装修如何能够引发客户购买行为并进行研究。在不断研究、以及与客户和业内同行的不断交流中，他们对电子商务理解更加透彻，对电商流行趋势的判断和行业时尚元素的运用也更加得心应手。

宝贝在店里如何摆放，以及图片信息怎么样，直接决定商品的销量，经过安霆设计或改版的页面，不但绚丽多彩，更重要的是刺激了消费，销量提升最高的提高了三倍。在为一家著名服饰类企业改版店面时,安霆提出,原页面首屏文字太多,且看不见店铺促销活动以及商品图片,客户跳失率高。改版后的首屏文字缩减为清晰整齐的三个小区域,促销和图片非常醒目。在商品陈列和搭配促销方面,从只能看见上装,到改版后可见上装、下装、鞋帽、配饰等,位置合理安排,大大增强了销售关联几率。

他们还通过直通车图片引流、关键字优化、优质类目店铺排版结构、爆款宝贝描述策划、关联模块搭建、购物路径优化等技巧帮助网店留住客户,实现流量转化。

•高端定制占七成,10万客户遍网络•

刚开始两人的收入不是很稳定,但随着大型商家进驻电子商城,网店装修需求越来越大,装修价格也是一路水涨船高。除了自己的收益外,两人还能负担起一个团队的开支了,于是下决心组建了公司。

在最辉煌的时候,公司每个月能有四五十万元进账。大型商家不会购买店铺里为小店主制成的现成模板,都是指明要求高端定制。尽管花费精力更多,但大商家肯花大价钱,5万元一个模板的回报非常丰厚。

"经常有企业跟我们一签就是一两年,期间店面维护、更新、改版以及各种促销都由我们一手承包。"安刚说,还有企业会将全年销售收入按比例分给他们。"浙江一家电商有一年销售了4.2个亿,你就能想到我们能分多少了。"说到这里,安刚嘴角挂着自豪的笑容。

目前,公司业务中为大客户进行的高端定制占7成。在目前的经济环境下,除去给员工发薪外,俩人一年的利润也有百万元左右。在过去两年的网商大会上,公司蝉联最受网商信任的"十大外包服务商"。打拼几年,公司积累了10万客户,遍及京东、当当、一号店、腾讯拍拍等电商平台。

做一个网店装修师跟普通的平面设计有什么不同呢?"很多人以为网店装修师只要会设计就行了,其实不是。要想成为一个网店装修师,他首先要很熟悉电商这一套体系和规则,首先要让自己成为一个卖家,知道自己卖的是什么,怎样才能把产品特色挖掘出来,成为卖点。第二还要成为一个买家,熟悉买家的购物习惯,还有他们愿意进什么样的店铺,什么样的设计让他们舒服。"比如,有的设计师很高傲,喜欢很酷的设计,但这要是用在母婴用品上显然不合适。有的喜欢用黑底色,其实这样会使"宝贝描述"看起来就非常费眼,顾客停留的时间必然不长。

Part

05

包装与
物流篇

商品包装与物流

对于网店经营者来说，邮寄商品是很重要的一个环节。有很多店主都说"成也物流，败也物流"，此话虽有一些片面，但还是有一定道理的。另外商品的包装也是商品的重要组成部分，它不仅在运输过程中起保护的作用，而且直接关系到商品的综合品质。

8.1　送货方式

网店每个月会有很大一笔开销在邮寄方面，虽说羊毛出在羊身上，但如果质量相同、价格一样，买家定会选择邮费更低的，可见降低运费会使产品更具竞争力。生意好的卖家，不算销售额，单是一个月的邮费，保守估计都得在两三千，相当于一个二三线城市实体店铺门面的月租了。因此选择合适的送货方式非常重要。网上交易发送货物的物流大体可分为邮政、快递公司、物流托运三种。

01　邮政运输

几乎每个卖家都有使用邮局发货的经历，有的卖家认为邮局平邮的价格一点也不便宜，有的卖家认为平邮非常便宜，而且商品的安全指数也高。事实上，在邮局发货有很多小窍门，如果店主掌握了这些窍门，就可以省下不少钱，否则可能真比快递还贵。如图8-1所示为中国邮政主页。

图8-1 中国邮政主页

下面介绍常见的邮政业务。

1. 平邮

平邮是一种比较常见的邮寄方式。由于平邮的价格便宜，所以适合不急需拿到商品、追求经济实惠的买家。发平邮要去邮局，需要向邮局买张绿色平邮单。邮局的包装材料比较好，但是价格比较贵，可以自备剪刀和胶带制作一个包装材料，尽量不让货物超过500克。

邮资包括以下几项。

（1）挂号费：3元，全国统一，一定收取。

（2）保价费：可以选择不保价，不保价的包裹不收取保价费。

（3）回执费：可以不选择回执服务，不用回执的包裹不收取回执费。

（4）资费：视距离远近每千克资费不同。商品包装的包裹纸箱、布袋、包装胶带、邮局的纸箱、布袋等是要收费的。卖家可以自己找纸箱，缝制布袋进行包装，但是必须符合规定。

（5）持续时间：视距离远近一般5天~30天不等，速度比较慢。

（6）安全保障：每个包裹都有单号，可根据单号查询投递状况。如果邮寄时选择了保价，在包裹丢失后可以按保价金额进行赔偿；如果邮寄时没有选择保价，在包裹丢失后最高不超过邮费的两倍进行赔偿。

2. 快递包裹

快递包裹是中国邮政为适应社会经济发展、满足用户需求，于2001年8月1日在全国范围内开办的一项新业务，它以快于普通包裹的速度、低于特快专递包裹的资费，为物品运输提供了一种全新的选择。但卖家最好别发快递包裹，速度并不比平邮快，价格却很可能比快递贵。

3. EMS

EMS是邮政特快专递服务，是中国邮政的一个服务产品，主要是采取空运方式以加快递速度。一般来说，根据地区远近，1天~4天到达。安全可靠，送货上门，寄达时间比前两种方式都要快，运费也是这三种方式里最高的，比较适合对收到商品有较高的时间要求或是国际商务派送的顾客。

EMS业务在海关、航空等部门均享有优先处理权，它以高速度、高质量为用户传递国际国内紧急信函、文件资料、金融票据、商品货样等各类文件资料和物品。

EMS适用范围为中国大陆地区，按中国邮政EMS快递标准执行，即包裹重量在500克以内收20元，超过部分每递增500克按所在地区的不同收费标准有所不同。

优点：时间快，可以上网查询，送货上门，安全有保障。

缺点：收费贵，部分地区邮局人员派送物件前不会先打电话联系收件人，有可能导致收件人不在指定地点，而耽误时间。

02 普通快递

在网上开店的卖家，一定都与快递公司打过交道，而且有很大一部分网店店家在用这种运输方式。市场上主要的快递公司有顺风快递、宅急送、圆通快递、申通快递、全一快递、中通快递等。那么在选择快递公司时有几项需要卖家注意的。

❶ 安全度：无论用什么运输方式，都要考虑安全方面的问题。因为不管是买方或是卖方，都希望通过一种安全的运输方式把货送到买家手上。如果安全性不能保障，那么后续会有一连串的问题困扰你，所以在选择快递公司的时候，一定要选择一个安全性较高的公司进行合作！

❷ 诚信度：选择诚信度高的快递公司，能够让你更有安全的保障，买卖双方都能放心使用。选择快递公司的时候，可以首先在网上先看看网民的评价。

❸ 价格：对于卖家来说，找到一家合适的快递公司也不容易。价格比较便宜将给你省下一笔不小的开支，特别是新开店的卖家。但是不要一味追求价格低廉，至少要保证安全和诚信，否则价格便宜也没用。

大家一定要多试用几家快递公司，多打几次交道，才能看出来到底哪家的服务好，而价格更便宜，从而让店铺的利润更为可观。

03 托运公司

如果店主们要发出的宝贝数量比较多，重量比较大，平邮或特快专递会非常贵，这时店主不妨考虑使用客车运输商品。买家如果离卖家不远，可以使用短途客车托运货物，但是这种客车一般会要求寄送方先付运费。店主一定要及时通知收货方收货，并且在货物上写好电话和姓名。在托运前必须将货物的包装和标记严格按照合同中的有关条款、国际货协和议定书中的条项办理。大件物品可以使用铁路托运。

1. 汽车托运

运费可以到付，也可以现付。货物到了之后可能会再向收货方收卸货费。一般的汽车托运不需要保价，当然，有条件的话最好保价，一般是千分之四的保价费。收货人的电话最好能写两个：一个是手机，一个是固定电话，确保对方能接到电话通知。如图8-2所示为汽车托运。

图 8-2 汽车托运

2. 铁路托运

铁路托运一般价格低，速度也快，但是只能到达火车到达的地方。火车站都有价格表。包装好的一般不会被打开检查，现在还会贴上"小心轻放"。价格比较高，一般需要拿传真件和身份证提货，运费得现付，不太方便。

3. 物流公司

物流公司如佳吉、华宇等，他们的发货方式和其他托运站不太一样，托运站一般是点对点；但物流公司可以转到一个城市中的几个点，接收方很方便。缺点是速度很慢，中转次数很多，对货物和包装的要求都很高。货物上车下仓库很多次，容易造成破损。

8.2 国内常见的快递公司

快递公司是指目前国内市场上除了邮政之外的其他快递公司，他们也是利用自己的网络进行快递服务。市面上的国内快递公司主要有：顺丰快递、宅急送快递、申通快递、韵达快递、天天快递、圆通快递、汇通快递、大田快递、巴客快递以及源伟丰快递等，全国有数千家快递公司在开展业务。

01 申通快递

申通快递品牌初创于1993年，公司致力于民族品牌的建设和发展，不断完善终端网络、中转运输网络和信息网络三网一体的立体运行体系，立足于传统快递业务，全面进入电子商务物流领域，以专业的服务和严格的质量管理来推动中国物流和快递行业的发展，成为对国民经济和人们生活最具影响力的民营快递企业之一 。如图8-3所示为申通快递公司网站。

图8-3 申通快递公司网站

　　进入21世纪之后，随着中国快递市场的迅猛发展，申通快递的网络广度和深度进一步加强，基本覆盖到全国地市级以上城市和发达地区地市县级以上城市，尤其是在江浙沪地区，基本实现了派送无盲区。

　　经过十多年的发展，申通快递在全国范围内形成了完善、流畅的自营快递网络。截至目前，公司共有独立网点及分公司950余家，服务网点及门店5000余家，全网络公司车辆20000余辆，从业人员超过12万人。各转运中心和网点公司全部配备监控设备，并在上海、北京、广州等大城市安装了10余台大型安检机。

02　圆通速递

　　圆通速递有限公司创建于2000年5月28日，圆通速递历经13载艰苦创业，现已经跨越式发展成为中国快递行业领导品牌之一，公司现拥有8大管理区、65个转运中心，遍布全国的6000余配送网点，10万余名员工，直接服务国内1600余个城市，航空运输机场达70余个，覆盖200多个城市。2012年经过全体圆通人的共同努力，各项工作均取得了较好的成绩，全网完成快件业务量达到9亿件左右，单日揽收件量创历史新高，超700万件；实现了市场占有率18%；产值达到130亿元左右，是国内大型知名民族快递品牌企业之一。如图8-4所示为圆通快递公司网站。

图 8-4 圆通快递公司网站

圆通速递立足国内、面向国际，主营50KG以内的小包裹快递业务，本着"客户要求，圆通使命"的服务宗旨，形成了同城当天件、区域当天件、跨省时效件和航空次晨达、航空次日下午达等多种服务产品和到付、代收货款、签单返还等多种增值服务，涵盖快递、仓储、电子商务配送、特色服务等一系列的专业速递服务，并为客户量身定制速递解决方案，提供个性化、一站式服务。还开通了港澳台（在香港成立分公司）、东南亚、中亚和欧美快递专线，并开展中韩国际电子商务业务，将圆通的服务网络延伸至海外。

03 中通速递

中通快递创建于2002年5月8日，是一家集快递、物流、电商、印务于一体、综合实力位居国内物流快递企业前列的大型集团公司。目前，公司已拥有员工8万多人，服务网点5000余个，分拨中心59个，运输、派送车辆18000多辆。公司的服务项目有国内快递、国际快递、物流配送与仓储等，提供"门到门"服务和限时（当天件、次晨达、次日达等）服务。同时，开展了电子商务配送、代收货款、签单返回、到付、代取件、区域时效件等增值业务。如图8-5所示为中通快递公司网站。

图 8-5 中通快递公司网站

为了更好地服务客户，创国内物流快递一流品牌。公司近年来不断加大基础设施投资建设的力度，于2010年投入运营了集办公、分拣、生活于一体的中通快递"总部基地"，并先后在广东虎门、江苏无锡等地购置土地，投资建设大型分拨中心。这些投入与建设，将极大地优化全网的服务水平，提升中通快递的品牌形象。

04 顺丰速运

顺丰速运（集团）有限公司（以下简称顺丰）于1993年成立，总部设在深圳，是一家主要经营国内、国际快递及相关业务的服务性企业。如图8-6所示为顺丰速运公司网站。

自成立以来，顺丰始终专注于服务质量的提升，不断满足市场的需求，在大中华地区（包括港、澳、台地区）建立了庞大的信息采集、市场开发、物流配送、快件收派等业务机构，建立服务客户的全国性网络，同时，也积极拓展国际件服务，目前已开通新加坡、韩国、马来西亚、日本及美国业务。

长期以来，顺丰不断投入资金加强公司的基础建设，积极研发和引进具有高科技含量的信息技术与设备，不断提升作业自动化水平，实现了对快件流转全过程、全环节的信息监控、跟踪、查询及资源调度工作，促进了快递网络的不断优化，确保了服务质量的稳步提升，奠定了业内客户服务满意度的领先地位。

图 8-6 顺丰速运公司网站

05 韵达快递

韵达是具有中国特色的物流及快递品牌，结合中国国情，用科技化和标准化的模式运营网络。也是一家具有国资背景的民营快递。已在全国拥有上万个服务规范的服务站点，致力于不断向客户提供富有创新和满足客户不同需求的解决方案。

韵达快递为客户提供快递、物流及电子商务等一系列门到门服务，为大客户订制物流解决方案，形成了到付、贵重物品、同城区域当天件、国内次晨达件、国内次日达件、代收货款等特色服务。

科技的投资和推进，以优化内部管理和客户服务，提高客户满意度；建立了多方位的、多层次的运送保障体系，提供比较适合客户需要的产品。如图8-7所示的韵达快递官方网站。

图8-7 韵达快递官方网站

06 天天快递

天天快递有限公司成立于1994年，为国内第一个获得"中国驰名商标"称号的快递企业。总部位于杭州高新技术产业开发区，拥有6000多个网点，全国从业人员60000余人，网络基本覆盖全国地市级以上城市和发达地区地市县级以上城市，现已实现江浙沪无盲区派送，形成了以长江三角洲、珠江三角洲、环渤海地区为重点的快递网络布局。如图8-8所示为天天快递网站。

图 8-8 天天快递网站

07 汇通快递

"汇通快运"成立于2003年，是一家在国内率先运用信息化手段探索快递行业转型升级之路的大型快递公司，综合实力位居全国快递企业前列。如图8-9所示为百世汇通网站。

2010年11月，杭州百世网络技术有限公司成功收购"汇通快运"，"汇通快运"更名为"百世汇通"，成为百世网络旗下的著名快递品牌。秉承"承载寄托、全程呵护"的服务理念，百世汇通由此迎来了大突破、大发展、大跨越的良好时机。

图 8-9 百世汇通网站

"百世汇通"目前拥有各级服务网点超过5000个，开通全网省际、省内班车800多条，超过2万人的专业速递团队为千家万户提供全年无休的速递服务。"百世汇通"作为国内以信息化和自动化建设为核心能力，依靠高效运作的快递网络，在为广大用户提供精益速递服务的同时，专业的商务团队还可以针对电子商务等企业量身制定速递方案，提供个性化、一站式的优质服务。

8.3 商品包装营销策略

网上开店可不要小瞧包装。一个美观大方、细致入微的包装既能够保护物品安全到达，也能够赢得买家对店铺的信任，赢得顾客的心，赢得生意上的成功。

01 各类商品的包装方法

包装是淘宝掌柜的必修课，是影响运输质量的一个非常重要的因素，包装材料的选择要视货物品质而定，包装的目的是使货物得到安全的保护和支撑。下面介绍一下常见的商品包装方法。

1. 礼品类

礼品类商品一定要用包装盒、包装袋或纸箱来包装。可以去当地的包装盒、包装袋批发市场看看，也可以在网上批发。使用纸箱包装时一定要有填充物，这样才能把礼品固定在纸箱里。如图8-10所示为使用铁制的包装盒包装的月饼。

2. 服装、床上用品等纺织类

如果是衣服，可以选择布袋。用布袋包装服装时，白色棉布或其他干净、整洁的布最好。淘宝上有专卖布袋的店，大小不一，价格也不一，如果家里有废弃的布料，也可以自己制作布袋。在包装的时候，一定要在布袋里再包一层塑料袋，因为布袋容

图 8-10 铁制包装盒包装月饼

易进水和损坏而弄脏宝贝。也可以使用快递专用加厚塑料袋，可以在网上买到，价格不贵，普通大小的一个3-7毛钱不等，特点是防水、防辐射，用来邮寄纺织品确实是个不错的选择，经济实惠、方便安全。如图8-11所示为加厚塑料袋。

3. 电子产品类

电子产品是价格昂贵、且为很精密的产品，包装要很讲究。一般是用纸箱和托盘。在货物比较轻的情况下可以用纸箱，但纸箱的质量一定要好。包装时一定要用泡膜包裹

结实，再在外面多套几层纸箱或包装盒，多放填充物。买家收到商品后，一般会当面检查确定完好再签收。因为数码产品的价格一般来说比较高，如果出现差错也是比较麻烦的事。如图8-12所示为电子类产品的包装纸箱。

图 8-11 加厚塑料袋

图 8-12 电子类产品采用纸箱包装

4. 易碎品的包装

易碎品的包装一直是一个难点，特别是易碎品的运输包装。这一类产品包括瓷器、玻璃饰品、CD、茶具、字画和工艺笔等。通常要求易碎品的外包装应具有一定的抗压强度和抗戳穿强度，可以保护易碎品在正常的运输条件下完好无损。

对于这类产品，包装时要多用些报纸、泡沫塑料或者泡绵、泡沫网等，这些东西重量轻，可以缓和撞击，如图8-13所示。另外，一般易碎怕压的东西四周都应用填充物充分填充，这些填充物也比较容易收集，比如包水果的小塑料袋，平时购物带回来的方便袋，还有一些买电器带回来的泡沫等。尽量多用聚乙烯材料而少用纸壳、纸团，因为纸要重一些，而聚乙烯膨胀效果好，自身又轻。

尽量贴上易碎物品标签，箱子四周写上易碎物品勿压、勿摔，提醒在装卸货过程中小心避免损坏。如图8-14所示为易碎物品标签。

图 8-13 泡沫塑料

图 8-14 易碎物品标签

5. 书刊类

书刊类商品的具体包装过程可以如下进行。

（1）书用塑料袋套好，以免理货或者包装的时候弄脏，也能起到防潮的作用。

（2）用报纸中夹带的铜版纸做第二层包装，以避免书籍在运输过程中被损坏。

（3）外层用牛皮纸、胶带进行包装，如图8-15所示。

（4）如打算用印刷品方式邮寄，用胶带封好边与角后，要在包装上留出贴邮票、盖章的空间；利用包裹邮寄方式时则要用胶带全部封好，不留一丝缝隙。

6. 数码产品

这类产品需要多层"严密保护"。包装时一定要用泡膜包裹结实，再在外面多套几层纸箱或包装盒，多放填充物，如图8-16所示的气泡膜。买家收到商品后，一般会当面检查确定完好再签收。因为数码产品的价格比较高，如果出现差错也是比较麻烦的事。

图 8-15 牛皮纸包装

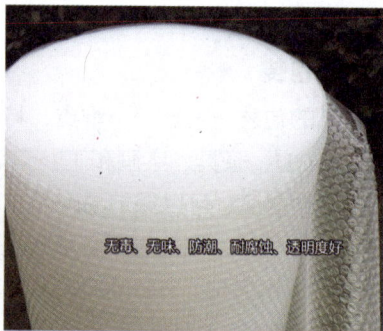

无毒、无味、防潮、耐腐蚀、透明度好

图 8-16 气泡膜

7. 食品

易碎食品和罐装食物宜用纸盒或纸箱包装，让买家看着放心，吃着也放心啊。在邮寄食品之前一定要确认买家的具体位置和联系方式，了解运送到达所需的时间。因为食品有保质期，为防止食品运送时间过长或温度变化导致变质，一般来说，发送食品最好使用快递。

8. 香水等液体类产品

香水、化妆品等大部分是霜状、乳状或水质的商品，多为玻璃瓶包装，因为玻璃的稳定性比塑料好，化妆品不易变质。但这一类货物也是查得最严的。除了包装结实，确保不易破碎外，防止渗漏也很重要。最好先找一些棉花把瓶口处包严，用胶带扎紧，用泡膜将瓶子的全身包起来，防止洒漏。最后再包一层塑料袋，即使漏出来也会被棉花吸住并有塑料袋作最后的保障，不会漏出污染到其他商品或别人的包裹。

9. 钢琴、陶瓷、工艺品

钢琴、陶瓷、工艺品等偏重或贵重的物品应采用木箱包装。美国、加拿大、澳大利亚、新西兰等国，对未经过加工的原木包装有严格的规定，必须在原出口国进行熏蒸，并出示承认的熏蒸证，进口国方可接受货物进口。否则，罚款或将货物退回原出口国。

按上述的方法，针对不同的商品，采用不同的包装方法，这样既能保证商品在包装运输途中的安全，也能减少在商品包装中的支出。

02 让包装更有价值

所有的买家都希望收到一个完好无缺的商品，那么卖家该如何利用商品包装来收买买家的心呢？下面介绍几点建议。

1. 发送店铺名片

在发送商品的时候，可以在包装里塞上几张名片，名片中要印上自己的网店名、掌柜名、店铺经营范围、电话以及QQ等联系方式，如图8-17所示为淘宝店铺名片。一般来说，买家如果觉得你的商品不错的话，都会留下你的名片以便下回购买，或是将把你的名片发给其他需要此类商品的好友，这样一来你就多了许多隐性顾客。

图 8-17 淘宝店铺名片

2. 赠送小礼品

许多买家都希望得到一些小赠品，即使这些东西对他们来说没有多大作用，但是收到的时候会觉得很高兴，就像我们在现实生活中收到礼物会有惊喜的感觉一样。在采购商品的时候，记得多留意一些小物件，比如头饰或者小发卡之类，价格越便宜越好，但是质量不能太差。一个质量好的赠品可以起到画龙点睛的作用，但是如果买家收到的是一个粗制滥造的赠品，那么他们对你的好印象也会大打折扣。此外还要注意控制赠品的成本。

3. 问候贺卡

现代社会通信发达,人们的沟通方式已经从过去的信件、电话扩展到短信、电子邮件、视频等。很多人已经好多年没有收到过信件了。所以,在邮寄商品的同时,附送一张温馨的贺卡,必定会唤起很多人熟悉的感觉,增加顾客对卖家的好感。

4. 不要擅自带价格标签

不要自作主张,把商品的价格标签放入包装箱内。因为有些买家购买商品是用来送礼的,这些买家希望网店直接发货给他的朋友,而他们一般是不愿意让朋友知道这件礼物的价格是多少、是在哪里买的。

5. 要干净整洁

无论你用什么包装寄东西,都应把盒子弄得干干净净,破破烂烂的包装会让人怀疑里面的东西是不是已经压坏了,甚至怀疑产品的质量问题。所以包裹一定要干净整洁,在不超重的前提下尽量用硬壳包装。

6. 宝贝使用的友情提醒

或许你会奇怪,还有这个必要么?比如洗面奶都知道是洗脸用的吧。不过,一些提醒还是必要的,比如化妆品的放置是不是怕阳光直射,再就是一些美妆工具,如刀子剪子特别锋利,提醒买家在使用过程中注意安全,放在小孩子不易触到的地方等,可能这些大家都知道,但你如此细致地提醒,会给买家一份感动,感到卖家的贴心。

7. 热卖产品介绍

不是每个买家都会十分耐心看卖家店里的所有商品,所以在快递商品时,可以送上一份店铺的产品介绍。可以是店铺里最热销的商品或新上架的商品,整理个小小的推荐表。不要小看这张推荐表哦,它对顾客的作用可比店铺里的产品介绍要强的多。

03 好包装是无声的销售

如今,产品包装起的作用不只是简单的方便携带功用,好的产品包装能保护产品属性、迅速识别品牌、传递品牌内涵、提高品牌形象。同样,这些包装的文字、图像和色彩等都能起到宣传效果,同时美化商品、促进销售的效果。如图8-18所示为好的包装。

包装不会发出声音语言,但它具有很好的视觉语言。包装在无需销售人员的介绍或示范的情况下,消费者只需凭包装画面上的图文介绍,就可以了解商品,从而决定是否购买。

(1)从陈列环境中着手,在包装的色彩、图案、款式等方面突出品牌的视觉冲击力,以区别同类产品,最终脱颖而出。

(2)从品牌定位、品牌个性化方面着手,明确针对人群,选择合适的渠道,从而决定包装设计风格,以突出品牌及利益点等消费者关注的重要信息。

（3）根据渠道和价格差异着手，设计有附加值、品质感及美感的包装。这些要素都是与品牌价值相辅相成的，是提升品牌美誉度的重要手段。

图 8-18　好的包装

8.4　精打细算，降低物流成本

快递费用是一笔不小的开销，如果能降低快递费用，不仅你的收入将大幅提高，你的买家也会越来越多。

01　发平邮节省邮费的技巧

如何省邮费，一直是众多卖家关心的问题。节约下来的是成本，省出来的就是利润。现在就来教大家如何省邮费。希望对大家有所帮助，特别是刚刚起步的新手卖家们。

（1）准备好纸箱。邮局的纸箱价格有点贵，可以使用自己的盒子包装商品，比如鞋盒就是很好的包装箱。必要时根据商品的大小适当地动动剪刀改改盒子大小，如果不想自己制作，还可在网上买，网上便宜很多，能节省很多费用；也可以选择到超市收购，而且也很结实。

（2）准备好箱内填充物。当邮寄的东西没有占满纸箱时或者防止不当操作对商品造成损坏，要对商品进行保护处理；否则到了邮局也要买包装材料了。

（3）准备好打折邮票，这是省钱的好方法。在网上或者当地的邮品市场能买到。一般都是7折以下，买的时候要注意各种面值搭配，还要有1毛的用来补零。首先要确定所在地区是否允许使用打折邮票；其次就是购买哪些面额的邮票，这就要看通常邮寄物品的重量了。

（4）封箱胶带。最好是透明的，因为可以将顾客的信息预先写在纸箱上，到了邮局检查后再封箱。

（5）包裹单。网上卖的包裹单大概是邮局的一半价格，这也是省钱的办法之一。

（6）自己准备秤，提前把包裹称一下，平邮是每500克为一个记数单位，把包裹的重量控制在499克或者999克内（加上包裹单的重量）。

（7）网上有专门计算邮费的网站，在各大搜索引擎上搜索一下"邮费计算"就能找到。这样，再去邮局邮寄包裹时就知道大致价钱。

02 快递砍价小窍门

对于广大网上开店的店主而言，价格可以说是影响商品竞争力的主要因素。与实体店不同的是，网上所出售的商品价格不仅仅是指商品本身的售价，还有运输商品所需要的费用——包括包装、运输、保价等方面的费用。新开店的小卖家一个月下来售出的商品不多，当然快递价格也很难降下来。下面介绍一些降低快递费用的妙招，希望对新卖家有所帮助。

（1）多找几个快递公司，货比三家。不同的快递公司到相同的地方收费不一样，建议索取快递公司报价单，发货之前相互比较一下，做到价比三家，选择价格最低的快递公司。

（2）直接找快递业务员砍价，不要找接电话的客服人员砍价。

（3）可以跟快递业务员说：你每个月都有很多快递要发。这样业务员认为是大客户，会把价格降低。

（4）跟业务员说有很多快递公司价格比他们低，最好例举出公司名称来，就算是没有也要说得跟真有一样，迫使他也降低价格。

（5）假设快递公司的价格原来是16元，想砍到12元，不要直接说12元，而是心狠说到10元左右，那么他想抬价也不好意思抬那么高，可能最终的结果是大家互相退一步，达到12元左右的价格。

（6）多找几个快递公司，价比三家。

（7）利用网络在网上下订单可以降低快递费用。

8.5 选择快递公司

快递已经成为现在网络购物的一个重要环节，网购者对网店服务的好坏有一定因素取决于网店产品的运输是否快捷无差错。

01 如何选择好的快递公司

如何选择一家即省心又省钱的快递公司，一直是很多卖家的心病。

1. 主动出击找快递

快递行业鱼龙混杂，并不是价格便宜的就适合你，速度最快的就没有缺点？每家快递都有各自不同的特点，卖家需要选择对自己来说性价比最高的快递。

2. 化被动为主动

在店铺发展最初阶段，一天可能也就几单，作为新手，也算不错了。这时候，有些卖家被动地等快递员上门来寻生意，没能把握主动权，没能选对快递或没争取到该有的优惠条件，就会给日后埋下祸患。选择快递时不要一味看价格，需要考虑快递的综合实力，如安全性、速度和服务质量等。

3. 变快递员为朋友

快递员的态度和办事风格至关重要，找一个好的快递员就像找朋友一样，需要用心寻找、磨合和维系。

4. 和快递员面谈要点

（1）事前做好功课，了解下给其他卖家是什么价格，了解下竞争同行的价格。

（2）刚开始发货量不大时，肯定被轻视，要拿出百分百的诚意。建议先选择一家快递合作，不到地区可以直接发EMS。当然也不要仅仅选择一家快递，一方面有些买家会自己选择快递，另一方面也可以降低风险。

（3）面谈内容要详细。包括和快递员谈妥初期的价格、结算方式、约定每天收件时间、运输丢件以及破损赔偿等。

（4）谈特殊情况的处理。如到旺季，快递员超负荷忙不过来，一是不能准时收件，压货严重；二是水涨船高要提价。丑话说前头，约定好到时候价格不能变。

02 如何与快递物流公司沟通

如何控制快递物流成本对于网店卖家来说是必修课。卖家先通过网络查到快递公司的电话，通过客服找到相关区域的业务主管，因为价格掌握在业务员而非客服，所以必需要找对人再去谈价格。

如果当网店有了一定的销量时再跟业务员压价，就有了一定的筹码。首先，要跟业务员强调自己是在淘宝做生意，现在是刚开始做，这样的量算是小的，以后越做会越大的。其次，可以委婉地提醒业务员现在快递的竞争很激烈，有很多快递公司，目的就是告诉他"你不降价的话我也可以找其他快递公司"。

发货数量是卖家跟快递物流公司谈判的筹码。要保持一定的量，就要尽可能地选择同一家快递公司，一旦分散了，对于单家快递公司而言量就少，没有一定的量，那么价格方面就不一定能拿到优势价格。

确定好你最近的快递公司的网店，一旦接到订单，电话联系离你最近的网点，确认运费，确认取货时间。确认后也不是没事了，一般每天下午都是各家快递取件的时候，这时候再确认一下，看收货员什么时候到。如果有问题，迅速更换快递公司。

要熟悉物流的管理规则，出现什么样的问题，会有什么样处罚。若碰到快递服务不好、多收运费、延迟取货或耽误送件等问题，都不要抱怨，也不要生气。留下有效的证据，发起有效的投诉。

估计货快到时，要查一下物流状态，看看客户是否签收，如果在正常的时间还没到，就要联系物流客服看看是不是有意外情况耽误了，顺便也给买家一个解释。

部分快递公司对重量有严格要求，有时候超重一点点却要多收一份费用，建议自备小称，若超重一点点的话自己拿出来点填充物。

其实成千上万的网店店主对于快递的情绪相当复杂。一方面，物流是营销过程中不可或缺的环节，快递是他们生存和发展依赖的基础；另一方面，快递服务质量滞后，跟不上电子商务发展的步伐，也使他们胸中苦闷。控制取件时间、快递速度与服务都是与网店经营息息相关的，但又不能被网店卖家掌控。

Q&A 实战技巧问答

Q 1. 淘宝店铺易碎品如何托运？

A 对于在淘宝开餐具、茶具、香水以及玻璃和陶瓷工艺品等店铺的卖家来说，这些易碎品的托运快递是个需要高度重视的环节。那么这些易碎品如何托运呢？原则就是需要尽可能降低运输流通过程对产品造成的损坏，运输包装或者称缓冲包装非常关键。

首先，使用气泡膜塞紧点。装箱时用一个比商品体积稍大点的纸箱，在空隙处塞多点泡沫，以固定货物不至于左右滑动而引起磕碰为原则。然后在包装箱外面的醒目处写上"易碎品小心搬运"的字眼，并且在货物交给快递人员时要提醒对方注意这是易碎品。

Q 2. 快递公司放假了，我该怎么办？

A

有的快递公司周日休息或者只收件不发件。特别是春节期间，很多快递公司都会放假10天左右，有的快递只做市内业务。但是，春节黄金周也是商业活动最频繁的时候，没有了快递，难道网店在这期间只能闭门歇业？

1. 照常开业，但不发货

大部分店主采取的解决办法是，春节期间照常做生意，但是不发货，等快递公司上班后再发货。这样做，需要提前与买家沟通好，免得引起不必要的麻烦。

2. 改用平邮或EMS

虽然网店店主在平时一般不会采用中国邮政发货，但遇到快递公司休假时可以考虑邮政。有的小店春节期间照常营业，但如果买家在春节期间要求按时将货物送到目的地，那么必须采用邮政EMS业务。不过，费用要比普通的快递贵上一二十元钱。

3. 用国际快递

春节期间，民营快递公司放假，而国际快递巨头，则把同行的假期，当成自己的扩张机会。这对于网店店主们着实是个好消息。以联邦快递为例，如果时间要求不是很紧，价格也是非常便宜的。

Q 3. 快递过程中出现意外的处理方法有哪些？

A

途中可能遇到的问题的处理方法。

（1）在快递途中若出现货品不见了，货单号不能查到，买家和卖家沟通，互相配合找出宝贝具体的地址，不要一味的责怪谁，毕竟找出宝贝是最重要的。

（2）延期了，在规定时间内未到达目的地，这时卖家一定要主动和买家了解情况，并和快递取得联系，问清楚还没到的原因是什么，相信即使买家有怨言，也会认为你是个负责的卖家，下次买东西会很信任你的。在成交前，买家咨询运输时间时，可以说："正常X天内到，但我们只承诺发货时间，不能承诺到达时间。如果途中遇到一些小小意外也许会造成迟到一两天"。把话说清楚了，买家能接受就发货，不接受也没办法。

（3）货品在途中出现包装破裂和损坏的情况，首先肯定让买家先找快递公司赔偿，毕竟东西是在他们手中出现问题的。每次发货前，都要耐心地告诉买家"收货时一定要注意检查货物是否有损坏，如有损坏拒绝签收。如果买家不检查就签收，那过后再来说物货坏了，概不负责"。其实就是最重要的收货注意事项，千万不要不检查就收货。

Q　4. 买家签收的注意事项有哪些？

签收时需注意如下事项。

（1）确定自己提供的收货地址本人能够亲自签收货物，注意单位地址与家庭住址要区分开。

（2）确认自己提供的收货地址是否会有保安\门卫\前台签收。

（3）快递将送达前，做好本人能签收的准备，最好签收人或委托签收人能当着送件员现场验货。

（4）代别人签收快递：签收时候首先注意货物外包装是否有破损或重复包装痕迹，然后再核对内件货物。有条件的对包装有问题的货物先确认重量。在对快递包裹有怀疑时，送件快递员不愿意配合的拒收。

（5）本人签收快递：签收时候同样先注意外部包装完整情况，然后签名前可以与送件员要求等待验货，发现货物有问题直接拒收。

（6）所有快递公司的免费派送次数是两次正常派送，对于所有送一次就拒绝派送的快递包裹完全可以投诉。

Q　5. 怎样解决物流纠纷？

（1）首先要注意心态，经常发货会出现问题在所难免，要有这个心理准备。出现问题也没什么大不了的，解决问题就是。好多卖家不能以一个平和的心态来对待问题，买家跟卖家是平等的，同样卖家跟物流也是平等的，老觉得物流公司矮我们一等，用这样的态度来解决问题会有什么好结果呢？

（2）第二注意买家方面。一般买家都会问几天能收到货，现在的快递基本上全国范围内是2-4天到货，偏远一点的要4-5天，同城的是今天发明天到。可以这样回答买家：一般是3-5个工作日收到，因为快递周末派件都不是很积极的，给自己最大的余地，不要把自己逼得一点点意外的时间都没有，那就太被动了，要知道快递晚点的可能性很大，时间说长点，一是给买家一个心理准备，二是晚到的话自己也不至于太被动，三是要提前到的话买家会很高兴的。

（3）第三注意物流方面。跟物流方面事先谈好出现问题后怎么解决，遵循平等合作和谐的原则。晚到的情况怎么解决，磕碰碎裂的情况怎么解决，态度不好怎么解决，都达成文字协议更好，这样出现问题都按协议来。让你的快递业务员帮忙，因为业务员比较熟悉公司的具体运作，而且他们自己的公司到底哪个方面出问题，他们也比较容易知道内情，方便追回货物。

（4）建议向买家提供两种以上解决方案（退款或重寄等）供选择，这样可以有效改善买家的感受和提高解决问题的效率。

成功案例　网上开店自创品牌收入百万

打好货源与推广两张牌

"现在的网络服装贸易已经进入了3.0时代，原来靠做代理、卖版型起家的卖家迟早都要往自创品牌转型。"周帆说，自己要做的不是产品，而是商业模式。周帆是一名大四学生，如今网上开店不到两年，他在淘宝商城上的品牌男装旗舰店已经冲到4钻，好评率达99.01%，日均销售男装40余件，年营业额120余万元。

·模式：对流行男装再设计·

"都说淘宝现在已经是红海，但那只是很多人没有找准定位。"周帆说，"目前，网上大多数的男装店主要分为两类，一类是从各类批发市场淘来的无品牌服装，以低价和版型走量；另一种则是做品牌服装的代理加盟，靠差价或品牌商返点盈利。我们做的却是另一种模式，自创品牌。"

周帆注册了自己的男装品牌，通过专门的服装设计师对服装版型、纹样等进行设计，交由代工厂商生产后，利用网络渠道走货。这种模式的优势在哪里？周帆回答道："产品独特，成本又低。在服装设计上，我们不是采取原创的形式，而是通过收集淘宝最热卖的几十款男装版型，再以招标的形式发包给设计师做微调的形式进行服装设计；生产上，我们通过直接向制衣厂家发订单的形式批量拿货。"

"和大品牌相比，我们拥有比他们更好的灵活性。"周帆说："每周，我们还会进行至少两次的专题促销，通过限时抢购的方式对店内产品进行打折，吸引人气。"

●算账：贴上品牌价格翻番●

"我们目前的年营业额是120万元左右，利润率在50%以上。"周帆说。如此高的利润水平，如何达到？周帆说这种经营模式的成本其实很低。"其实，对于很多品牌来说，研发和展示是很花钱的，但我们这块成本却压得很低。"

在研发阶段周帆主要通过招标的形式一次性付费给设计师。"目前，给我们做设计的都是一些服装专业的学生，20个版型以内的订单，每单不会超过3000元。"除此之外，在后期展示上，他们还通过聘请兼职模特的形式降低成本。"我们请的都是在校学生，一般来讲，拍摄一天的工资不会超过200元。"

"除此之外，通过厂家代工，我们的生产成本也很低，这部分成本只占总成本的20%左右。"虽然周帆没有透露每件衣服的具体成本，但走访数家制衣厂后发现，如果形成长期合作关系，每件衣服的成本可以非常低。以一件纯棉印花T恤为例，厂家普遍表示，按照工序的简繁，每件的价格在10元～30元不等。

●一方面是低廉的成本，另一方面则是可观的售价●

在采访中，周帆无意中在网上打开了一件其他店铺标价80元的无牌T恤说："这是夏天最热卖的一款单品之一，自己品牌中的一款就是仿照该款设计的。"周帆店中的那款T恤标价为158元，而数据显示，至今这件产品已卖出了574件。

●打好选货源跟推广两张牌●

周帆分享了他们选择网络爆款的5+3+1模式。"所谓5+3+1，即先推广5个款式的服装，然后根据最后的消费数据，选取3个相对比较好的款式，再根据市场反应，选择最火的一款产品进行再设计，重点加推。"周帆提醒广大创业者，经常参加淘宝自带的直通车、聚划算等推广工具，既可以使货品冲量，又可以迅速提高本店的搜索排名，是一种最快捷的免费推广方式。

Part

06

营销推广篇

免费推广网店

开网店容易,想要经营好却不是件容易的事。有的店主月收入几十万甚至上百万,还有大量的店主几个月只能卖出几件东西。网店推广可分为付费和免费两种,但是对于刚入淘宝开店的人来说,免费推广是最好的推广方式,本章就将介绍一些免费的、效果还不错的推广方法。

9.1 留住上门的买家

在淘宝网上能否把店开好关键看营销能力。开发新客户、留住老客户是每位店主都要做的事情。作为卖家,应热情地对待每一位上门的顾客,要用良好的服务给顾客留下好的印象。

01 运用好欢迎词

当买家对你店铺中的宝贝感兴趣时,通常会主动跟卖家打招呼,一般开头语都是"你好"、"在吗"等。也有直白的买家会这样开始:"你这款有货吗?"、"你这款是正品吗?"等。一定要注意,直奔主题的买家成交率是非常高的。

许多卖家若用"您好"、"在啊"等简单应付,容易让对方产生不被重视的感觉。其实,第一句话回答好了,可以给对方留下美好的第一印象,使客户产生信任感,对当下的交易和以后的重复购买都有莫大的好处。如图9-1所示的回答就非常好。

这样即时把店铺名称和最新促销活动告诉给了买家。旺旺有聊天表情库,在交谈过程中适当运用聊天表情,可以增加客户对销售人员的好感,比生硬的文字好使多了。另外,欢迎词里还可以加上促销信息,达到促进销售的效果。

图 9-1 运用好欢迎词

02 主动介绍商品，理性对待买家

卖家必须熟悉店铺的每件宝贝，当买家提出疑问时能很流利地对答，也可以帮助买家挑选买家喜欢的宝贝，与此同时最好能主动介绍自己的产品或者买家常见的问题，这样买家会觉得你比较专业。从而增加信任感，促使交易成功。

对于有明确购买目标的买家，要根据买家对商品的了解程度进行有针对性的介绍。这里卖家就要体现出自己的专业素质，向买家详尽地介绍自己商品的功能、特点和价格等，如果你的商品符合买家的需要，就可以成功完成交易了。

对于仅有购买意向、没有明确购买目标的买家，卖家要在了解需求后推荐符合需求的几种商品，并进行简单、客观地比较，对买家提供指导性的建议。另外，如果买家没有多少网上购物的经验，就需要卖家进行一定的指导，比如让买家了解邮寄方式、交易中需要注意的问题等。

对于有购买意向但尚未交易成功的买家，可能是现在无心买东西，只是路过问价，了解一下这类商品的信息。遇到这类买家，也不要敷衍了事、随便打发，应正面回答商品的情况，并拿出热情、诚信的态度来对待，也许他正在考虑购买这类商品，只是短期内可能不会购买。最后在其会员名后注明他想买什么商品，未购买的障碍是什么，以便买家下次光临店铺的时候能做到心中有数。

9.2 了解和邀请买家

你了解买家的类型吗？你了解买家会逛什么样的店吗？你了解买家的浏览习惯吗？俗话说，知己知彼，百战百胜。开网店也是一样，了解买家才能成功！

01 了解买家类型

买家受性别、年龄、性格等因素的影响，对相同商品的反应也不相同。因此，店主应该因人而异地对待买家。

1. 外向型买家

外向型买家一般做事情都很有自信，凡事亲力亲为，不喜欢他人干涉。如果他意识到做某件事是正确的，那他就会比较积极爽快地去做。对待性格外向的买家要赞成其想法和意见，不要争论，要善于运用诱导法将其说服。在向他们推荐商品或服务时，要让他们有时间讲话，研究他们的目标与需要，注意倾听他们心声。

2. 犹豫不决型买家

有的买家在店主解释说明后，仍然优柔寡断，迟迟不能做出购买决定。对于这一类买家，店主要极具耐心并多角度地强调商品的特征。在说服过程中，店主要做到有根有据、有说服力。这种买家犹豫不决，又想买又不想买，所以要想方设法下"最后通牒"，比如店里的打折或优惠马上就要结束了、这种商品所剩不多等，让买家有"过了这个村就没那个店"的感觉，从而让他痛下决心。

3. 理智型买家

这类买家的购买行为是在理性购买的动机支配下形成的。这种类型的买家头脑冷静清醒，很少受外界环境的干扰。他们购买商品时，很少受广告宣传、商标以及华丽包装的影响，可以按照自己事先既定的购买目标进行购买活动，购买以后很少后悔。对待这类买家应详细介绍产品的各种特性和优点。

4. 小气型买家

喜欢贪小便宜是小气型买家的最大特征。买东西老嫌贵，还特别喜欢侃价。应对这种买家，跟他套交情是最佳做法是：首先应该热情地向他打招呼，赞美他，并且要提醒他占到了便宜。

5. 应对稳重型买家

个性稳重的买家是比较精明的。他们注意细节，思考缜密，决定迟缓并且个性沉稳不急躁。对于这种类型的买家，无论如何一定要想法让他自己说服自己，否则他便不会做出购买决定。不过，一旦赢得了他们的信任，他们又会非常坦诚。

6. 挑剔型买家

这类买家一开始就怀疑你，不管你介绍的情况是否真实，他都会认为你是在说谎。对待这种买家不要加以反驳，也不应抱有反感，更不能用情绪来对待，要耐心地沟通。

而对于难缠的客户，并不要"对抗"，而是要消除、解决和合作，并将最难缠的客户转换为最忠实的客户。

应对方法：展示优点，避开缺点，扬长避短，例如"虽然你不喜欢这件物品的样式，但是比起外表来，功能才是最重要的，不是吗？"

7. 猛砍价型买家

总觉得卖家赚的很多似的，使劲砍价。与这样的买家交流时要转移话题，比如可以送对方一点礼物，卖家开店不容易什么的，避免尴尬的同时也不至于赔太多。

8. 知识渊博型买家

知识渊博型的买家非常注重显耀自己。因此我们可表现出信服他的态度，这种买家里也不乏真有知识的，绝对不能大意，彻底地表现出信服、接受其指导的态度，就可达到成交的目的。

对待不同性格的买家，应采取不同的接待和应对方法，只有这样，才能博得买家的信赖。

02 了解买家会逛什么样的店

要抓住更多的买家，主要了解买家经常逛什么样的店。

1. 旺旺每日焦点

现在很多买家上淘宝，不直接从网页上去，而是先启动旺旺，看有无卖家联系留言，然后点"我的淘宝"中"已买到的货品"，查看卖家发货情况，最后转到"每日焦点"，看看旺旺相关的采购、货源、招商以及活动等商业机会。如图9-2所示为旺旺每日焦点信息。

2. 商品分类详细的店

不管卖什么商品，商品分类一定要详细。一般的买家都比较忙，绝对不会在没有分类的店里一个个找。进去看一眼，如果是商品没分类，杂乱无章，立马就关闭该页面去别家了。有的买家也会看看分类里的"本月特价"以及"特价促销"。有时候买家并没有购买计划，但看到合适的也会买下。如图9-3所示为商品分类详细的店铺。

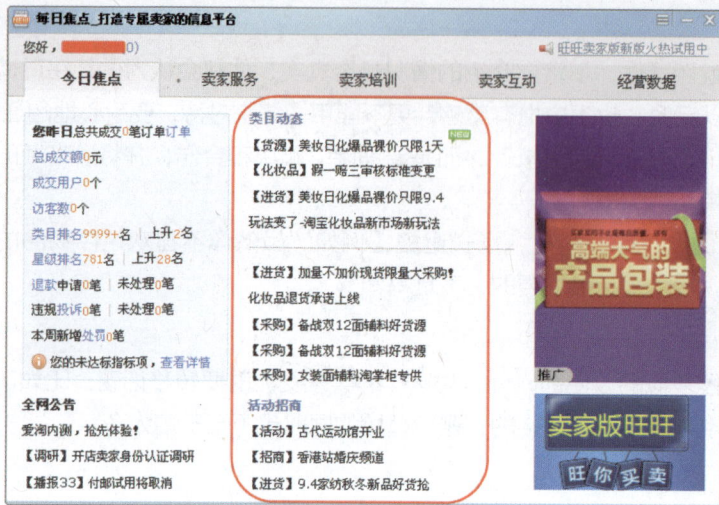

图 9-2 旺旺每日焦点信息

图 9-3 商品分类详细的店铺

3. 商品图片精致的店

图片精致的要求如下。

- 摆放的背景要清爽，不要随便垫个旧报纸就拍，显得宝贝不上档次。
- 图片要清晰、明亮。如图9-4所示为清晰明亮的图片。

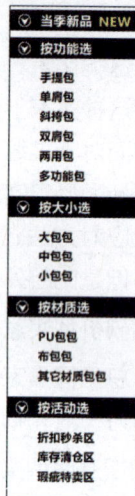

图 9-4 清晰明亮的图片

- 切忌盗用图片，不同卖家的商品若使用一模一样的图片，给人不诚恳的感觉，实物拍摄最好。
- 图片不能太小。

4. 商品描述详细的店

网店购物看不见实物，全凭一张图和文字介绍，不看商品详细描述的买家估计非常少。介绍尽量详细，买家会挑选看看。切忌把文字介绍写得没有条理，文字颜色繁杂，字体多变。清爽美观是最好的选择，如图9-5所示为美观详细的商品描述。

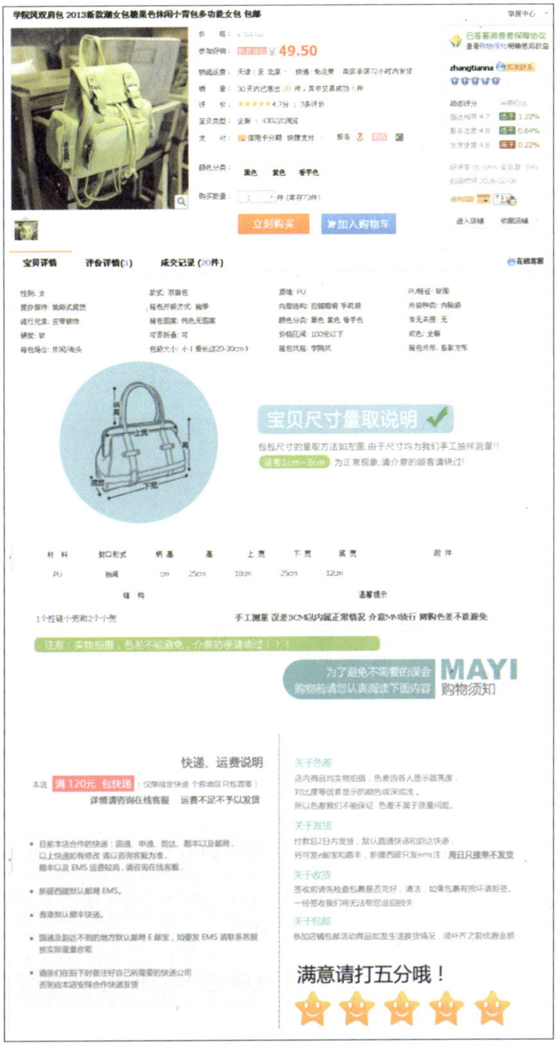

图 9-5　美观详细的商品描述

5. 旺旺在线的店

通过搜索发现，排名靠前的都是旺旺在线的店铺，换句话说，想要被客户浏览到我们商品，就必须保持旺旺在线状态。很多买家买东西的时候，都会先去看旺旺在线的买家！因为旺旺不在线而丢失了生意是很可惜的。

一般客服值班到23点或者24点，但是24点到凌晨1点仍然会有部分买家在搜索并想咨询，怎么解决这个问题呢？设置旺旺自动回复，内容可以分为两个部分，一是向买家推荐店铺主推商品，二是告诉买家这个时间段自助购物，以及告诉买家下单后大致发货的时间，有疑问可在此留言。

03 了解买家的浏览习惯

淘宝因为商品种类丰富、支付安全便捷以及良好的购物气氛吸引了众多的买家。八成以上的调研用户表示"会习惯性到淘宝上逛逛",而有明确购买需求的用户占比例不足一半。

买家上淘宝主要有三种浏览习惯,大致是"点击首页的广告或促销活动"、"先逛首页,点击感兴趣的内容或产品"以及"上淘宝后直接搜索,在商品搜索结果中逛"。

买家挑选宝贝的过程中,习惯使用的筛选条件有:正品保障、消费者保障、7天退换等。可见买家非常重视所选宝贝的质量。其次,习惯使用的筛选条件有"折扣促销",选择性价比较高或价格较便宜的商品。如图9-6所示为买家常用的筛选条件。

图 9-6 买家常用的筛选条件

在买家挑选宝贝的过程中,习惯使用的宝贝排序习惯是"以销量从高到低"为最高,这也是很多商家选择"单品制胜"的理由,"人气从高到低"排第二。其次是"价格从低到高"和"信用从高到低",这类买家既要性价比,又要有销售量做支持。综合前四位筛选条件,说明"销量"、"人气"、"价格"和"信用"是买家首要考虑的三个因素,如图9-7所示。

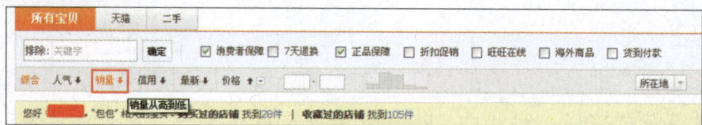

图 9-7 宝贝排序习惯

04 为买家分组

网店开张后,卖家会积累一些客户资源,对于卖家而言,只需好好地利用旺旺分组,就可以做好客户维护,把新顾客变成老顾客,甚至是朋友了。

通常可将客户分为以下几种。

- 问了卖家但还没买的，归入"必须立即抓住的客户"；
- 问了卖家但发现缺货的，归入"订购商品的客户"；
- 交易成功的，归入"交易成功的客户"；
- 多次交易的买家，归入"老客户"组；
- 购买量大、需要给予优惠的，归入"高级会员"。

对不同类型的买家，应该推荐不同的宝贝。卖家也可以按购物的类型进行分类，比如将购书者分为网页类读者、经管类读者、文学类读者等。这样，当有相应类别的新书上架时，就可以利用旺旺主动联系买家，并发送相关的图书信息。

05 设置店铺提醒

设置店铺提醒很重要，卖家可以在每一时间查收到买家发出的信息，并做出及时的处理，这对店铺生意至关重要。淘宝网向卖家发出的各类信息，也需要卖家及时处理，所以设置好这个功能大有好处，具体操作步骤如下。

❶ 登录"我的淘宝"页面，进入"账号管理"页面，单击"网站提醒"链接，如图9-8所示。

❷ 打开"消息订阅"页面，可以看到获得消息的方式有邮件、站内信、旺旺、手机4种，卖家根据需要，勾选相应的复选框。例如，"成交通知"选项栏设置为"一口价的宝贝被拍下时，请通知我"，并勾选旺旺方式，如图9-9所示。

图 9-8 单击"网站提醒"链接　　　　**图 9-9"消息订阅"页面**

❸ 单击页面最底部的"保存"按钮。这样网站提醒就设置完成了。设置阿里旺旺提醒后，卖家会在第一时间了解店铺的情况。

9.3 在论坛写出精华帖提高销量和流量

由于精华贴可以给网店带来很多流量，这也是一种比较好的免费推广网店的方法。如何才能写出原创精华贴呢？

01 写好帖子的标题

大家在论坛浏览的时候都是根据标题来选择是否要点击阅读，所以帖子的标题非常关键，一个相当有诱惑力的标题，会使你的推广工作事半功倍。

在淘宝的论坛首页中，页面上主要是论坛内部的热帖，可以学习这些热帖的标题，如图9-10所示。

图 9-10 淘宝的论坛首页热帖标题

　　为了方便找到最好的帖子做参考，也可以直接点击进入社区的单个版面，单击论坛版块上方的"精华帖"按钮，可以看到所有精华帖子的标题，如图9-11所示。

图 9-11 论坛版块"精华帖"标题

下面是精华帖标题的一些基本特征。

❶ 淘宝社区中一页有几十条帖子，要让潜在顾客把注意力集中在你的帖子上，就需要在帖子标题中加一些显眼的符号。

❷ 当潜在顾客注意到你的帖子之后，还需要使用吸引顾客眼球的引爆点。如"最牛×××"、"一封邮件搞定100万销售额的营销策略"。还需要多用一些吸引人的词语，比如："秘密"、"竟然"、"惊爆"、"最牛"、"特别"、"绝对"、"100%"、"意外"等，套上这些词语的帖子标题都能够大幅提高点击率。

❸ 揭密很多人都不知道的东西，人们对秘密的东西总是比较的感兴趣的。如"揭密卖家从0到月入30万"、"解密淘宝卖家如何揪出店铺隐形杀手"、"揭露淘宝骗子五特征"。

❹ 题目可长可短，根据文章的需要。最好不要太长，不要超过人的视觉接受能力。

02 写出精华帖的秘密

怎样才能写出万人瞩目的精华帖呢？下面将介绍一下写出精华帖的秘密。

1. 标题新颖

大家看帖都是先看标题，如果标题没选好，没有吸引力，那肯定没有多少人点击进来看。在符合内容的情况下越新颖越好，但是切不可夸大事实。

2. 发帖的质量要有保证

发帖的质量要有保证，不要只追求数量而忽视了质量。帖子内容本身不宜过长，发帖次数不宜过频。如果一篇帖子过长就很难让人从头看到尾。如果你在短时间内同时发表许多帖子，就算这些帖子再好，管理员也只会在其中选一加精，因此建议你最多一天一篇就行了。

3. 发帖的内容要精

精华帖的内容不一定要最多，内容要有主次，重点内容详细写。有的帖子虽然很长，但讲的大道理互联网上都有，大家都知道，还能成为精华帖么？

4. 文字排版要尽可能"好看"

帖子的排版一定要让浏览者看得舒服。要尽量多分一些段落，每个段落尽量不要超过10行字。不然浏览者会看得很累，应使用大一点的字体，不要让字显得很拥挤。

有的卖家发帖子总是喜欢用不同的字体、颜色或背景色，其实这样并不会突出你的与众不同，反而会让浏览者产生视觉疲劳，不愿再看下去。所以我们发帖的时候要排好版，段落清晰，字体合适，每一段有小标题并且适当放大字体。

5. 图文并茂

仔细观察网上的精华帖，不难发现，好的帖子往往是图片和文字组合在一起的，每段文字都配上相应的图片说明那是最好了，如果整篇很长的帖子全部都是文字不免会让浏览者觉得枯燥无味，图文并茂更容易加精。

6. 内容要尽可能地切合版面的主旨

发帖时有个选择版块的菜单，一定要选择发表版面。有的掌柜认为不分版块会浏览量大一点，那就错啦。帖子内容是哪一方面的就发在哪个版块，这样更加有机会被加精，曝光率更高。

7. 必须原创

有的帖子立意新颖，非常具有可读性，但是最终是在别处粘贴来的。自己没有付出努力，当然不会获得大家的认可，经验居一直是鼓励大家写原创帖，当你付出努力获得大家的认可，那不仅是得到浏览量，更是一种成就感。

一定要是原创帖子，就算是改别人的帖子，也要有技巧地改，标题要完全改，并且最好是改得比原帖更吸引人。

8. 植入式软广告

如果你的帖子写得很好，吸引了很多人浏览，但是却很少有人去你的店铺，不能带来实际的流量那也是徒劳的。虽然淘宝社区严令禁止发广告帖，但其实可以对帖子进行一些植入式的软广告操作。

所谓植入式广告的意思就是在帖子里以非常隐蔽的方式，暗示潜在客户，让他们自动点开你的店铺，但是他们却感觉不出来这是个广告。一般那些写自己的淘宝故事的帖子都属于植入式广告，他们会假装"无意中"在故事里透露自己店铺的一些经营情况。

9. 熟悉论坛规则

最后要熟悉论坛内部制度，保证自己的帖子不会被违规删帖，甚至受到处罚。

10. 多多学习别人的精华帖

学而优则教，是亘古不变的真理。写精华帖何尝不是如此，在你形成写精华帖的能力之前，必须要经历一段漫长而痛苦的学习期。因此，要多多学习别人的精华帖，多多到社区、帮派或淘宝大学看看、学学，特别是它的精华区。

9.4 其他免费推广方式

大家都知道，新店铺很缺人气，急需把名气打出去。但是在这个到处都收费的年代，小店主无法用更多的财力去做推广。下面介绍其他一些免费宣传的方法。

01 运用信用评价免费做广告

淘宝网会员在淘宝个人交易平台使用支付宝服务成功完成每一笔交易订单后，双方均有权对对方交易的情况做出相关评价。

淘宝评价体系包括"信用评价"和"店铺评分"两种，淘宝集市订单评价两种都包括，淘宝商城订单只有店铺评分。信用评价仅在淘宝集市使用，在淘宝集市交易平台使用支付宝服务成功完成每一笔交易订单后，双方均有权对交易的情况做出相关评价。

买家可以针对订单中每项买到的宝贝进行好、中、差评；卖家可以针对订单中每项卖出的宝贝给买家进行好、中、差评。这些评价统称为信用评价。

利用给买家的信用评价，也可以宣传展示店铺及商品，如图9-12所示。

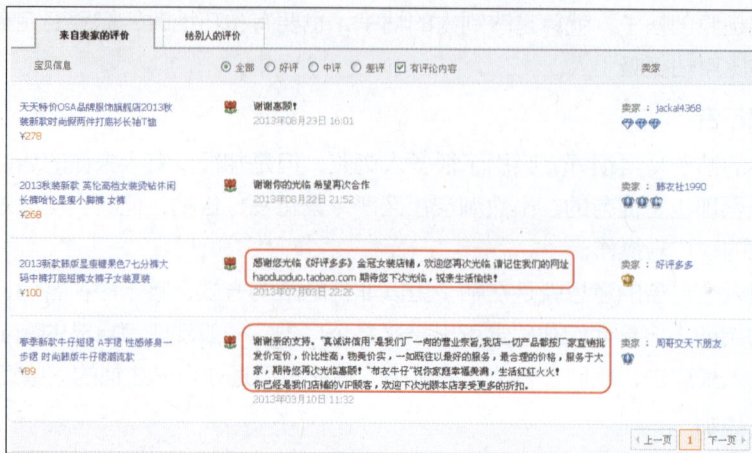

图 9-12 运用信用评价免费做广告

02 分享店铺流量，加入网商联盟

在传统经济下，个体开店往往是以分散的、孤立的、互不联系的个体户形式存在，其情形类似麻袋里的土豆——彼此相近却缺少联系。传统的商人联盟或者俱乐部，商人们考虑的是参加者的销售量，企业规模，拥有多少社会资源。淘宝网商往往是个人卖家或者夫妻店，他们缺乏资金、没有太多人脉关系和社会资源。想进入传统的商会，可能性几乎为零。

而淘宝商盟是由淘友申请，由淘宝大学审核、考察并审批同意并授权的淘宝民间官方组织，审批后商盟可以吸收符合条件的盟友加入，参与淘宝大型活动，并接受淘宝考核。是淘宝用户线上非正式的松散沟通群体，其所有行为须遵守中国人民共和国法律。盟友加入淘宝商盟完全免费！这里没有贵贱之分，只有共同的价值观——在这个联盟里，商人们最看重的是诚信，诚信前所未有地成了商业中最值钱的宝贝；商人之间也不再恪守"同行是冤家"的祖训，他们乐于相互分享经验、诚心互助；尤其在危难时刻，商盟中闪耀着人性的光辉。

加入商盟能提高买家对店铺的信任，当然有利于生意了，还能宣传店铺。如果商盟发展良好，这个商盟的知名度肯定不错，这样作为商盟内部成员，你的店铺知名度也不会太差。

商盟可起到免费宣传店铺的作用，商盟有专门的首页推荐位。加入商盟成为正式会员后，可以在首页上推荐你的宝贝，而商盟成员也会加上你的店铺，这两者都可以直接或者间接地给店铺增加浏览量。另外，通过商盟不定期在淘宝网上举行的各类买卖活动，加快商品的成交率。淘宝网商盟的许多活动都是以各个地区商盟的名义发起的，有的活动只有商盟的会员们才可以参加。如图9-13所示在商盟首页推荐店铺。

图 9-13 在商盟首页推荐店铺

03 登录导航网站

现在国内有大量的网址导航类站点，如http://www.hao123.com/、http://www.265.com/等。在这些网址导航类做上链接，也能带来大量的浏览量，不过现在想登录上像hao123这种流量特别大的站点并不是件容易事。如图9-14所示将店铺登录在网址之家hao123上。

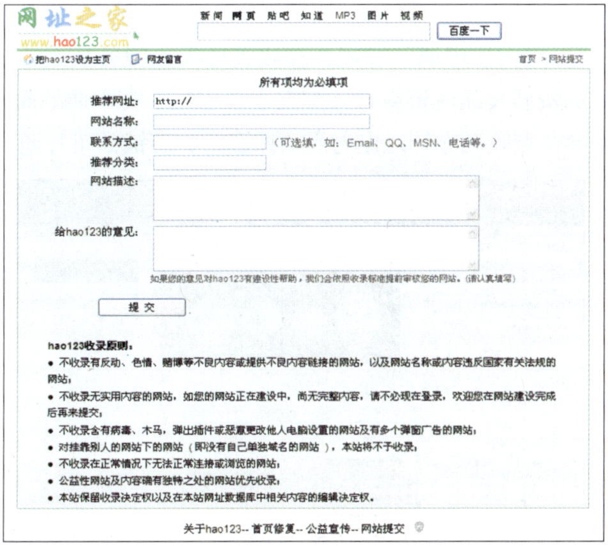

图 9-14 登录在网址之家网站

04 加入天猫商城，让店铺得到高质量的客户

天猫原名"淘宝商城"，是一个综合性购物网站，淘宝网全新打造的B2C，整合了数千家品牌商。为商家和消费者之间提供了一站式解决方案。提供100%品质保证的商品，7天无理由退货的售后服务，以及购物积分返现等优质服务。2012年1月11日上午，淘宝商城正式宣布更名为"天猫"。2012年3月29日天猫发布全新Logo形象。2012年11月11日，天猫借光棍节大赚一笔，13小时卖100亿，创世界纪录。卖家加入品牌商城，将拥有更多接触最前沿电子商务的机会，也为全新的B2C事业创造更多的奇迹。如图9-15所示为天猫主页。

图9-15 天猫主页

申请企业支付宝账号，完成支付宝账号的商家认证，登录淘宝商城招商页面，如图9-16所示，单击"提交入住申请"按钮，在线签订天猫服务条款、服务协议及支付宝代扣协议，提交你的资质及品牌资料等待淘宝小二审核，在申请的商家支付宝账号中充入保证金，天猫将会在查收后冻结以作为商家保证金，店铺即可开通。

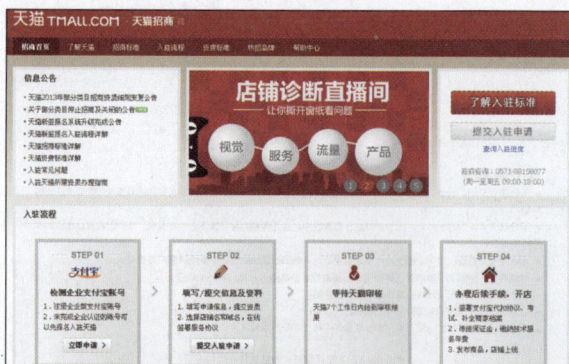

图9-16 加入天猫

如图9-17所示为加入天猫的卖家，产品销售非常好。

图 9-17 天猫卖家的销量很好

05 互相添加友情链接，增加店铺浏览量

友情链接是指在自己的网店中，放一个链接到对方网店；同时对方的网店也放一个链接，指向自己的网店。

淘宝店的友情链接位于左侧分类最下方。友情链接可以使得买家从与自己合作的网店中发现自己的网店，以达到互相推广的目的，带来更多的浏览量。如图9-18所示为友情链接。

淘宝友情链接是淘宝店铺的一个推广功能。很多卖家都不太在意这个小小的友情链接，或者还不会很好地使用，殊不知如果能够合理使用友情链接，将会给店铺带来很高的浏览量。

首先，与同行互换友情链接，就会有非常大的机会与对方共享买家，这样店铺的浏览量自然增加了，成交量也会相应上升。

图 9-18 友情链接

其次，当顾客访问你的店铺时，当发现店铺友情链接满满的，会让买家认为你在行业网店圈子中有地位，买家会觉得店家很专业。

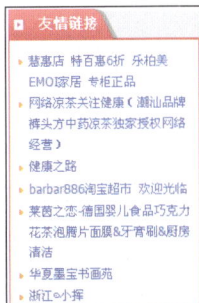

06 利用博客吸引浏览量，留住客户

利用博客这种网络应用平台，通过博文等形式进行宣传展示，从而达到提升品牌知名度，促进产品销售等目的，称为博客推广。由于博客推广易于操作，费用低廉，而且针对性强，细分程度高，所以越来越受到营销推广人士的喜爱。

博客在发布自己的生活经历、工作经历和某些热门话题的评论的同时，还可附带宣传商家，如商品品牌等。用博客来推广店铺的首要条件是具有良好的写作能力。如图9-19所示为通过博客推广店铺。

图 9-19 通过博客推广店铺

那么，怎样才能发挥博客的营销功能，将博客营销做大做强呢？

第一，博客营销写作要求切实端正文风，不讲大话、假话、空话。营销博客作者更要以"力求真实、准确、公正和对公众负责"。

第二，博客营销写作要反应敏捷，需要快笔头。所谓快，是指在保证文稿质量的前提下的高速度和高效率。营销博客的作者必须锻炼自己的思维，反应敏捷，可以在脑子里迅速搭起文章的框架。

第三，博客营销的总体风格是平实的，但应平而不淡，实而不死。这就要营销博客作者必须具有强烈的创造欲，并且多动脑筋。同时要熟练运用各种写作手法与技巧。使文章引人入胜，具有可读性、趣味性和感召力。

第四，博客营销写作要追求创意。所谓创意，首先是思想和观念的更新，表现在文章中就是主题、观点的新颖；同时，作为实施博客营销方案的一种手段，也要求文章能体现策划意识的独创性，构思别具匠心。

07 电子邮件推广

相比其他网络的营销手法，电子邮件营销速度非常快。搜索引擎优化需要几个月甚至几年的努力，才能充分发挥效果。博客营销更是需要时间以及大量的文章。而电子邮件营销只要有邮件数据库在手，发送邮件后几小时之内就会看到效果，产生订单。

E-mail营销具有很强的定向性，可以针对特定的人群发送特定的邮件。首先，根据需要将客户按行业或地域等方面进行分类。然后，针对目标客户进行电子邮件群发，使宣传一步到位。

网络使商家可以立即与成千上万潜在的和现有的买家取得联系。研究表明，绝大多数互联网用户在24小时内会对收到的E-mail做出回复，而在直接邮寄的活动调查中，平均回复率不到2%。

以电子邮件为主要推广手段时，常用的方法包括电子刊物、会员通讯、专业服务商的电子邮件广告等。如图9-20所示为利用电子邮件推广商品。

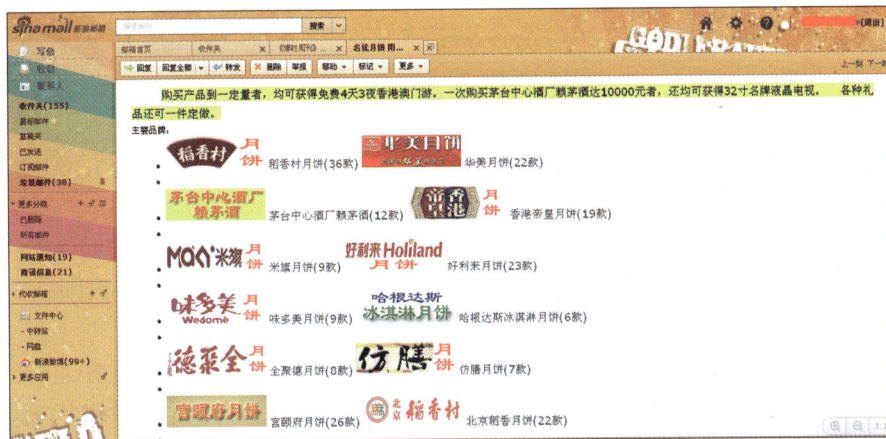

图9-20 利用电子邮件推广商品

08 使用 QQ 签名推广

经常上网的人对QQ肯定不陌生。QQ其实是一个很好的宣传途径，QQ上加了好多的同学朋友，在聊天的同时宣传一下网店，既增进了感情又宣传了网店，一举两得。另外，还可以多加几个QQ群，群里的人气可是很旺的，在群里聊天的同时介绍一下网店，会大大提高网店的浏览量。

QQ个性签名可以填写50个字，怎么利用好这有限的50个字，并达到很好的推广效果呢？并不是随便把店铺地址填上就可以的！有限的字数空间，就要用精彩的、有吸引力的文字引起潜在客户的兴趣。如图9-21所示为QQ签名推广店铺。

图 9-21 QQ 签名推广店铺

09 使用 QQ 空间推广

网店QQ空间是一个强大的网络营销工具，可惜很多人都忽视了。利用QQ空间提高浏览量，就是去别人的空间不断地留言，使访客都来到你的空间，在QQ空间添加上店铺的广告信息。如图9-22所示为使用QQ空间推广。

如果利用好QQ空间的营销，带来的不仅仅是产品和店铺的推广，更重要的是能够给网店带来品牌效应，QQ空间的营销潜力是有很多能挖掘的！利用QQ空间进行营销，一个重要的载体就是日志，利用日志的转载效应，让一篇日志的推广如滚雪球般越滚越大。从而让一个名不见经传的店铺或者产品，很快就能够获得一定的知名度，这是利用QQ空间推广的终极目的。

图 9-22 使用 QQ 空间推广

10 BBS 论坛推广

在论坛上经常看到很多用户在签名档处都留下了自己的网店地址，这也是网店推广的一种方法。将有关的网店推广信息，发布在其他潜在用户可能访问的网店论坛上。利用用户在这些网店获取信息的机会，实现网店推广的目的。

除淘宝以外还有一些其他可以提供交易信息的平台，也就是各个论坛的自由交易板块。通过这些平台可以让更多的人了解你的商品。要想到各论坛发帖，就得先到各大网站注册、熟悉论坛情况、了解相关规定、看帖发帖、积累积分。积累得差不多了，就可以发帖推广自己的商品了。各大论坛都会有一些可以发布信息的平台，如天涯、搜狐、网易和新浪等。

11 相互收藏店铺，增加人气

生意场的竞争者既是对手也是师父，有时候还是指引卖家前进的明灯，让卖家少走很多弯路，在淘宝路上事半功倍。因此卖家可以找几家店铺作为收藏对象，来提高人气。

在淘宝人气很重要，如果你的收藏人气高，那买家对你店铺也会多一份信任，而且你的店铺与宝贝被搜索的机率就大多了。如图9-24所示为店铺的收藏人气高，销售量也很高。这个不等于刷信用作弊，只是给自己打打广告，为使你的店铺宝贝多一点被搜到的机会！

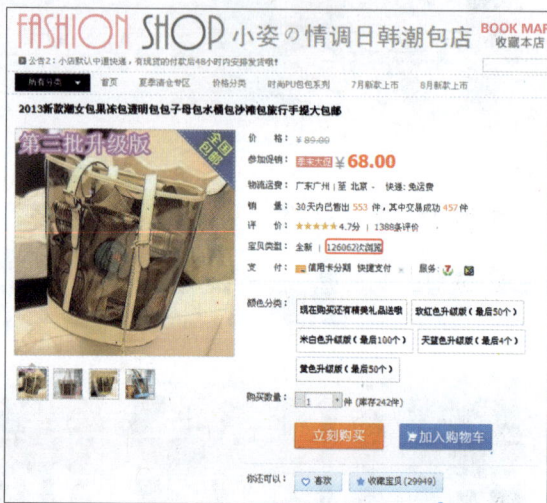

图 9-24 店铺的收藏人气高

12 利用微博推广

随着互联网网络的普及，微博宣传是越来越重要，越来越多的人关注了此领域，无论你是做哪个方面的，如果利用好了微博平台，相信对你会大有益处。如图9-25所示为利用微博推广店铺。

微博是手机短信、社交网站、博客等产品优点的集成者。

（1）微博上有许多信息是在传统媒体上看不到的，在微博上

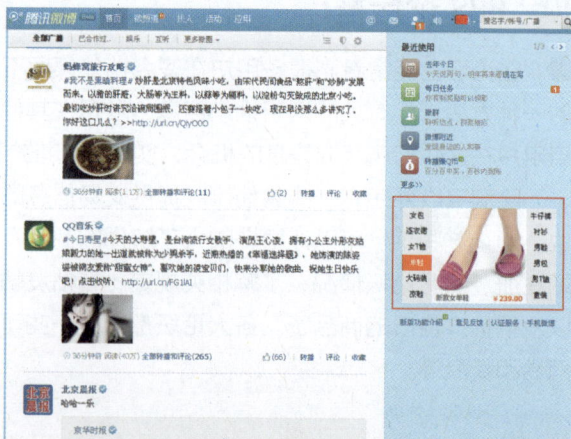

图 9-25 利用微博推广店铺

更容易形成互动。

（2）微博可以通过手机以及短信随时随地发布信息，与短信相近，但是比短信传播方式更快，资费比短信低廉。

（3）国内微博网站的主要优势在于支持中文；并与国内移动通信服务商绑定，用户可通过无线和有线渠道更新个人微博。

（4）微博的传播速度更快，关注的人更多，时效性更强。微博的实时搜索结果会融入搜索引擎，增加用户的实时体验。

13　利用微信推广

截至2013年1月24日，微信用户达3亿，时间进一步缩短至5个月以内，而且仍在加速普及中。这是很多人没有想到的，直到这时，很多人才认识到微信的威力。现在，很多个人、公司企业等都在抢先注册研究微信的推广能力。下面来看看目前微信为我们提供了哪些推广功能。

1. 查看附近的人

签名栏是腾讯产品的一大特色，可以随时在签名栏更新自己的状态，自然也可以打入强制性广告，但只有用户的联系人或者好友才能看到。而微信中基于LBS的功能插件"查看附近的人"便可以使更多陌生人看到这种强制性广告。用户点击"查看附近的人"后，可以根据自己的地理位置查找到周围的微信用户。在这些附近的微信用户中，除了显示用户姓名等基本信息外，还会显示用户签名档的内容。所以可以利用这个免费的广告位为自己的店铺产品打广告。

2. 漂流瓶

漂流瓶是QQ邮箱的一款应用，该应用在电脑上广受好评，许多用户喜欢这种和陌生人的简单互动方式。移植到微信上后，漂流瓶基本保留了原始简单易上手的风格和功能。"扔一个"，允许用户可以发布语音或者文字投入大海中，其他用户可以"捞"起来展开对话；"捡一个"，则可以"捞"大海中无数个用户投放的漂流瓶，"捞"到后也可以和对方展开对话，但每个用户每天只有20次机会。

实际营销时，微信官方可以对漂流瓶的参数进行更改，使得合作商家推广的活动在某一时间段内抛出的"漂流瓶"数量大增，普通用户"捞"到的频率也会增加。加上"漂流瓶"模式本身可以发送不同的文字内容甚至语音小游戏等，如果营销得当，也能产生不错的营销效果。

3. 二维码扫描

二维码扫描原本是用来扫描识别另一位用户的二维码身份，从而添加朋友。但是二维码发展至今其商业用途越来越多，所以微信也就顺应潮流结合展开商业活动。用户将二维码图案置于取景框内，微信会帮你找到好友店铺的二维码，然后你将可以获得成员折扣和商家优惠。

4. 开放平台 + 朋友圈

微信开放平台是微信4.0版本推出的新功能，应用开发者可通过微信开放接口接入第三方应用。社交分享在电商中一直是热门的话题。在移动互联网上，以之前腾讯公布的合作伙伴美丽说为例，用户通过微信把一件美丽说上面的商品传播开去，达到社会化媒体上最直接的口碑营销。

朋友圈分享功能的开放，为分享式的口碑营销提供了最好的渠道。微信用户可以将手机应用、PC客户端、网店中的精彩内容快速分享到朋友圈中，并支持网页链接方式打开。

5. 微信公众平台

通过一对一的关注和推送，公众平台方可以向"粉丝"推送包括新闻资讯、产品消息、最新活动等消息，甚至能够完成包括咨询、客服等功能，形成自己的客户数据库，使微信成为一个称职的CRM系统。

Q&A 实战技巧问答

Q 1. 怎样让自己的帖子成为人见人看的热帖？

A

1. 尽量让自己的帖子成为精华帖

有了精华的标志，一则比较醒目，容易在茫茫帖海中被找到。二则给了大家学习的信心。

2. 参加社区热门活动

对于任何论坛，每当它推出一项活动时，总是希望网友能够热情地参与其中，如果你正好有符合活动主题的资源，你不妨写好帖子申报一下，说不定你的帖子就会被管理员加精及置顶，那时你的旺旺不爆满才怪。

3. 努力得到推荐至各个重要位置

一旦你的帖子被推荐到了淘宝首页、淘宝大学首页、我的淘宝首页、社区首页、经验居版头或经验置顶，那你的帖子的浏览量将刮目相看。

4. 买卖经验类的帖子尽量发表在经验畅谈居

经验居巨大的人流量决定了经验居的宣传效果是巨大的，毋庸置疑。但经验居也是竞争最激烈的，一向被称为"帖子沉得最快的版面"，所以，你的帖子要想脱颖而出，就要写得出类拔萃，并运用各种技巧，使自己的帖子立于"不沉之地"。

5. 顶你百遍也不厌倦

再好的帖子，也会出现无人知晓的局面，特别是在经验居这样帖子沉得特别快的版面。这就需要我们每隔几个小时或一两天去顶一下，才能让更多的人看到并回帖，才能充分发扬帖子的分享精神和宣传作用。

6. 起个好标题

因为名字而成败的商业案例并不少见，帖子亦不能脱俗。一个好的标题，首先要醒目，以便大家容易看到。如可以"适当"加一些符号■、▲等。其次要能引起网友的兴趣，当然要防止哗众取宠，也要防止过于"媚俗"，否则只会适得其反，引起大家的反感。

7. 让阅读的过程变成一种享受

如果大家看帖的时候感觉是一种享受，那么就会认真看完并积极回帖，也可能会多点击几次帖子从而提高帖子浏览量，毕竟人都热衷享受的。

8. 给回帖的朋友一些奖励

在没有得到推荐的情况下，可以考虑给予回帖的朋友一些奖励，以刺激回帖，既帮助了别人又帮助了自己。但这种方法不可多用，只能偶尔用之，用多了会让人形成"药物依赖"。

9. 多回别人的帖子

只有你多回复别人的帖子，别人才会多回你的帖子，进入一个良性循环。回帖要从自我做起，从自身做起。

10. 多发些和店铺装修、物流快递、宣传营销相关的帖子

如果你只是单纯地希望帖子的浏览量越高越好的话，建议你多发点和店铺装修、物流快递或宣传营销相关的帖子。

11. 打响你在帖子方面的知名度和美誉度

如果你在帖子方面打出了自己的"名气"，打响了自己的"品牌"，那你自然会拥有不小的粉丝队伍，以后发新帖的时候，帖名上添上你的ID，自然就不愁没人看了。

Q **2. 如何通过抢帖子沙发获得更高浏览量？**

A

抢到了"沙发"就等于是抢到了"黄金铺位"，凡是看帖的网友，几乎都能看到坐上沙发的店主大名、头像等，店铺的点击率也会因此上升。

（1）首先要新，就是要随时刷新每个论坛的首页。这样你才能准确及时地发现哪些帖子是新发的、哪个"沙发"的宝座还留着、哪些帖子的回复已经快到第14楼了，这样才能做到"知己知彼、百战不殆"。

（2）其次要快，就是眼疾手快。经常刷新论坛，发现还有"沙发"，你就要快速锁定目标，进入帖子，在回复栏内先留下你的痕迹。要以最快的速度发表回复，抢占先机。

（3）很多新手认为，抢到"沙发"就万事大吉了，接下来又风风火火地去抢别的"沙发"了。其实这样做的结果是费力不讨好，事倍功半。这时应先对自己刚才在"沙发"的那些"废话"进行重新编辑，把自己的独特见解写进去，一定要尽量使自己的发言有足够的吸引力。这样才能真正发挥"沙发"的作用。

Q **3. 怎样吸引客户回复你的邮件？**

A

如果你辛辛苦苦地给潜在客户发送了大量电子邮件，而客户收到后看也不看就直接删除到垃圾箱里，这样你的工作不是白做了呢？下面介绍几条让客户看到邮件后能回复的技巧。

（1）邮件标题是客户求购的商品名称，而不要加其他多余语言，这样，客户打开你邮件的可能性一般可达到80%以上。

（2）开头语言简洁，一带而过，可立即拉近与客户的距离，对客户来说过多的话实在多余。

（3）简洁开头后，必须立即进入正文，即报价，因为客户最关心的无非是商品规格与价格。

（4）所报的价必须是实价，必须与现有的市场行情相吻合。价太低，客户知道你不是做该行的，不会理你；价太高也会吓跑客户，客户也不会回复你。所以切勿乱报价，应了解清楚、多比较后再报价。

Q 4. 怎样写好博客文章的标题？

A 怎样才能写出好的博客标题呢？以下是几种常用技巧。

（1）紧贴热点。适当贴紧当前的时事和热门话题，用当前的时事和热门话题做标题，可以增加博客排名，增加流量，例如：超级女生最喜欢的10款裙子。

（2）牛人教育式。以"牛人"或专家的口吻写一些文章，可以增加点击率，如：淘宝皇冠店主教你做宣传。

（3）数字式的标题篇。如：30天升皇冠，我的10大宣传法宝，这种标题也很容易吸引网友的注意。

（4）"如何"式标题篇。这类标题一般都是写的知识或建议，这类文章大家都喜欢看，从中可以学到一点小知识。比如：如何写好博文标题的几种方式、如何让创作原创文章给搜索引擎更快收录等。

（5）提问式标题篇。通过提问引起人的好奇心，提一个小问题，如果读者恰好也想知道这个问题的答案，他们就会点进来看，如：想要网络赚钱，你做好了吗。

（6）命令式的标题篇。这种标题读起来非常有力，有时候能起到意想不到的效果，尤其是否定式的。如：站长友情链接不能违背的十个理由、新网站一定要遵守搜索引擎收录规则等。

（7）真相揭秘式。利用人的好奇心，在一个信息不太透明的社会，大家最喜欢听到的是各种真相，人类的求知本能也让大家更喜欢探索未知的秘密。如：小心被宰！网上炒股的惊天秘密。

成功案例 库存大王的亚洲品牌梦

写出精华帖引爆店铺流量

盛夏的杭州，炎热的太阳几乎要把人烤化了，就在这39°的高温下，房长君整天穿梭在板房和公司之间。"我们现在正在打冬装的版，争取赶上9月2号的冬装订货会。"抹了一把额头的汗水，他伸出手比划了一下："我们现在要打80个版，这么短的时间，这在很多大公司都很难做到。"

•从网吧开始网上贸易•

房长君现在是杭州本心服装公司的总经理，他的公司毗邻如今在全国都很有名气的四季青服装市场。"家里人原本就从事服装加工，但是父亲一直希望我有更好的发展。"南开大学化学系毕业的他说，"医药代表、导游、咨询顾问这些职业我都尝试过。"2004年底，马云在成都的一次宣讲大会让房长君看到了网络存在的新商机。"当时就觉得这个人口才不错，还想把他'挖'过来做咨询演讲。"虽然有这个想法，但是演讲的内容却更吸引了他。联想到自己姐姐房长惠辛苦做服装生意的情形，他决定和姐姐联手用网络找出路，同时也是给自己一个机会。那一年，他33岁。

2005年4月8日，兜里装着1万多元钱的房长君和姐姐一起从成都来到杭州四季青服装批发市场。当时四季青里一个名叫王杰华的打包工帮他们租下了位于三桥的180元的农民房，买了一辆30元的二手自行车。在杭州开始创业的他们想法很单纯：把杭州的库存服装倒到成都荷花池市场出售。可实际操作起来，却有不小的困难。因为资金少，就只能小批量进货；量小，可挑选的款式就有限，再加上从杭州发货到成都这5天的时间，路上又积压了大量的资金，货到了之后还不一定能找到合适的买主……在这种情况下，他想四季青这边有充足的货源，而需要货的商户实地采购的成本很高，如果自己能帮他们找货，那肯定有市场。连接两边的信息自然通过互联网传递是最快捷的。

理清了思路，四季青市场后面的网吧就成了房长君每天的必去之处。他通过网络发布自己掌握的服装库存信息，向全国寻找卖家。刚开始，他和所有初涉网上交易的人一样，都是"守株待兔"，寄望生意自己找上门来，但是很快就失望了。还好，脑子灵活的他很快就找到了"主动出击"的机会——论坛。"刚开始，我在论坛上发了一些风花雪月的文章，竟然都有人回复，我想如果发布相关的生意信息，岂不是能帮自己做做广告？"想到做到，一篇《杭州库存服装给你惊人的利润》的贴子让他声名鹊起，使他不仅在短短的时间内就有很好的销售业绩，更让他在库存服装市场中有了信誉。"甚至有些温州等地的经销商直接汇10万元到我账户上，让我帮他找货。"很快，在四季青服装市场上，房长君成了名副其实的"库存大王"。

•库存大王的转型思考•

库存服装一般被认为是因为过季难以销售的货品，但事实上，这是一个相对的概念。因为当季服装还在时装店热销的时候，店面已经囤积了相当数量的商品，批发商不可能一直维持高的出货量，这时，还在厂家仓库中的服装事实上已经成了库存。房长君经营的作用就是通过网络将这些库存服装在短时间内更快地分销到全国二级、三级消费市场上，厂家因此可以降低损失。"如果一件衣服的出厂价是40元，在省级代理商手中可以被卖到60元，到零售商手中甚至能够增值到100多元。"房长君说，"当厂家按库存甩货时，出厂价可能只有20元，这样即使我们卖给经销商是40元，而他卖给消费者是80元，利润差不多，但销量就会增加。"显然，被不少人轻看的库存服装行业中存在着非常大的商机。

虽然，在库存方面已经做得风生水起，房长君却开始在网上做起了新款服装的经销生意。他说："很明显，做库存生意的关键是选货的眼光以及丰富的销售渠道，从本质上等同于一个中间商，当互联网被更多的厂家和商户应用之后，我们的发展空间会越来越小。我们必须尝试开拓新的发展领域。"但在网上卖新品一直是个比较难的问题。厂家通常不愿意把新款放到网上，因为中国靠仿冒的厂家太多了，杭州是中国服装基地之一，这里的工厂欢迎批发商、省代理，但不欢迎网络卖产品。但房长君告诉他们："其实大家都一样，你不怎么关注网络，其他老板也一样，他们根本不看网络上面的新款。相反，你的款式放到网络上却能在消费者中起到推广作用。"或许是他文质彬彬的模样比较容易取得信任，或许是他原先的网上经营声名在外，他终于说动了一家企业，把新款T恤放在网上展示，很短时间内卖了一万件。后来，甚至有人主动开始找房长君谈。

其实房长君能在网上打开销路主要靠两个方面：一是把漂亮的模特展示照片放在网上，其次就是参与阿里巴巴的竞价排名。"女上装、连衣裙、裤子、衬衫等服装关键词我长期都是'标王'。"他说，"只要是在阿里巴巴上输入这些关键词，第一个能找到的就是我。"这个奇妙的宣传效应让很多不明就里的客户把本心服装当成了实力雄厚的大企业，也为房长君带来了一些意想不到的收获。

·小老板的亚洲品牌梦·

"服装是一个竞争激烈的行业，卖库存、做销售可能是一个挣钱的手段，但是一个企业要继续发展，一定要有自己的核心竞争力，而打造自己的设计、品牌正是其中的关键一步。老安的加入更让我坚定了这个想法。"几年来在服装市场所积累的经验，让做服装倒卖的房长君看清了自己真正要走的路。房长君口中的老安是个韩国人，现在是本心服装品牌运营的"掌舵人"。毕业于韩国忠南国立大学中文系、一直从事服装行业的他在阿里巴巴上看到本心服装公司在不同关键字的搜索结果中都排在第一位，也以为本心是一家大企业，但当他到杭州看到这个位于四季青市场旁边一栋商住楼中的企业时，心中有短暂的失望。但房长君对于服装行业的理解以及他心中的计划却在这个韩国人心中引发了强烈的共鸣——要做亚洲品牌的服装。

就是这个原因,曾经在韩国Korea papas集团工作的老安决定留下来为做亚洲品牌的目标共同努力。他不仅为房长君介绍韩国先进的品牌运作理念,同时还带来了毕业于韩国中央大学服装设计系的韩日混血设计师朴南熙,现在这个汇集中日韩三国成员的创业团队已经初见雏型。

在本心服装公司的产品陈列室中,一排具有休闲风格的秋装很惹人注目,这正是这个团队共同合作投向市场的"试金石"。据了解,这批原本准备做批发的产品因为客户反映好,现在已经被列为本心服装公司做专卖品牌的第一批产品,同批产品中还有一些设计已经被韩国的"五月新娘"等品牌看重,将直接销往韩国市场。这些好消息让房长君的团队看到了他们构架的发展平台已经逐渐被证明是可行的。

尽管公司正在承受因为飞速发展而产生的经济压力,造价10万的板房每月的运营成本就高达3万元,但房长君并没有把这些服装放到网上去销售。"现阶段我们的主要目的是希望能够搭建起一个从设计到生产到专卖销售的品牌化经营体系,在这个体系完成之前,我所熟悉的网络并不会作为推广的主要途径,当专卖体系建立完备之后,网络将和专卖店联合成为互补的宣传和销售渠道。"房长君解释,"这主要是出于品牌建设的考虑,其中包括建立一整套完整的CI系统、店长培训等,在这些基础没有巩固之前,在网上经营是很冒险的。"

一个通过网络挣到"第一桶金"的人竟然放弃自己熟悉的领域转做线下专卖有些让人费解,但从他的举动中确能看到他更理智的思考。毕竟,网络虽然为企业提供了更多商机,但是决定交易的最终还是产品本身的品质,能维系企业发展的最终还是企业的综合实力。

房长君透露:"最近,我们正在和香港一家为意大利服装做代工的工厂接触,希望它能参股我们的品牌,共同打造产品的生产体系。"

可以预见,中日韩三种不同却相互依存的文化将共同汇聚到本心服装公司名为true heart的品牌上。到时候,这个从四季青市场成长出来的小老板将看见自己的亚洲品牌梦变为现实。

直通车打造爆款

淘宝直通车是为淘宝卖家量身定做的推广工具，帮助淘宝卖家便捷地在淘宝搜索上推广自己的宝贝。淘宝直通车具有广告位极佳、广告针对性强和按效果付费三大优势。可以说，淘宝直通车已经成为想在淘宝网上获得成功的卖家们的一门必修课。

10.1 直通车概述

我们上网买东西最有一个重要途径就是通过关键词搜索。直通车作为淘宝开发的一个精准营销工具，它的核心就是围绕关键词展开的。直通车关键词就像一个店铺的导购员，把客户带到他们希望买的宝贝面前。

01 什么是淘宝直通车

淘宝直通车是淘宝网推出的一种全新搜索竞价模式。直通车的竞价结果不仅可以在雅虎搜索引擎上显示，还可以在淘宝网上以全新的图片+文字的形式展示。每件商品可以设置200个关键字，卖家可以针对每个竞价词自由定价，并且可以看到在淘宝网上的排名位置，并按实际被点击次数付费。

淘宝直通车的推广原理是根据宝贝设置的关键词进行排名展示，按点击进行扣费，具体如下。

❶ 如果想推广某一个宝贝，首先为该宝贝设置相应的关键词及宝贝标题。

❷ 买家在淘宝网可以通过输入关键词搜索商品，或按照宝贝分类进行搜索，如图10-1所示。

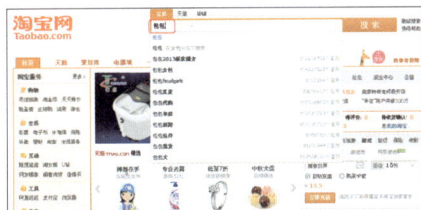

图10-1 输入关键词搜索商品

❸ 直通车展位上即显示出对应推广信息，如图10-2所示。

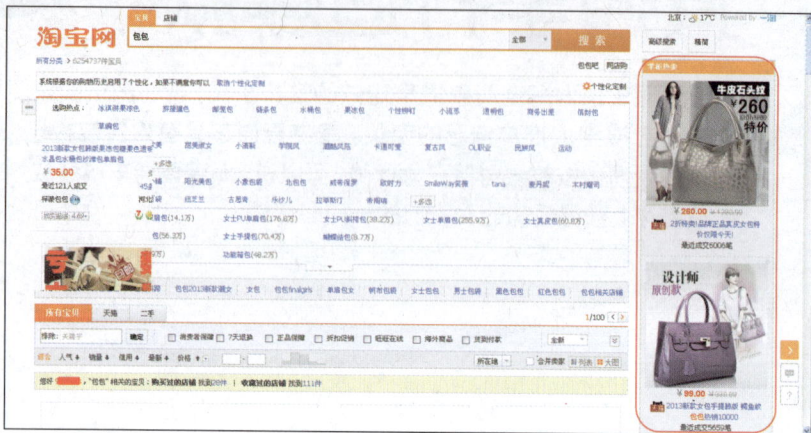

图10-2 直通车展位对应的推广信息

❹ 买家通过点击推广信息进入到宝贝详情页，如图10-3所示，推广的宝贝将被广大淘宝买家找到。系统就会根据卖家设置的关键词或类目的出价来扣费的。

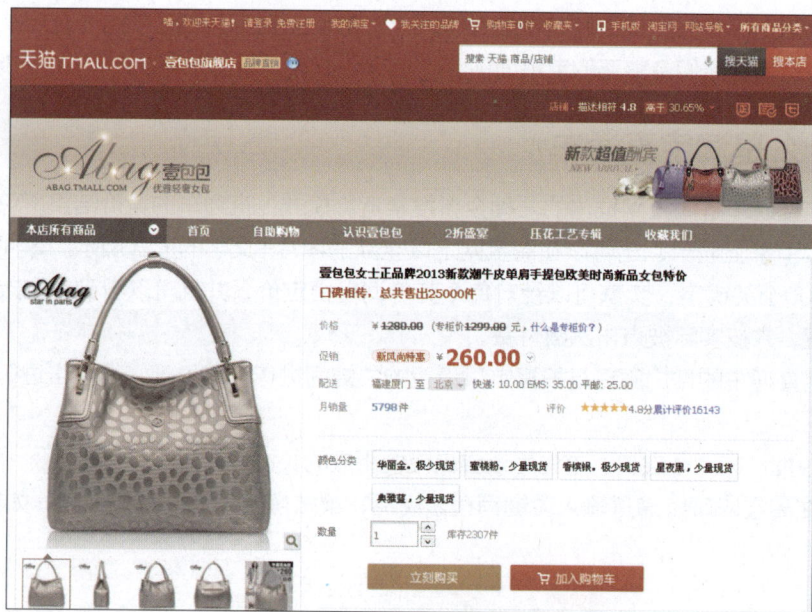

图10-3 进入到宝贝详情页

02 直通车的计费方式

直通车拥有多种推广形式的营销产品，它们都是按点击次数进行计费，单次点击产生的费用不会大于你所设置的出价。

例如：买家搜索一个关键词，你设置了该关键词的宝贝在直通车的展示位上出现。当买家点击了你推广的宝贝时，才会进行扣费，扣费小于或等于你的关键词出价。

直通车拥有多种推广形式的营销产品，它们的排名规则会有一些差异，但核心影响因素基本一致。影响直通车推广排名最主要的两个因素是推广出价和质量得分。一般情况下你设置的推广价格越高，并且质量得分越好，你推广的商品越有机会展现在靠前的直通车展位。

03 开通直通车的优势

使用直通车的好处如下。

（1）只要是想淘这种宝贝的人就能看到被直通车推广的宝贝，大大提高了宝贝的曝光率，带来更多的潜在客户。

（2）只有想买这种宝贝的人才能看到你的广告，给你带来的点击都是有购买意向的点击，带来的客户都是有购买意向的买家。

（3）直通车能给整个店铺带来人气，虽然你推广的是单个宝贝，但很多买家都会进到店铺里去看看，一个点击带来的可能是几个成交，这种整体连锁反映，是直通车推广的最大优势，店铺人气就会逐渐提高。如图10-4所示为参加了直通车的宝贝销量大增，同时带来了整个店铺的人气。

（4）可以参加更多的淘宝促销活动，参加后会有不定期的直通车用户专享的促销活动，加入直通车后，可以报名各种促销活动。

（5）在展示位上免费展示，买家点击才付费，自由设置日消费限额、投放时间和投放地域，有效控制花销，合理掌控你的成本。强大的防恶意点击技术，系统24小时不间断运行，保证点击真实有效。

（6）超值服务，为直通车用户提供了包括热线电话、万堂书院、论坛在内的多种优质服务，帮助你提升推广能力和店铺经营的能力，成为真正的网络营销高手。

图 10-4 直通车能给整个店铺带来人气

10.2 直通车推广方式

加入直通车，可以直接进行商品的精准推广。为了能更好地贴合买家购买需求，把推广覆盖到更多的潜在买家，直通车除了宝贝推广，还推出了店铺推广、明星店铺、活动专区和定向推广等营销产品来辅助进行推广。它们具备各自特有的优势，可以根据自己的需求灵活选择并组合这些营销产品。

01 搜索营销

搜索营销是指卖家通过设置与推广商品相关的关键词和出价，在买家搜索相应关键词时获得推广商品展现与流量，卖家按照所获流量（点击数）付费，进行商品精准推广的营销产品。

例如当买家搜索"西裤"，就可以通过设置"西裤"这个关键词，在搜索结果页的右侧或底部获得展现，并吸引买家进入到商品页面。

1. 产品优势

超准流量：当买家主动搜索商品时，在最优位置展示你的宝贝，只给想买的人看。

超省成本：免费展示，买家点击才付费，自由调控花销，合理掌控你的成本。

2. 展现位置

关键词搜索结果页面右侧"掌柜热卖"区域，如图10-5所示。

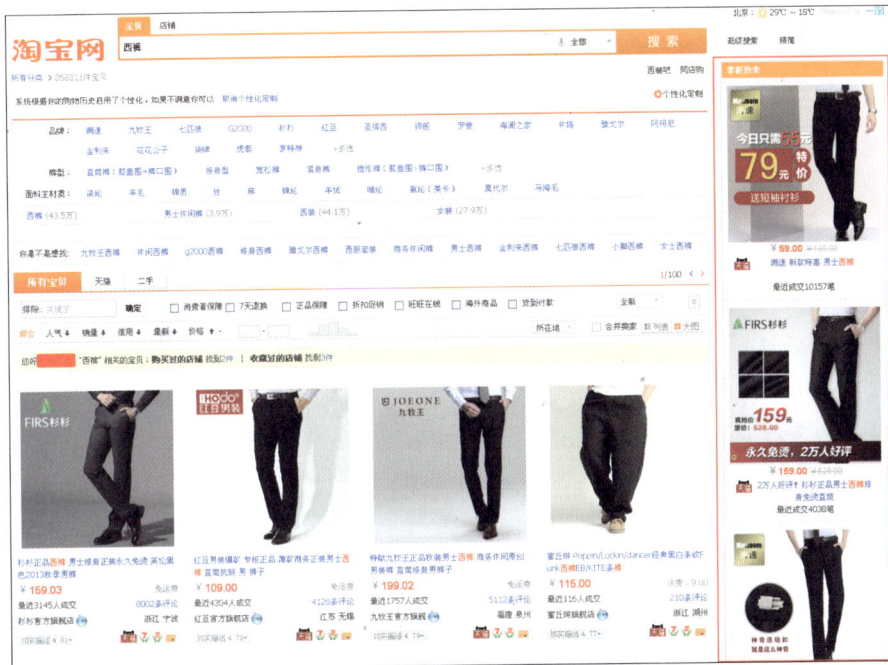

图10-5 页面右侧的"掌柜热卖"区域

关键词搜索结果页面下方"掌柜热卖"区域，如图10-6所示。

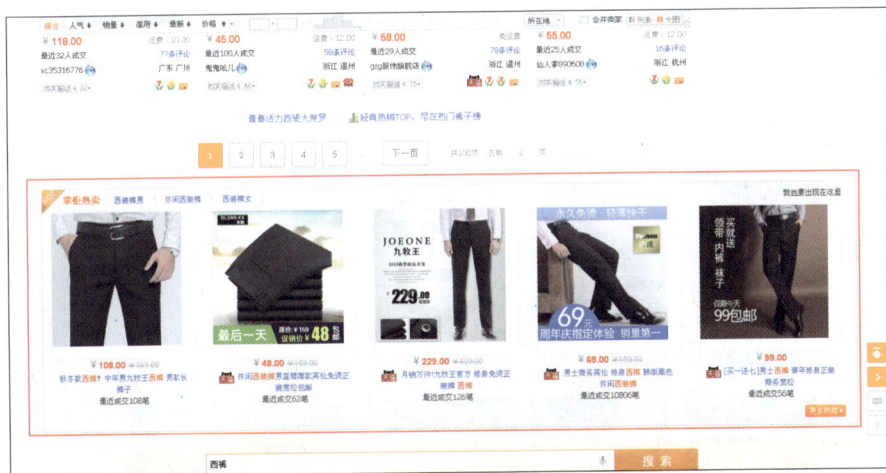

图10-6 页面下方的"掌柜热卖"区域

类目搜索结果页面右侧"掌柜热卖"区域，如图10-7所示。

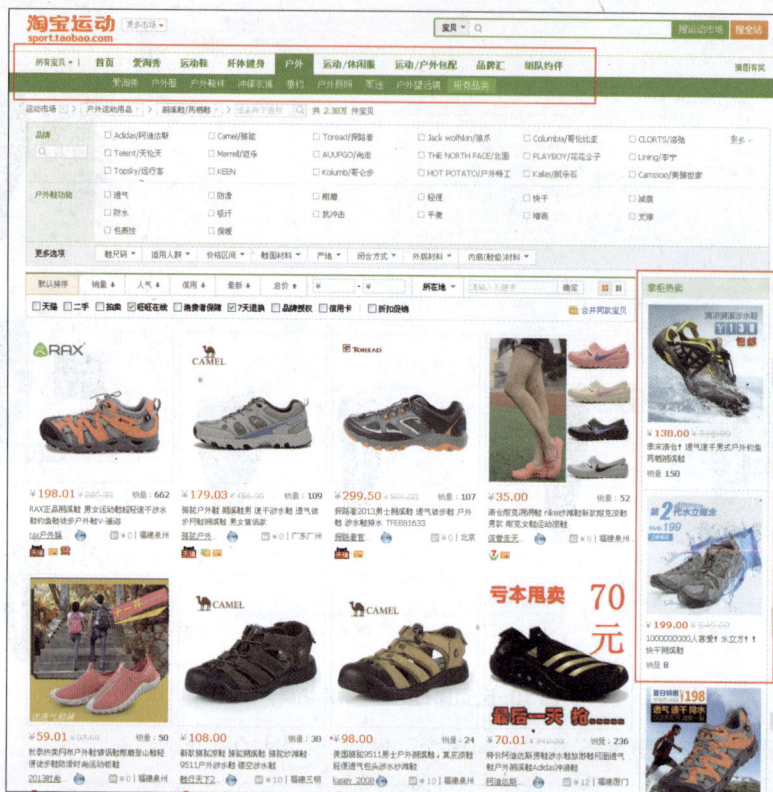

图10-7 类目搜索结果页面右侧"掌柜热卖"区域

类目搜索结果页面下方"掌柜热卖"区域,如图10-8所示。

图10-8 类目搜索结果页面下方"掌柜热卖"区域

3.展现规则

关键词搜索页面的排名原理是这样的：淘宝直通车目前的排名规则是根据关键词的质量得分和关键词的出价综合衡量出的商品排名；质量得分主要用于衡量关键词与宝贝推广信息和淘宝网用户搜索意向之间的相关性。可以参考淘宝直通车系统里的智能预测工具结果，更加有针对性地优化推广内容，在提升潜在买家有效访问流量的同时，提高访问质量，让你的热销宝贝脱颖而出。

类目搜索页面的排名原理是：类目排名会结合类目出价和类目的质量得分进行综合排名，类目质量得分取决于类目属性与宝贝本身信息的相关性；以及在类目搜索结果页宝贝推广的点击反馈，包括宝贝详情页质量、成交、收藏、评价等综合因素；还有账户的历史记录，根据你账户内的所有推广和关键词的反馈计算得出。

4.扣费方式

按点击计费。买家搜索一个关键词，设置了该关键词的宝贝就会在淘宝直通车的展示位上相应出现。当买家点击你推广的宝贝时，才需付费，淘宝直通车才会进行相应扣费。根据对该关键词设置的价格，淘宝直通车的扣费均小于或等于你的关键词出价。

买家通过类目浏览，如看到你的宝贝出现在淘宝直通车展现位上，买家点击时，才产生扣费，扣费均小于或等于你的类目出价。

02 定向推广

如果一般的搜索推广已经不能满足你的推广需求，可以考虑尝试进行这种全新的推广方式。开启定向推广，通过人群定向的方式把你的宝贝展现到目标客户的眼前。

定向推广依靠淘宝网庞大的数据库，构建出买家的兴趣模型。它能从细分类目中抓取那些特征与买家兴趣点匹配的推广宝贝，展现在目标客户浏览的网页上，帮助锁定潜在买家，实现精准营销。

例如：买家喜欢"花边裙子韩版连衣裙"，那么当此买家来到定向推广页面时，系统就会在连衣裙类目里选出具有韩版、花边特征的宝贝展现给此买家。

1.产品优势

- **定位精准，转化率高**：以宝贝找人，数十万个兴趣点判断意向买家，转化率更高。
- **流量丰富，收藏量多**：多个展示位，每天吸引1.4亿流量。
- **操作便捷，省时省力**：选好位置，定好出价，设置人群，三步轻松获得精准流量。

2.展现位置

在"我的淘宝"→"已买到宝贝"底部的热卖单品，每天流量超3000万，如图10-9所示。

图 10-9 已买到宝贝下的热卖单品位置

在"我的淘宝"→"我的收藏"→"店铺收藏"底部的热卖单品，每天流量超1000万，如图10-10所示。

图 10-10 店铺收藏底部的热卖单品

在"物流详情页"底部的热卖单品，每天流量超1000万，如图10-11所示。

图10-11 "物流详情页"底部的热卖单品

3. 展现规则

宝贝出价、推广质量、宝贝属性以及与买家兴趣匹配等因素正面影响着定向推广的展现量。

出价：这里的出价指的是综合出价，是通投出价、单独位置出价、人群维度加价和分时折扣的综合结果。

推广质量：主要包含宝贝和类目相关性，宝贝点击率以及宝贝点击转化率等其他反馈因素。

宝贝属性点和买家兴趣匹配：需要通过优化宝贝标题和属性，使之能更好地匹配买家的需求。

4. 扣费方式

按点击计费。开通直通车后，定向推广按点击扣费，根据你为宝贝设置的定向推广出价，单次扣费不会大于你的出价。

03 店铺推广

店铺推广是基于搜索营销推出的一种新的通用推广，满足推广多个同类型宝贝、传递店铺独特品牌形象的需求。店铺推广特别适合带有较模糊购买意向的买家，推广店铺中的多个匹配宝贝。它能有效地补充单品推广，为你提供更广泛的推广空间。

例如：当买家搜索"旅游鞋"时，就可以通过设置"旅游鞋"这个关键词，在店铺推广设置的推广位中展现店铺形象，吸引买家进入到你的店铺或店铺中所有旅游鞋商品的集合页面等。

1. 产品优势

营销活动好助手：满足推广多个宝贝或者全店推广的需求，是单品推广的有效补充。

品牌打造新阵地：店铺推广大图展现，实现品牌传递与效果营销双丰收。

流量拓展新形势：每天1.5亿的流量，拓展更多淘宝站内流量。

2. 展现位置

淘宝网关键词搜索结果右下侧"店家精选"区域的展示位，如图10-12所示。

图 10-12 右下侧"店家精选"区域

"店家精选更多热卖"引导至热卖店铺集合页面，如图10-13所示。

图 10-13 热卖店铺集合页面

爱淘宝店铺街页面的"相似店铺"，如图10-14所示。

图 10-14 爱淘宝店铺街页面的"相似店铺"

3. 推广方式

使用店铺推广，可以推广除单个宝贝详情页面外的店铺任意页面。包括：分类页面、宝贝集合页面、导航页面。可以通过为店铺推广页面设置关键词的方法，为店铺带入更多的精准浏览量。

4. 扣费规则

按点击计费：同单品推广一致，展现不扣费，按照点击扣费，每次扣费金额取决于为关键词设定的出价、关键词的质量得分，最高不会超过关键词所设定的出价。可设置日限额、分时折扣和站外折扣，当日扣费金额不会超过日限额。

04 明星店铺

当你已经拥有较为成熟的品牌或店铺营销能力，希望进一步做好品牌营销时，可以考虑申请明星店铺功能。明星店铺推广是基于搜索营销的一种新增推广方式。开通了明星店铺的卖家，通过对其推广信息设置关键词（卖家所设置关键词的核心词应与其店铺名、店铺主经营品牌相关，核心词需经审核通过）和出价，当买家在淘宝网宝贝搜索相应关键词时，其推广信息主要出现在搜索结果页首页最上方的位置以及部分淘宝站内补充流量来获得展现和流量。

1. 产品优势

占据黄金位置： 占据淘宝网宝贝搜索结果第一屏位置，截留效果明显，成交转化高。
塑造品牌形象： 通过明星店铺产品特有的Logo，彰显出店铺的品牌价值。
丰富推广形式： 展现形式更丰富，品牌Banner图片和四个文字链带来更好的收益。

2. 展现位置

明星店铺展位主要位于淘宝网关键词或店铺名称搜索结果第一屏下方的位置及部分淘宝站内补充流量，如图10-15所示。对于品牌曝光和宣传有独特的价值，成交转化优势明显，有利于卖家树立和传递品牌价值。

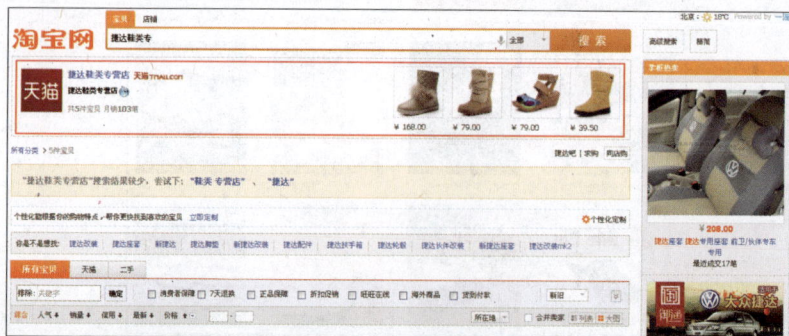

图 10-15 明星店铺展位

3.展现规则

（1）定价用户：当买家输入关键词进行搜索时，明星店铺推广信息就将展现在搜索结果页的最上方位置。

（2）竞价用户：当多个店铺拥有同一品牌时，系统判定店铺的信息相关性及店铺知名度同等，各店铺成为竞价用户，展现位置相同。

4.扣费方式

（1）定价用户：明星店铺关键词不需要靠出价排名，会由系统给出对应价格（淘宝直通车后台会显示）。价格与店铺所属主营类目的平均点击价格有关，并会随明星店铺产品市场竞争度和流量数据的变化而变化并进行不定期更新。更新前，会官方统一通知。买家搜索关键词，你的店铺信息就会展现在明星店铺的位置，买家点击展现区域的链接，才会进行扣费。

（2）竞价用户：明星店铺竞价用户，系统将按照点击进行计费。单次点击费用=下一名出价+0.01元。如只有一名卖家参与竞价，则按照系统默认价格计费。系统默认价格与该店铺所属主营类目的市场平均点击价格有关，并会随淘宝网市场竞争度和流量数据的变化而变化。

05 站外投放

直通车外投是站内推广资源的拓展和补充，把卖家推广的商品投放在淘宝以外的网站上，以Banner、文字链、搜索栏等形式展现，并根据淘宝对数据的分析，锁定人群，匹配相应的宝贝，将外部消费者吸引到专门展现直通车宝贝的页面。

1.产品优势

流量大：直通车站外投放与众多知名网站合作，目前每天有超过近40亿的优质浏览量。

投放准：通过媒体用户的行为分析，多维度定位外网用户的兴趣偏好，将商品精准地投放到媒体网页上。

省成本：为了保证用户的外部浏览量转化，提升收入成本比，采用二跳计费的形式。

2.展现位置

直通车站外投放目前每天有超过40亿的浏览量。这些浏览量将会以文字链，图片创意等方式被引入到展现掌柜外投宝贝的页面。将这些浏览量进行分类，可分为六类：门户类、客户端、搜索引擎、网址导航、中小媒体以及二级导航。

可以通过直通车客户操作系统后台点击"设置投放平台——打开网站列表"查看到部分合作网站，如图10-16所示。

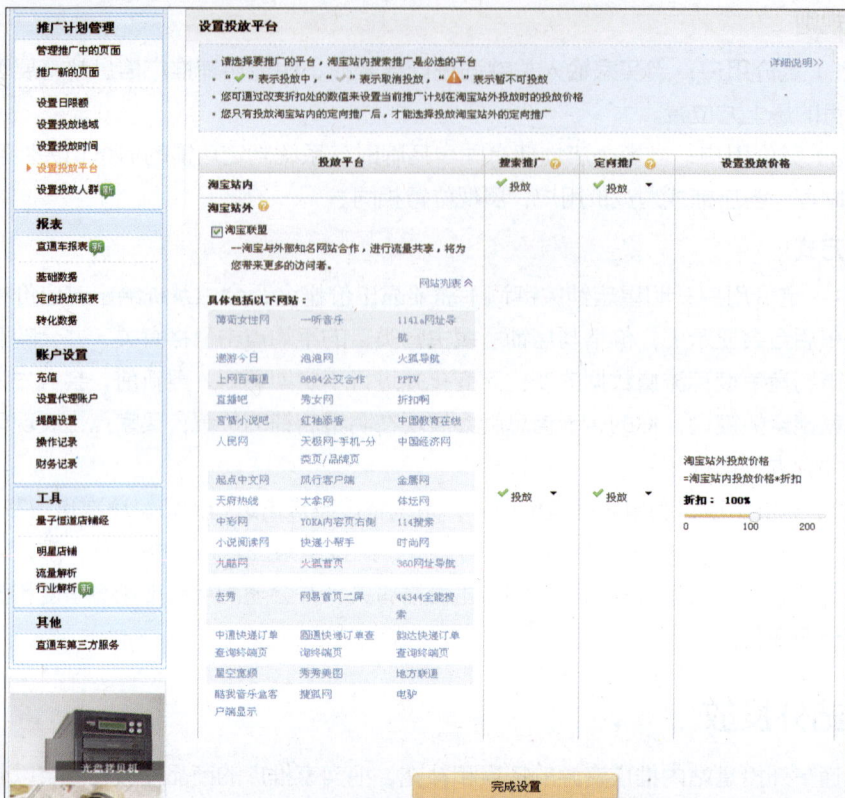

图 10-16 合作网站

06 活动推广

让商品在最直接的位置以最直接的方式推送给买家，相信这一定是卖家非常渴望的。直通车活动是只有直通车客户才能报名的一个特有的活动区域，它最火爆的长期活动能在淘宝首页直接展示，拥有千万消费者关注度，将卖家的产品推向网购狂潮的风口浪尖。

活动推广采取直通车用户自主报名的方式，将一部分符合淘宝特别运营要求的宝贝，在某一段时间内在特定位置上集中展现，目前主要可分为长期活动和主题活动两种形式。

1. 产品优势

投精准：通过自动人群定向功能，锁定目标客户，实现精准投放。

打爆款：每日600多万活动流量，单品形式呈现，助你打造爆款。

巨划算：活动起价0.05元，花最少的预算，获最大的利润。

2. 展现位置

淘宝首页底部的热卖单品区域，如图10-17所示，是淘宝直通车的长期活动，日均百万的浏览量。

图10-17　淘宝首页底部热卖单品区域

3. 展现规则

热卖单品活动采用人群定投的原理，根据买家兴趣类目展现宝贝。展现几率与宝贝的出价以及点击率高低相关。同时，所有报名成功的宝贝，会匹配相关性较高的宝贝，展现至其他活动展位，包括站外一些资源位置。

4. 扣费方式

热卖单品活动按点击扣费，根据你设置的活动出价，当买家在热卖单品活动区域点击推广的宝贝时，才会进行扣费。活动出价多少，扣费多少。

10.3　直通车推广新宝贝

在对淘宝直通车的基本原理和运作模式有了基础了解后，就可以通过对淘宝直通车的具体操作来展开推广活动了。

01　加入淘宝直通车

在开始直通车推广前，首先要加入直通车，具体操作步骤如下。

❶ 登录"我的淘宝"，单击"营销中心"下的"我要推广"链接，如图10-18所示，进入到淘宝营销中心页面，单击"淘宝直通车"按钮，如图10-19所示。

图 10-18 单击"我要推广"链接   **图 10-19 单击"直通车"图标**

❷ 进入淘宝直通车首页后，在页面右边可以看到"账户未激活"，单击"立即充值"按钮，如图10-20所示。

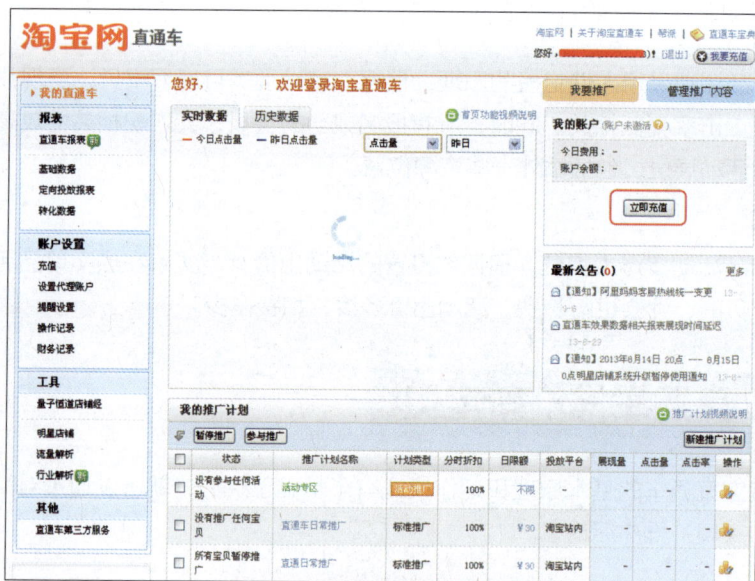

图 10-20 单击"立即充值"按钮

❸ 打开直通车充值页面，淘宝直通车第一次开户需要预存500元以上的费用，这500元都将用于你接下来的推广中所产生的花费，选择好充值金额后，单击底部的"同意以上协议，立即充值"按钮，如图10-21所示。充值成功后，就开通了直通车服务，正式拥有了自己的直通车账户了。

图 10-21 直通车充值

02 创建推广计划

在推广宝贝之前，需要有一个推广计划，在推广计划中可以设定推广的日限额、可以完成推广投放的时间、地域以及平台等设置工作，创建推广计划的具体操作步骤如下。

❶ 在"我的直通车"页面中单击"我要推广"按钮，如图10-22所示。

❷ 弹出"选择推广计划"窗口，单击"新建推广计划"按钮，如图10-23所示。

图 10-22 单击"我要推广"按钮

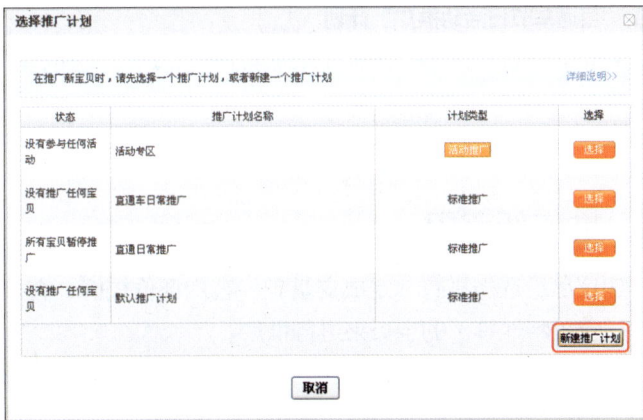

图 10-23 单击"新建推广计划"按钮

❸ 填写"推广计划名称"，单击"保存并继续"按钮，一个新的推广计划创建完成，如图10-24所示。

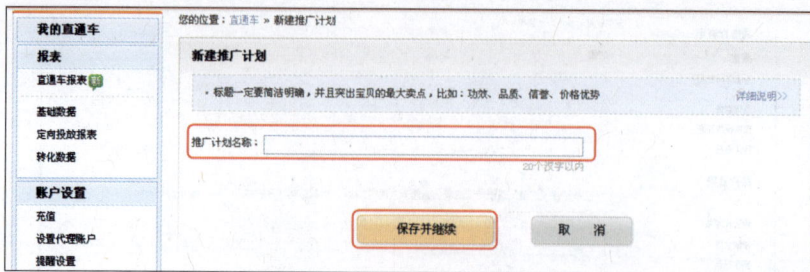

图 10-24 填写推广计划名称

目前账户一般可创建多个标准推广计划。一旦新建无法删除，但可通过"暂停推广"、"参与推广"等操作，管理推广计划。

小提示

1."直通日常推广"计划

选取自己店铺里一些销量较大的宝贝做直通车推广，如果价格各方面都有优势的话，那么可以每个品种都选取一样做直通车。直通车竞价当然不要太高了，并根据情况调整竞价。

2."直通引流产品推广"计划

选取店铺里两到三款热卖的产品，并且价格和卖点都突出的宝贝产品做直通车推广。在这一计划里推广的宝贝，可以单独优化宝贝详情页、关联销售、引导页面等细节，以引导买家去你店铺里浏览其他产品，并提高转化率和关联销售。

3."直通车节日活动推广"计划

这一计划主要针对一些重大节日店铺里的一些活动和淘宝的官方活动等，选取的宝贝也是一些活动产品和针对节日的产品。

03 推广新宝贝

建议尽量选择具有一定成交基础、客户评价较好、有足够库存、具备卖点（如价格优势、宝贝特性等）的宝贝来进行推广。

进入直通车系统之后，单击首页左上角"推广新的页面"按钮进入。进入推广新的宝贝之后，按照系统提示进行设置推广，设置推广之后即时生效，但系统可能有5分钟~15分钟延时，推广新宝贝具体操作步骤如下。

❶ 进入相应的推广计划后，单击左侧"推广新的页面"按钮，选择要推广的宝贝，单击后面的"推广"按钮，如图10-25所示。

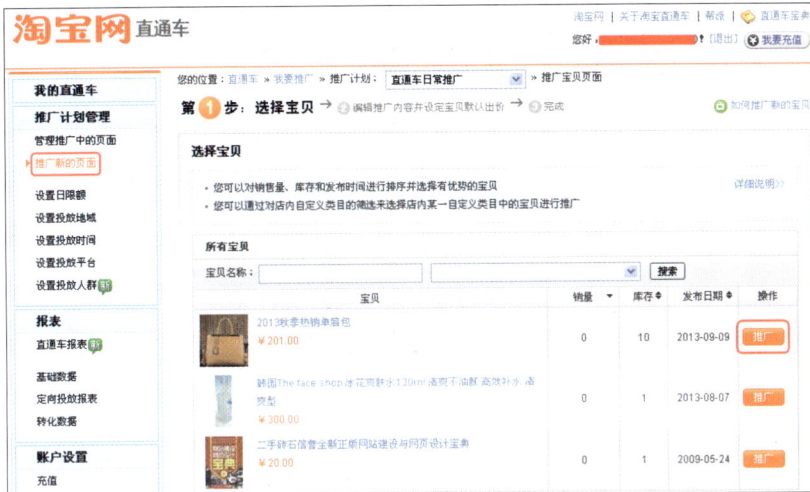

图 10-25 推广新的页面

❷ 弹出"编辑推广内容并设定宝贝默认出价"窗口。先来编辑推广内容，如图10-26所示。"标题"字数限制为20个汉字。如果字数超出，系统会提示超出字数，超出部分不予展示。

图 10-26 编写标题

❸ 选择关键词，要从买家的角度出发，想想他们可能搜索什么词，选择词的范围包括产品名称、品牌、型号、质地以及功能等，如图10-27所示为选择关键词。

图 10-27 选择关键词

❹ 设置是否启用类目出价。建议启用，让更多买家看到宝贝。设置默认出价，推广一个新宝贝的"默认出价"是对该宝贝已设置的关键词和类目的统一出价。在推广完成后可单独修改每个关键词或者类目的出价，如图10-28所示。设置完成后单击"下一步，完成"按钮即可完成一个新宝贝的推广。

启用定向推广，利用淘宝庞大的数据库，通过创新的多维度人群定向技术，锁定目标客户，将推广的宝贝展现在目标客户浏览的网页上，实现精准营销。

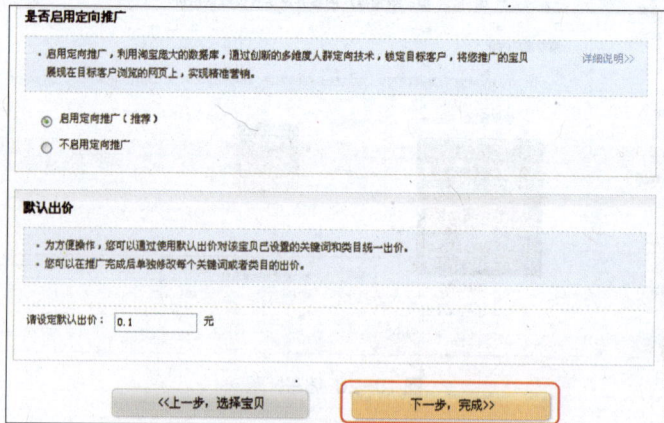

图 10-28 启用类目出价

04 管理推广中的页面

在推广计划管理中默认看到的是"管理推广中的页面"的结果，查看和管理推广计划下的所有推广单元。可以根据自己的需要调整修改推广单元的关键词、出价、推广创意等相关设置。单击左侧"管理推广中的页面"链接，进入管理推广中的宝贝页面；每个宝贝最右侧操作栏均有"编辑"、"暂停\启用"、"删除"和"查看报表"四个选项，方便管理推广中的宝贝。如图10-29所示。

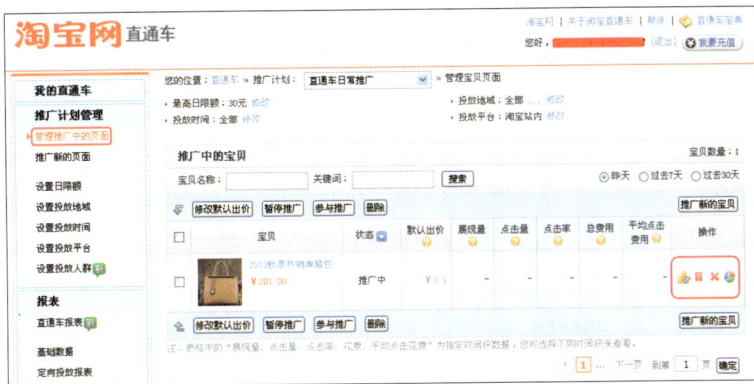

图10-29 管理推广中的页面

05 推广计划投放设置

在推广计划中可以设置投放日限额、投放区域、投放时间、投放平台、投放人群等，具体操作方法如下。

❶ 为推广计划设置每日扣费的最高限额。通过"日限额设置"可以为推广计划设置每日扣费的最高限额，来控制推广计划的消耗。当推广计划的总消耗达到限额时，这个推广计划下的所有推广宝贝都会下线，第二天再自动上线。如果消耗没有达到限额，会按照实际金额进行扣除。

在淘宝直通车后台管理页面，进入相应的推广计划后，点击左侧"设置日限额"，可以设置日限额信息，如图10-30所示。

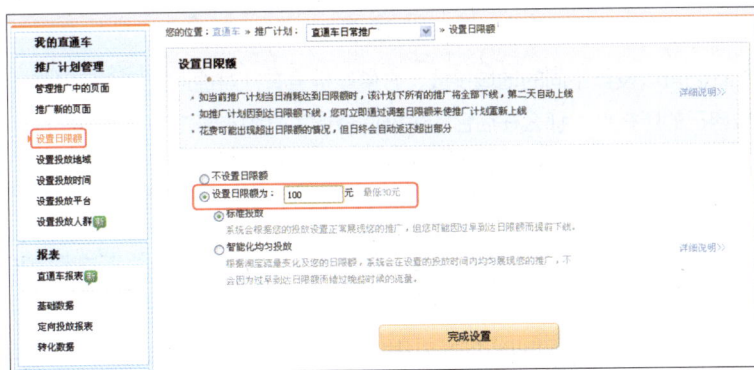

图10-30 设置日限额

小提示

可根据预算为推广计划设置固定的金额，系统默认的最低设置是30元，当今日花费达到日限额时，宝贝就会停止做推广。如果希望某个推广计划的宝贝一直在线推广不下线，也可选择"不设置日限额"。

---

❷ 通过"设置投放地域"可以将推广计划只投放在自己希望投放的省市。可以"全选"在所有地区投放，也可以勾选需要的区域，只有勾选的地域范围内的买家才能看到推广宝贝的信息。如图10-31所示，单击可以展开该省区下的所有市级城市。

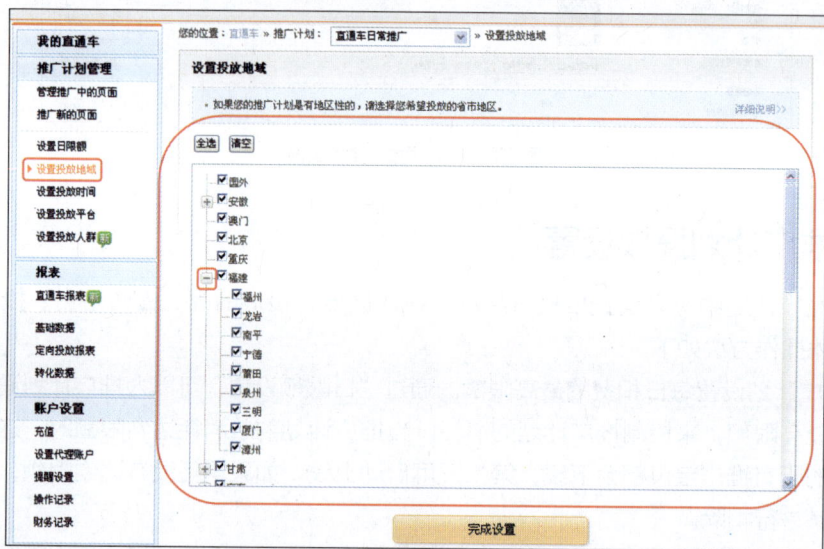

图 10-31 设置投放地域

小提示

不同的推广计划可以设置不同的地域投放，方便掌柜更有针对性地选择宝贝以区别推广。如果没有投放自己的所在地，那么在后台的关键词查询工具中查看不到你宝贝的排名情况，同时当你在淘宝网搜索时也不会在展现位上找到你的宝贝。

---

❸ 通过"设置投放时间"可以为推广计划设置指定投放的时间。不在设置的投放时间时，推广将处于下线状态，不会展现。时间段投放的最小单位是半小时。为推广计划设置特定的投放时间，及对应时间段的宝贝出价，如图10-32所示。

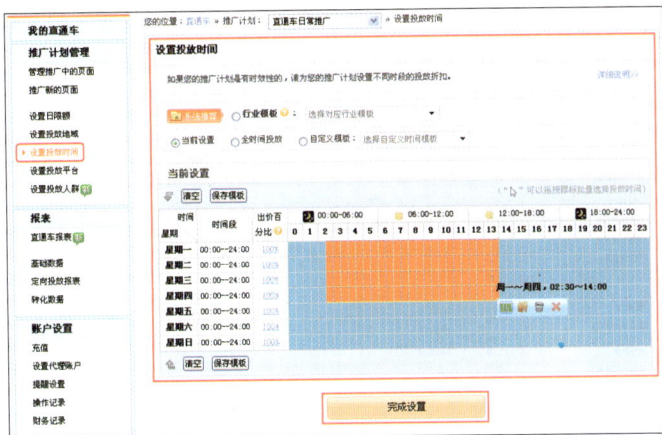

图 10-32 设置投放时间

小提示

"全时间投放"是指你的宝贝全天24小时都在淘宝网做推广，如果你推广的宝贝时效性不是很强，可以设置全时间投放，这样宝贝会有更多的展现机会。

---

❹ 可以在设置投放平台中选择是否要为推广计划开启定向推广，是否要把宝贝投放到淘宝网以外的优质合作网站上，以获取更多形式的优质浏览量，如图10-33所示。淘宝站外投放是将宝贝投放到淘宝站外的其他优质合作网站，单击"网站列表"链接，将弹出这些网站列表，如图10-34所示。

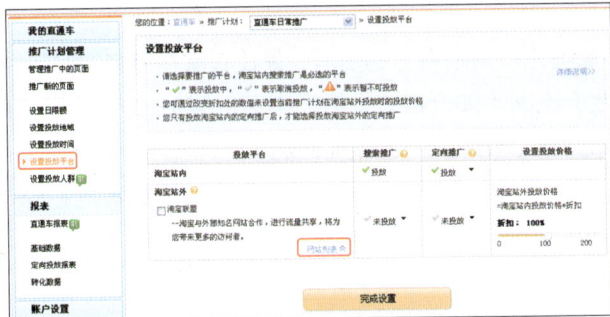

图 10-33 设置投放平台

图 10-34 淘宝站外投放

❺ 最后根据性别、购买力、买家星级这三种维度的浏览量选择要加价的投放人群，如下图10-35所示。

图 10-35 设置投放人群

10.4 利用直通车打造爆款

直通车的主要作用是让你的宝贝得到更多的展示机会，引入更多的浏览量。直通车要按照产品生命周期的规律，循序渐进地引入流量，打造爆款！

01 挑选合适的宝贝推广

参加直通车推广首先要选好一个宝贝，这是所有推广的第一步。因为参加直通车推广的目的就是让你的宝贝走出去，有更多的曝光机会，进而获得买家的认可，从而有更好的成交。

选出来做推广的宝贝，一定要有突出、清晰有力的卖点，能让买家在最短的时间内注意到你的宝贝。如卖点可以是性价比高（如价格有优势、有促销等）、产品功能强（如产品本身功效好、漂亮等）、品质好（如行货、正品等）等。

如果刚开始使用直通车，建议先少选几个宝贝来推广，以免在还没掌握直通车优化技巧之前，产生不必要的浪费。等熟练掌握了提升广告效果的方法，再多选一些宝贝进行大范围推广，效果会更明显，避免不必要的浪费。

02 如何提高类目出价质量得分

质量得分是系统估算的一种相对值，用于衡量关键词与宝贝推广信息以及淘宝网用户搜索意向三者之间的相关性，其计算依据涉及了多种因素。质量得分有助于通过直通车向买家展现与其购买意愿更相关的宝贝。具有相关性的宝贝推广信息往往能够吸引更多的点击次数、赢得更高的排名，从而带来更理想的推广效果。

1. 提升关键词的相关性

（1）使用系统推荐词。添加关键词的时候，通过使用"宝贝匹配的关键词"或者"相关词查询"，可以按照相关度得分排序或者按照搜索量排序，进行关键词的选择。通过此功能可以很快速调整你设置关键词的质量得分。如图10-36所示为使用"相关词查询"进行关键词的选择。

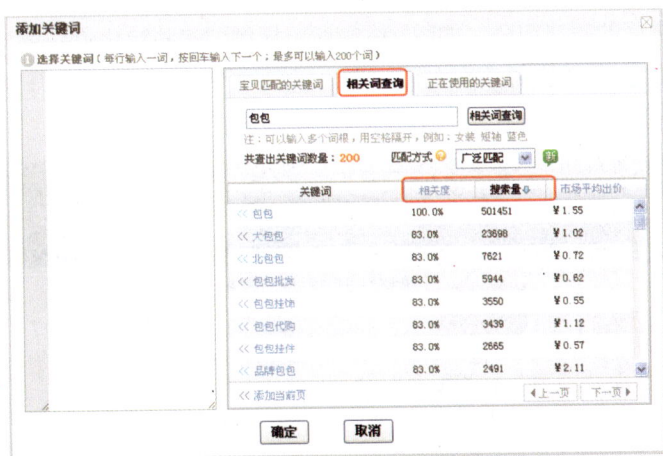

图10-36 使用"相关词查询"进行关键词的选择

（2）出价技巧。现有情况下，可以将质量得分高的关键词提高出价，用很少的出价提升获得更多流量回报。

（3）最相关的关键词多设置。可以参照宝贝标题属性，例如推广一款蕾丝韩版的连衣裙，可以将"蕾丝韩版连衣裙"拆分成三个中心词"蕾丝"、"韩版"、"连衣裙"，然后分别按照这3个中心词去添加一系列更精准的关键词。

2. 提升类目属性的相关性

从买家的搜索购买行为习惯，可以总结出大部分买家期望看到的宝贝所属的类目和属性，直通车会优先展示这些类目属性下的宝贝。

（1）检查类目发布是否正确。很多卖家对自身宝贝的定位很模糊，容易将宝贝的类目发布错误，这时关键词的质量得分会很低，所以首先要检查一下宝贝类目有没有发布错误。

（2）权衡关键词的相关性对宝贝的价值与贡献。

（3）质量得分的高中低和宝贝属性是否对应，也是一个判断因素。例如搜索关键词"红色"，即使你设置了关键词"红色"，但是宝贝属性是其他颜色，那么你设置的"红色"这个关键词的质量得分也会偏低，为了提高质量得分，建议严格遵守淘宝网宝贝发布规则，正确并且完整的填写宝贝属性。

3. 优化标题图片宝贝

由于买家搜寻、浏览商品的速度非常快，看到推广信息的时间很短，如果宝贝图片不够清晰明了、标题描述不够简练直接、卖点不明确的话，买家在匆匆浏览之际，不愿意关注你的宝贝，也就无法吸引买家购买了。

推广标题可以使用40个字符（20汉字），标题内容需要简洁明了，应当包含主要关键词，与宝贝密切相关，并突出宝贝的卖点，尽可能涵盖多的宝贝属性和特征，这样可以有效提高关键词的质量得分。如图10-37所示标题"美肤宝化妆品套装 自然白礼盒5件套护肤品套装正品 美白补水保湿"，包含了宝贝的主要关键词，并突出了宝贝的特点，这样设置标题的目的都是为了吸引买家注意并产生点击。

图 10-37 优化标题

图片是买家的第一感官接触，要想让买家第一眼相中宝贝，图片一定要不断优化，不仅要展示清楚，让买家一眼知道是什么商品，商品的卖点是什么。而且最好能立意新颖，和别的卖家加以区分，彰显品牌和信誉。主图片应当清晰美观、居中、白底、醒目，适当包含促销信息。直通车宝贝推广的位置是正方形，要让你的宝贝在那么多的图片中脱颖而出，建议上传宝贝图片时，把图片做成正方形。如图10-38所示为优化后的美观的图片。

图 10-38 优化后的图片

4. 优化宝贝详情页

宝贝详情页决定了宝贝的转化率。前面是通过关键词搜索，通过图片、标题、销量等进行判断选择，最终进入到宝贝详情页面，最终是否能促成购买交易，宝贝详情页起了决定性作用，关于优化宝贝详情页面，后面有专门的章节具体详细介绍。

5. 其他

一定要加消保，检查是否有违规处罚，是否有假一赔三等，把店铺经营管理，产品质量和服务这一块做好。

03 如何正确选取关键词

关键词是淘宝买家的搜索词，当买家搜索该关键词时，被推广的宝贝将展现在直通车推广位置上。既然关键词这么重要，怎么选择关键词呢？

❶ 根据淘宝直通车系统提供的宝贝匹配的关键词作为自己的关键词，如图10-39所示。

- 宝贝匹配的关键词：系统根据宝贝相关性信息匹配的关键词推荐。
- 相关词查询：在搜索框中输入任意词，查询本词及相关词的浏览量等情况。
- 正在使用的关键词：当前账户中其他宝贝的关键词。

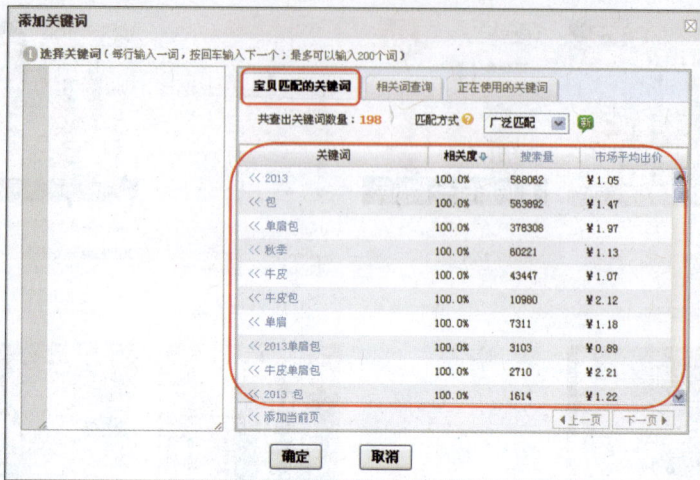

图 10-39 宝贝匹配的关键词

❷ 使用宝贝标题中的关键词，如图10-40所示。

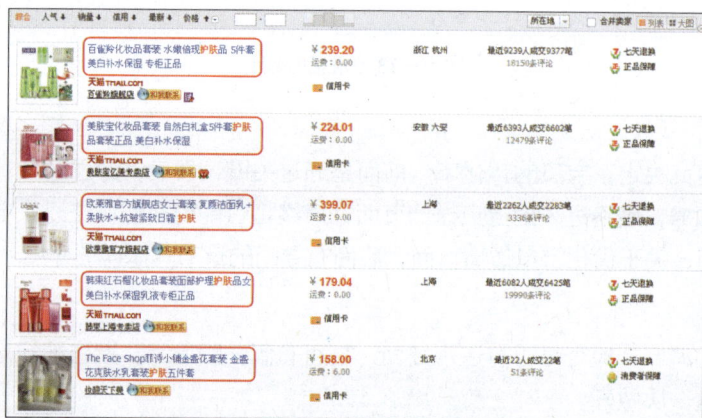

图 10-40 使用宝贝标题中的关键词

❸ 宝贝详情里的属性词，如图10-41所示。

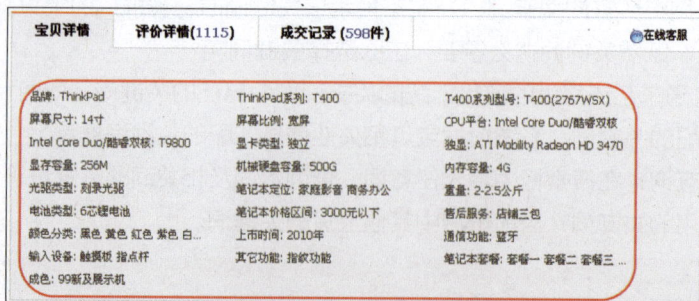

图 10-41 宝贝详情里的属性词

❹ 淘宝首页搜索下拉框中的关键词，如图10-42所示。

图 10-42　淘宝首页搜索下拉框中的关键词

❺ 搜索结果页面中的"你是不是想找"以及更多筛选条件中的关键词，如图10-43所示。

❻ 产品"类目"中的关键词，如图10-44所示。

图 10-43　筛选条件中的关键词

图 10-44　产品"类目"中的
关键词

04　为关键词合理出价

关键词到底该如何出价，很多新手都有这样的疑问。建议根据推广预算、预测排名和关键词报表去设置。只要在流量价值范围内，出价都是比较合适的，只需通过关键词优化设置，努力扩大流量就好。

第一次出价建议参考流量价值。流量价值=单笔利润/单笔成交需要的流量。当然，在分析流量价值之前必须先清楚自己的销售额以及宝贝需要多少个流量才有一笔成交。

那么为关键词合理出价有哪些技巧呢？

（1）统一出价，在推广新宝贝最后一步，默认出价环节，统一给刚刚的所有关键词和启用的类目出一个价位，这时可以把访客价值设置为默认出价。

（2）根据流量修改单个出价，修改前大致预测单个关键词出价。修改后通过昨日精确数据检查、修改。

（3）系统查看目前关键词的排名。首先查看自己的宝贝是不是属于优先展示类目，然后查看目前关键词的平均点击单价，如果你想获得更多流量就需要高于平均点击单价。

（4）需要更多的流量，不能只一味地提高排名，还可以多推广宝贝，多增加关键词。一个宝贝，要获得100个流量，需要排名很靠前，出价很高。但是获得10个流量，可以出价相对低很多，设置10个宝贝，100个流量也就获得了。

（5）多增加关键词，一个关键词要获得10个流量需要排名靠前，出价比较高。但是获得1个流量，可以出价相对低很多，设置10个关键词，也就获得了10个流量。

05 优化宝贝详情最大化推广效果

优化宝贝详情的主要技巧如下。

1. 合理使用店招

淘宝店铺的店招在网店经营中起着不可或缺的作用和价值。它是买家进入店铺时最先看到的，也是最引人注意的地方。店招能将店铺的特点进行鲜明概况，使买家对店铺产生兴趣和信任，从而引导买家浏览宝贝。如果你的店招非常吸引买家，那么通过店招，买家可能会进入更多你的产品页面，增大更多产品的成交量。

店招的尺寸要适中，板块的设计要新颖。色泽的搭配要醒目，产品文字描述要精确。如图10-45所示美观的店招。

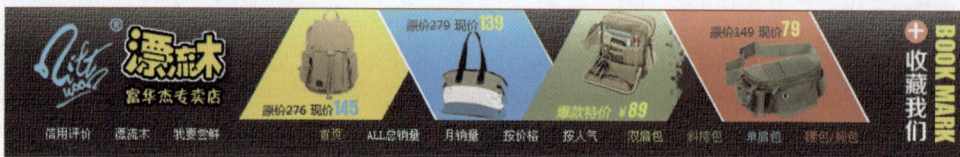

图10-45 美观的店招

2. 合理搭配促销活动

将店铺VIP、抵价券、包邮、收藏有礼、满就送、秒杀等结合使用，绑定各种类型的买家，可以促进买家购买你店铺的宝贝。如图10-46所示搭配了"满就送"、"包邮"、"拍立减"等促销活动。同时要注意保持促销活动的合理性，过于频繁或者门槛过低的促销会让客户怀疑产品的本身价格和定价质量。

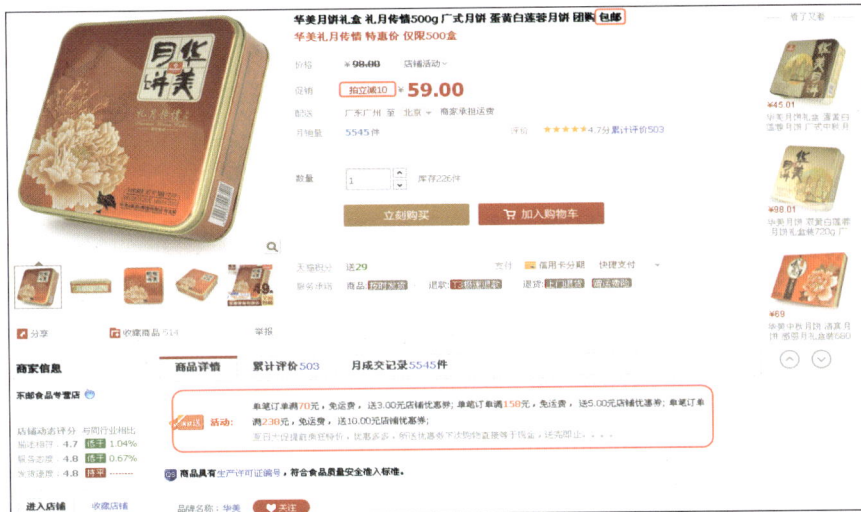

图 10-46　搭配促销活动

3. 完美主图诱人价格

主图以正方形的清晰大图为佳，能够体现宝贝的质量，价格应以在同类产品中具有优势为佳，吸引买家继续浏览，如图10-47所示的清晰诱人的主图。

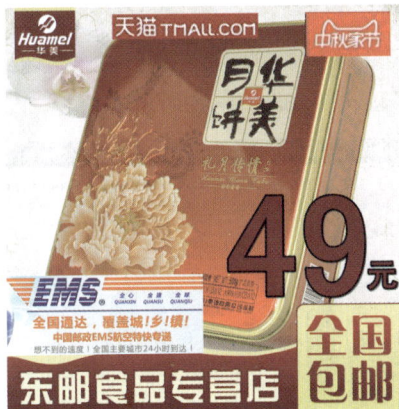

图 10-47　清晰诱人的主图

4. 贴心服务保障

消保服务、假一赔三、7天无理由退换都等在很大程度上可以提高买家购买的信心和操作的简易度，为宝贝直接加分。提升买家对店铺的信任度可以大大加强买家的购买意向。

如图10-48所示，以化妆品店铺为例，最让买家担心的就是假货问题，而在产品描述中详细说明情况，打消买家对产品真伪的顾虑，为店铺营销加分不少。

图10-48 在产品描述中详细说明

5. 为买家提供更多的选择

通过相关推荐，即使买家对于推广的宝贝没有强烈的购买欲望，仍然不至于造成买家流失，而会在店内形成循环浏览如图10-49所示。

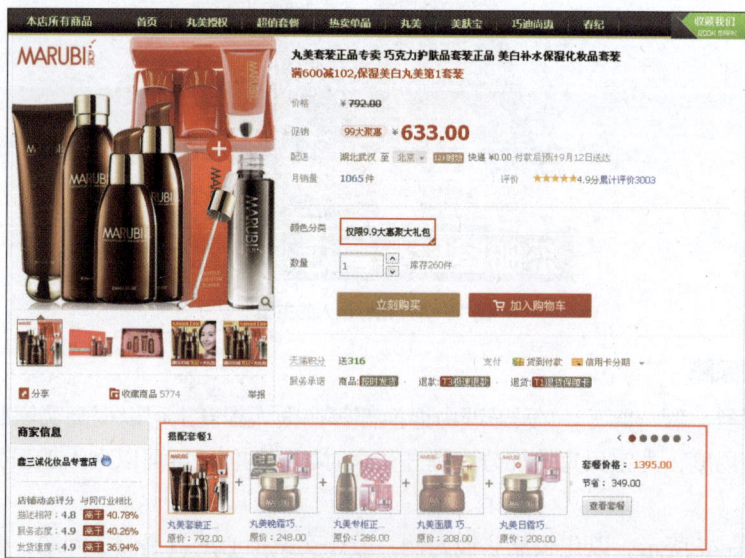

图10-49 相关推荐

Q&A 实战技巧问答

Q 1. 我的宝贝在淘宝直通车上主要会呈现哪些推广信息?

A 买家通过搜素关键词,在淘宝直通车展位上将看到对应的推广信息(图片和标题)。点击感兴趣的推广信息后进入到宝贝详情页面。

分析以上买家行为能看出:关键词、推广图片、推广标题这三大推广信息要素将对你的推广能否吸引买家进店起到至关重要的作用。

Q 2. 淘宝直通车的每个宝贝可以设置几个推广标题?

A 淘宝直通车每个宝贝都可以设置两个推广标题,两个标题都有机会被展示。添加标题的当天,系统会轮流展现两个标题,之后会根据各项参数,调整展现几率,如点击量、点击率等较高的宝贝展现几率会逐步增多,同时另一个标题展示几率会相应减少。两个标题的功能是为了提高宝贝的展现质量,由系统辅助帮你获得更多点击量,每次只展示一个标题。

Q 3. 开好直通车有哪些关键因素?

A 直通车是淘宝一款很有效的淘宝网店引流推广方式,但是其高投入也让很多直通车卖家头痛。其实,烧钱与否取决于你有无技巧。

1. 有效关键字

何为"有效关键字",不要认为你觉得哪个词热销,哪个就是。有可能在这个行业,这样的关键字已经被抬高到几元甚至几十元,这样的价格,对于刚刚起步的卖家,是很难承受得起的。你需要对客户群体有足够的了解,最好做一定的客户调查,了解客户经常搜索的关键字是什么,花最少的钱,做最有效的推广。

2. 价格优势

商品在同类商品中是否有价格优势。如果买家选定一款商品，经常会在淘宝中定向搜索该款商品进行价格对比，如果你的价格没有优势，那就是在花钱给别人打广告了。

3. 图片精致

买家在购买商品的时候，浏览的速度是很快的，如果你的商品没有在最短时间内吸引住买家，就会造成客户的流失。经营网店，吸引买家的实际是图片，你的图片越精美、越真实，就越能吸引买家。而这一点，对要进行推广的商品来说尤为重要。如果商品的图片不够清晰明了，买家不清楚出售的是什么，就会造成大量的无效单击。

4. 商品卖点

选择的商品是否有卖点，是成交的关键点之一。一些商家会有这样的推广误区：选择自己认为最好的商品进行推广。殊不知，你的选择不一定是买家的需求，而选择应季、性价比高、款式流行的更容易脱颖而出。

5. 直通车活动

针对每个行业直通车会不定期的推出活动，有的活动单击费用仅为0.05元，而淘宝会对活动进行广泛宣传，这对商家来说是短期促销的绝好机会。

6. 坚持使用

如果做到以上几点，生意没有马上好转，不要着急，这并不能说明直通车是没有作用的。看看店铺收藏人数，看看商品收藏人数，是不是有大幅度的提升？有些客户只是在寻找合适的商品，并不是马上就购买，它们收藏了你的店铺或者对商品进行关注，也许在一周或两周后，也可能更长时间，就会成为你的客户了。

Q **4. 站外投放会以什么样的形式展现？**

直通车利用图片banner、文字链、搜索关键词、频道合作等多种推广资源，将潜在买家吸引到淘客搜索页面和热卖淘宝页面。在这两个页面中，参与直通车外投推广的宝贝将根据其关键词出价和质量得分进行展现位置排序。 **A**

Q 5. 选择关键词应注意哪些原则?

A

（1）站在买家的角度考虑问题，设想买家朋友们会用什么样的词找寻此类产品或服务。

（2）选择能代表商品品牌、功能或特点的有独特优势的关键词。

（3）添加尽可能多的关键词，以便获得更多的潜在买家进店铺，提高店铺和商品的出镜率。

成功案例 辞去年薪20万工作，网上开水果店

实体店与网店相互结合

随着开网店的成本越来越高，收入不固定，对于有固定工作且高薪白领的人来说，辞去高薪工作，转做网店，还卖保鲜期极短的水果，这几乎是疯了！然而，马军却辞去高薪工作在淘宝上开起了网店卖水果。同时，他还着手又开了一家零售水果的实体店。经过一年多的努力，通过网店和实体店的有机结合，马军的水果生意竟做得风生水起。这背后有着怎样的故事呢？

•辞去工作自创业•

马军原先在一家水泥厂做销售，收入颇丰。马军辞职时，家人一度担心他是一时兴起。在他辞职后，有人以年薪20万元的待遇邀请他去做管理人员，想自己创业的马军还是婉言谢绝了。经过调查，马军发现当地市场上的水果价格比一些大城市要便宜。与此同时，他看到淘宝上很多网店的生意很好，2012年3月，他也试着开了一家网店把水果放上去卖。

刚开始，网店没有信誉，生意并不好。于是，他在淘宝做了一些推广。同时，尽量把进店浏览的买家转化为客户。经过半年多的努力，网店的生意逐渐好起来。春节前，快递整车到他店里拉货，外地有些单位过年发的水果都从他的网店采购。马军说，当时，猕猴桃、云冠橙、苹果等水果卖得很不错。从2013年7月15日起，他开始在网上卖新鲜无花果，一天的销量最少10多公斤，最近每天有50公斤的销量，最多的一天卖出100多公斤无花果。目前，他是淘宝上新鲜无花果卖得最好的卖家之一。

•解决运输损耗•

大家都知道，水果不易长期保存、运输途中容易损坏，对质量、配送速度的要求也高于其他商品。马军说，今年刚开始在网上卖无花果时，差不多发出去10件货会有2件到买家收货时已损坏，损坏的只能重新发货，损耗相当大。如何避免运输途中的水果损耗，是网上卖水果碰到的一个大问题，只能一方面在包装时多下功夫，像包装无花果，先是给每个无花果都套上泡沫果套，纸箱外面再加一个泡沫箱，这样包装后，损耗降低了不少；另一方面就是对一些发软、易烂水果，都挑八九成熟的发货，这样经过一两天的快递，到买家手中刚好成熟；还有就是装箱的时候，水果都一个一个挑过，确保每一个水果的质量是优良的。

不过，夏天天气热，即便有人买，马军也不敢寄，怕路上坏掉。因此，网上卖水果，夏天生意很清淡。不过，现在他每天都要忙到晚上11时多，店内负责打包的员工，基本上一天忙到晚，有时候还忙不过来。网店生意好，也要靠投入。马军说，前段时间光直通车推广费用一天就要300元。

•结合实体水果超市•

在网上开店生意渐入佳境后，去年11月，马军又开了一家水果超市。经过近一年的运营，他认为，网上水果店和实体店可以有机结合。现在实体店的收入主要维持日常开支，赢利不多，但可为网店提供纸箱和打包人员。而网店的生意比实体店要好，这是他的主要收入来源。马军说，网店的水果价格卖得较高，水果品质要求也高，有些品质次和卖相不太好的可以通过实体店处理掉。批发来的水果不可能每一个都好的，总有一些是不太好的，如果只开网店，这样不太好的水果如何处理就会成问题。同时，实体店的员工在兼顾店面生意时，还可以帮网店打包水果。另外，实体店的水果卖完有很多纸箱和泡沫箱，如果按废品卖，只有几毛一公斤，现在他利用起来作为网店发货包装用，降低了网店的经营成本。如果所有发货的纸箱都去购买，这笔成本也是比较高的。

搜索排名与优化

淘宝直通车是为淘宝卖家量身定做的推广工具。让淘宝卖家方便地在淘宝搜索上推广自己的宝贝。淘宝直通车具有广告位极佳、广告针对性强和按效果付费三大优势。可以说,淘宝直通车已经成为想在淘宝网上获得成功的卖家们的一门必修课。

11.1 利用搜索引擎宣传

搜索引擎推广是指利用搜索引擎、分类目录等具有在线检索信息功能的网络工具进行网店推广的方法。

01 将网店提交到各大搜索引擎

网上开店,如何使自己的店铺让别人知道,成为开店成功与否的关键。让网店登录搜索引擎的目的就是为了更有效地进行网店推广。尤其在新浪、搜狐、百度或谷歌等大型搜索引擎网站去登录自己的网店,会给你带来意想不到的效果。如图11-1所示为百度搜索引擎登录页面。

图11-1 百度搜索引擎登录页面

把自己的网店提交给各个搜索引擎,这样在各个搜索引擎就能找到你的店铺了。方法很简单:首先在浏览器中打开每个网站的登录口,把你的网店地址输入进去就行了。

百度搜索网站登录口：http://zhanzhang.baidu.com/sitesubmit/index

Google网站登录口：http://www.google.cn/intl/zh-CN_cn/add_url.html

网易有道搜索引擎登录口：http://tellbot.youdao.com/report

英文雅虎登录口：http://search.yahoo.com/info/submit.html

02　如何让搜索引擎快速收录自己的网店

做过网上销售的人都知道，从搜索引擎来的流量是很有价值的，因为主动用户的目的很明确，需求也较强烈，因此成交率很高。作为一个普通的网店经营者，通过一些简单有效的手段让搜索引擎快速把我们的网店收录进去，对经营是大有好处的。

怎样让网店被搜索引擎快速收录呢？首先搜索引擎必须知道有这么一个网店，然后它才会访问你的页面，并把你的页面抓到数据库里，才有可能被其他访问者搜索到。那么如何让搜索引擎知道网店的存在呢？可以主动向搜索引擎提交。或者在已经被搜索引擎收录的其他网站上发布你网店链接，让搜索引擎通过链接找到你的网店。你发布链接的页面重要性越高，搜索引擎对它的访问就越频繁，你的网店就被收录得越快。那么，有哪些地方可以让你发布链接呢？推荐以下几种地方。

1. 可以免费发布网店信息的网站

搜索引擎认为首页是一个网站最重要的页面，也是它访问最频繁的页面。尤其是大网站的首页，一个链接顶得上内页的几十个链接。所以首页是做链接的首选。其他类似的还有自助友情链接、交换友情链接、免费广告信息发布等。

2. 论坛发帖

选择一些大论坛，如支付宝社区、百度贴吧、淘宝社区、阿里妈妈社区等，在合适的版块发一些有价值的信息，同时注明你的店铺链接，这样对搜索引擎的收录同样有很大的价值。注意的是，不要发垃圾广告，否则容易招人反感并被删除，精力就白费了。

3. 网摘

网摘也是一个不错的推广办法。这里推荐和讯，因为他们的RSS被很多网站引用，一次发布可能就会把你的页面传播到很多地方，由于网摘的发布者非常多，因此你发布的内容也沉得非常快，需要隔段时间就发一次。

4. 博客

10亿人民9亿博，相信有不少朋友都有自己的博客。在自己的博客上为网店做个链接，甚至把自己的宝贝发布到博客上是不错的做法。选择一些知名度高的博客，理由很简单，因为他们的域名在搜索引擎里等级非常高，搜索引擎对他们的更新也更勤快。

03 搜索引擎优化与竞价排名

我们知道，在搜索引擎中检索信息是通过输入关键词来实现的。因此关键词非常关键。它是整个网站登录过程中最基本也是最重要的一步，是进行网页优化的基础。如果关键词选择不当，可能很少有人去搜索这个关键词，流量也不会大。选错关键词会影响整个网店的流量。选择关键字需要注意下面几点。

1. 揣摩顾客心理

要仔细揣摩潜在顾客的心理，设想他们在查询信息时最可能使用的关键词，并一一将这些关键词记录下来。不必担心列出的关键词会太多，相反，你找到的关键词越多，覆盖面越大，也就越有可能从中选出最佳的关键词。

2. 选择有效的关键词

关键词是描述你的商品及服务的词语，选择适当的关键词是建立一个高访问量店铺的第一步。选择关键词的一个重要技巧是选取那些常被人们在搜索时用到的词语。

3. 选择相关的关键词

对商家来说，挑选的关键词必须与自己的商品或服务有关。不要听信那些靠毫不相干的热门关键词能吸引更多访问量的宣传，那样做会浪费很多资金，而且毫无意义。

4. 关键词竞争度要适中

想在短时间内见效，最好不要把竞争程度非常激烈的词语作为主关键词，这些关键词要想在搜索引擎中获得好的排名，是非常不容易的，并且你要有足够的时间和耐性。应该选择一些竞争度适中的关键词，这些关键词不仅容易排名靠前，而且花费也不会很多。

5. 符合用户搜索习惯

关键词要符合用户的搜索习惯，不要把一些大家都不知道的词作为主关键字。也不要把你自以为用户都比较关注的词作为关键词，实际上，在没有清楚分析和调查之前，最好不要这么做，也许用户根本就不会关注这些关键词。

11.2 宝贝标题优化

影响淘宝搜索的因素有很多，标题是很重要的因素。搜索时为了更好地展现商品，找到更精确的流量来源，需要对标题进行优化。

01 宝贝标题组合策略

宝贝标题是客户以自然搜索方式找到你的唯一途径。在网上每天都会有大量的商品登录，只有脱颖而出才能取得成交的机会。买家想要在浩瀚的商品中尽快找到自己的商品,一定会用到关键词搜索。

在淘宝上以"凉鞋"为关键词进行搜索,所有名称里包含"凉鞋"这个词的商品都会出现在搜索结果里,如图11-2所示。因此商品名称里一定要有对商品的属性简单描述。需要购买连衣裙的人一定会用到"连衣裙"这个关键词,需要购买数码相机的买家也会同样输入"数码相机"来搜索商品。

图11-2 搜索"凉鞋"关键词

商品关键词如何设定,可以直接影响到商品的浏览量,进而影响到商品的销售。下面是常见的商品标题的组合方法。

- 促销、特性、形容词+商品关键词
- 地域特点+品牌+商品关键词
- 店铺名称+品牌、型号+商品关键词
- 品牌、型号+促销、特性、形容词+商品关键词
- 店铺名称+地域特点+商品关键词
- 品牌+促销、特性、形容词+商品关键词
- 信用级别、好评率+店铺名称+促销、特性、形容词+商品关键词

这些组合不管如何变化,商品关键词这一项一定是其中的一个组成部分。因为在搜索时首先会使用到的就是关键词,在这个基础上再增加其他的关键词,可以使商品在搜索时得到更多的入选机会。至于选择什么关键词来组合最好,要靠我们去分析市场、商品竞争激烈程度和目标消费群体的搜索习惯来最终确定,以找到最合适的组合方式。

小提示

宝贝标题注意事项是什么？

（1）有的卖家宝贝比较多，同类的宝贝往往用相同的宝贝标题，这样有重复铺货的危险。

（2）不要滥用违规词（如其他品牌的词）。

（3）不要滥用符号如【连衣裙】，经测试对比，符号中的词，权重比不加符号的相同词要低。

02 如何让宝贝标题更吸引人

淘宝中宝贝标题的字数是有限制的，一般在30个汉字（60个字符）以内，否则就无法发布。在成百上千的搜索结果中，也许你的宝贝很便宜，质量也很好，淘宝宝贝描述也是精心设计，但是标题却不吸引人，没有人点击，那么一切就失去了意义。

在这种情况下，最重要的就是要把你的产品的最核心的卖点用精炼的语言表达出来。你可以列出三至五个卖点，然后选择最重要的三个，想方设法融入到你的宝贝标题中。

下面是撰写具有吸引力的宝贝标题的注意事项。

❶ 宝贝标题不能让人产生误解，应该准确简单明了，让买家能够一目了然。完整全面的标题能够让买家更清晰地解读，宝贝也更容易被搜索到。

❷ 使用吸引消费者眼球的感官词。如果你是皇冠店铺，或者信誉比较高，就可以使用类似"皇冠信誉"、"百分百好评"等词。新手也可以使用"特价"、"促销"、"超值"、"新品上市"、"淘宝销售冠军"、"镇店之宝"等词汇，善用这些能调动人情绪的词语，对店铺的生意是非常有帮助的。如图11-3所示商品标题中都带有"销售冠军"。

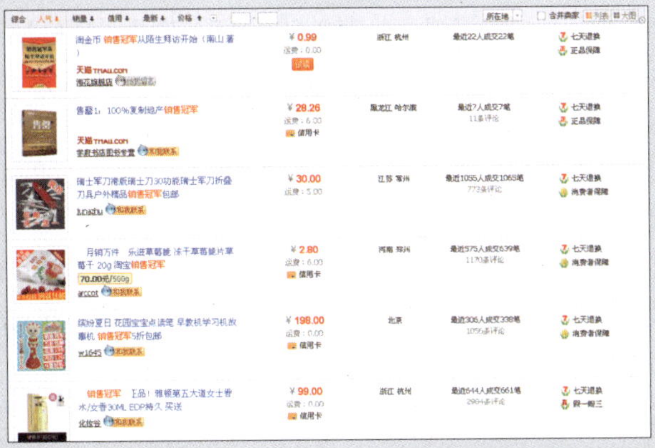

图11-3 商品标题中都带有"销售冠军"

❸ 你需要把产品的优势、特色、卖点融入标题。只有切中买家所想，才能产生效果。

❹ 除非你的店铺名和品牌名一样，否则就不要把店铺名或者是关于店铺的描述放上去。标题只要介绍产品，不要介绍店铺，也就是别把店铺名字搬上宝贝标题，占用宝贵的字数限额。

❺ 不要堆砌关键词。经常看到有的卖家在一个宝贝标题中堆放好几个同类的关键词。比如卖靴子的，有靴子、长靴、长筒靴、高筒靴、雪地靴、平跟靴、平底靴，使用标题关键词要注意一个度，切忌不要过分。

❻ 不要滥用符号，关键词用符号括起来会导致宝贝在淘宝的搜索结果中的权重下降。

❼ 不要重复标题，新开店铺里同质商品比较多，几十个宝贝标题都一样，有的卖家标题直接都是复制粘贴，还有的标题半年都没改过，这些对店铺营销都是不利的。

❽ 不要触犯淘宝高压线，是指标题中不要出现山寨、高仿以及违禁品词语。

❾ 不要滥用品牌词，宝贝卖的不是耐克、阿迪达斯，标题出现耐克、阿迪达斯。不要混淆著名品牌 比如："与什么同款"。

03 设置标题关键词让你的店铺拥有高访问量

如果商品中包含某一关键词，当买家搜索这个关键词语的时候，很可能会搜索到你的商品，从而为你带来无限商机。本节将介绍如何有效地设定关键词，使商品被更多的买家看到。

应该换位思考一下，假设你是买家你可能会搜索什么关键词，那么这个关键词就是理想的关键词，一定要把这个关键词安排在商品名称里面。

1. 选取关键词的技巧

（1）认真思索并记下与店铺或商品有关的所有关键词。尽量站在买方考虑，换位思考。比如你对这个商品比较了解知道怎么搜索，那么那些对这个行业不了解的人，他们是怎么搜索的呢？

（2）多问周围人的意见。多问问家人、朋友、同学什么样的词适合描述你的商品。他们很有可能会找出一些你没想到的词语。

（3）设置热门关键词。如一些电视剧流行的饰品、明星代言的商品以及最近热门的关键词等。如果有可能，都应该合理利用这些关键词来为我们的商品争取到更多的流量。如图11-4所示添加了明星代言关键词。

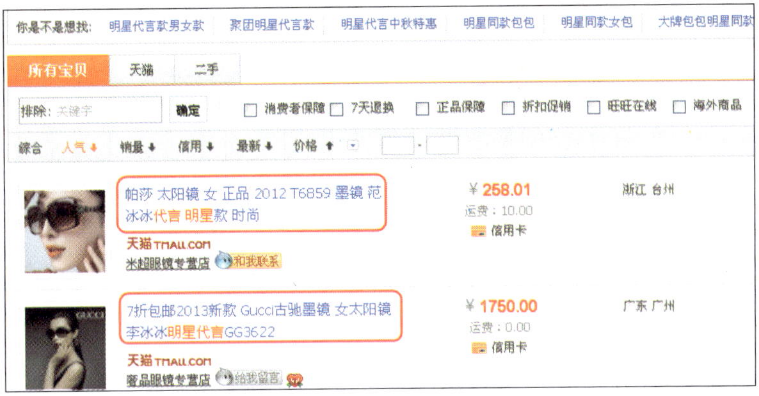

图11-4 添加明星代言关键词

（4）参考其他网店。参照一些同类店铺，看一下他们的商品名称是怎么写的。这样你有可能会得到意外的关键词。

（5）如果在商品名称中使用了错别字，也会给买家的搜索加大难度，如"生肖"打成"生俏"，这样无形中就将自己的商品给淘汰了。

（6）建议同类商品不要都用相同的关键词，你可以在同类商品中把你想得到的词语都用上。

2. 关键词设置的原则

（1）阐明商品基本特征。比如开女装店，若设置商品名称为"魅力女装 漂亮完美连衣裙"，这里只有一个关键字"连衣裙"。可以添加一些商品的基本特征，如颜色、图案、质地、长袖或短袖等。如一件漂亮的水晶工艺品叫"金鸡报晓"，如果发布商品时名称为"金鸡报晓"，就属于商品属性不明确，这样的商品只能在进入商品分类后凭运气才会被买家发现，如果买家使用"水晶"、"工艺品"等关键字搜索，这件商品根本就搜索不到。

（2）标明商品卖点。即使含有"连衣裙"这样的关键字，但卖连衣裙有多少店铺啊。淘宝的默认排名是"按人气排名"，凭什么你的"连衣裙"关键词能排在前边呢？这时需要将卖点标出来。可以选择将品牌作为卖点，并加上专柜字样"芮琪格专柜正品连衣裙"，这样别人搜索"米琪连衣裙"、"正品连衣裙"时范围就缩小了，你的排名也就往前了。

（3）标明商品优势。在商品名称中添加"特价"、"包邮"、"让利"、"促销"等字样会提高买家进入店铺的兴趣。

3. 处理关键词

可能你已经收集了很多关键词了，接下来的工作就是把收集到的关键词进行整合。很多人在搜索时会组合使用两个或三个关键词。不要用普通的单个字作为关键词，这样的关键词很难排到搜索引擎的前十位。例如，有以下几个关键词："雅诗兰黛"、"抗皱眼霜"、"女用护肤品"，试着把它们组合为"女用护肤品雅诗兰黛抗皱眼霜"。组成关键词短语有利于提高商品被搜索到的机会。

选好关键词，店铺就已经成功一半了，因为大多数买家都是先搜索，搜索到以后，假如商品价格很合适，那么买家肯定会选择你的。

11.3 淘宝搜索引爆自然流量

淘宝网上的店铺何止百万，对于卖家来说仅同行也得有几万家，买家不可能一个个店铺去看，自然而然就会搜索自己感兴趣的关键词，这就是淘宝的自然搜索流量。

01 网店流量指标介绍

网店流量的常见指标如下。

1. PV

PV即店铺所有页面的浏览数量之和。

PV的计算：当一个买家访问的时候，记录他所访问的页面和对应的IP，然后确定这个IP今天访问了这个页面没有。如果单纯IP有60万个的话，每个买家平均访问了3个页面，那么PV表的记录就要有180万条。

2. UV

UV是店铺各页面的访问人数，或点击量，用来描述访问一个网店的用户数量。

在同一天内，UV只记录第一次进入网店的具有独立IP的访问者，在同一天内再次访问该网店则不计数。独立IP访问者提供了一定时间内不同买家数量的统计指标，而没有反应出网店的全面活动。

3. IP

IP是使用不同IP地址访问你网店的人数，也就是上面的独立访问者数量。一般来说是24小时同一IP不重复记录的，也应该24小时不重复记录。

4. 平均访问深度

指用户一次连续访问的店铺页面数，即用户平均每次连续访问浏览的店铺页面数。

5. 人均店内停留时间

在所有访客的访问过程中，平均每次连续访问店铺的停留时间。

6. 回头客比例

浏览回头客占店铺总访客数的百分比。

02　搜索对宝贝排名的影响

2011年是淘宝变动最大的一年，搜索排名规则也有了很大的变动，已不再是销量为王的时代了。开始更注重店铺商品质量和服务质量。转化率、服务质量、回头率等很多因素都在搜索权重里面有了很高的地位。这些排名因素的引入，使得卖家能得到更多的淘宝免费搜索流量，这些流量是非常精准的优质流量，如果能在宝贝描述和客服等方面做得更好，那么，这些流量将为卖家带来很高的产出。所以，对于中小卖家而言，这是个非常宝贵的机会，中小卖家没有大卖家的资金广告优势，能做的就是让宝贝描述更吸引眼球，让客户满意度更高，用优质的服务来打动买家的心。

下面举个例子，在淘宝网首页的搜索框中输入"沙发"搜索店铺后第一页出现的排名结果，如图11-5所示。

这是排名首页前5名的店铺情况，第1名是天猫店铺，自身权重优势，我们忽略，来看其他四个淘宝集市店铺第2、3、4、5名店铺的信誉度情况。第2名店铺掌柜名叫"雅然居沙发"，店铺信誉度为五钻，而3、4、5名的店铺分别为1皇冠、5皇冠和3皇冠。

图11-5 店铺排名结果

这里,店铺信誉度低的反倒排在了店铺信誉度高的店铺的前列,这样的情况在淘宝搜索没改革调整之前是完全不可想象会出现的结果,淘宝已经明显降低了店铺信誉度在店铺自然排序中的权重比,而是引导卖家们通过做好店铺内优化和提高服务质量从而提高买家购物体验度。

那么,影响店铺宝贝搜索排名的主要因素有哪些呢?

1. 店铺动态评分

淘宝店铺动态评分系统以半年为评分周期,淘宝和天猫商城使用的是同一套DSR系统,主要分为以下三个部分:宝贝与描述相符、卖家服务态度、卖家发货速度。

交易成功后的15天内,买家本着自愿的原则对卖家进行店铺评分,逾期未打分则视为放弃,系统不会产生默认评分,不会影响卖家的店铺评分。若买家在进行店铺评分时,只对其中一项或几项指标作出评分,就确认提交了,则视为完成店铺评分,无法进行修改和补充评分,剩余未评的指标视作放弃评分,不会默认评分。

现在在淘宝搜索规则中对服务的要求越来越高,从搜索来看,前几个页面的商家宝贝描述、发货速度、服务态度都是在平均水平之上的商家;如图11-6所示,搜索前几家店铺的店铺动态评分都高于行业的平均水平。

淘宝越来越倾向于消费者,将消费者的购物体验放到了第一位。DSR作为衡量店铺服务水平的最重要指标,在自然搜索中的权重不断提升,好的店铺动态评分可以让店铺排名更靠前,从而带来更多流量,大大提升店铺销量。

图11-6 排名前几家的店铺动态评分高于行业平均水平

2. 规则遵守

如果店铺或者产品被扣分过于严重，这样的店铺也进入不了前几页的排名，卖家可以在"我是卖家"下的"店铺提醒"中查看违规商品情况，如图11-7所示。

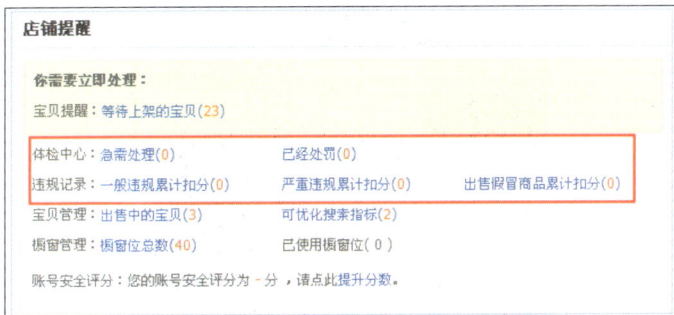

图 11-7 查看违规商品情况

3. 店铺好评率 / 单品好评率

淘宝绝大多数买家都会看商品好评率，查看是否有中差评。中差评过多，或者单品的评分过低会影响单品搜索展现。如图11-8所示店铺的好评率很高，所以走量很大。

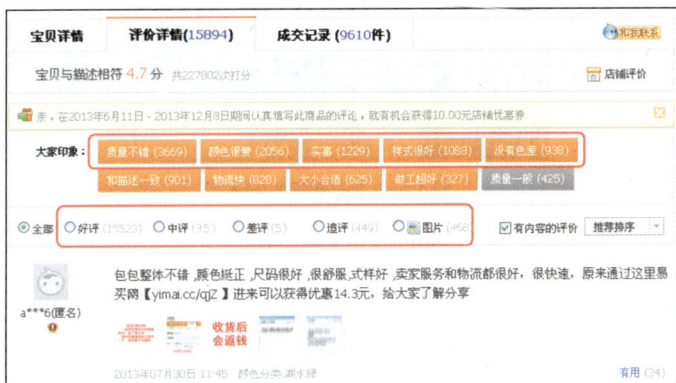

图 11-8 店铺的好评率很高

4. 店铺装修

买家在美观的店铺停留店时间更长，这样排名更靠前，因为现在的排名是以客户体验为主。经过多次搜索排名发现没有经过装修的店铺基本进入不了前几名。排名靠前的店铺基本上都购买了旺铺，并且装修得美观大方，如图11-9所示。所以，没有装修店铺的卖家建议至少简单装修一下。

图 11-9 装修美观的店铺

5. 上下架时间

淘宝的搜索是轮流的模式，这样才能保证大量的产品都能得到展现。临近下架的宝贝在淘宝上的排名会被靠前排序。所以要优化宝贝的上下架时间，宝贝上下架的时间可以在发布宝贝页面设置，如图11-10所示。

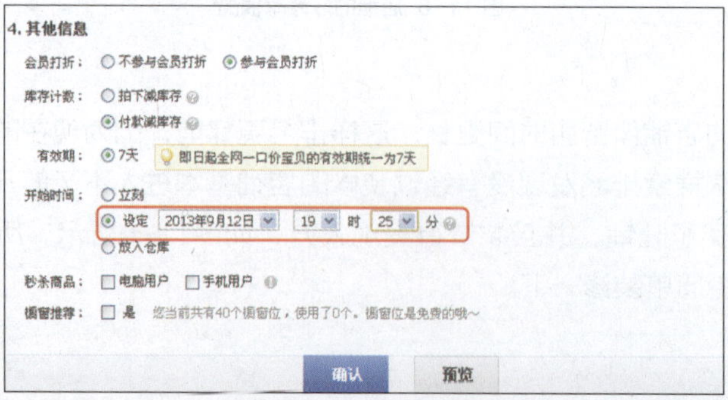

图 11-10 设置上下架时间

那么在什么时间上架宝贝最有利呢?

(1)利用淘宝流量高峰期上架

淘宝流量高峰期时间如下。

上午10：00--12：00

下午14：00--17：00

晚上19：00--22：00

(2)利用流量统计软件

可以在后台查看量子恒道，最主要看流量分析下的按小时流量分析、按天流量分析，制作流量数据统计表，要把工作日和休息日分开来看，看看哪个小时的流量最多。每天都要做统计，统计一个月后，看看工作日是哪个时间段流量最多，双休日又是哪个时间段流量最多，然后分开来看，把上架时间调到流量最多的时间。

小提示

不同季节，店铺的流量高峰期也会有变化，可以根据不同的季节去优化不同的上架时间。

6. 支付宝付款率

支付宝使用率太低会导致淘宝店被封，另外还会导致宝贝在淘宝搜索中排名靠后。

比如店铺有一件宝贝，一口价是395元，曾经一段时间其销售一直在搜索栏中排在首页，后来因同城交易一般都是买家拍下，上门货到收款，造成了支付宝使用率降低，以至后来产品虽然销售很多，但排名却越来越靠后。

7. 产品的相关性

相关性是排序中是最重要的因素，产品信息和买家输入的关键词匹配，是排名靠前的基础。相关性好，排名才有可能靠前，相关性不好，则一定不会排名靠前。标题与产品的相关性强的产品搜索得到展现的可能性也就越大。如图11-11所示产品标题与产品的参数介绍相关。

产品标题是衡量该产品与买家所搜关键词是否相关最重要的内容之一，标题的填写尽量规范化，不要堆砌多个产品词，也不要在标题里面填写不相关的内容。建议一个产品标题只包含一至两个相关的产品名称。

图 11-11 产品标题与产品的参数介绍相关

8. 产品图和细节图

主图会直接影响买家的购买欲望，宝贝主图上如果有过多其他信息，会直接影响到搜索排序。主图要清晰，背景以白色最好，以商品为主导。

一个产品的功能和一个产品的用途都可以在细节展示出来，产品的正面、反面、侧面、顶部、底部都可以拍摄出来，给买家更好的无忧购物体验。如图11-12所示产品细节图做得就很到位。

图 11-12 产品细节图

9. 产品描述

产品描述是买家决定是否购买产品的重要因素，一个优秀的宝贝描述可以使买家了解到更多产品特征，激起买家购买的欲望，还可以带动其他关联产品的销量。

有产品描述的商品在搜索中排名靠前。搜索引擎往往更青睐文字，宝贝描述中的文字越多，所包含的关键词越多，其排名也相对靠前一些。

10. 价格

产品的价格也会对搜索产生影响，淘宝很少会去把一个高或者低得离谱的产品放在搜索结果的前两页；而定价趋向合理的产品总是在首页比较受欢迎。如图11-13所示为价格合理的商品排在前面，成交量也很大。

图11-13 合理价格的商品排在前面

11. 最近销量

"最近销量"是该宝贝整体质量最直接的反映，是对宝贝评价、买家服务与发货进度的综合体验，也是刺激后来买家继续购买的有利武器。

12. 库存量

产品上架之后一定要经常检查产品的库存，如库存比较少的产品展现在很靠前的可能性比较低。

13. 开通直通车

合理使用淘宝直通车能够起到立竿见影的效果。

14. 旺旺在线时间长

搜索结果的前几页基本很难看到旺旺不在线的商家，而旺旺在线以及旺旺的响应时间都是影响搜索的因素。

03 淘宝搜索之人气排序，提升人气打造爆款

人气是指宝贝的受欢迎程度，而买家在搜索的时候，宝贝和搜索关键词的相关程度，称为相关性。目前的人气排序，主要依据两个方面的因素：相关性、人气分。

1. 相关性

如果相关性不好，再高的人气分，这个宝贝也不会排序靠前，或者根本没展现的机会。决定相关性的因素有三个：类目属性、宝贝标题以及搜索关键词。

（1）关键词和类目属性的相关性：买家在搜索的时候，已经有了较为明确的意图。例如：搜索"皮鞋"，明确是找皮鞋，这时的结果，会优先出来所有"皮鞋"类目的宝贝。而关于篮球服、连衣裙等类目宝贝，基本不会出现。所以一个宝贝的类目属性，很多时候直接决定了排序位置。

（2）关键词和宝贝标题的相关性：目前淘宝搜索的主要内容是宝贝标题，即在宝贝标题中搜索关键词。

2. 人气排名的因素

每个卖家都希望自己的宝贝能人气排名靠前，但是能排在首页的只能有40来个宝贝，即便是前三页，也仅仅120多个宝贝，这还包括了为天猫卖家、直通车卖家预留的几个位置。因此对于大多数卖家尤其是中小卖家，人气排名总是显得不够理想。因此中小卖家要积极行动起来，提升宝贝的人气排名，多动脑子，从各种渠道尽可能多获取流量才是应该做的。

人气分是一个综合的分数，参考因素主要有如下几个。

（1）交易量：销量在某种程度上直接反应了一个店铺和一个宝贝的受欢迎程度。人气分会参考最近30天的数据，还会根据时间的因素进行加权。近30天卖出2000件以上，每天都有稳定的成交，一般都能排到前面；但如果在某一天集中卖出2000件就很难排名靠前的。如图11-14所示，交易量高的人气排名靠前。

图11-14 交易量高的人气排名靠前

（2）店铺好评率：这个必需要高，低于96%的话就会大大的扣分，导致很难排

上。如图11-15所示排名靠前的人气宝贝好评率都比较高。

图 11-15 排名靠前的人气宝贝好评率都比较高

（3）转化率：是指100个客户看了你的宝贝以后，有多少个客户实际购买了的比例。淘宝可以跟踪到不同流量来源，转化率也是按照不同来源进行计算，也会分不同的类目来计算权重，所有的宝贝都是按照宝贝所在行业内进行比较。

（4）收藏量：很多买家会收藏自己喜欢的宝贝，或者收藏喜欢的店铺，以后或许会购买。收藏量从侧面反应了宝贝的欢迎程度。

（5）回头客：回头客是指在你店铺里重复购买的客户，回头客比例越高，说明你宝贝的质量好，店铺服务好。同时也说明你店铺客户转化率高。回头客比例高了，搜索会给你更多新的用户，从而回头客比例会降低，然后你再转化提升，形成正循环。

（6）其他：还会参考支付宝使用率、消保、发货速度评分、服务态度评分、卖家信用、橱窗推荐以及宝贝浏览量等。这部分主要是保证让买家有好的体验。

总之，人气分是一个综合分数，会参考不同的因素。不少人质疑说有些参数很容易通过刷销量、刷信用等作弊方式得到。淘宝针对那些作弊的宝贝，识别越来越严格，在计算人气分的时候，一旦某些参数不符合一定的统计规律，系统会自动过滤，甚至会降低某些分数。

3. 人气排序优化建议

下面介绍如何打造爆款和超人气宝贝的建议。

（1）保证你的宝贝没有违规。你想培养的人气宝贝，不要有任何违规的动作。

（2）确保类目属性正确。这点很重要，淘宝上有不少宝贝类目的设置有问题。如果不知道如何设置，搜索一下，看看你的竞争对手或者大卖家是如何设置的。

（3）优化具体关键词。一个宝贝最好能重点确定一两个关键词，然后看看关键词的搜索结果有哪些，这些结果就是你的竞争对手，每天多优化和关注自己的排名。

（4）不要分散人气分。很多卖家为了增加曝光率，把同一个宝贝用不同的方式发布（颜色、型号不一样等），这样一方面可能会被识别为重复铺货，也容易分散宝贝的人气分。

（5）适当做一些推广。推广有多种方式，除了直通车、淘宝客、钻石展位和焦点图等收费推广方式以外，还有很多免费的推广方法。只要多花些精力，还是可以得到不少流量的。

（6）提升客户的转化率。每天关注你的重点培养的人气宝贝，如果发现浏览量大但咨询量少，可能是宝贝描述不够吸引人。如果咨询量有了，但成交量低，可以采用送小礼品，包邮等方式来加强转化率。总之，要想办法提高客户转化率。如果你的客户转化率不行，排名也会逐渐下降。

（7）多使用支付宝交易。从技术的角度讲，用支付宝成交，这样对积累人气分有好处。

04 宝贝销售不同时期的标题优化

在不同的销售时期，要用不同的词来做标题。一般而言，宝贝依据其不同销售量，会有新品期、成长期、爆款期。这几个时期要使用不同的标题。如果在新品期，就不要给宝贝用大量的热门关键词，因为这些词是爆款宝贝适合的，搜出来的结果里面，首页最末也一般都有好几百的销量，你的新品宝贝，没有一点销量就别去凑这个热闹啦。

1. 新品期标题策略

新品期宝贝的特点是：没销量、没评价、没人气。这时一定是选最最贴切你宝贝的词，用"精准词 + 类目词"的方式来命名你的宝贝，特别要注意"精准词"的应用。

如这款鞋子：它的特点就是短靴、狐狸毛、平跟、雪地靴子，就给它用这样的标题："秋季女鞋短靴 狐狸毛 女平跟女雪地靴子"。

由于是新手卖家，目前销量比较低，去争"雪地靴"这种热门关键词肯定不会有好的排位。而现在这样的标题，就是大量使用了精准形容词，让它在被搜索的时候，能有好的排位，曝光几率一定远远高于热搜词。

2. 成长期

当你的宝贝有了50件～100件销量的时候，它就开始处于一个上升的成长期了。这个时期的宝贝特点是：有一定销量、有评价，但销量不够高，宝贝气场不足。可以在标题中增加一些热搜词的配额，一般可以把热搜词的比例提升到40%～50%左右，再用搜索量略高一些的精准词来配合。

3. 爆款期

当销量达到几百甚至几千的时候，它已经算一个爆款了（依各行业不同，定位宝贝所处时期的销量也会有差异）。你的宝贝现在有高销量和大量评价。这时就选那些搜索量最高的词，让宝贝尽可能被更多人搜索到，获得巨大的曝光率。

Q&A 实战技巧问答

Q ◀ 1. 淘宝搜索是怎样排名的?

A 首先是依据标题里是否含有搜索词来判断,把标题里含有搜索词的宝贝选出来;其次是依据这些宝贝所在的分类,给出基本的排名优先推荐,确定了哪些宝贝排名靠前;最后,依据客户评判后的认可程度决定排名,主要是人气排名。

Q ◀ 2. 淘宝搜索排名新规则的影响因素有哪些?

A 2013年淘宝搜索排名新规则的影响因素包括单品模型、服务模型、店铺模型以及文本模型。

(1)单品模型包括:橱窗推荐、单品价格、单品浏览量、单品收藏量、单品收藏率、单品销量、单品转化率、单品返客率以及下架时间。

(2)服务模型包括:特色服务标签(消费者保障协会、信用卡、闪电发货、细节特写、金牌卖家、公益宝贝等等)、旺旺服务、好评率、DSR、店铺服务情况(退款速度、投诉等)、物流服务等。

(3)店铺模型包括:全店违规情况、滞销产品、支付宝使用率、店铺信誉等级、店铺收藏量、店铺收藏转化率、全店销量、淘宝流量转化率等。

(4)文本模型包括:产品最优类目、属性最全、属性最优、标题、宝贝描述、商品评价、店铺名称、店铺导航、店铺简介等。

Q ◀ 3. 为什么宝贝的搜索被降权了?

A 搜索中有一种处罚措施叫降权。虽然宝贝也能被搜索到,但是排序靠后,甚至有的在销量排序中会被过滤掉,如果按照销量排序,却发现宝贝找不到,说明宝贝被降权了。

被降权有很多原因:基本上所有不规范的操作,都会被降权。炒作信用、虚假交易、故意放错类目、重复铺货、重复开店、堆砌关键词、广告商品、虚假邮费、无货空挂等都属于作弊范畴。惩罚力度也不同，目前最长的是从最后一次不规范的操作开始计算，30天左右结束。

Q 4. 淘宝搜索优化有哪些误区？

A 淘宝搜索优化是卖家获取自然流量必须掌握的技术。因为对实践中一些重要细节的忽视或错误理解，很多卖家往往进入了一些搜索优化误区。

1. 只有大卖家才会有较高的人气分

在目前的人气排序结果中，有不少排序靠前的结果其实是中小卖家的宝贝。只是大卖家积累的客户多，比中小卖家更容易培养出来人气宝贝。另外，现在搜索结果页有一个规则限制，每页最多显示同一卖家的两款宝贝，如果同一卖家有更多优秀宝贝，会显示到下一页开始。

2. 做了直通车的人气分就会高

人气分和直通车没有直接关系，人气分中的计算也没有参考是否参加过直通车。但如果你用直通车做了推广，销量、收藏、转化率都提升上去了，人气分也会有提升。只是这个提升结果和你做其他推广的结果是一样的。淘宝搜索的所有规则中，对所有宝贝都是一视同仁的，无论是否参加直通车，也不分是商城宝贝还是集市宝贝。

3. 新上架的宝贝在人气排序中永远没机会

新上架的宝贝，会有个默认的人气分。但随着时间推移，如果各个因素没有任何提高，这个人气分还会下降。

4. 只爆单品不爆店

店铺应该适当分散营销资源，创造更多的活跃动销品种，而不是全部资源集中在极少爆款，这就是"多个小爆款"战略。

5. 选择类目，只有正确是不够的

有些宝贝既可以放在这个类目，也可以放在那个类目。从自然流量的角度看，如果不是完全放错，那么应该尽量往热门类目放，而不是放在精确匹配类目。

值得注意的是，关键词的质量分受所选类目影响很大，选择不同的类目，极大影响直通车可以选择的关键词。因此选择类目要结合搜索和直通车双重因素综合考虑。

6. 忽视搜索点击率

一般说的搜索优化，其实争取的是"展现量"，而不是真正的流量。相同的展现，提高20%点击率，自然流量当场就能上升20%，是不是很值得重视？提高宝贝的点击率，不但可以多快好省地提高自然流量，而且有可能提高搜索权重。

成功案例　品牌化需要背靠强大的供应链

皇冠网店教你如何清仓

清仓，并不是以一味的低价来吸引买家，更重要的是选好款式、定好价格，并在宝贝展示上多下功夫。作为卖家清理库存的一种渠道，清仓的规划若不妥当，对店铺来说是资源的浪费和产品的堆砌，所以想要真正获得清仓的一桶金，可谓万事俱备，需严阵以待。

2012年10月，卡迪娜女装店正式开业，凭借日积月累的运营经验，2013年已经三皇冠，而最近一款羽绒裤的惊人销量让这家店铺的生意更加风生水起。当店铺剩余很多存货而倾销不出时，卖家往往会选择利用清仓来回笼资金，但所谓的清仓，并不是一味以低价吸引顾客，疯狂低价反而会引起顾客对产品质量的猜疑。

•不是每款库存都是优选品•

在很多卖家的头脑里，库存就是卖不掉的商品，所以在清仓活动时，往往就把眼光瞄准了往年卖不好的产品。这在卡迪娜的眼里，是最要不得的运营理念。一方面，如果是往年卖的不好的产品，那么放到清仓频道里进行销售，成绩也不会好；另一方面，倘若清仓效果不佳，对于团队来说，反而是个资源消耗过程，在一定程度上浪费了人力物力财力。

所以，一开始报名清仓活动，卡迪娜便积极选款，"一个店铺可以选择5款不同的产品"也让店主变得更加谨慎起来。最后确定的这款羽绒裤能拔得头筹，当然就不是机缘巧合了。在款式上，这款羽绒裤属于基本款，也就是说，不会存在"过时"的现象，再加上，羽绒裤本身是去年的爆款，有着一定的顾客基础和产品认知；在定价上，卡迪娜也有自己的一套方法，去年卖120元的羽绒裤，在今年的清仓活动上以67元加包邮的形式销售，在保本的基础上又体现了清仓的根本，于是便有了很多回头客购买。

•给产品添点附加值•

选好清仓的产品之后，就应该开始产品的相关优化了。清仓频道的展现方式决定了产品只能以290*290像素的图片来呈现，产品基本不能以全景的形式体现，而且照片的背景一律是白底，如若设计不能抓住眼球，就很容易淹没在茫茫图海中。卡迪娜考虑到买家的体验度，便采用了三个模特半身照依次排开的设计手法，三个模特穿的分别是三款不同颜色的羽绒裤。"上清仓活动时，旁边就有另外一个卖家，跟我是同一款产品，但他采用的是产品的全景图，所以大概卖出了800条左右，就因为没有我们的模特图效果好。"

换个角度来说，清仓并不是单纯的清库存，还能给店铺积累很多的新顾客。此次的羽绒裤，卡迪娜采用了礼盒包装，并且赠送独特的卡纸作为赠品，这对于买家来说无疑是个很好的购物体验，对店铺来说，这些买家就是秋冬季的潜在消费者。因为仓库就在办公室的二楼，有指定的物流发货人员安排，有合作的快递定时收货，所以卡迪娜也并不愁发货困难，反而在发货上非常迅速。

•品牌化，背靠强大供应链•

很多淘宝卖家，没有品牌意识，纯粹只是通过卖货来寻求其中的利润空间，于是，从市场拿货亦或是从小工厂直接进货便是他们的生存之道，以至于他们在供应链的磨合上几乎是零基础。而卡迪娜的老总贾晓敏却在开店初期便坚持做品牌，并逐步开始完善自己的供应链。

作为有着30年外贸出口经验的贾晓敏，因为一次偶然的机会，让他意识到网上市场的重要性，2012年11月开始转型做电商。刚开始，他只是从活动入手，例如良无限、聚划算等都是常驻地，正是跟这些平台的多次合作，让他开始对电商有了全面的了解和掌控。"因为前期没有经验，所以我们也尝试过好几次的运营外包，但都因为各种各样的问题最后没有合作下去。"于是，贾晓敏开始打造自己的运营团队，旗下的6家C店和2家天猫店分别独自考核，卡迪娜是其中的一个女装品牌，定位于中高端。

也正是因为30年的积累，贾晓敏合作的工厂遍布世界各地，做童装、袜子、女装、男装……只需要一个电话，便能马上加工生产。而他也有个小窍门，一般安排3个月的工期，会跟工厂声明两个月完工，这样便能预留时间检查货品并且以防出现差错。贾晓敏做电商开始，便从染色、布料、加工等层层把控，对产品生产进行全链路的监控。卡迪娜作为女装品牌，拥有独立的设计师和相应的工厂，以及时对货品做出反应，打版、生产、检货……分步完成，这给予了女装店铺很大的供应链支持。

玩转淘宝客

淘宝客的推广对于卖家来说，最直接的好处就是不需要为未成交的点击付费，也能够明确知道具体的费用和投入效果，同时适用于各类行业和不同等级的卖家。选择淘宝客推广最直接的收益是流量和成交量，以及在整个推广和营销的过程中积累起来的品牌效应。

12.1 淘宝客概述

"淘宝客"是指帮助淘宝卖家推广商品并赚取佣金的人。只要获取淘宝商品的推广链接，让买家通过你的推广链接进入淘宝店铺购买商品并确认付款，就能赚取由卖家支付的佣金，无需投入成本，无需承担风险。

01 什么是淘宝客推广

目前淘宝客已经逐渐融入到人们的生活中，任何网民都可以帮助淘宝掌柜销售商品，从中赚取佣金。帮助淘宝卖家推广商品并按照成交效果获得佣金的人就是淘宝客。网上的"营销大军"超过百万，淘宝客一跃成为最大的网络职业人群。如图12-1所示为淘宝联盟下的淘客推广。

淘宝客推广是一种按成交计费的推广模式，淘宝客只要从淘宝客推广专区获取商品代码，任何买家（包括自己）经过你的推广(链接、个人网站、博客或者社区发的帖子)进入淘宝卖家店铺完成购买后，就可得到由卖家支付的佣金。买家通过支付宝交易并确认收货时，系统会自动将应付佣金从卖家收入中扣除并记入淘宝客的预期收入账户。

图 12-1 淘宝联盟下的淘客推广

02 淘宝客推广的优势

淘宝客推广的优势在哪里呢？

（1）最小成本：展示、点击、推广全都免费，只在成交后支付佣金，并能随时调整佣金比例，灵活控制支出成本，如图12-2所示。

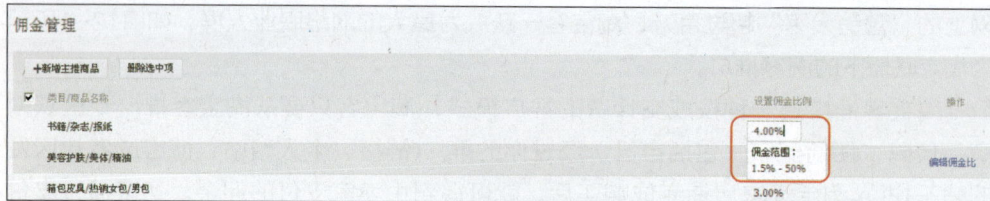

图 12-2 随时调整佣金

（2）最大资源：拥有互联网上更多流量、更多人群帮助推广售卖，让你的买家无处不在。投放位置不限于淘宝网，可以投放到互联网的任何一个角落。包括个人博客、论坛帖子、甚至是聊天窗口以及门户网站或者中小网站上面。如图12-3所示为淘宝客推广的商品在一淘网展示。

图 12-3 淘宝客推广的商品在一淘网展示

（3）海量与精准的完美结合，数百万活跃推广者深入到互联网各个领域。包括各媒体、中小网站以及任何一个网民，都有可能成为你的广告推广人员。

（4）无与伦比的投资回报比，淘宝客推广总体平均投资回报比约1：15。

（5）以点带面，带动整体，店铺及产品获得了更多免费被推荐的机会，带动店铺的一个整体销售和良性循环。

（6）符合群众路线，最大程度地发挥群众优势。淘客淘客，其实就是最大地发挥网络的优势，让更多的买家卖家参与到帮助自己推销的队伍中来，推销的人多了，自然成交量就大。虽然利润分了一些出去，但是这样更容易形成购买热点。如图2-4所示为淘宝客收入排行榜，可以看到前几名的淘宝客收入达几百万，就可知他们带给卖家的收入相当可观了。

淘宝客收入榜	关键热词排名
用户名	收入
1 ali**	8260465元
2 wan**	3209280元
3 xie**	3158770元
4 wyy**	3131887元
5 miz**	1974773元
6 wang**	1874247元
7 tao**	1726989元
8 yong**	1477594元
9 234**	1465234元
10 wug**	1267147元

图 12-4 淘宝客收入排行榜

12.2 怎么做淘宝客推广

很多新卖家不知道淘宝客推广怎么做，下面就介绍一下具体操作，让不懂的新手卖家也能参加到这个免费的推广中，给自己的网店增加流量和销量。

01 登录淘宝客推广

下面介绍淘宝掌柜如何加入淘客推广，具体操作步骤如下。

❶ 登录"我的淘宝"，在"我是卖家"下单击"营销中心"栏中的"我要推广"超链接，如图12-5所示。

❷ 进入"我要推广"页面，单击"淘宝客推广"图标，如图12-6所示。

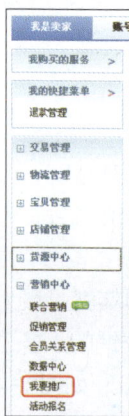

图12-5 "我要推广"

图12-6 单击"淘宝客推广"图标

❸ 进入"淘宝联盟"推广管理页面，可以看到当前的推广状况，如图12-7所示。

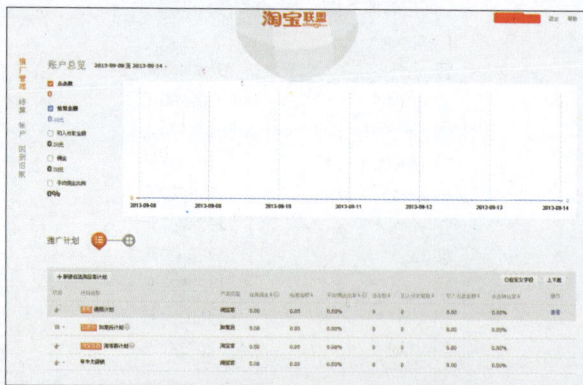

图12-7 "淘宝联盟"推广管理页面

02 写好推广计划

下面开始写推广计划，具体操作步骤如下。

❶ 在"淘宝联盟卖家平台"的推广管理页面单击"新建自选淘宝客计划"按钮，如图12-8所示。

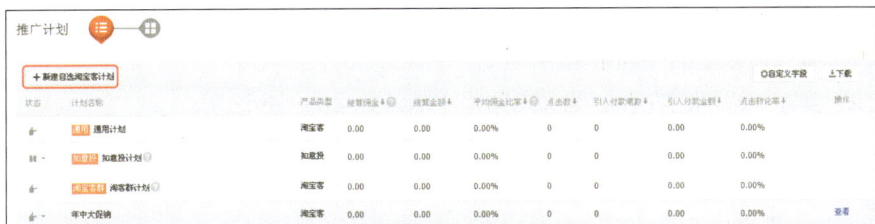

图12-8 单击"新建自选淘宝客计划"按钮

❷ 弹出"新建推广计划"页面，在页面中设置"计划名称"、"计划类型"是否公开、"类目佣金"、"起始日期"和"结束日期"，如图12-9所示。

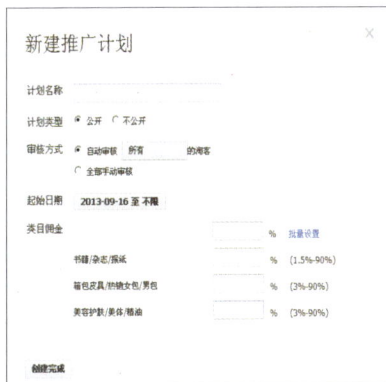

图12-9 设置推广计划

如何写好推广计划呢？下面介绍一些注意事项。

❶ 给出佣金收入的计算公式。要告诉淘宝客为你的店推广是如何赚钱，怎么赚钱的，这样更有吸引力，而不是直接说我会每天让你赚多少钱。

❷ 最好提供出广告素材链接，这样淘宝客方便。有些淘宝客是很低调的，他们不愿意让人找到他，也许你的佣金很给力，产品计划很诱人，但是他不想联系你，如果你直接有一些素材给他，他就可以直接帮你推广了。

这个计划非常重要，你的计划是否吸引淘宝客，直接决定了你的淘宝客流量。

03 设置佣金的规则

在能接受的范围内,给予淘宝客更多的佣金。只有这样才能激发淘宝客推销商品的热情。卖家可以选择佣金率比较高的作为展示商品,其他商品需设定一个统一的佣金比率,用来结算淘宝客带给店铺内其他商品成交的佣金。

佣金计算规则如下。

（1）卖家可以随时在佣金范围内调整主推商品的佣金比率。

（2）卖家可以随时在佣金范围内调整店铺各类目的佣金比率。

（3）买家从淘宝客推广链接进入起15天内产生的所有成交均为有效,淘宝客都可得到由卖家支付的佣金。如果掌柜退出淘宝客推广,退出后15天内推广链接仍有效,买家在此期间点击推广链接拍下商品后仍旧计算佣金。

（4）佣金根据支付宝实际成交金额（不包含邮费）乘以佣金比率计算。

（5）如果买家通过淘宝客推广链接直接购买了这件商品,按照该商品对应的佣金比率结算佣金。即:如果买家通过淘宝客的推广链接购买了店铺内主推商品中的某一件商品,按照该商品对应的佣金比率结算佣金给淘宝客;如果买家通过淘宝客推广链接购买了店铺内非主推的商品中的其他商品,按照店铺各类目统一的类目佣金比率结算佣金给淘宝客。

04 选择什么样的主推商品

淘宝客推广说到底,就是让别人帮你推销商品,成交了就分佣金给帮你推广的人,不成交就不用花钱。这个佣金怎么设置是很有讲究的,有很多卖家把淘宝客的佣金设置得非常高,但仍然不会有人帮你推,这就要看看自己的商品是不是有什么问题。淘宝客要主推一些性价比非常高的商品,这样如果把买家引进来,成交转换率就会非常高。就能赚到佣金。反之,如果东西的性价比很低,辛苦引进的客人看一眼就走了,淘宝客们自然白费了力气。那么到底应该主推哪些商品呢?

1. 选择店铺热卖商品

将自己店铺中的招牌宝贝提交到阿里妈妈去推广,确保提交推广的宝贝一定要有很高的成交记录和好评,这样,淘客把顾客领过来,才有可能成交,而淘宝客也愿意挑选这样的宝贝进行推广。绝对不要选择滞销品,只有诱人的销售记录才能带给淘宝客和买家信心。

2. 选择有一定利润空间的商品

要想吸引更多的淘宝客来推广商品,主推商品的佣金比率不能太低,不然商品再好也可能会被淹没。因此尽量选择有一定利润空间的商品。在接受的范围内,将更多的佣金回馈给淘宝客。

3. 做好薄利多销的准备

对于选择作为淘宝客推广的商品，要做好薄利多销的准备。众所周知，顾客买东西，肯定要货比三家，价比三家。如果你选择把淘宝客推广要支付的佣金转嫁到顾客身上，成交的可能性将大大下降。

4. 选择当季、合适的商品

春天都到了，你还在推广厚厚的冬装？任凭宝贝多吸引人也卖不出去。将淘宝客推广当作你的第二间店铺，常换常新，根据效果来调整你的商品和设置，才是好销量的保证。

5. 注意图片的美观清晰

在提交推广商品到阿里妈妈时，注意提交图片的美观清晰、简洁和有吸引力的商品名称和不重复的商品描述。淘宝客大多数选择图片推广，如果图片模糊不清，推广效果肯定差。

05 选择主推商品的步骤

选择主推商品的具体操作步骤如下。

❶ 在"淘宝联盟卖家平台"的推广管理页面单击"通用计划"按钮，如图12-10所示。

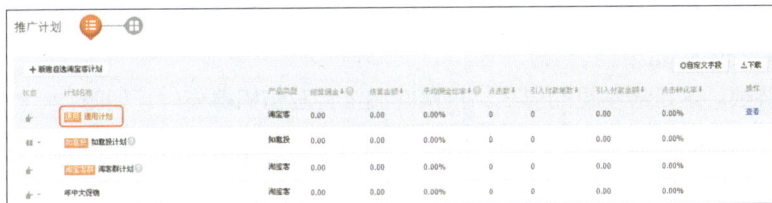

图 12-10 单击"通用计划"按钮

❷ 弹出佣金管理页面，单击"新增主推商品"按钮，如图12-11所示。

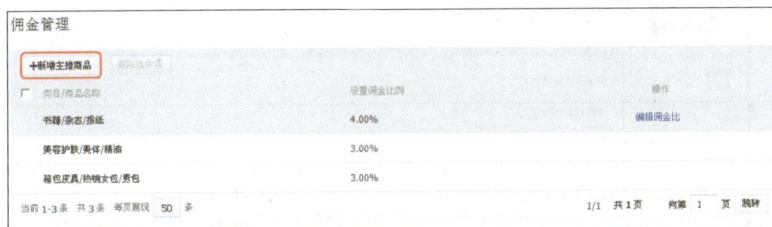

图 12-11 单击"新增主推商品"按钮

❸ 弹出"选择主推商品"页面，勾选要主推的商品，如图12-12所示，单击"完成添加"按钮即可完成佣金的设置，这样就完成了商品的推广。

图 12-12 选择主推商品

06 去哪里寻找淘宝客

淘宝客作为一种省时省力的网店推广方式,不少卖家都想让淘宝客为自己推广。但是,淘宝客从哪里找呢?

1. 社区活动增加曝光率

淘宝联盟社区是淘宝客聚集交流的场所,可谓藏龙卧虎,有月入数万的,也有刚入门的菜鸟。在这里有很大的展示空间,可以尽情发挥你的才能,吸引淘宝客的关注。以下是一些常见的方式。

❶ 发布招募贴。这是最常见的形式,直接向淘宝客发布招募公告,如图12-13所示。

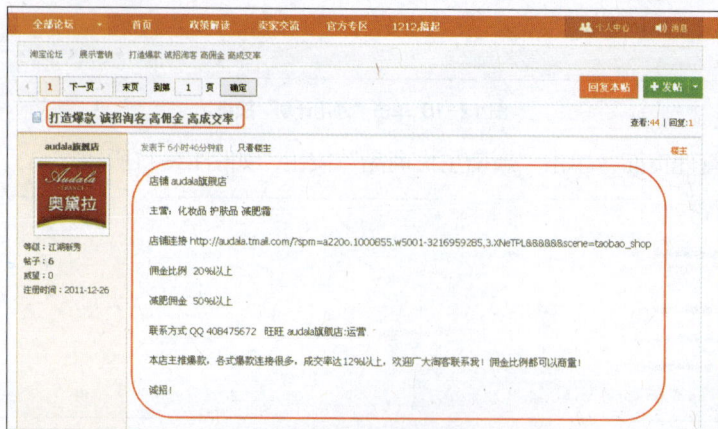

图 12-13 发布招募贴

❷ 参与社区活动,小二或社区版主会不定期组织一些社区活动,如征文、访谈等活动,如图12-14所示。

❸ 主动出击，在社区中有许多乐于分享的淘宝客，这些人往往具有丰富的推广经验和资源，建议大家关注一些经验分享贴的作者，通过回复或站内信取得联系。如图12-15所示。

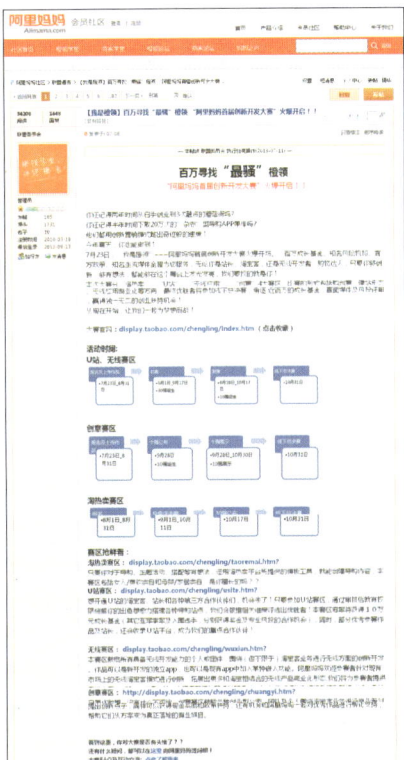

图 12-14 社区活动

图 12-15 通过回复或站内信

❹ 利用签名档，将签名档设置为招募淘宝客的宣传语，引导至自己的招募贴，并且积极参与社区中的讨论，热心回答会员的问题，在互动的同时也起到了宣传的作用。

❺ 事件营销，社区宣传不一定是赤裸裸的广告，有意地策划一些事件，短期内可以迅速积累大量的人气。

2. 从数据中挖掘淘宝客

当寻找新的淘宝客时，往往会忽略了已经在推广的人群，他们可能推广量不大，也许是不经意中推广了你的商品，但他们已经具备了淘宝客的推广能力，如果稍加引导便可以为你创造更多的推广量。这些淘宝客可以通过在"我的联盟"推广效果报表的数据中挖掘。找出那些优质的推广者，然后与他们建立联系，进行更深入地合作。

3. 挖掘潜在淘宝客

店铺的每一个买家都可能是潜在的优秀淘宝客，尤其是购买过本店铺商品的顾客的宣传，对你来说是最佳资源，他赚佣金，你卖断货，一举两得。

4. 身边的朋友

朋友帮忙推广店铺是不错的主意，肥水不流外人田。因为朋友之间相互相信任，所以推广的时候省时省力，对发展新买家来说是很有说服力的。

5. 网址导航站

有数据表明，国内主要站点的流量很大一部分都来自于网址导航站。随着电子商务的快速发展，网址导航站已经成为了电商流量的重要来源之一。目前主要的网址导航站都提供了购物的二级导航页面，如淘宝店铺导航之类，一些中小型的网址导航站，一般可以通过淘宝客的方式进行结算，建议大家可以尝试。

6. 搜索引擎优化类站点

也就是SEO类站点，此类站点流量来自于精准的关键词搜索，往往具有很高的转化率，建议掌柜可以尝试搜索自己店铺商品的关键词，与排在前面的淘宝客网站进行联系合作，加大在此类站点的推广力度。

7. 导购类站点

淘宝网导购，专门收集整理各种热销时尚精品，在浩瀚的商品中去粗取精，以最合理的方式分类展现，为购物者节省宝贵时间。随着淘宝客的兴起，越来越多的站点加入到淘宝导购的行列，如团购类、返利类、比价类网站如雨后春笋般不断涌出，此类站点聚集了大量的购物人群，是掌柜进行推广不错的选择，如图12-16所示为导购类网站。

图12-16 导购类网站

8. SNS 社会化媒体

SNS如人人网、淘江湖、开心网、蘑菇街等，这些活跃着众多的营销者。他们往往聚集了大量具有相同兴趣爱好的会员，如购物促销群、时尚群、亲子群等，具有非常精准的客户群，在淘宝客的推广中具有很高的转换率。同时，目前最火的微博，也具有相同的属性，通过微博进行推广的淘宝客也越来越多。

以上介绍的是最常用也是最容易出效果的几种方法，当然还有很多其他方式，卖家都可以试试，找到最适合自己的方法。主动出击，与相关淘宝客进行主动合作，相信你可以获得更多淘宝客的帮助。

12.3 淘宝客如何进行商品推广

下面手把手教大家如何在淘宝联盟平台获取商品推广代码，并且以微博、聊天工具为例，教你如何进行商品推广。

01 获取商品推广代码

淘宝客可以在淘宝客推广专区复制单件商品的代码（即推广链接）后粘贴到自己想要推广的地方，如微博、聊天工具、论坛、个人网站等地方。

❶ 注册登录阿里妈妈后，单击"进入我的阿里妈妈账户"按钮，如图12-17所示。

图 12-17 登录阿里妈妈

❷ 进入"我的淘宝联盟"页面，单击页面顶部的"产品介绍"超链接，如图12-18所示。

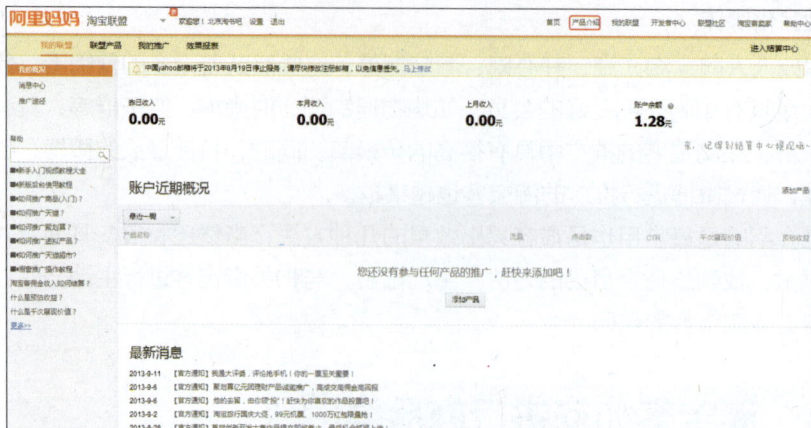

图 12-18 单击"产品介绍"超链接

❸ 进入"产品介绍"页面，单击左侧的"淘宝客推广"按钮，在"淘宝客推广"介绍页面中单击底部的"立即推广"按钮，如图12-19所示。

图 12-19 单击"立即推广"按钮

❹ 进入"单品/店铺推广"页面，可以按照类目选择商品，也可以搜索单品，这里选择淘宝提供的买家热搜词"女式包"，如图12-20所示。

❺ 进入女式包搜索的商品页面，根据搜索条件筛选出自己所需要的商品，选择合适的商品后，单击此商品后的"立即推广"按钮，如图12-21所示。

图 12-20 选择热搜词"女式包"

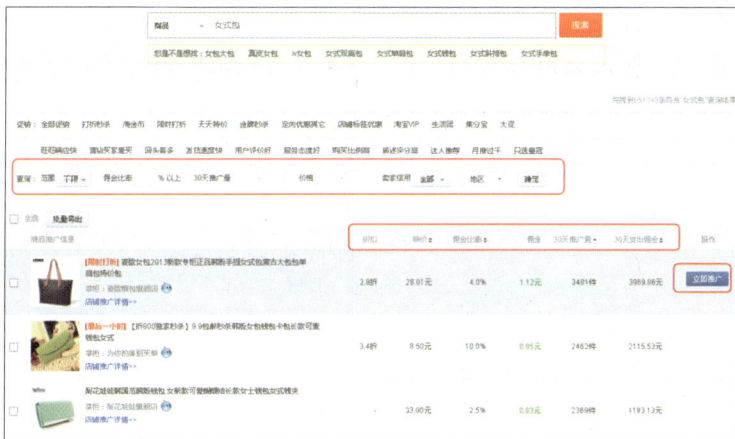

图 12-21 选择推广的商品

❻ 弹出"获取代码"对话框，在三种样式中选择一种适合自己的代码样式进行推广即可，如图12-22所示。将代码复制到自己需要的微博或论坛等地方即可推广商品了。

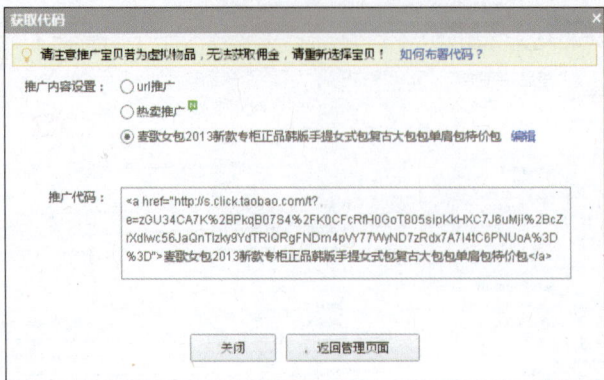

图 12-22 获取代码

02 微博推广

微博是互联网中一种很火的互动平台，每个人都希望在这个平台上分享自己的东西，淘宝客们当然也希望能从中获利。微博其实最重要的是"关注人数"也就是粉丝，没人关注，就没有推广的意义了。可以先互粉，增加到上万粉丝。然后去有粉丝门槛的微博群互相转发，吸引粉丝。如果没有达到一定粉丝的量，是不是就不能进行推广营销了呢？当然也可以，要利用好下面的小技巧。

1. 利用好微群

这个很重要，加入微群是没有门槛的，而且微群的人气现在很旺，加入微群后发群微博，所有的群成员都可以看到。至于加什么样的微群，发什么样的群微博，就要结合你自己要推广的内容灵活运用了。

2. 利用好评论，转发功能

多评论别人的微博，可以顺便带一些比较隐蔽的广告，记得多@别人，被评论和被@的人都会有提示，90%的人都会去点击查看的。

如图12-23所示将复制的代码发到微博上推广，微博粉丝就可以看到推荐的商品了。

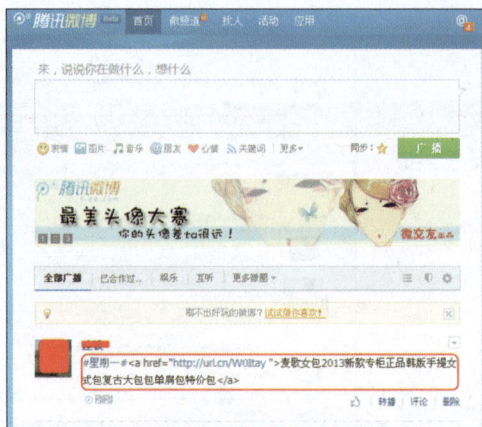

图 12-23 将代码发到微博上推广

03 聊天工具推广

目前网络上比较常用的几种聊天及时工具有：QQ、MSN、阿里旺旺和百度HI
等。可以在聊天窗口中将推广链接通过QQ等聊天工具发送给你的朋友进行推广，如图
12-24所示。

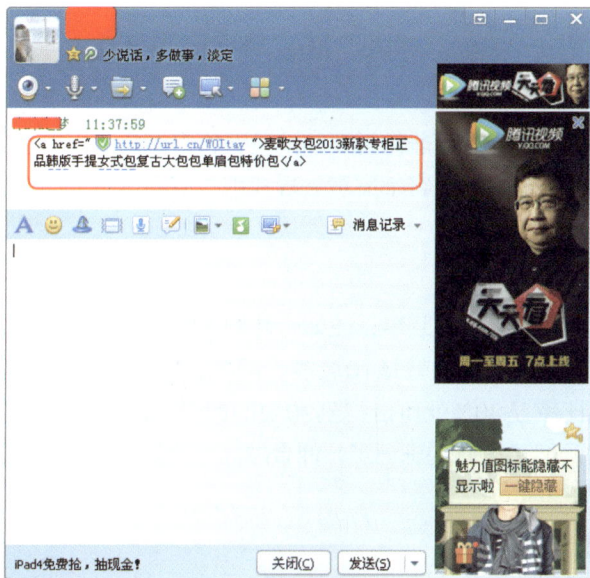

图 12-24 聊天工具推广

下面介绍利用QQ推广的方法。

1. 个性签名法

QQ的个性签名是一个展示你自己风格的地方，在你和别人交流时，对方会时不时
地看下你的签名。如果你在签名中写下推广商品的话，就有可能引导对方来看你的推广
商品。

2. 空间

QQ空间是一个博客平台，在这里你可以发布你的推广商品。它的好处是系统会自
动将空间的推广内容展示给你的好友。

3. QQ 群

QQ群营销见效快、针对性强、并且推广成本低廉，一直是网络营销推广乐此不疲
的推广方式。QQ群是一个主体性很强的群体，大部分的群成员都有共同的爱好或者是
有共同关注的群体。

4. 群邮件的利用

可以利用群邮件，定期发布有价值或成员感兴趣的商品，通常可以以软文形式，或者在行业知识分享之中插入自己的广告。邮件的标题要设置好，要吸引人。

04 做淘宝客如何选择高利润的推广商品

做淘宝客很重要的一点就是选对推广商品，特别是单页面。

1. 关注销售量

对于淘宝客来说，选择产品非常重要的就是看历史销售，当然卖得越多越好，爆款的产品是最受欢迎的。很多淘宝客都愿意去寻找那些单品销量大，但是网店信誉不一定高的商品。

2. 选择高利润的推广商品

其实佣金比率和佣金高是两回事，比如一件帽子的单价是20块钱，即使佣金比率是50%，那么推广成功获得的佣金就是10块钱。同样，假如你推广的是一款保健品，单价是300块，佣金比率是30%就可以得到90块的佣金。由此可见，选择高利润的推广商品是相当重要的。但是千万别忘记了，佣金越高，也就意味着竞争越大，所以要量力而为。

3. 要看 30 天推广量

可以选择按30天推广量进行排序，最好选择那种推广量大的进行推广，因为既然别人能够推广成功，那么我们也能。

4. 要看店铺的信誉

即使产品的佣金很高，如果这款产品所在店铺的信誉很低，也会影响推广的成功率。买家在点击我们的推广链接进入淘宝店的时候，一般都会查看这个店铺的信用，如果是皇冠以上的级别，肯定能大大提升他对这款产品的信任。

5. 查看推广产品的买家评价

这一点也很重要，假如这款产品的买家评价里有很多的差评，那么肯定会影响购买欲望，甚至会放弃购买。

6. 产品的促销情况

有很多淘宝客并不喜欢促销，理由是商家的降价促销就意味着他们的佣金减少。例如产品原价58元，搞限时促销5折，29元销售，对于淘宝客而言就少了一半的佣金，但是促销确实可以带来转化率，把一些本来不想购买产品的用户转化为购买产品的客户，所以做促销是提高转化的有利武器。如果店主在做促销的同时可以想办法不减少淘宝客的收入就更吸引人了。

12.4 卖家如何优化淘宝客推广设置

淘宝客是很好的一种推广方式，是先看到效果再付钱的形式。做淘宝客的人成千上万，只要你的产品质量好，佣金比例相对较高，自然会有很多淘宝客为你的产品推广。下面是吸引淘宝客来推广商品的方法。

1. 设置合理的佣金

淘宝客的目标很明显。高佣金对淘宝客非常有吸引力，能在众多商品中脱颖而出。首先要吸引淘宝客的目光，才能带来好销量。但是不要盲目设置高佣金。应结合商品的售价和利润空间来决定佣金。有些人认为可以把售价提高，同时把佣金提高。这是不可取的，提高价格会直接导致商品的价格优势降低。合理设置佣金在10%~40%之间，才能吸引更多的淘宝客。

2. 挑选优秀的商品

淘宝客除了考虑佣金，还要考虑其他因素，比如单品的销量。如果发现该单品是滞销类，那么再高的佣金都会不考虑。良好的销售记录，绝对是有效推广的有力保证之一。只有诱人的销售记录，才能带给淘宝客和买家信心。

3. 设置优秀的标题和简介

突出你希望传达给买家的商品价值点。比如这件商品正在搞促销、或者有赠品、或者是某个品牌的，这些最好能在标题和简介里面明确体现出来。第一眼就能吸引淘宝客的目光。

4. 额外奖励刺激

如果希望有更多的优秀淘宝客帮助推广你的商品，还可以在佣金之外，对淘宝客设置推广激励计划。如有的卖家会有很多淘宝客在帮他推广商品，为了激励淘宝客们，除了原定的佣金外，还会出台一些政策。

5. 店铺的转化率很关键

店铺的转化率很关键，当你的产品佣金不错、转化率也还可以时，淘宝客推广得也起劲。淘宝客收入越多，店铺销售得越好，这是个良性循环。

6. 搞一些活动，吸引淘宝客的眼球

卖家可以搞一些活动，比如本月推广前三名奖励多少钱。当然发奖金时不忘炒作下，写个帖子宣传下本人的店铺。

7. 设计美观的图片

做好靓丽的图片，吸引淘宝客投放。为了避免淘宝客拿自己的图片给他人的店做推广，要在图片明显的位置上标明店铺的地址、电话联络方式等。

8. 注重商品描述

在互联网中，不能面对面地交流，而商品描述和图片就是用来解释你这个商品的。淘宝客选择商品推广的时候，发现有的店家信誉高、货源充足，就是没详细的商品描述，照片也很含糊。淘宝客一般不喜欢这样的商品，既使佣金再高也不会推广的。

9. 硬广告加软广告的宣传

在硬广告中写上招募淘宝客，然后放在显眼的广告位上。也可以写软文推广，花点心机写点文章最好，经济实惠。

10. 店主本人投身到淘宝客的队伍中

也可以自己做淘宝客推广自己的店铺，为什么呢，只有你的产品不时有人推广，才会有更多的人愿意来推广你的产品。

11. 店铺信誉问题

信誉度对买家来说是个参考依据，淘宝客也一样，对卖家信誉度很注重。信誉度高的有实力，也有充足的货源，这让淘宝客有安全感。

12. 及时调整合适的商品

使用淘宝客推广，不要忘记调整淘宝客推广上的商品。根据效果来调整你的商品和设置，才是好销量的保证。具体数据可通过统计软件观察，哪些单品得到了淘宝客的推广，以便及时调整。比如一段时间后发现有些商品从未得到淘宝客的推广，就应考虑更换这些商品。

13. 调整好心态，定期及时优化

尽量给淘宝客最大的利益，不要因为支付给淘宝客佣金而觉得少赚了。要看得到，淘宝客带来的绝不仅仅是一个买家，而是更多的买家。实际上没有任何一种推广是立竿见影的。推广是一个长期的工作，淘宝客推广也不例外。只有长期用心学习总结，吸取他人好的经验，找到适合自己的推广方法才是最有效的。

Q&A 实战技巧问答

Q 1. "伪淘客"有哪些特征?

A 在众多付费推广方式中,淘宝客无疑是最值得卖家投入的,但如果不规范操作,碰上了"假淘宝客",就有可能给骗子钻了空子,在没有成交的情况下白白损失佣金,更有甚者,还将面临着封店的处罚。如何防范呢?我们先弄清楚他们的特征。

(1)对佣金比例设置过高的商家和宝贝下手,返利多才是吸引他们的主因,例如佣金30%到50%。

(2)多选有"7天无理由退换货"服务的商家,这样退货就有保障,即使需要出来回邮费,相比能得到的提成也只是小意思。而且大部分的骗子会采取拒签,或者收到商品之后找各种理由要求卖家承担来回运费。

(3)不走正常流程。这类"买家"确认付款爽快,往往物流显示还在途中,就已经确认收货了。这货还没收到呢,就敢轻易打款。或推托说自己操作失误,不懂怎么申请退款。

(4)熟悉淘宝流程,洞悉商家心理。某些商家为了避免退款率,害怕买家给差评,往往会通过即时到帐退款来换个好评。

如若这类不速之客常光顾,亏钱尚是小事,但这种方式完成的交易会被判定为虚假交易,受到淘宝处罚,情节严重的甚至会面临封店的危险。

Q 2. 如何预防伪淘客?

A 淘宝客推广是以成交来计算提成的。当交易成功之后,淘宝客会得到佣金。但如果在这期间发生了退货,最终订单是交易关闭的状态,系统就不会扣除佣金。只要是走正常的流程,就不会造成损失。但是也有骗子伪装成淘宝客,要避免这类不速之客,建议可以从以下几方面着手。

(1)根据宝贝利润来确定佣金,避免佣金过高。那些高佣金比例的宝贝确实可以吸引淘宝客来做推广,但同样也会引骗子上门。

（2）按照淘宝正常的交易流程进行操作。正常流程的设置就是为了避免不规范操作可能导致的风险，所以卖家们不要贪图走捷径。

（3）遇上假淘宝客保留凭证寻求帮助。可以打电话给淘宝和阿里妈妈的客服热线或者在申诉入口提交申诉，看是否能挽回损失。淘宝开店生意艰辛，要懂得充分利用已有的资源来保护自己的正当权益。

（4）认真学习淘宝规则和流程。作为一个淘宝卖家，若是对于淘宝流程的熟悉度还不如买家，被骗是迟早的事。所以，要想立足于淘宝网这一片天地，必须付出更多的努力来适应规则。

Q　3. 这款商品没有设置佣金，但是却支付了佣金？

淘宝客推广是整个店铺均参加推广，推广单件商品的时候，通过这件商品，也有可能为您别的商品带来交易，所以还需要支付为其他商品带来交易的佣金，购买其他商品也需要支付佣金。

Q　4. 淘宝客推广如何才能吸引人？

（1）要提高在淘宝客中的曝光度，使推广商品有较好的转化率和销量，商品最好能够应季。

（2）对于没有销量的产品不建议在上面花很大的精力让淘宝客推广，这样会降低整体转化率。把精力放在已经有销量的产品上，然后做关联营销。

（3）另外，淘宝客会参考销量、转化率、店铺评论、佣金比例、月推广量、淘宝客支持程度、奖励制度和素材提供等来决定是否推广，凡是能够提高淘宝客收入的因素都是参考标准。

（4）建立自己的淘宝客群体，比如建立QQ群后，让自己的淘宝客入群，经常沟通，提供淘宝客需要的素材以及好的奖励政策，均能维护自己的淘宝客。

Q ◀ 5. 如何让淘宝客主动推广你的产品?

A

（1）先考虑调整自己的店铺佣金，从销量最好的一款产品入手，去淘宝联盟查查目前淘宝上谁出的佣金最高，有可能的话，把自己的佣金设置到最高。这样做可以让一些淘宝客高手主动找到你的产品，为你推广。

（2）自己做一些淘宝客营销模版。很多淘宝客可能自己不会做这类的页面，也有一些人非常懒，喜欢现成的，如果卖家把自己产品的页面做好给淘宝客，他们可以立刻上手做推广，效果会非常好。

（3）写一些经验式的软文吸引淘宝客。一般高级的淘宝客可以看出这个产品是不是值得推广，但是一些新手淘宝客却不一定，所以以写一篇软文，以自己做淘宝客推广这个店的产品、赚了多少钱的形式去写，软文的效果跟文章本身的质量有关。

成功案例 不费口舌月赚万元的淘宝客

手把手教你如何做淘宝客赚钱

"亲，这样的宝贝你值得拥有，女生约会必备神器。"坐在电脑桌前，小周将商家要求推销的一款靓妹装短裙不断地通过微信、微博等各种平台转发出去。小周这种职业，便是人称"淘宝客"的网络推销员。

小周在大学时候就开始在网上做"淘宝客"。"大三大四的时候我做淘宝客一个月可以拿到1800左右。"小周说，大学毕业后，他在高新区一家企业工作，但仍兼职继续做"淘宝客"，现在每月得到的佣金都会过万。

据了解，"淘宝客"大多数人都是年轻的80后90后，主要是通过互联网帮助网商卖家推广商品，并按照成交效果获得佣金。目前，从事这个行业的人以兼职居多，收入主要靠佣金，所以每人的收入都不同。"做得好的专职淘宝客年收入一般都有20万~30万，个别人的收入甚至可达到百万。"小周说。

据介绍，淘宝客的佣金没有固定的，一般由卖家和淘宝客商定，从1%到50%都有；淘宝客和线下的销售人员一样，有总代销即大站长、分销商等，一般总代销能拿到50%的佣金,目前做到大站长的专职淘宝客年收入过20万~30万的很多,个别优秀者甚至达百万以上。

一名不愿透露姓名的淘宝客告诉说,她做淘宝客已经有7年了,起初她只是帮一些电商推销衣服,但佣金太低,最多能拿到10%的佣金。去年,她同时帮两家企业做单,一家做机械产品,一家做日用产品,销售上400万,佣金10%收入过40万元。

马兴玉,2006年从单位辞职后,就在家做"淘宝客"。马兴玉说,线上"淘宝客"和线下的推销员有点相同,就是帮企业商家在网上推销产品、做广告,比如一个服装店要卖裙子,"淘宝客"就注册一个代码,放在要推销的广告图下方,发布到网上。只要有人点击查看,购买商家就会把佣金直接打到你的支付宝账户上,淘宝客不像线下的销售人员,那样花费大量的时间精力和口舌去找客户,而且收入也不错,大多数人的收入都可以每月过万。

来自阿里妈妈的数据显示,目前阿里妈妈平台已经拥有50多万名活跃的合作网站及伙伴,数百万卖家会员,日均PV覆盖超过45亿,几乎占据了全网近50%的网络广告展示覆盖量。2012年,阿里妈妈针对站长的分成金额已经突破30亿,总分成金额是去年的两倍,其中广大个人站点、草根站长获得的分成最多,占31%。

店内促销

浏览量是网店成交量的前提和保障，淘宝掌柜会用各种促销活动吸引买家来点击，从而增加浏览量，能够在促销中出现，就有更大几率被买家访问。参加淘宝促销活动既能赚人气还能卖宝贝，何乐而不为呢？

13.1 店内促销活动的策划与执行

促销就是将产品成功销售出去所采取的一切可行手段。网店促销也是一门学问，如何进行网店促销活动呢？

01 什么是促销活动

促销是指为达到买家购买目的而综合运用的各种销售工具、销售方法，促销能在短期内显著提高品牌的销售额，也能增加品牌的知名度。如图13-1所示，促销活动提高了品牌的知名度。

图 13-1 促销活动提高了品牌的知名度

打开淘宝网首页就能看到很多促销信息。如果我们的宝贝能出现在这样的页面中，当然能被更多的买家看到。促销有以下几个好处。

1. 提高新品知名度

买家一般对新产品具有抗拒心理。由于使用新产品的初次消费成本是使用老产品的一倍，买家不愿冒风险对新产品进行尝试。但是，使用促销手段可以让买家降低这种风险意识，降低初次消费成本而去接受新产品。新品促销是一种常见的手段，它可以使新产品很快地打开市场。

2. 激励买家初次购买，达到使用目的

一般而言，促销都是让利给买家，但这样的让利并非时时有，往往给人"机不可失，时不再来"的感觉，利用了买家怕错失良机的心理，促使他们快速购买。

3. 可以建立顾客对品牌的忠诚度和美誉度

当买家试用了产品以后，如果基本满意，可能会产生重复使用的意愿。但这种消费意愿在初期一定是不强烈的、不可靠的。促销可以帮助他实现这种意愿。如果有一个持续的促销计划，可以使消费群基本固定下来。买家习惯了使用这个商品后，会有可能长期购买。

4. 消化库存商品

也就是说将库存比较大的商品作为促销对象，消化库存，将资金周转走向良性化。

5. 可以提升销量

网店的业绩越好，信誉越高，购买记录就越多，购买记录越多，越容易卖出商品。

毫无疑问，促销是一种竞争，它可以改变一些买家的使用习惯及品牌忠诚度。受利益驱动，经销商和买家都可能大量进货与购买。因此，在促销阶段，常常会增加消费，提高销售量。如图13-2所示，采用"满就送"和包邮促销大大提升了产品的销量，月销售量达54704件。

图 13-2 采用促销提升产品销量

6. 带动其他产品市场

促销的第一目标是完成促销产品的销售。但是，在该产品的促销过程中，却可以带动相关其他产品销售。如图13-3所示，店铺主推商品是"ZEFER新款男包"，已售出 13409 件，但也推动了其他相关包包的销售，销量也达到数千件。

02 促销的原则

促销的基本原则如下。

1. 促销需要理由

如果促销没有理由的话，买家也许不相信你是在做促销，如果某天你店铺里面的商品打6折，在没有理由的情况下，买家会认为你是把价格提高了以后再打折销售的。

2. 促销有实效性

不能从年头到年尾一直在做促销，大家都是理智的购买者，不可能让你一直欺骗的。

图 13-3 带动其他产品促销

3. 促销是需要有真正实惠的

买家花100元买东西的时候，他需要得到比100元更多的价值，才会有购买的冲动。

4. 给买家留下深刻印象

在促销时要重点强调促销的卖点，一定要给顾客留下深刻而美好的印象。

03 促销的时机

促销虽好，但不能24小时都用，如果全部商品都在搞促销，那也没有什么意义了。一般来说，促销的最佳时机有以下几种。

1. 新品上架

新品促销可以作为店铺长期的促销活动，因为一个用心经营的店铺总是会源源不断的上新款。新品促销既能加快商品卖出的速度，也利于培养老顾客的关注度，进而提高他们的忠诚度。如图13-4所示为2013新品上架促销。

图 13-4 2013 新品上架促销

2. 成长期产品

并非所有的产品都能在成功上市后进入快速成长期，一些不能进一步成长的产品，会大量滞留在店铺中，占据店铺大量的资源。这是因为店铺没有很好地把握该阶段的促销时机，将消费者的尝试性购买化为重复性购买。此时店主应在一周之内对顾客做访问和观察，看是否出现购买迟疑，深挖其原因，及时做出相应的促销方案。

3. 衰退期产品

在产品的衰退期，店铺如果急速将商品下架，不仅不能为店铺赚取最后的利润，更重要的是大量库存将难以被有效消化，带来货品积压的损失。建议采取"清仓"的手法，对衰退期产品进行一轮旨在消化库存、回收利润的促销活动。如图13-5所示为清仓促销商品。

4. 节日促销

逢节日促销是现在商家惯用的手法，尤其是像情人节、中秋节、国庆、元旦、圣诞等大节日更是给商家带来促销的理由。如图13-6所示为中秋节月饼促销。

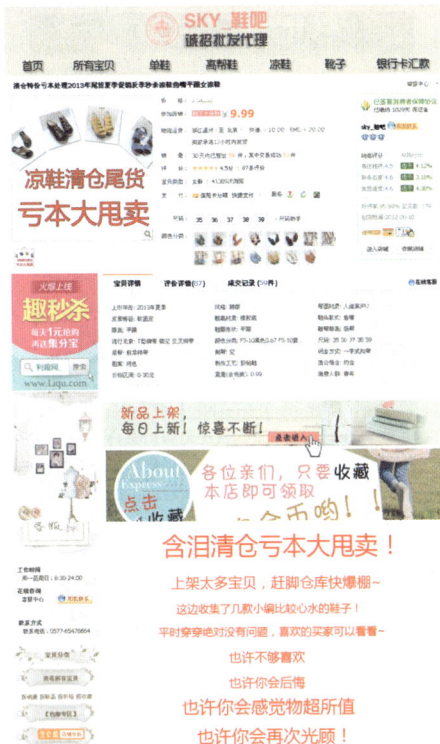

图 13-5　清仓促销商品

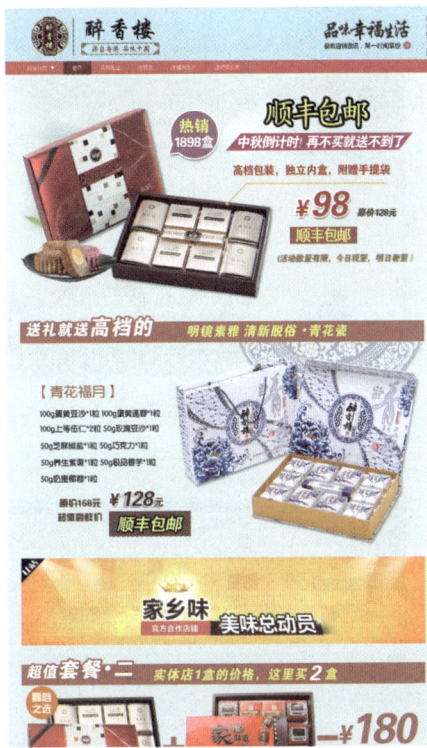

图 13-6　中秋节月饼促销

　　当然，节日促销也要结合自身商品的实情以及顾客的特征来进行，比如你是卖女装的，在父亲节搞促销显然不对。

　　需要注意的是，大节日对网店来说不一定是好事。和实体店相反，节假日期间网店即使做促销也不见得销量比平时好。这是由于节假日大家都有空逛商场或逛街了，线下实体店的促销也热闹非凡，顾客都到实体店买东西去了，因而到网上买东西的人也会变少。比如春节期间做促销显然不好，一方面春节期间大家都去实体超市商店买东西，或者走亲访友，另一方面快递公司大部分也放假不收货。

5. 店庆

　　店铺在"升钻升冠"时，都可以庆祝一下，搞促销优惠。店铺开张周年庆，更是大好时节，不仅可以做比较大的促销，还可以向顾客展示店铺历史，给人信任感。如图13-7所示，四周年店庆促销，满一定额度还赠送礼品。

6. 换季

　　一些季节性强的商品，换季促销活动力一般都会比较大，顾客显然也很乐于接受换季清仓这类的活动。一些断色、断码或即将断货的商品进行清仓处理时，往往能吸引不少人气。如图13-8所示为换季清仓促销。

图 13-7 周年店庆 7 折促销

图 13-8 换季清仓促销

04 参加促销活动的注意事项

优惠促销是在淘宝开店必须去做的，买家已经习惯了在降价、打折的环境当中购物，所以要让自己的宝贝和店铺在淘宝中脱颖而出，学会促销活动是很重要的。

1. 确定促销的商品、并备好充足的货

不同的商品采取不同的促销方式，不同的季节促销不同的商品。促销期间，货品销售会比平时快，因此，备货充足就是保障，如果经常发生缺货现象，不仅影响销售，也会影响好评率，如果遇到挑剔的买主，给你一个差评，那也没办法，即使取消也得白白耗费掉不少的时间与精力。

2. 促销品是吸引买家访问的关键

商品越好优惠越大，点击率就越高。大家记住，在参加促销活动报名的时候一定要看清楚报名的条件，要选择当季热销的商品，准备一张清晰漂亮的图片，这样成交的可能性才会增加。

3. 要修改宝贝描述信息

描述写得越详细越好，不仅包括宝贝的介绍还要包括宝贝数量、颜色分别是多少。还有一点非常重要就是，大家一定要在宝贝描述中写清楚发货的时间，因为促销活动抢购人非常多，卖家一定要写上在活动结束后几天内统一发货，否则卖家会忙不过来的，

还容易出错。如图13-9所示，由于商品参加了聚划算促销活动，商品销量很大，所以在商品描述中写清楚了抢购时间和商品的发货时间。

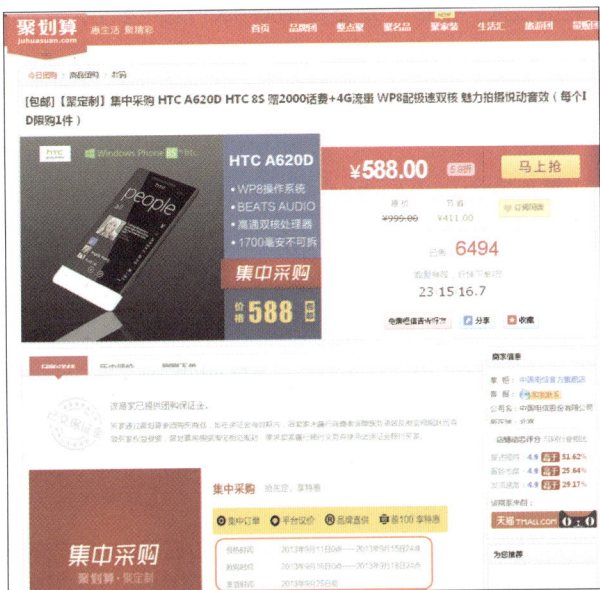

图13-9 在宝贝描述中写清楚发货的时间

4. 设置好旺旺

需要将旺旺的状态信息和自动回复都写上促销活动的相关信息，尤其是自动回复。因为同时询问的买家比较多，如果买家询问了很久没有得到答复，可能会对卖家产生不好的印象，对于卖家来说也失去了一个顾客，所以一定要设置自动回复。如图13-10所示旺旺自动回复中的促销信息。

图13-10 旺旺自动回复中的促销信息

5. 包装和邮递

卖家一定要提前做好包装和邮递的准备工作，因为促销时成交量大、易出错，而且包装和快递的工作量也很大。所以一定要提前联系好快递公司，准备快递单并自己填写之后再叫快递来取，这样不容易乱，因为东西多，快递来了再写单子则时间紧，加上快递催促，也容易忙中出错。

6. 推荐宝贝有技巧

在活动期间，店里推荐宝贝也是有技巧的，选择一些价格合理可以包邮的东西，由于可以省去邮费，买家在逛店铺的时候会多买一些。

05 促销的评估

任何一项促销活动都不可能事先就知道一定是切实可行的，在促销活动执行到一定时间后，需要对活动效果进行评估。

一方面看浏览量和销售量。这些数据都需要横向与纵向双方面比较，即用当前浏览量、成交量与历史浏览量、成交量进行对比。

二是用同行业竞争对手的浏览量、成交量与自己的店铺相比较。这样双方面比较出来的结果才是真实的促销效果。

如果促销评估的效果与预期目标有偏离，就需要查找原因，看是哪一个部分出了问题，并根据出现的问题制定新的促销策略并进行修正与完善。

06 店内促销活动的策划

网店同传统商店一样都需要店主的精心打理，因此，制定既适合网店又适合网络环境的促销活动策划就显得十分必要。

1. 确定消费者定位

促销要把促销对象搞清楚，促销对象是你的目标消费群，这些人才是你的受众，而不是你自己。我们的消费者是哪个群体、年龄分布以及工作分布，根据这个来制定我们的宣传策略，风格或清新或沉稳。这些都有助于更好地促销。促销一定要针对你的目标人群开展促销信息的传播，促销才会有成效。

2. 做好促销定位

首先要明确是做品牌形象促销还是销量促销，以做到主题鲜明。

3. 制定促销周密方案

需要有一个好的团队和一个有实施性的计划，并且因为促销是一个比较系统的活，需要调动团队人员的积极性，让大家都参与到促销活动中来，也让大家有参与认同感。

4. 策划好促销的理由

促销理由很重要，也是促销标题的关键，如果冲击力不强，促销效果也不会好。

5. 做好店铺成本控制

促销最终的目的是提高销售额，不要没做好准备就开始，要做好促销准备预算。

6. 做好统计评估

做好统计评估，这样方便在出现问题的时候能及时找出问题，也是为后期的总结做准备。

7. 做好店铺促销分类

这样买家一进入你的店铺，就能快速大致了解你的产品，不会出现促销产品被忽视，进来的顾客白白流失这样的失误。

总而言之，好的促销是让店铺更上一层楼的好阶梯。在促销的时候，做好准备迎接顾客，在出现问题的时候，真诚地解决，在结束的时候好好总结，相信店铺的促销会越做越好的。

13.2 设置满就送（减），让店铺流量翻倍

"满就送"是一种变相的减价方式。不是单单通过直接折扣促使买家进行消费，而是通过满足一定的条件来促使买家下单，甚至购买更多的商品。在现实生活和网上店铺中的使用都非常普遍。

01 什么是"满就送（减）"

"满就送（减）"促销工具比较直观，直接展示在店铺首页以及宝贝详情里面，让顾客第一时间了解到店铺的优惠情况，顾客下单后自动减去现金，不用卖家去修改价格，省力又省心。"满就送"主要可以分为赠送物品、减价和包邮三种方式。

对于卖家来讲，可以在适当让利的条件下让自己店铺商品批量销售。对于买家来讲，可以在批量购买某个店铺的商品时获得更多的优惠。它是批量买卖最终达到双赢的一种活动。如图13-11所示是设置了满就送的店铺。

图 13-11　设置了"满就送"的店铺

为什么要使用"满就送"活动呢？

• 提升店铺流量：参加淘宝促销活动，上促销频道推荐，上店铺街推荐。

• 提高转化率：把更多流量转化成有价值的流量，让更多进店的人购买。

• 提升客单价：通常买家是带有一定目的来购物，也许是在寻找自己要买的商品，也许是在闲逛，但是一旦看中他们需要的也许会马上下单，这个时候如果通过满额优惠的方式，也许能促使买家在自己的店铺内购买更多的商品。从而提高买家单次消费的金额。

• 促进回头客：每个人都知道回头客很重要，但如何留住回头客？很多人觉得打打折就可以，但恰恰很多时候特别关注价格的客户都还不是忠实的客户。甚至打折会伤害到本来忠实的老顾客。不过通过简单的"满就送"设置也许你就可以轻松获得一个回头客。

02　如何开通"满就送"

使用"满就送"促销工具后，促销广告会在每一个宝贝的页面都显示出来，当顾客浏览到你的商品，就会看到促销广告，提高顾客的购买欲望，达成促销目的。设置"满就送"的具体操作步骤如下。

❶ 登录"我的淘宝"，在"我是卖家"下面，单击"营销中心"下面的"促销管理"超链接，如图13-12所示。

❷ 进入促销管理页面，选择"满就送"，单击"马上订购"按钮，如图13-13所示。

图 13-12 选择"促销管理"

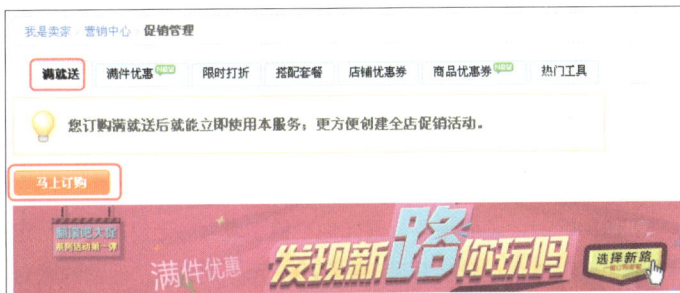

图 13-13 单击"马上订购"按钮

❸ 进入"满就送（减）"介绍页面，在这个页面中显示了购买类型和购买期限，单击"立即订购"按钮，如图13-14所示。

❹ 进入"满就送（减）店铺营销工具"购买明细页面，单击"同意协议并付款"按钮，如图13-15所示。

图 13-14 单击"立即订购"按钮

图 13-15 单击"同意协议并付款"按钮

❺ 弹出提示付款窗口，单击"去支付宝付款"按钮，如图13-16所示。支付宝付款完成后即可成功订购"满就送"。

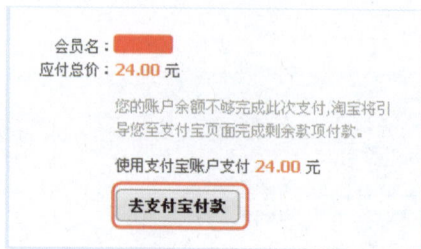

会员名：

应付总价：**24.00** 元

您的账户余额不够完成此次支付，淘宝将引导您至支付宝页面完成剩余款项付款。

使用支付宝账户支付 **24.00** 元

去支付宝付款

图13-16 单击"去支付宝付款"按钮

小提示

（1）选择促销金额很重要。假如你设置了满108元包邮的话，这个108元最好是两件以上宝贝的价格，如果一件宝贝就超过了108元，就失去了促销的意义。

（2）要量力而行。卖家如果一味追求促销效果，不顾成本，减现金、送礼品、包邮等全用上，结果发现不赚反赔就得不偿失。因此，设置促销之前一定要想好自己的底线是什么。

13.3　轻松玩转天天特价

"天天特价"是淘宝网推出的一项网购活动，加入"天天特价"活动不仅可以提升网店的销量，同时还能极大地带动浏览量的增长。

01 什么是天天特价

"天天特价"是扶持淘宝网小卖家成长的促销平台，集合官方组织的一种线上促销活动。通过淘宝网提供平台，专门扶持有特色货品、独立货源且一定经营潜力的小卖家。为小卖家提供流量增长、营销成长等方面的支持，并通过买家限时抢购的互动模式实现三方受惠，是小卖家实战营销的黄埔军校。如图13-17所示为淘宝"天天特价"首页。

图13-17 淘宝"天天特价"首页

小卖家通过"天天特价"会获得高流量展示机会，推广店铺并增强其店铺营销能力的同时，通过挖掘众多小卖家中优质实惠有特色的精品商品展现在消费者面前。它全力扶持小卖家成长，并且真正做到让消费者淘的满意，买的放心。"天天特价"推广商品致力于疯狂促销、应季精品、服务保障三个卖点。为买家提供物美价廉的商品是天天特价的核心价值之一。

"天天特价"活动展示周期为2天，预告一天（活动前一天的9点到活动当天的10点），正式活动一天（活动当天10点到第二天的9点），预告期间商品不能售卖，活动结束后，不能再以该价格购买商品。

02 如何提高天天特价报名几率

淘宝网"天天特价"每日报名商家达数千个，但是每日能够上"天天特价"活动的只有几百位。各位被通知上活动的商家都满心欢喜，而被通知审核未通过的商家心情也很急切，急于想知道是什么原因导致活动报名不通过。

❶ 商家报名时需确认报名的宝贝和店铺是否符合"天天特价"平台招商的基本规则。

❷ 报名宝贝要选择"疯狂促销"、"应季精品"、"服务保障"等天天特价平台更欢迎的宝贝类型。宝贝挑选一定要精选，报名前分析店铺近期热卖、淘宝近期热搜的关键词和宝贝，分析下你的宝贝受众群体是否受欢迎，报名的宝贝质量必须经得起检验。活动机会难得，当然得选最好的产品。

❸ 了解报名商品的价格定位。宝贝折扣价格如何填写才能更有竞争力？提高原价再

打折或者报名折扣价格跟店铺内促销价格一样，绝对上不了活动。

同款宝贝报名众多，全网比价无优势的、曾有极低价销售记录的商品一定要慎报。宝贝性价比，合理的价格促销，综合竞争实力才是王道！同时，原价虚高、评价记录中有负面信息的商品一定要慎报。

❹ 优化报名宝贝页面。商家报名的宝贝页面不够清晰，细节描述一塌糊涂，这样的宝贝能有高转化率吗？对商品进行清晰优质地描述，才能在流量进入的情况下留住更多顾客，也能为报名成功带来更大的机会。

❺ 涉及到品牌的报名宝贝。商家报名宝贝，在标题上标注了"专柜正品"，但是在报名的时候却无法提供相关证明，这种情况100%不能通过审核。如果你的宝贝涉及到品牌，提供一切能够证明货品来源的文件，可以是授权书或进货凭证等。

❻ 报名商品同期促销活动。商家报名时已慎重选好了上活动的日期，却又在同期做其他促销活动，审核通过以后，促销价格标签取消不了，活动资格就会被取消，白白错失了上活动的机会。

❼ 报名时宝贝图片的选取。报名的宝贝图片必须是白底图，并且清晰美观，涉及明星、著名卡通等图像的必须取得授权。清晰的模特图片能够更好地展示你的商品。没有模特图片，那就提供能够凸显宝贝质感的图片吧。

❽ 报名宝贝名称填写。填写宝贝名称的时候，系统要求13个以内的汉字，这13个汉字将宝贝信息直接体现。标题关键字尽量精简明确，且能够体现该宝贝属性。

❾ 报名提交后的准备工作。建议商家在报名以后要及时记录下自己报名的库存以及活动时间，以免出问题而被取消活动资格。

❿ 审核通过后的工作。审核通过后，系统会在活动前一至三个工作日内发出消息通知卖家，这时候就需要保证旺旺在线，且能及时收到系统通知，告知店铺内客服人员，收到通知后及时做好相关工作。包括店铺内客服的培训，页面关联营销等，当大流量进入的时候，一定要能够从容应对。店铺团队要具备较强的运营能力，有具备营销活动的能力，店辅才能有较好的流量和成交量。

⓫ 活动期间，必须保持旺旺在线，如有异常情况（例如恶拍、投诉等问题）及时联系天天特价小二。此外，还可以自主宣传，通过各种途径（如会员营销）向消费者传播此处活动，引导成交。

⓬ 活动结束后，商家除了在规定时间内发货完成交易外，积极认真总结本次活动的经验教训，在论坛发帖分享给更多的会员。好的分享帖子，能够帮助你下次活动的顺利开展。

13.4 限时打折提高流量及转化率

限时打折是淘宝提供给卖家的一种店铺促销工具，订购了此工具的卖家可以在自己店铺中选择一定数量的商品，在一定时间内以低于市场价进行促销活动。活动期间，买家可以在商品搜索页面根据"限时打折"这个筛选条件找到所有正在打折中的商品。

由于限时打折促销直接让利于顾客，买家能非常直接地感受到实惠，因此是目前最常用的一种阶段性促销方式。

如图13-18所示为商品采用限时折扣促销。

图13-18 采用限时折扣促销

折扣促销主要有以下优点。

❶ 效果明显。价格往往是顾客选购商品时的主要决定因素之一，特别是对于那些品牌知名度高的商品。因此，折扣是对顾客冲击最大、也最有效的促销方法。由于折扣的促销效果明显，可以处理到期产品、减少库存量、加速资金回笼、配合商家促销等。

❷ 活动易操作。店主可以根据不同时间，在允许的促销预算范围内，设置不同的折扣率。这种促销方法的工作量少，成本和风险也容易控制。

❸ 最简单有效的竞争手段。为了抵制竞争品牌商品的销售增长，为了抵制对手新商品的上市或新政策的出台等，及时采用折价方式刺激顾客购买本商品，减少顾客对竞争商品的兴趣，并通过促进顾客大量购买或者提前购买，来抢占市场份额，打击竞争对手。

❹ 有利于培养和留住老顾客。直接折价活动能够产生一定的广告效应，塑造质优低价的商品形象，吸引已经使用过本商品的顾客重复购买，形成稳定的现有消费群体。

13.5 包邮促销玩法揭秘，提升客单价

网络购物中间环节的邮费问题一直是买家关注的焦点之一，这会影响到买家对网购价格优惠的感知。当前邮费主要分为邮局（包裹平邮）、物流快递、特快专递等。平邮的价格较低，周期较长；物流快递价格适中、送货周期在3天～5天；特快专递的价格昂贵；因此快递公司是最容易被买家接受的。店主可以根据买家所购买商品的数量来相应地减免邮费，让顾客从心理上觉得就像在家门口买东西一样，不用附加任何其他费用。如图13-19所示包邮的商品促销。

图 13-19 商品包邮促销

很多商家在做包邮活动的时候，都会采用满100包邮，这是大多数商家的做法，但是包邮不仅仅是促销手段，更是有助于拉动客单价的一个方法。

比如，买家本来打算在店铺只买120块钱的东西，但是正巧店铺在做"满150包邮"的活动，买家很可能会再买点别的东西来达到包邮的金额，这就很好地帮助了店主提升客单价。

基于这点，店主在做包邮的时候，应该先去统计出店铺的平均客单价是多少，然后在这个客单价的基础上选取包邮的价格，来提升客单价。

13.6 轻松玩转赠品促销

促销赠品实际上是对顾客的一种额外馈赠和优惠。赠品是争取顾客购买商品，提升业绩成长的法宝。若此策略运用得当，可以吸引顾客踊跃购买。

01 什么是赠品促销

赠品是非常有效的营销策略之一，可以快速促进销售，又能有效地应对竞争，所以，在网上销售商品的时候可以使用这个策略。赠品促销就是顾客在购物时，以"赠品"赠送的形式向顾客提供优惠，吸引其参与该品牌或购买该商品。

赠品促销是最常用的价值促销方式，它把商品作为礼物赠送给顾客，以一种实物的方式给顾客非价格上的优惠。这种方式虽然没有价格促销这样直接，但它可以以一种看得见而又实实在在的方式冲击顾客、增强品牌观念，并让顾客购买商品并长时间使用。创造性地运用好赠品促销，可以创造出居于该商品或服务独具特色的、竞争对手不能轻易模仿的良好效果。可以说，赠品促销是一种既能短时间增加销量、又能起到长时间树立品牌的极佳促销方式。如图13-20所示的店铺，就是采用赠品来达到促销商品的目的。

图13-20 赠品促销

02 赠品的选择有诀窍

顾客总是期望在交易中获得更多的价值，赠品就是为了迎合这一消费心理而设计出的营销策略。在整个赠品策略中，赠品的选择是最为重要的，它甚至关系到整体销售的成败。当一个聪明的商家选择一个好的赠品时，有时候顾客对赠品的喜爱甚至超过了产品本身。

那么该如何选择赠品呢？

1. 选择顾客需要的东西

我们要选择顾客需要的赠品，这是最重要的，如果赠品是顾客用不着的，那对他来说就没有任何的吸引力，也就谈不到提升交易了。所以应该认真思考目标顾客的需求，然后根据他们的需要来选择赠品，只有这样才有吸引力。

2. 要保证质量

赠品也应该有好品质，像主产品一样。如果选择一个垃圾赠品，是无法吸引顾客的，就失去了赠送的意义。有些卖家不把赠品当回事，去采购一些毫无用途的小东西作为赠品，这是不尊重顾客的表现。如果真的不舍得在赠品上投入，那就干脆什么都不送。如果你已经决定使用赠品策略，那就一定要重视品质。

3. 足够的价值

卖家提供的赠品需要有足够的价值。何为足够的价值，即不高不低，合适就好。这需要你自己去把握，价值过低或者过高都不能取得好的效果。价值太低，无法吸引顾客。比如卖价值8000元的单反相机，送一个普通的贴膜。这样的赠品价值就特别低，所以也就无法吸引顾客。顾客会认为你缺乏诚意。

如果你赠品的价值过高，这将花费你更多的成本。虽然顾客们都渴望得到更高价值的赠品，但实际上，如果你提供价值太高的赠品时，就会引起顾客的猜疑，有些顾客会觉得你的利润空间太高，然后降低了主产品在他们心中的价值，可能会放弃购买。

4. 比竞争对手要好

在选择赠品之前，需要关注你的竞争对手，看看他们的营销策略是怎样的。也许你会说，我的对手有成千上万，我该怎么看呢。其实，销量最好的才是你的对手，那些销量一般的或者没有销量的，你不用去管他们。你只要把目光盯住那些销量最好的、对你构成威胁的店铺。看看他们有没有赠品，如果有，是哪些赠品。你的赠品必须比他们的价值高，必须比他们的好，这样才能打败他们。顾客购买商品时，通常会货比三家，比较的对象一般来说就是销量好的那些卖家。

5. 赠品与商品有相关性

有时候，选择赠品的时候的确让人头疼，我们不知道该选择什么才能让顾客喜欢。顾客的喜好难以捉摸，尤其我们面对的是不同类型的顾客，正所谓众口难调，选择出一个能让大家都喜欢接受的赠品并不容易。但如果你能把选择赠品的角度与你销售的产品联系起来，那就容易多了。选择的赠品和商品有关联，这样很容易给顾客带来对商品最直接的价值感。如果赠品与商品相互依存并配合得当，效果最佳。

不仅要让你的赠品与主产品保持相关性，还要让顾客最终购买结果更好、更完善、更圆满，那你的赠品就正是顾客所需要的，也就体现出了它应有的价值。如图13-21所示数码单反相机赠送相关产品。

图 13-21 购买数码单反相机赠送相关产品

6. 准备多份赠品

为什么要准备多份赠品？原因是这样的：如果你的赠品不能打动某些顾客的心，那就对这些顾客形成不了吸引，如果吸引不了，他们很有可能就会流失掉。从多个角度来设计赠品，就能满足不同类型的顾客，可以让顾客在几个赠品中任意选择。如图13-22所示准备多份赠品。

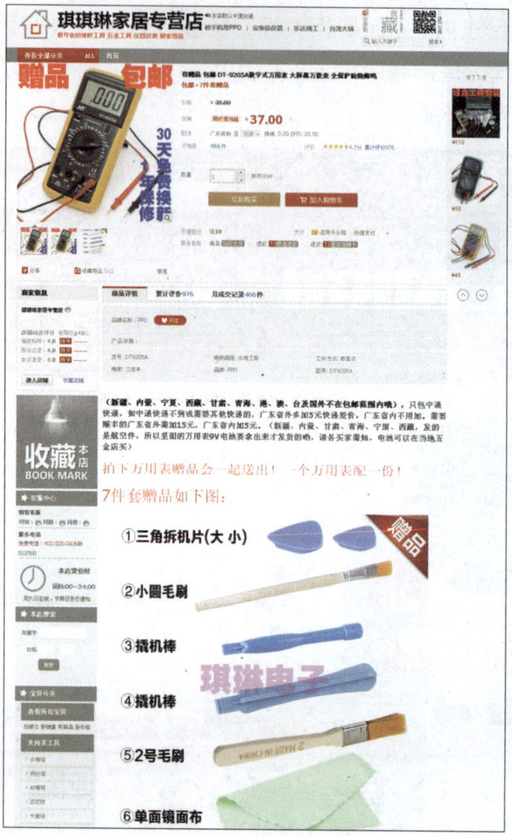

图 13-22 准备多份赠品

13.7 试用中心提升店铺品牌价值与影响力

淘宝试用中心是全国最大的免费试用中心，最专业的试客分享平台。试用中心聚集了上百万个试用机会以及亿万消费者对各类商品最全面真实客观的试用体验报告，为消费者提供购买决策。试用中心作为集用户营销、活动营销、口碑营销、商品营销为一体的营销导购平台，为数百万商家提升了品牌价值与影响力。

01 什么是淘宝试用中心

淘宝网的大量用户或新手用户，对于一些陌生品牌或产品会持怀疑态度。淘宝试用应运而生。淘宝试用中心的活动一般是这样的，商家拿出试用品免费给淘宝会员试用，想参加的会员就提出申请，淘宝审核，申请成功的会员可以获得免费试用商品的机会，试用后要写一个试用报告。其实这也是商家的推广促销活动之一。

在淘宝试用中心，买家有机会获得免费试用、付邮试用等体验购物。

1. 付邮试用

付邮试用是试用中心针对快速消费品（如日用品、化妆品、食品、日常消耗品等）推出的"只需支付邮费，即可免费领取"的试用模式。用户只需支付较低的邮费，即可立即成功申领试用品。付邮试用的试用品，提倡试客"试小样、购正装"，邮费支付额度为10元。如图13-23所示，淘宝网上的付邮试用商品。

2. 免费试用

商品费用及邮费都由商家承担，一旦申请试用成功通过审核，无需承担任何费用，只要保证在1个月内及时提交优质的试用报告即可。如13-24图所示为淘宝网上的免费试用商品。

图 13-23 付邮试用

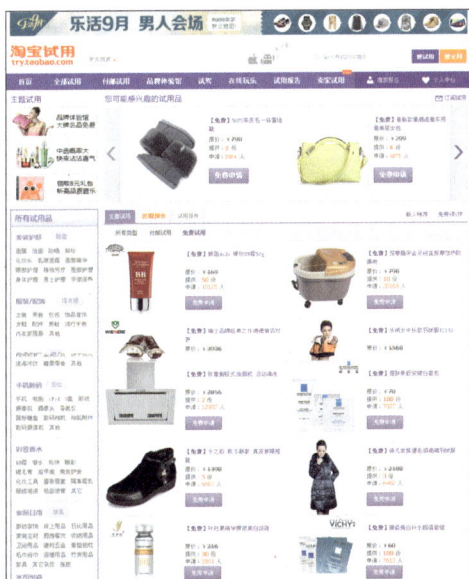

图 13-24 免费试用

据了解，参加淘宝试用中心免费试用的试客目前已有超过数百万人的规模，随着试用中心的不断宣传，这一数量还将继续增加。在庞大的用户群体中，此活动对于商家无疑是一种很好的营销方法，但商家在活动应更加注重信誉，在活动前更应做好相关活动策划与准备。对于买家来说，也是一种很好的互动参与方式。

02 淘宝试用中心的好处

在试用期间极大地增加了成交量和店铺信誉，同时商家还能得到宝贵的产品试用反馈。在这里商家不需要花大钱，就能抓住新客户，每天数千人的申请，赢得巨大流量和好评的同时也在淘宝树立强大的品牌和店铺形象。

（1）可以获得更多的淘宝流量，倍增业绩，如果收藏越多、销量越大、评价越高、购买转化率越，在淘宝关键字搜索时，该类商品拍卖就越靠前。

（2）每个试用品每日都可获取数万的流量，申请人数达几千人，并有独立的产品信息页，即使试用结束也长期保留。试用商品页直接链接商家店铺及宝贝详情页。如图13-25所示，试用品有独立的页面，有27813人申请试用。

（3）商家通过试用品每日通过试用中心直接或间接达成的交易量大大超过平时，新上线的试用折扣价将更大地促进商品成交。

（4）试客在成功申请到免费试用品后，需要提交试用报告。试用报告是会员对商品品质、性能等试用体验后作出的客观真实的试用感受。试用报告支持文字、图片、视频等多种内容呈现方式，富有真实的场景感，从而为其他消费者提供购物参考，找到真正适合自己的商品。通过试用产生良好的使用体验，大量优质的试用报告被百度、谷歌等搜索引擎收录，获得试用会员最客观真实的口碑传播，增加品牌美誉度。当顾客在搜索类似产品时，试用报告给消费者提供网购的参考依据。如图13-26所示试用报告。

图 13-25 试用品有独立的页面

图 13-26 所示试用报告

13.8 用好钻石展位，展示流量滚滚来

钻石展位适合相对成熟的卖家，首先要求卖家可以制作出漂亮的展示图片或Flash，其次要求卖家有活动、促销的发布意识，可以以最适合的噱头推广最合适的产品。为卖家提供了最大弹性的效果提升空间。促销活动、推广入口、推广产品等都是影响效果的因素。如果搭配合理，将会连锁产生爆炸式的效果。

01 什么是钻石展位

"钻石展位"是淘宝图片类广告位自动竞价平台，是专为有更高信息发布需求的卖家量身定制的产品。精选了淘宝最优质的展示位置，通过竞价排序，按照展现计费。性价比高，更适于店铺、品牌及爆款的推广。

钻石展位是按照流量竞价售卖广告位的，计费单位是"每千次浏览单价"(CPM)，即广告所在的页面被打开1000次所需要收取的费用。钻石展位不仅适合发布宝贝信息，它更适合发布店铺促销、店铺活动、店铺品牌的推广。可以在为店铺带来充裕流量的同时增加买家对店铺的好感，增强买家粘度。如图13-27所示淘宝首页的Banner就是钻石展位。

图 13-27 淘宝首页的 Banner 就是钻石展位

淘宝钻石展位产品特点。

- 超低门槛：即使花很少的钱也可以在淘宝最有价值的展示位上发布信息。
- 超炫展现：展现形式更炫丽，展现位置更大，展现效果更好。
- 超优产出：不展现不收费。自由组合信息发布的时间、位置和花费，轻松达到最优异的投产比。

02 钻石展位投放位置

品牌展位版基于淘宝每天6000多万访客和精准的网络购物数据，帮助客户更清晰地选择优质展位，更高效地吸引网购流量，达到高曝光和高点击的传播效果。

钻石展位为客户提供近200多个淘内最优质展位，包括淘宝首页、内页频道页、门户、帮派和画报等多个淘宝站内广告位，每天拥有超过8亿的展现量，还可以帮助客户把广告投向站外，涵盖大型门户、垂直媒体、视频站、搜索引擎以及中小媒体等各类媒体展位。

1. 淘宝首页

首页流量巨大，对于资金雄厚的大卖家来说，放在首页可以带来巨大的流量，从而带来更多的顾客，如图13-28所示为淘宝首页上的钻石展位。

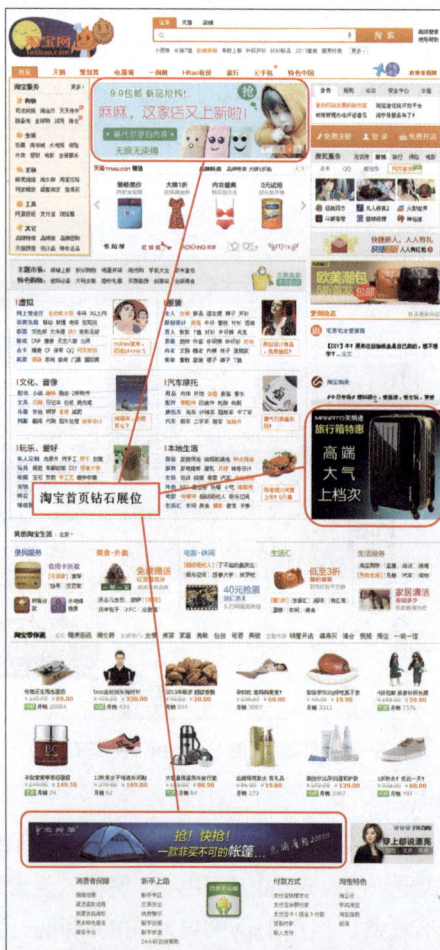

图 13-28 淘宝首页上的钻石展位

2. 垂直频道

　　钻石展位只要展示了就要收费，最好选择和自己的产品相匹配的垂直频道进行投放。如图13-29所示数码频道首页的钻石展示位。

图13-29　数码频道首页的钻石展示位

03　钻石展位广告投放目的

　　钻石展位是比较高端的一种营销工具，其优势在于，除直接引入流量达成销售之外，还有一种广告理念的灌输。目前钻石展位的广告投放，大部分还停留在引进流量阶段，而忽略了品牌广告的宣传。这是大大的错误，利用好钻石展位的视觉冲击因素，对于品牌的知名度拓展是至关重要的。

1. 推广商品

　　如果主推的是商品，一定要把商品做到最好、最优，因为钻石展位是按照流量付费的，广告是否成功，很大程度上用点击率来衡量，商品有绝对优势和吸引力，才能吸引买家点击，点击率少或没有点击，这个广告就是失败的。

　　这种引流方式一般是对一款最热销的单品做长期的流量轰炸，素材一般情况下不会轻易变化，即使主色调有变化，其广告核心也不会变化。这种广告素材主要考虑一般为流量引入的精确性，所以在人群定位和店铺定位上应该是足够精确。其选择的位置为首页流量较大的广告位，也可以分析出是为了保证足够大的流量基数，来实现比较精准引流的目的。

　　通过良好的策划运营能力，以一款爆款产品，带动整个店铺的销售。这种对爆款的打造和流量深入运作的方法，是可以借鉴的。

　　如图13-30所示是在淘宝首页上利用钻石展位打造的爆款产品广告。

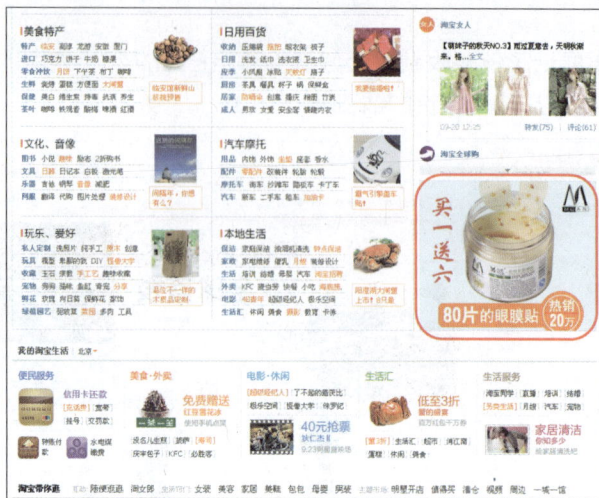

图 13-30 利用钻石展位打造的爆款产品广告

　　通过单击广告进入店铺首页，在该店铺首页，可以看到该爆款产品的巨大广告展示在首页第一屏，如图13-31所示。在"热销宝贝排行"栏中可以看到爆款产品的销售量远远超过其他产品，如图13-32所示。

图 13-31 巨大广告展示在首页第一屏

图 13-32 销售量远超其他

2. 推广活动

　　促销活动很容易抓住买家的眼球，尤其是一些优惠力度很大的活动，做钻石展位也可以带来很大的流量。这种引流方法的特性是，预算庞大、占据位置多、持续时间短，属于一种爆发性质的促销。这类钻石展位的投放在短时间内引入巨大流量，带来巨大的销售额，实现当期盈利。但需要通过精密的策划来实现的促销行为。如图13-33所示的店铺在淘宝各个栏目页面做了大量的活动，在该店铺首页也有很多的折扣活动。

图13-33 店铺首页有很多活动

3. 品牌广告

所谓品牌，就是长期坚持一种特定的个性。那么，你的广告是否一致在坚持这种个性呢。这类钻石展位广告的持续投放，需要通篇的策划和良好的品牌形象定位，通过钻石展位这种广告形式投放，虽然前期成本较高，但从长远来看，意义是不可衡量的。如图13-34所示品牌广告。

图13-34 品牌广告

4. 推广店铺

推广店铺是钻石展位广告中用得比较多的广告形式。成功的钻石展位推广往往能引爆店铺的销量，前提是先把店铺装修好，各种促销活动要吸引人，才能把引进的流量转化成成交量。否则流量暴涨却不能提升成交量，也是失败的广告。

Q&A 实战技巧问答

Q 1. "满就送"对卖家有什么作用？

A "满就送"省时省力，系统会自动计算买家达到多少金额，是否符合赠送的标准并自动体现，减现金也会自动扣减，包邮到金额也会自动减掉邮费，最省力的就是不用修改运费价格。

最重要的是，"满就送"是一种促销手段，怎么送怎么减是由卖家自己决定的。而且订购并使用了"满就送"的店铺会在店铺搜索的页面中展示出来，极大地增加了被买家搜索到的几率。

Q 2. "天天特价"的商品排序是有规则的吗？怎么才能上首页？

A "天天特价"的商品是根据店铺经营状况、商品经营状况等各项维度综合评分，排名越靠前则综合评分越高，该商品竞争力越强。同时，为了公平起见，在活动中，系统会根据商品售卖情况，进行实时的动态排序更换。

Q 3. 为什么我选择的赠品促销效果不突出？

A 赠品是争取顾客购买商品、提升业绩成长的法宝。此策略若运用得当，可以吸引顾客踊跃购买。但有些促销活动都有这样的现象，赠品发送非常好，但赠后的营销效果却不佳，原因有以下几个方面。

（1）不要选择次品和劣质品作为赠品，这样做只会起到适得其反。赠品也要重质量，赠品体现了商家诚信的宗旨。不要以为"赠"就是"白送"，便可随意"忽悠"。赠品质量不仅是国家法律条文所规定的，而且代表了店铺的信誉。

（2）要送到顾客的心坎里去，只有这样的赠品才会得到顾客的认可。

当无法确定顾客要什么的时候，把选择权交给顾客，不要以自己为中心去理解营销。赠品的核心是让目标顾客认为"占了便宜"，否则就使"送"失去了一切意义。

（3）赠品要给顾客超值感受。赠品的花费该多少是合理的？商品的售价能承担起此笔开销吗？合理地处理成本与价值之间的平衡，让顾客永远感觉超值。赠品要在能接受的预算内，不可过度赠送赠品而造成营销困境。赠品如果选择得当，就会吸引眼球，促销也就事半功倍了。

（4）注意时间和时机，注意赠品的时间性，如冬季不能赠送只在夏季才能用的商品。

千万不要认为赠品是额外送给顾客的，小小的赠品里学问可大了。

Q 4. 怎样做好销售旺季的促销？

旺季热卖有如下几点需要注意。

（1）做好调研工作，设计科学的促销方案。知己知彼，方能百战不殆。只有掌握尽可能多的市场信息，才能制定出切实可行的促销方案，做到有的放矢，效果不言自明。

（2）提前准备好商品、货源充足。这一点是在旺季能否做旺的至关重要的一点。

（3）及时发掘出重点推荐商品，这类商品尤其要货源充足。

（4）促销措施一定要到位，要在店铺内营造热卖气氛。要搭配些促销或优惠活动，不一定要多但一定要有。做生意掌握一些顾客的购物心理，进行人性化合理设置，会起到不错的辅助成交效果。例如"满50送小礼物"和"满100包邮"活动，不少顾客购物金额差几十元时都会再补一件以期达到满100包邮的目的。

（5）到了旺季，平时不舍得"投入"的卖家可以花点钱装修一下店面，给买家留下好的印象；可以买一两个月的旺铺试试，旺铺可按月买，没效果可以不再续费；如果稍微好点尽量加入消保。

（6）营业时间充足保证。时间也是网店销量多少的重要因素。特别是旺季时更应该保证时间，网店才有可能更胜一筹。

旺季促销是一门学问，值得每个掌柜学习总结。只有有效地把握促销的真正要义，在理论上领悟其真谛，在实战中把握其脉搏，做到以上几点，才会在与其他店铺的竞争中实现销量的稳步快速提升。

Q 5. 做好钻石展位的关键是什么？

A

在钻石展位做广告的一般是中大卖家，在淘宝首页或各个特卖频道购买相应广告位，费用相对比较高，因此卖家一般很重视钻石展位的图片质量。对于普通卖家来说经验很重要，做钻石展位碰到最难的问题就是准备素材，也就是准备广告图片。

钻石展位的图片很重要，图片一定要吸引眼球，如果你的图片不能吸引买家点击，展示机会再多也没有用，这样只能浪费钱财。另外做活动的素材一定要突出卖点，牢牢抓住客户心理，做到相得益彰。

那么怎么才能准备好图片素材呢？

（1）店铺品牌或名称需要展示。一般卖家的店铺壮大到一定程度，会更注重店铺名称或店铺品牌，所以这个元素一定要放上去。

（2）人物宜用表情夸张的漂亮人物图。这类图作为广告图最好不过了，容易吸引人的目光。但是一定要注意不要用名模或明星的图作为素材，这样会造成侵权。

（3）重点主题突出。钻石展位的最核心问题就是颜色的使用，因为钻石展位图尺寸较小，如果在颜色方面，不够突出，其他方面做得再好也是白搭。黄橙色比较适合做文字背景，但文字颜色一定要选择黑色或其他深色。

钻石展位图上的文字要足够吸引人，越新颖越好。一定要用粗体，字体效果可以使用特殊字体。

（4）商品图片要清晰。在一张小小的钻石展位图里，是无法展示细节的，建议挑选能让大家看得清是什么商品。

（5）辅助信息。辅助信息是属可有可无的元素，是为了使整幅图看起来更加和谐才用到的。利用文字或是小图片都是可以的。

成功案例 互联网上的身残志坚族

网络代销没钱进货也能开网店

残疾人就业难，一直是个社会问题。在现实社会中，很多残疾人虽然受过教育，却仍得不到就业机会。残疾人群体，因为身体的局限，他们的心理需求往往会被人们忽视。幸而，互联网技术的发展，一方面给残疾人提供了生活便利，另一方面网络间的虚拟关系也消除了残疾人面对社会的心理障碍。据统计，淘宝网成立十年来，有超过3万名的残疾人朋友选择在这个平台上创业或就业。

2007年7月18日，北京香格里拉饭店会议大厅，阿里巴巴北京地区十大网商的颁奖典礼在此举行。当一个坐在轮椅上的青年被缓缓推上讲台的时候，掌声雷动，所有的灯光都聚焦在那个瘦弱的身影上，他就是张云成，阿里巴巴北京地区特别奖得主，一位身患绝症却在淘宝上自力更生的残疾人。两个月后的9月15日，张云成再次成为台上的焦点，年度感动中国网商的头衔当之无愧地落到了这个只能坐轮椅的年轻人头上。

·从打火机直销到化妆品代销·

2005年年底，来北京治病的张云成无意中知道了淘宝，这让他感到无比兴奋，因为对于一个肌无力患者而言，能够足不出户在网上做生意是想都不敢想的事情，现在他终于有了自食其力的机会。

2006年2月，张云成在淘宝上建立了自己的小店，但问题是在网上卖什么呢？这时，在网上认识的一位残疾朋友推荐他卖打火机，于是，张云成的二哥开始到北京天意小商品批发市场批发打火机。

直到现在张云成还清楚地记得，当初卖的是一种叫做"恒星牌"的打火机，第一批进货不到100个，每个售价10元，利润在两块钱左右。然而，打火机的生意并不好做，尤其是对一个像他那样的重残者而言就更加困难。首先，淘宝上销售打火机的小店很多，价格竞争太激烈。其次，这种小商品的利润太薄，而他的淘宝小店开张伊始，既没有名气又无客源，所以平均每天只能出售3至5个打火机。另外，进货需要成本，同时也有风险，而对于需要承受巨额医药费用的张云成一家而言，要做到这一点并不容易，至今，张云成家里还囤积着当初卖不出去的打火机。

最后,也是最为重要的一点,由于张云成的腿脚不方便,打火机的进货和邮寄都只能由二哥一人完成,这是云成最不愿意看到的。每天二哥一个人忙里忙外,除了要照顾自己的生活起居之外,现在还要为云成的网上生意跑腿。于是,张云成决定放弃打火机,这时有人建议他为"自然美人"化妆品做代理销售。

其实,对于许多残疾人而言,代销的确是个不错的选择。不仅可以免去一大笔进货的成本和风险,更重要的是代销不用自己发货,产品邮寄全由上家完成。

但是正因如此,代销也有劣势。由于产品不在自己的手中,往往产生更多不可控的因素影响交易。比如,当你在跟一名顾客谈好一笔交易后,在通知上家发货时,对方告知你该商品已断货,这时你在顾客心中的信誉度势必会大打折扣,以后对方也不一定会再光顾。"所以,我每天都要到上家的网站上去核对所有产品是否都有充足货源,一旦发现某些产品断货或者出现其他问题,就要在自己的淘宝店里立即下架。"

张云成说,"另外,在跟客户交流时也要留有余地,因为有些服务是自己无法保证的,比如说交货的具体日期。"另外在如何选择代销产品方面,张云成建议可以根据自己的优势和兴趣来选择。如果自己对某种产品很了解或者特别感兴趣,那么这种了解和兴趣对产品今后的销售会有不少帮助。

Part

07

经营管理篇

做好会员营销

如何利用流量带来的人气留住我们的会员，让我们的会员产生源源不断的购买行为呢？这就需要会员营销。对于淘宝卖家来说，不管是新店还是老店，会员能给店铺带来持续、稳定的流量，带来高额的回报。

14.1 如何培养客户信赖感

淘宝购物是在网上交易，这种购买模式更需要获得买家的信赖，只有得到了买家的信赖，才能让买家放心购买。培养客户的信赖感，已经成了提升网店流量转化率的关键因素之一，那么如何才能够提升客户的信赖感呢？

1. 店铺内部要完善

（1）加入消费者保障服务。淘宝网会在加入"消费者保障服务"的店铺和宝贝页面加上醒目的标志，如图14-1所示，让更多买家搜索到你的宝贝，从而树立起值得信赖的服务品牌，有消费者保障服务更能让买家安心购买。

图 14-1 消费者保障标志

（2）作为商家首先要把诚信视为己命，不管你的店铺有多大，经营的时间有多长，如果没有了诚信，不久也会一落千丈。做到诚信商家，商品品质保证，优质客服服务，做好这些将使买家的信赖感得到提升。

2. 试用营销提高信赖

通过免费试用营销推广，提高买家购买信赖感。网店可以用试用产品，快速缔造消费口碑和买家信赖感，从而得到品牌知名度和产品销路。试用营销推广注重买家用户体验，通过买家对商品的亲身体验，提高买家的购买信赖感。试用营销主要从以下几点做到提高网店购买信赖感。

（1）买家亲身体验商品。通过亲身体验，深入了解商品特性，通过自身的体验感受提高买家的购买信赖感。

（2）买家试用之后，通过试用报告以图文并茂的形式把自己的试用体验感受分享出来，可以把这些试用报告分享到宝贝描述展示中，让其他买家看到商品真实的使用过程及感受，提高其他买家的购买信赖感。如图14-2所示为宝贝描述页面中的试用报告。

图 14-2　宝贝描述页面中的试用报告

3. 突出产品优点，提醒用户产品缺点

现在很多网店的产品介绍夸大其词，产品的优点介绍一大堆，似乎每种产品都是完

美的。像这种仅仅对产品进行优势展现，而不提醒买家需要注意和规避的缺点的卖家往往会碰到买家因为产品的某些缺陷，把合作的不愉快进行了放大，从而对该网店进行差评，导致网店的信誉度下降的情况。因此作为网店的重点特色内容，对于产品的描述，应该突出优势，提醒产品缺陷，让买家在购买之前就能够感受到产品的注意事项，这样在购买之后，就能够降低纠纷，提升网店好评率，从而提高买家的信赖感。

4. 网店装修要专业

现在很多掌柜都知道网店需要装修，于是就开始对网店进行全面的装修，在装修的过程中容易进入误区，那就是网店要么看起来非常花哨，要么就是看起来非常简单，没有专业效果。这自然不能够提升网店的形象，更何谈信任度。

5. 网店售后决定网店的最终信任度

在任何时代，从事商业活动必须注重服务，尤其是网店更应该重视服务，主动地询问买家的想法和需要，是赢得信赖、取得意见的好方法。一般来说，生意兴隆的商店在销售上用尽心思，在服务上也给予更多的关心，而在商品不足或发生问题时所做的服务更是重要。如果只是抱着不负责任的态度，那就很难有服务的热情。

对于那些准备退货、投诉的买家，要么进行堂而皇之的搪塞，要么就是不搭理，甚至把买家拉黑，这样做的结果，就是会让自己的网店信誉度下降，所以说，在提升网店信誉度上面，售后服务将是关键的因素，网店的产品卖得再多，但是没有好的售后服务，最终只能够让自己的网店遭遇严重的信誉滑坡。

14.2 如何加强客户忠诚度

客户忠诚是指客户喜欢光顾你的网店，并愿意在你的网店购买商品。客户忠诚主要来自于对网店服务的满意程度，而一个满意的客户又会引来许多潜在客户。

1. 控制产品质量和价格

产品质量是网上商店开展优质服务、提高顾客忠诚度的基础。只有高质量的产品，才能真正在人们心目中留下深刻印象，受到顾客的推崇。当然仅仅是高质量的产品是不够的，合理地制定产品价格也是提高顾客忠诚度的重要手段。

2. 诚信经营，建立可靠的信誉

诚信是店铺信誉的一个重要方面，在整个交易过程中积极实现透明化，做到诚实守信，向顾客传递真实的信息，保证交易双方的合法利益是赢得顾客信任的第一步。要时刻为顾客的利益着想，加强对客户的责任，注重提高产品质量和服务质量。一个好店铺，有良好的信誉作后盾，才能吸引更多的忠诚客户。

3. 提供满意服务留住顾客

顾客满意对网店经营有保障作用，是顾客再次购买产品的主要因素。通过对客户的满意调查可以了解顾客最需要什么，什么对他们有价值，让顾客对店铺的产品质量和服务质量满意，增强顾客对网店的满意度。顾客的满意程度越高，购买次数就越多，会对店铺产品更加忠诚。

满意的服务是一个综合概念和完整过程。例如，对订单或售出货物提供跟踪服务就是使客户满意的重要方法。顾客在订购商品后一般都希望能得到及时和妥善的处理。

在实现货物被快速发送的同时，对顾客询问订货情况的信息应快速回复。为每次发货商品提供一个订单号码，让顾客自己能在网上用此号码随时了解订单的情况。

4. 注意联络感情以稳定顾客

成功地把商品卖给顾客并不表示工作已经做到了家，还必须努力让顾客再次来购买其他东西。设法记住每一位顾客的名字和需求，并适时通过多种方式询问他们商品的使用情况并征求对网店的意见，让客户感到关心和亲切。这是一种维系顾客的好方法。

5. 利用网络优势，满足顾客个性化需求

网店要将顾客的需求转化为对自身的要求，让顾客在购物中感受网络消费带来的便捷与安全。首先，针对目标顾客精心布置网络店铺，突出经营产品的个性价值，使店铺在第一时间内吸引顾客眼球，赢得顾客的认同感，有利于忠诚度的培养。其次，为顾客提供个性化服务，利用各种机会获得顾客更全面的情况。通过与顾客即时、持续的交流，培养感情从而建立忠诚度。

6. 实行会员制度，采用促销手段

可以对会员提供免费礼品或免运费优惠等，增加顾客对店铺的回访率，从而增强顾客忠诚度。在节假日进行打折等促销活动，也可以对回头客进行打折优惠。

网店竞争力的根本取决于有没有高质量的服务，有没有忠诚的顾客，顾客忠诚度是店铺竞争力的重要决定因素，更是店铺长期利润的根本源泉。

14.3 做好老客户资源维护

越来越多的年轻人喜欢在淘宝网上买东西，吃穿住行在淘宝网基本都能实现，既可以节省上街挑选东西的时间，又可以节省费用。随着现在的网店越来越多，如何在众多网店中脱颖而出？这就需要珍惜每一位客户，做好老客户的维护工作，为淘宝之路的长远做好铺垫。

研究表明：网店吸引新客户的成本至少是保持老客户的成本的8倍，而老客户几乎创造了店铺的80%的收入和90%的利润，因此，店铺应该把有限的资源放到重点顾客的

关怀维护上，细分他们的需求，精准化营销，才有可能形成爆炸式的利润增长。

老客户维护的好，可以带来以下好处。

（1）老客户回头率超过20%。

（2）忠实的新款体验者，他们的评价总是最丰富和能打动人的。

（3）他们会不断给你新品开发的灵感、需求和素材。

（4）老客户能不断把你的店铺宣传给身边的人。

（5）老客户会不断帮你指出问题，同时鼓励你进步。

（6）老客户会为你的荣誉和成绩喝彩。

（7）老客户会帮你监控竞争对手的产品动态。

（8）老客户会帮你发现仿冒者信息，帮你维护市场秩序。

（9）老客户和你是朋友关系，会和你分享生活中的酸甜苦辣。

为能更好地做好老客户的资源维护，可以实施一些如下的方案。

❶ 每次有顾客上门，不管客户有没有意愿购买都要耐心对待，细心为顾客挑选每件商品。

❷ 根据客户的购物次数可以在旺旺上分好类，并且做好每位顾客的基本资料记载，店铺每次有活动的时候都可以用旺旺或者短信的方式发给客户，让客户随时掌握最新的促销活动。

❸ 对商品的到货速度以及商品的资料做好追踪调查，用旺旺与顾客沟通，让顾客觉得购物很放心、很安心，增加友好度。

❹ 真诚互动：通过BBS、帮派、掌柜说、网站、会员群等跟忠实的买家互动起来。主题可以围绕一些客户感兴趣的话题，当然前提是要了解客户。

❺ 促销也是要有技巧的，即使是送礼品也要跟会员等级挂钩。这样才能凸显老会员在店铺中的地位，让客户有被尊重的感觉。

❻ 更多优惠措施，如数量折扣、赠品等；而且经常和顾客沟通交流，保持良好融洽的关系和和睦的气氛。吸引他们第二次购物，这样或许还可以带动其他客户来购物。

在淘宝开店初期，一般订单量不会多，对于店家来说维护与老客户的关系是一个很容易的事情，如果老客户维护好了，取得的收益也是不可估量的。

14.4 粘住客户从小处着手

在淘宝店有一个信用评价栏目，允许店主和顾客互相留言交流，其实这个栏目是一个互动的通道。店主想巧妙利用这个通道和客户沟通，需要做好以下几点。

（1）对顾客的每条评论都要回复，顾客没有评论也要回复。

（2）顾客对商品和服务不满意的，尽量在回复中真诚地解释，以取得顾客的谅解。如图14-3所示对差评进行回复解释。

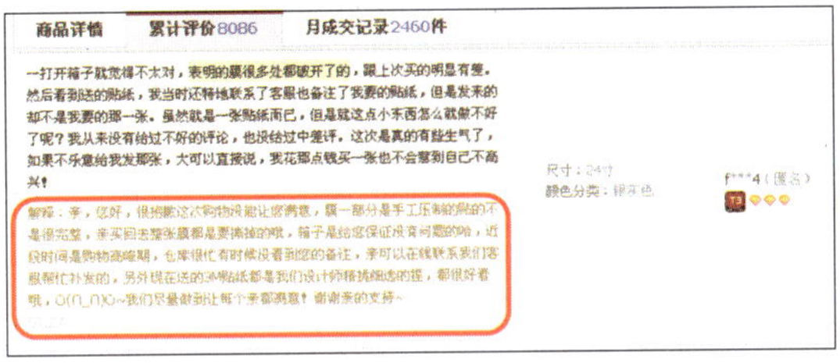

图 14-3 对差评进行回复解释

（3）顾客对商品和服务有表扬的，店主应表示感谢，并且可以将一些商品的最新信息夹在其中。如图14-4所示对好评进行感谢。

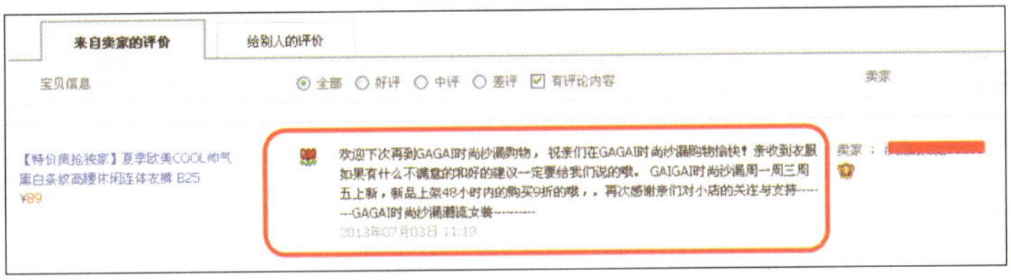

图 14-4 对好评进行感谢

回复是一门艺术，许多店主希望提高销售量，就要从这样的细微之处开始培养。已经有一批皇冠店铺开始建立在淘宝网以外的社区，作为黏住稳定客户的平台。

（1）有店主的最新公告或者博客。

（2）有促销商品的预告板块。

（3）有顾客对新商品的体验报告板块。

（4）有供顾客发牢骚的板块。

这样的社区被证明是黏住稳定客户的最佳平台。现在的皇冠店铺，一般均拥有上万客户以及上千稳定客户。皇冠店主曾经用礼品发送、VIP卡、博客、圈等多种方法黏住客户，但规模有限。建立这样的社区，成为一种最新模式。

皇冠店主认为，与其花广告费在网络上做宣传，不如建设这样的网店社区，在自己的社区里做广告。

14.5 提高淘宝转化率

转化率是指一个网店的订单成交数与流量的一个比值。对于网店来说，转化率是很重要的，转化率越高利润就会越高，否则流量再多，转化率不高，那也赚不了多少钱。

01 什么是转化率

首先让大家看一个公式：成交笔数=店铺浏览量×店铺转化率，淘宝的生意想从"不好"变"好"，需要提升浏览量或需要提升店铺转化率。浏览量是可以通过推广宣传增加的，而转化率则是由店铺内部产品、店铺服务等因素决定的。

简单来说，店铺转化率就是成交笔数和浏览量的一个比值，通俗一点可以这样理解：来到你的店铺，产生购买行为的几率。转化率越高说明购买几率越大。如果店铺有足够高的转化率，那么店铺流量越高，成交笔数就越多，生意越好。

02 提升转化率的方法

网店营销就是吸引买家进入店铺，然后购买产品的过程。流量很高，转化率很低，成交量自然上不去，结果不会令人满意。下面将重点从"店铺定位"、"宝贝描述"和"售后服务"三个方面重点阐述如何提高店铺转化率，让流量变成销量。

1. 明确店铺定位

店铺战略定位——选好经营方向

买家为什么要在你的店铺购买？买家凭什么要买你的东西？这就需要给店铺定位。店铺的定位非常关键，选好自己的经营方向，给买家一个选择店铺的理由，转化率自然就上来了。

店铺产品定位——建立消费信任

很多卖家都比较茫然，为什么我的价格便宜，信誉也不低，可就没有人买呢？别家店铺卖得又贵，信誉比我还低，却卖得很好？其实好的店铺都有着鲜明的产品定位，宝贝适合什么层次的消费者，主打宝贝的价位区间，都有精心地策划，无形中就在买家心中建立了信任感。

未来网店的竞争成败很重要的一点就在于网店的品牌和口碑效应，客户如果对你的产品很熟悉，同时也认同你的品牌，那么这些客户就很容易被转化，如果品牌和口碑不好，即使产品在质量或者其他方面具有优势，对于有些客户来说也不会给予考虑的，可见口碑或者品牌的影响作用是巨大的。如图14-5所示天猫商家的骆驼男装品牌产品。

店铺装修定位——创造消费环境

现实生活中，装修设计好的门店吸引顾客比较多，因为它给人很温馨舒服、专业的感觉，其实网上开店也一样，网店的装修设计至关重要。不同的店铺要结合自己经营的商品来装修，不要千篇一律，有自己的特色才能吸引眼球。有不少的顾客会因为喜欢而买，而不会因为价格便宜而买。如果店铺的装修还不够有冲击力，赶紧好好装修一下，你会获得意想不到的收获。

2. 打造宝贝吸引力

很多买家逛店铺，往往先进入宝贝详情页，而不是店铺首页，所以，一个好的宝贝详情页是一个店铺的灵魂。宝贝详情页跟转化率息息相关，买家如果不懂产品优点，呈现的产品价值高于价格，那转化显然是不可观的。

宝贝本身——紧跟市场热度

市场需要的产品，自然不愁销路，即使价格高，仍然有人买。转化率的高与低，先看看自己的宝贝是否属于市场需要的产品，是不是当季最火的产品，这是基础。

宝贝图片——抓住买家眼球

要把自己的宝贝图片处理得越吸引人越好卖。在商品的展示上，图片排版要有序，图片成列并不是越大越好，卖家要利用最少的空间展现出最合理的图片。同时，运用图文结合的形式，在呈现图片的同时标以文字介绍，让买家更加了解商品。如图14-6所示利用精美的宝贝图片抓住买家眼球。

图 14-5 天猫商家的骆驼男装品牌产品

图 14-6 精美的宝贝图片抓住买家眼球

宝贝名称——热搜关键词

在宝贝名称里尽可能多添加关键词，这些关键词必须和你的这款宝贝息息相关。如果用一些不相干的关键词，虽然是热门搜索词语，但是即使买家搜索进来了，一看是"挂着羊头卖狗肉"，也不会有成交的。只有关键词和自己的宝贝相关，才能增加宝贝被买走的几率。如图14-7所示的宝贝名称是"包邮艾窝窝时尚简约现代客厅三人组合转角小户型布艺沙发5折特价"，就包含了宝贝的相关信息，30天内已售出 548 件，3606次浏览，可以看到有很高的转化率。

图 14-7 宝贝标题中添加关键词

促销活动区——增加买家购买欲望

在商品描述中添加给力的促销信息，让买家了解商品的同时，用促销优惠来刺激买家的购买欲望。如图14-8所示在商品描述中添加给力的促销活动。

图 14-8 在商品描述中添加给力的促销活动

承诺正品——保证质量

大家在网上买品牌产品，最担心的就是买到假货，如果能打消客户的这个顾虑，基本上就搞定客户了。所以卖名牌产品，可以承诺100%正品、支持专柜验货、假一赔十或是七天包退。如此这类的语言，目的就是让客户放心。如图14-9所示销售品牌产品的店铺，虽然只是三心卖家，信誉比较低，但由于是品牌正品，店铺的浏览量只有3345次，但30天内已售出790件，转化率也是非常高的。

权威证书或者是实体店的照片

以专业的权威认证、检验报告等严肃的信息传达出严谨、真实可信的感觉，把产品的权威证书图片传上去，这个策略对于店铺是很有用的。如图14-10所示的产品的权威证书。

14-9 承诺品牌正品

图 14-10 产品的权威证书

另外，卖家有实体店是一个优势。网店是虚拟的，放上实体店的照片，会让客户感觉店铺更有实力，给客户一种更真实、更可以信赖的感觉。

价格不能太离谱

宝贝价格太高太低都不恰当，太高了没有人买，太低了买家会质疑是否是假货，所以合适的价格是很重要的。

宝贝评价

不管是好评还是中差评，每位掌柜一定要抽时间看看，遇到会影响其他买家购买的不良评价要及时做出解释，以便其他买家能看见，这样可以消除买家心中的误会和困惑，还担心不会购买吗？

可以把评价截图，或者将销售截图添加到宝贝描述中。当然截图要截那些评价很好的页面，打上自己店铺的专用水印。这样做的目的还是在强化客户的信任感，而且能让客户感到店家对这个宝贝的负责和用心，他们会觉的，这个店家这么用心这么负责，售后肯定也不错。

突出产品优势

突出产品质量及产品优势，使买家对产品有更深入地了解，通过核心卖点的呈现来加深买家的购买冲动。同时，也可以进行一些产品的对比，将自身产品和其他产品的优缺点一一呈现，买家看了更加直观。要通过对产品核心卖点的提炼，同时找到类似产品的特点，升华你的卖点。

3. 用完美服务取胜

售前服务——想买家之所想

买家下单前肯定会咨询一些他们所关心的问题，如有没有货、什么时候能发货、价格能否优惠、可以送赠品吗？这时候店主需要做的是用最及时的反应，最耐心的答复，最温馨的语言，最优雅的态度来迎接。

售中服务——急买家之所急

买家拍完了付款了，最着急啥？当然是急着能早点收货，巴不得马上就能拿到。既然如此，就需要我们以最快的速度把货发出。所以选择一个速度有保证的快递公司非常重要，有不少顾客是冲着你发货快，然后再次购买的。

买家付款后，卖家要尽快发货通知买家，并将订单号告诉买家。这样买卖双方就可以通过快递公司的网络进行查询，随时跟踪商品去向，如果有意外，要尽快查明原因并和买家沟通，避免因服务不周而带来差评。

售后服务——忧买家之所忧

货到后即时联系对方，首先询问对货品是否满意、有没有破损，如对方回答没有，就请对方确认并评价。都满意了还能给差评吗？如果真的有什么问题，因为店主是主动询问的，也会缓和一下气氛，更有利于解决问题。因为往往好多事情从情理上来讲争取主动要比被动更容易占"上风"，当然遇到"胡搅蛮缠"的买家则另当别论。

货品寄出前最好要认真检查一遍，千万不要发出残次品，也不要发错货。如果因运输而造成货物损坏或其他确实是产品本身问题而买家要求退换货时，店主也应痛快地答应买家要求，和气生财，说不定这个买家以后会成为你的忠实客户。

14.6 根据客户细分做精准营销

作为一名网店的店主，最大的愿望就是自己的小店能够生意红火、销量翻倍，不过，在竞争激烈的网络环境中，这样的愿望似乎越来越遥远了，不用灰心，如果你掌握了一些有效且精准的营销策略，网店的销量自然会超出你的预期。

01 从数据分析网店客户来源

【量子恒道-店铺经】是淘宝量子统计团队最新推出的、为淘宝店铺量身打造的专业数据统计分析系统。它通过对店铺的被访及经营状况等数据进行分析、解读，帮助掌柜更好地了解店铺的优缺点，为店铺经营决策提供充分的数据支持，是掌柜经营店铺的必备工具。

【量子恒道-店铺经】有哪些好处？

- 准确：淘宝网推出的统计工具，直接获取淘宝数据，提供精准、专业的数据分析。
- 快速：每分钟更新访问数据，实时跟踪在线访客，为用户提供最及时的数据结果。
- 全面：访客数据、销售数据、行业数据等，给您全方位的店铺统计支持。
- 稳定：强大的服务器支持，优越的架构设计，提供稳定、高效、丰富的数据服务。

通过流量概况分析，如图14-11所示，可以一目了然地看到，近一段时间来，每天有多少客户来过店铺，有多少宝贝页面被客户看过以及客户在店铺停留的时间有多久。

图14-11 流量概况分析

再对实时客户访问进行一下分析，重点看入店来源，如图14-12所示。

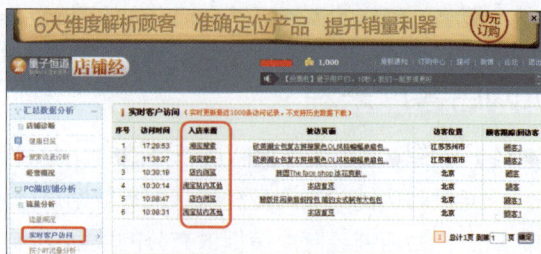

图 14-12 入店来源

入店来源常见的有以下几种。

❶ **直接访问**：这种一般是指客户直接在浏览器内输入网店地址进到你的网店。

❷ **淘宝搜索**：一般是通过淘宝搜索框搜索店铺或者商品，然后点击商品页进入相应的店铺。

❸ **淘宝站内其他**：这种最大可能是通过淘宝论坛的帖子或者回帖点进你的网店。

❹ **阿里旺旺非广告**：一般是客户用旺旺和你交流的时候，通过旺旺上你的店铺档案点进你的店铺。

❺ **淘宝客**：你设置过淘宝客推广，客户通过推广进到你的店铺。

❻ **淘宝收藏**：就是通过收藏夹里收藏的宝贝或者店铺点进你的店铺。

分析入店的客户来源，可以更加有效地针对自己的商品进行推广，从哪个渠道过来的客户多，成交量是否可观，就要针对相应的渠道做进一步的推广。要充分重视第一种、第四种和第六种来源的客户，他们很可能是你的老客户，或者是对你的商品感兴趣的潜在客户。

02 为什么要细分和精准营销

精准营销是在充分了解客户信息的基础上针对客户偏好进行一对一的营销，其优势在于降低营销成本，提升消费体验，精准营销的核心就是在准确的时间，通过正确的渠道，将正确的信息传达给正确的人。精准营销不仅是一种营销方法，更是一种营销思路，无论以何种渠道投放广告，尽可能锁定精准的人群，就能成倍的提高广告投放转化率，从而降低营销成本。

要想做好精准营销，就必须要细分客户，对不同的客户进行分类，并进行不同的优惠，才能够提高客户的忠诚度。

培养新客户，提高回头率和二次购买率，可以拉升店铺整体销售额。二八定律告诉我们更多的销售额来源于20%的少部分客户，店铺大多数成交用户都来自于新客户群，而自然转化为二次购买的客户占比并不高，需要通过提高客户第一次购买体验来提高回头率，这个过程就需要对已购买的客户进行一个定位和细分。获取这些信息，从订单数据里面将这些客户的资料都挖掘出来，这些资料包含客户的ID、姓名、Email、手机号、购买频次（时间和次数）等。

03 如何做好精准营销

店铺的精准营销的关键在于如何精准地找到产品目标人群，再让产品深入到消费者心坎里去，让消费者认识产品、了解产品、信任产品到最后依赖产品。传统的营销方式成本大，见效慢。随着网络的发展，互联网精准营销以高性价比的优势，逐渐受到企业的青睐。精准营销不仅是一种倍受追捧的营销形式，也是店铺追求的营销目的。常见的精准营销手段有：邮件营销、包裹营销、微博、SNS以及精准广告等。

1. 邮件营销

邮件是一种最普通最常见的营销手段，市场价格也是五花八门。最低者甚至几百元能发几十万封邮件。真正要实现邮件营销，必须有充分详细的数据库，精准到客户的地区、性别、年龄段、职业范围、兴趣偏好甚至是购买记录。

邮件营销并不仅仅是一种大范围的机会主义营销手段，也是一种传播信息的渠道，店铺可以用邮件进行小范围宣传。邮件的标题一定要用最简练而最具诱惑性的文字来表述，可以借助明星事件、优惠促销、好奇吸引等角度。例如："新品上线99元大礼包免费送"。

针对已经购买过的买家和潜在客户，可以发送以下内容刺激客户购买。

- 店铺促销信息。
- 团购等常规性活动。
- 关联/新品推荐。
- 定向优惠活动。
- TOP10商品推荐。

2. 旺旺信息

旺旺聊天是淘宝店铺和买家之间沟通的重要桥梁，直接决定了店铺的内在形象、营销风格和服务档次。使用阿里旺旺给买家发送如下内容也可以做到精准营销，增加客户的忠诚度。

- 店铺大促活动。
- 聚划算等限时折扣活动。
- 老顾客优惠活动。
- 感谢信/致歉信。
- 催付/发货信息。

3. 微博营销

任何平台只要有了受众，都具有传播价值。微博营销绝对不是每天发发水贴、转点大腕的绯闻、拼命@名人就可以实现精准的。一个微博要想拥有更多的粉丝，最重要的一条就是要有优质的内容。原创文章的比例应该在70%，而转载的文章占30%。否则，将会喧宾夺主，失去了微博应该展示的主要信息。进行微博营销时，切忌过多发布生硬的广告和转贴他人文章。可以尽量多阐述，与店铺相关的产品真伪识别信息、使用窍门、名人趣事和市场动态，或者限量产品免费赠送等活动，让网民感到有意义也有利益，增加粘度。微博要多发一些有趣或者有价值的内容，来吸引用户。

4. 温馨的包裹

网购是一种生活方式、一种生活态度，现在越来越多的人加入了网购行列，并且享受到了它的便捷。其中快递成为了连接买卖双方的桥梁。而包裹就成为了承载卖家服务的主体，一个小小的包裹，成为抓住顾客心的利器。

在包裹中包括如下内容也可以做精准营销，增加客户的忠诚度。

- 优惠券。
- 其他推荐商品小样。
- 品牌宣传册。
- 感谢信/致歉信。
- 产品说明书。
- 赠品。

14.7 如何减少网店客户流失量

一般来讲，店铺应从以下几个方面入手来减少客户流失量。

（1）做好质量营销。要明白质量是维护顾客忠诚度最好的保证，是对付竞争者最有力的武器。店铺只有在产品的质量上下大工夫，保证商品的耐用性、可靠性以及精确性等价值属性才能在市场上取得优势，也才能真正吸引客户、留住客户。

（2）树立"客户至上"的服务意识。好的服务质量很重要，是留住顾客的重要因素之一。

（3）强化与顾客的沟通。首先店铺在得到一位新顾客时，应及时将店铺的经营理念和服务宗旨传递给顾客，获得新顾客的信任。在与顾客的交易中遇到矛盾时，应及时与顾客沟通，及时处理，及时解决问题，在适当时候甚至可以选择放弃自己的利益以保全顾客利益，顾客会很感激，在非常大的程度上增加了顾客对店铺的信任。

（4）增加顾客对店铺的品牌形象印象。这就要求店铺一方面通过改进商品、服务、人员和形象，提高自己店铺的品牌形象，另一方面通过改善服务和促销网络系统，减少顾客购买产品的时间、体力和精力的消耗，以降低货币和非货币成本。从而来提交顾客的满意度和双方深入合作的可能性，为自己的店铺打造出良好的品牌形象。

（5）建立良好的客户关系。员工跳槽带走客户很大一个原因就在于店铺缺乏与顾客的深入沟通与联系。顾客资料是店铺最重要的财富，店主只有详细地收集好顾客资料，建立顾客档案进行归类管理，并适时把握客户需求让顾客从心里信任这个店铺而不是单单一件商品，这样才能真正实现"控制"顾客的目的。

（6）做好创新。店铺的商品一旦不能根据市场变化做出调整与创新，就会被市场淘汰。市场是在不断变化的，只有不断迎合市场需求，适应变化，才能真正赢得更多信赖你的顾客。

防范顾客流失工作既是一门艺术，又是一门科学，它需要店铺不断去创造和传递优质的顾客价值，这样才能最终获得、保持并增加顾客，锻造店铺的核心竞争力，使企业拥有立足市场的资本。

14.8 把网店回头率做到百分之百的秘诀

想把店铺做大，拥有100%的回头客，要做到商品好、服务好、回访好。

1. 要熟悉本店商品的专业知识

顾客问你关于商品的问题时，掌柜千万不能用"大概"、"可能"、"也许"等词语来回答，这样会给买家不信任的感觉，同样的商品，买家买的放心是最基本的要求。

2. 不要在生意好的时候降低服务标准

你也许会在生意好的时候悄悄降低商品的质量或者服务标准，不要认为顾客无法察觉这样一点点的变化。如果这样做，会流失很多顾客。

3. 改变消极懈怠的思想

无论多么艰难，都必须保持乐观。人们只愿意与那些充满自信的人做生意，店主坚定不移的信心也同样会使顾客对你的生意信心倍增。更不能理所当然地认为顾客在你这儿购买过一次就成为你的终身客户。一旦你懈怠下来，其他的竞争对手就会随时将你的顾客拉走。

4. 不要有意损害竞争对手的声誉

如果对顾客说竞争对手的坏话，只能让你的顾客认为你是小人，明里竞争不过别人，就在背后说人家坏话。

5. 要不断学习

在淘宝市场飞速发展的今天，如果不主动求发展进步，就会落伍。所以店主一定要要不断学习，对行业了解地越深，顾客对你就越有信心，当然赚的钱也会越来越多。

6. 打包要认真

不要小看了打包，细心的买家会从打包中看出这家店有没有诚心做这笔生意，因此掌柜们无论多忙都应该非常仔细地打好包。

7. 不要为了自己的错误找借口

有了失误和过失很正常，但是千万不要为自己的错误找借口，因为买家只会记得，你承诺过的没有做到。与其找借口还不如老老实实地承认自己的过失，然后再尽力补救，哪怕是再给予顾客优惠。当你承担了所有的责任，并改过了错误，本来一个不好的事情，可能反而会让你赢得顾客的好感和信任。

8. 货源一定要可靠，让买家可信

不管怎么样，掌柜们对自己所出售的货源都要很清楚，跟买家保证自己的货是什么档次，不同档次的货有不同的价格。

9. 细节的处理

不是所有的买家对自己购买的商品都很满意，有些买家收到货之后不满意，要求退货。针对这种情况，店主要有自己的一套应对方案，不能说当顾客要求退货或者换货的时候再想办法。

14.9　诊断店铺经营状况，掌握主动权

很多店主都反映，店铺里流量和浏览量上去了，就是没有成交量。关键问题在于淘宝交易主动权都掌握在买家手里，只要买家不拍下宝贝，不管他在你店里看多少宝贝，你都不知道是谁对你的宝贝感兴趣。只能被动地等买家来联系自己。

量子恒道–店铺经销售分析是掌柜在经营过程中的得力助手。它将销售指标和店铺业务关联起来，从卖家的角度提供量、率、度的经营数据，帮掌柜诊断店铺经营并可以此做出相应决策。目前销售分析提供"销售总览"和"销售详解"数据，但要注意的是，当天数据要次日才能查看的。

01　销售总览分析

"销售总览"以月/日为维度来分析店铺的整体经营情况，评估自己店铺的经营状况，同时更提供全方位的经营分析指标。

（1）数据指标分析从三个最为重要的维度来为你提供一个便于理解的经营思路，即访客数、全店成交转化率、客单价，如图14-13所示。但需要说明的是，这可不是一个绝对的公式，简化了原本复杂公式中一些干扰项，使最后得到的结果更加清晰简洁，易于理解。

图14-13 数据指标分析

（2）在"店铺经营概况"中，可以看到按月或按日的汇总经营状况，使掌柜首先在总体情况上有所把握，如图14-14所示。

图14-14 店铺经营概况

（3）在"店铺经营趋势"中，可以看到按月或按日的经营趋势分析。系统默认展示"访客数"、"支付宝成交量"、"成交用户数"三项指标趋势图，如图14-15所示。

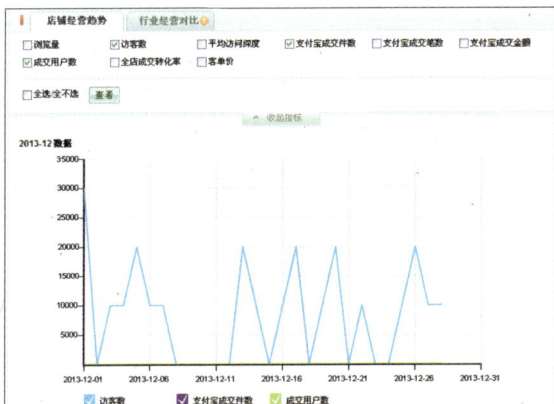

图14-15 店铺经营趋势

（4）在"行业经营对比"中，可以查看主营类目经营对比趋势，并加入了淘宝一级类目的峰值、均值数据、所选类目的店铺数及店铺在所选指标的排名情况，如图

14-16所示。掌柜可以自定义选择查看淘宝所有一级类目与自家店铺的数据对比，也可以单选查看主营类目下的对比指标。

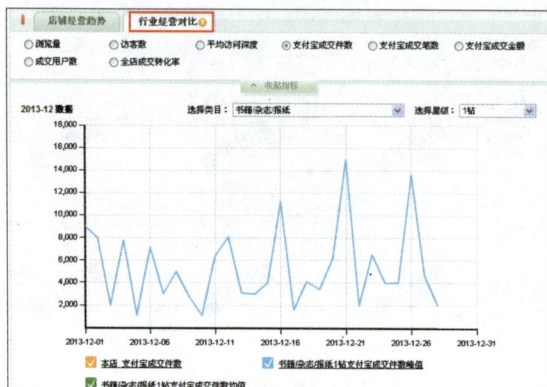

图 14-16 行业经营对比

02 销售详解

在销售详解页面中可以查看宝贝销售排行、买家购买分析和促销手段分析。

（1）在"宝贝销售排行"中，如图14-17所示，可以看到当前所选时间段的宝贝数据汇总及排行，使掌柜首先对宝贝信息有个整体的了解。

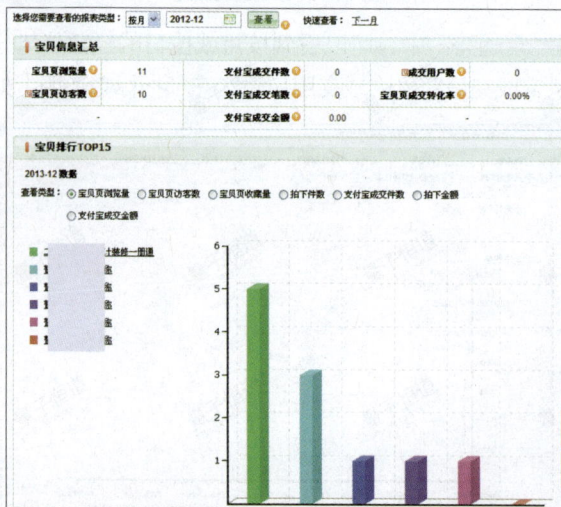

图 14-17 宝贝销售排行

在下方的宝贝销售明细报表中输入宝贝名称，也可以直接对宝贝进行查询。点击查看详情，便可以查看具体每件宝贝的销售趋势。同时可以自定义选择各数据指标的多向组合查看，如图14-18所示。

图 14-18 宝贝销售明细报表

（2）在"买家购买分析"中，可以看到当前所选某天、某周或某月的买家购买详情报表，也可以根据需要查看各数据指标的排行情况，如图14-19所示。

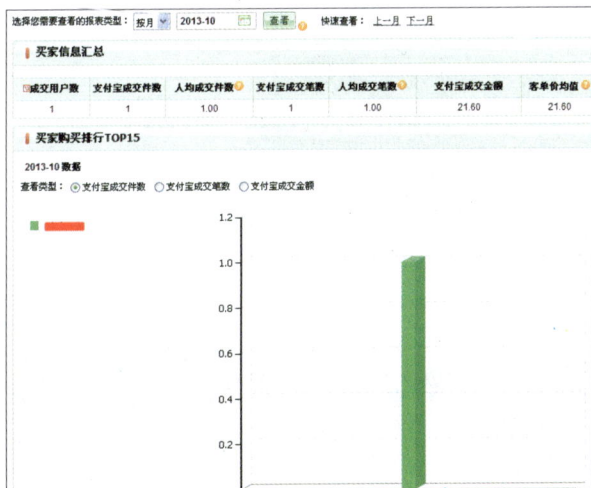

图 14-19 买家购买分析

买家明细数据如图14-20所示，详细记录了买家是否回头客，共购买了多少次，会帮助卖家查看当天成交用户中的成交回头客情况。这里的回头客是指之前有过成交的客户，是店铺的忠实用户也是需要最着力去维护的用户。成交用户中回头客越多，说明店铺的商品和服务让客户的满意度越高。

图14-20 买家明细数据

（3）在"促销手段分析"中，可以看到所选时间段的促销手段效果概况，同时为掌柜提供按促销手段分类的数据汇总，也可以根据需要查看各数据指标的促销宝贝排行情况，如图14-21所示。

图14-21 促销手段分析

Q&A 实战技巧问答

Q 1. 怎样培养店铺的回头客？

A 当网店经营到一定的规模的时候，一般都有固定的客户了，也就是所说的回头客，那么怎样培养回头客呢？

（1）对来咨询的任何一个买家，无论信用多少，购买东西的金额多少，都应以礼相待。用"您好"、"谢谢！"、"欢迎再次光临"、"合作愉快"等词语。

（2）对于那些还价的买家，也应同样对待。还价也是买家的权利，应该尊重别人的还价，觉得没利润可以不降价，但也需要耐心地解释和应答。

（3）要先学会倾听，再根据买家的需要，针对性解释或者介绍商品的详细信息。如果没有买家需要的，这时把那些同类的商品介绍给买家，可能会起到事半功倍的作用。

（4）第一次到小店的顾客可以赠送一点小小的赠品，赠品是卖家的一份心意，同时在赠品里面附带一张店铺的精美名片。虽然只交易了一次，但留下了名片，买家会感觉到你的用心，当下次需要的时候就能直接找到你们家的店铺，也增加了回头客。

（5）当买家拍下商品以后，最好能复制一下下单时的地址信息，问一下买家是否发这个，这样会省去许多不必要的麻烦，因为很多买家有好几个地址，有些是曾经给朋友买过的地址。有时候是拍了准备寄给朋友或者老家的亲友的，所以有时他自己的收货地址已经变动而但忘了在网上修改，也有可能是已经换了手机，却没有更新信息。

（6）另外有单独说明书或者自己制作的说明书，比如如何使用，如何保存等一些资料，也务必发送给买家，这样买家可以省去许多麻烦。当然也会少去许多因为没有操作好而产生的误会。

Q ◄ **2. 为什么我的店铺客户流失严重？**

对于网上开店的卖家来说，都知道失去一个老顾客会带来巨大损失。但很多店铺的卖家却不知道顾客为什么流失，谈到如何防范，更是诚惶诚恐。客户的需求不能得到切实有效地满足往往是导致客户流失的关键因素，一般表现在以下几个方面。 **A**

（1）店铺商品质量不稳定，顾客利益受损。很多店铺开始做的时候会选择质量好，价位稍高的商品来销售。但时间久了，慢慢卖家会发现有些低劣商品，只要图片漂亮一样好卖，于是改换便宜的劣质品来充当高档商品卖高价位，这样一来，顾客肯定会流失很多。

（2）店铺缺乏创新。任何商品都有自己的生命周期，随着网上购物平台市场的成熟及商品价格透明度的增高，顾客的选择空间越来越大。若店铺不能及时进行创新，顾客自然就会另寻他路，毕竟买到最实惠和优质的商品才是顾客需要的。

（3）店铺内部服务意识淡薄。对于顾客提出的问题不能及时解决、咨询无人理睬、投诉没人处理、回复留言语气生硬，回邮件更是草草了事，员工工作效率低下也是直接导致顾客流失的重要因素。

（4）员工跳槽，带走顾客。很多店铺卖家都是小规模雇人经营，员工流动性上相对较大。而店主自身对客户影响相对乏力,一旦客服人员摸清进货渠道,在网上自立门户,以低价位恶性竞争,老客户就随之而去。

(5)顾客遭遇新的诱惑。市场竞争激烈,为能够迅速在市场上获得有利地位,竞争对手往往会不惜代价搞低价促销,吸引更多客源。

(6)个别顾客自恃购买次数多,为买到网上的最低价格商品,每买一件商品都搜索最低价来对比,店铺满足不了他们的特殊需求,只好善罢甘休。

Q 3. 淘宝会员关系管理中会员有哪些等级?

普通会员:只要拍下商品并确认收货,马上会成为的普通会员。

高级会员:在拍下商品并确认收货的基础上,同时符合设定的高级会员条件。

Vip会员:在拍下商品并确认收货的基础上,同时符合设定的Vip会员条件。

至尊Vip会员:在拍下商品确认收货的基础上,同时符合设定的至尊Vip会员条件。

Q 4. 中小卖家怎样才能拥有稳定的客源?

顾客来网店里买东西时网店必须站在他们的立场,为他们介绍符合他们需求的宝贝。东西贵了买家要讲价,东西便宜了买家怀疑质量。这是让卖家非常无语的事情。中小卖家怎样做才能拥有稳定的客源呢?

1. 首先不要急于赚钱

要聪明地赚钱,不让人反感,让人很舒心很自愿地把钱给你赚。如果他们觉得好用了,那这个产生的连锁反应可能就很强大了,下次来就可以放心地选购更多的宝贝,并且会很信任你,让你给他们介绍一些好用的,而不是问东问西。

2. 用赠品虏获买家的心

相信这个很多卖家也懂的,这个关键是网店的赠品要选得足够有吸引力,要选那些有价值有人气的当赠品,或者是一些高价东西的小样,这些对于收买人心是很重要的，买家可能看中了你某个高价的东西很久了，但是就是因为太贵不知道效果如何所以不敢买，如果你刚好送了个小样给她，保证她收到肯定欣喜万分，不管它好不好用，买家都会感激你的。

3. 用售后服务让买家心服口服

这里的售后服务包括一般的物流查询和退换货之外，还要包括使用感受的分享，对一些没用过的买家还要有耐心地指导直到他们会使用为止。

4. 尽量多和买家交流

很多买家很随和很好说话的，如果他们来买东西刚好我们有空，我们可以跟他们多聊一些，但不是聊一些不着边际的话题，可以从她的个性签名入手找话题。

成功案例 从负债累累到皇冠之路

土特产的"淘宝之旅"

我的皇冠之路，淘宝一年从负债累累到住进崭新的小区房！

当我住进新装修的大房子里，用着崭新的办公桌上和刚在网上购买的笔记本电脑，喝着四川的"竹叶青"名茶，吃着当季的水果，我感慨万千！想想我曾经的许多同事，如今还继续漂泊在北上广，回想一年前的我，负债累累，举目望去两眼茫茫，不知路在何方！能有如此翻天覆地的变化，感谢互联网，感谢淘宝网！

我叫杨晶，湖北洪湖人，我的店铺叫"洪湖杨晶莲子"。我98年高中毕业后，被搞传销的人骗到广西，几天后离开广西来到广州，进了工厂。最开始没有技术和学历，在一家鞋厂做流水线，每天超负荷的工作和散发着有害气体的胶水让人头晕脑胀，坚持了半年之久，我拿着几千元工资离开了工厂，希望能再找一份好工作。

广州街头，人海茫茫，连续两个星期都没有找到工作。后来终于找到一家广告公司，做业务员，底薪600加提成。因为缺少经验，连续3个月，业务都没有什么进展，每个月仅仅600元的底薪，交了房租后，仅仅够吃馒头了。在拜访客户的时候，有一个客户是做酿酒设备的，专门通过免费教人酿酒技术而卖酿酒设备和酒曲。工作之余，我参加学习后，感觉我们农村喝酒的人比较多，酿酒这个事情很适合小本创业，决定回家做酒。08年底回来和老婆商量后，感觉确实不错，不过摆在面前的是，一台设备就需要7000多元，还有房租、原料等等，最少估计要2万多元！

本身就已经欠了好几万元，上哪去找这么多启动资金呢？后来听说我一个广东阳江的朋友，通过网络发了一点小财，买了车，在老家还买了房子，我感到很神奇，专程去拜访他。来到朋友这里，原来他搞了一个摄影网站，并且还开了一个淘宝网橡树店，每天通过网站发展会员和卖一些摄影器材。原来上网也可以赚钱呀，可惜我平时都只知道上QQ了，朋友很豪爽，看我兴趣很高，又没有电脑，将淘汰下来的旧笔记本电脑送给我，让我回家也开一个淘宝店发家致富。

•选择特产入手•

我们洪湖的特产非常有名，特别是洪湖野生莲子更是优中之优！我和老婆一合计，开淘宝店，专卖我家的特产。

开店之初，莲子是我自己家的，虽然货源不成问题，但店铺装修、作图、发布宝贝这些事情从没有做过，做出的网店既不美观，也无创意。虽然洪湖莲子的质量是没有话说，但一连过了好几天，一个宝贝都没有卖出去。这时候，我周围的一些朋友建议我不要再开网店啦，说现在网上购物还不成熟，橡树的朋友知道我的困境后，专程电话给我打气，帮我分析原因，希望我一定要坚持！

•淘宝大学潜心学习•

在朋友的鼓励和支持下，我又有了信心！我上淘宝大学和论坛，潜心研究淘宝开店的学问和技巧，把我的淘宝店又重新装修一番，把传统的"宝贝展示型"店铺换成"风景故事展示型"店铺，将家乡洪湖的水清、草绿、天蓝、旷野等景色展现给淘友，让淘友身临其境地体验洪湖的原生态环境，感受我家的洪湖莲子是绿色原生态的宝贝。为了提升我的品牌价值，将我的宝贝取名为"洪湖杨晶莲子"，同时还申请了消保，加入了直通车、淘宝客，功夫不负有心人，终于迎来第一个客户。

这是北京的一个淘友，一次就拍了6斤洪湖杨晶莲子，当时也不知道运费该如何计算，收了15元的运费。后来发货的时候，快递给我们首重12元1000克，续重6元1000克计算，6斤莲子连包装一共需要28元运费，通过还价，最后花了18元的运费。

虽然贴了一点运费，但我非常高兴，因为第一单给了我希望，就如在黑夜中的启明星一样，让我看到了方向。

万事开头难，我们住的地方也比较偏僻，不在快递的服务区，每次发货打包后，都需要骑车将包裹送到快递营运点上发货，我们的发货量不大，快递公司看我样子也比较"土"，给我们的运费很多买家都无法接受，都说运费太贵了，这样大大限制了我们的销售。后来我老婆骑着破自行车到处问物流的报价，到处找快递公司，运费终于降到首重10元1000克，续重4元1000克。尽管如此，很多淘友还是感觉运费贵，我们只好贴一些运费。

•推广的力量•

虽然店铺装修和物流运输的问题都解决了，生意也开始有一些了，但店铺的浏览量很少，生意很冷清，有时候好几天才一个订单，我和老婆很着急。

在没有生意的时候，我经常逛淘宝论坛，发现淘宝论坛人气很旺，很多人说在淘宝发帖是最好的推广方法。我也尝试着发了一些帖子，开始效果不是很明显。一次偶然的机会，我的一篇《我的麦子丰收了，嘿嘿种地冲钻两不误！》的帖子被论坛管理员加精并且置顶了！我的店铺流量一天突然多了100多个IP，连续好几天都有几个订单，原来论坛发帖真的很有效果！尝到甜头的我发帖更有劲了，在淘宝论坛又发了不少帖，我的信誉也由红心升为一钻、两钻、三钻。特别是在四钻的时候，我的一篇《新手用6个月从零到4钻的秘密》的帖子，被淘宝首页推荐了，店铺的浏量像过山车一样，一天的流量猛增到1万多，"旺旺"也不停，在首页推荐了三天左右，一个星期后又在"我的淘宝"全站推荐好几天，每天的流量都超过了1万！在这里，我最深的体会就是"推广要做好，论坛是法宝"。因为保证了质量，又不断在淘宝论坛发帖，我的生意迅速火爆起来！

2010年过完春节，受邀参加淘宝2010年年会，并有幸和马总留影，2010年9月荣升皇冠。

从开淘宝时的红心卖家到现在成为皇冠卖家，整整用了18个月，这18个月，我的生活发生了翻天覆地的变化！还清了1万多元的外债，在我们的小县城买了新房，再一次感谢橡树的朋友给我指引一条淘宝大路，再一次感谢淘宝。

提升网店服务品质

在淘宝开店，不仅宝贝要好，客服的服务质量也是买家选择店铺的一大重要元素。作为与顾客沟通的第一桥梁，客服起着非常关键的作用。网店服务态度决定销售量，面对越来越多的竞争，网店店长们一定要提高客服质量，网店服务态度决定销售量。

15.1 寻找合适的网店客服

随着网店数量越来越大，网店的管理营销已不是店主单打独斗能够应付的，许多网店开始寻找专门的网店管理人员，从而催生了一项新的职业——网店客服。

01 网店招聘客服有什么要求

目前不少大的网店实行分工专业化经营，网店客服的分工相当细致，有通过旺旺和电话解答买家问题的客服；有专门的导购客服，帮助买家更好地挑选商品；有专门负责商品投诉的客服；还有专门帮店主打包的客服等，规模大的网店客服队伍已经接近百人。

只要有上网条件的地方网店客服均可办公，因此很多网店招聘的客服兼职也占很大比例，毕竟兼职可以节省网店的办公场所开销。当然也有很多大网店要求必须全职，并且在指定地点一起办公。

一般网店客服每天工作时间要达到10小时以上，店长会排班，采用每天两班倒的方法轮休，节假日也不安排正常休息，因为节假日正是网店销售高峰期，不过大多数网店会安排客服人员每周有一天休息，一般是安排在周一至周五。

一般对客服人员要求熟练使用电脑，打字要快，服务态度耐心有礼貌。网店客服一般的工作内容包括如下。

（1）熟悉产品，了解产品相关信息。对于客服来说，熟悉店铺产品是最基本的工作。对产品的特征、功能以及注意事项等要做到了如指掌，这样才能流利解答客户提出的各种关于产品的信息。

（2）接待客户。一个优秀的客服懂得如何接待好客户，同时还能引导消费者进行附带消费。

（3）查看宝贝数量。店铺页面上的库存跟实际库存是有出入的，所以客服需要查看宝贝的实际库存量，这样才不会出现缺货而发不了订单的情况。

（4）买家下单付款，跟客户核对收件信息。虽然大部分买家在购买的时候，地址是正确的，但也有一部分买家因收件信息发生变动而忘记修改。

（5）修改备注。有时候客户的订单信息或者是收件信息有变，作为客服来说，有义务将变动反馈出来，这样，制单的同事就知道这个订单信息有变动。

（6）发货通知。货物发出去之后，用旺旺给买家发信息，告诉包裹已经发出，也可以增加客户对你店铺的好感度。对于拍下商品未付款的客户，如果旺旺在线的客户，可以在下午的时候，给客户发信息说快到发货时间了，如果现在付款的话，今天就可以发货。有些客户可能下单后忘记付款了，你稍微提醒一下，他就马上付款了。对于那些没打算购买，只是一时冲动拍下的客户，可以手动关闭订单。

（7）交易评价。交易完成之后，记得给买家写个评价，这是免费给店铺做广告的机会。

（8）中差评处理。中差评不可怕，可怕的是不去处理。当发现有中差评的时候，赶紧跟客户沟通下，看看是什么情况导致的，客户不会无缘无故给你中差评的，先了解情况，然后再解决问题，晓之以理，动之以情，一般客户都会给你修改评价的，对于一些恶意评价来获得不当利益的买家，就要注意收集信息，以便为后面的投诉收集证据。

（9）相关软件的学习。借助辅助工具，提高工作效率。

02 如何招到合适的客服人员

由于网店客服还属于新工种，相关的职业培训和就业市场都没有建立，店长到底怎样才能招到合适的客服人员？尽量从淘宝网招聘平台、智联招聘、英才网等专业性网站选择。也可以从社区周边寻找，一些吃苦耐劳、稳定诚实的人员也是不错的选择。

一般网店的客服工作很杂，也比较枯燥，因此招一个出色的客服不是很容易。招聘客服人员，首先打字速度要快，这个招聘的时候需要把关。还要有耐心和亲和力。

招聘时测试客服人员的耐心的一个办法是，给他一份心理测试问卷，题量大一点，并不是看最后的心理测试结果，而是看他怎样去完成这份问卷。不能用功利心太强的人，急功近利的人会不择手段去成交一切可能成交的单子，但可能对网店造成的不良影响却是不可低估的。这种人也是留不住的，哪天羽翼丰满了，就会另择高枝或是另立门户了。

15.2 网店客服应具备的基本素质

顾客通过和店铺客服人员在网上交流，顾客可以切实感受到商家的服务和态度。客服的一个笑脸或者一个亲切的问候，都会让客户感觉他不是在跟冷冰冰的电脑和网络打交道，而是和一个善解人意的人在沟通，这样，会帮助在客户心目中树立起店铺的形象。当客户再次购物时，会优先选择那些他了解的商家。

01 专业的知识

网店客服需要具备的专业知识有哪些呢？

1. 商品专业知识

（1）商品知识：客服应当对商品的种类、材质、尺寸、用途和注意事项等都有所了解，最好还应当了解行业的有关知识、商品的使用方法以及修理方法等。

（2）商品周边知识：商品会适合部分人群，但不一定适合所有人。如衣服，不同的年龄、生活习惯以及需要，适合不同的衣服款式；比如有些玩具不适合太小的婴儿。这些情况都需要客服人员有基本的了解。

2. 网站交易规则

（1）淘宝交易规则：客服应该把自己放在一个买家的角度来了解交易规则，以便更好地把握自己的交易尺度。有的顾客可能第一次淘宝交易，不知道该如何操作，这时客服除了要指点顾客去查看淘宝的交易规则外，还需要在细节上一点点指导顾客如何操作。

此外，客服人员还要学会查看交易详情，了解如何付款、修改价格、关闭交易、申请退款等。

（2）支付宝的流程和规则：了解支付宝交易的原则和时间规则，可以指导顾客通过支付宝完成交易、查看支付宝交易的状况、更改现在的交易状况等。

3. 付款知识

现在网上交易一般通过支付宝和银行付款方式交易。银行付款一般建议同银行转账，可以网上银行付款、柜台汇款，同城可以通过ATM机完成汇款。

客服应该建议顾客尽量采用支付宝的方式完成交易，如果顾客因为各种原因拒绝使用支付宝交易，需要判断顾客确实是不方便还是有其他考虑，如果顾客有其他考虑，应该尽可能打消顾客的顾虑，促成支付宝完成交易。

4. 物流知识

了解不同物流方式的价格：如何计价、价格的还价余地等。

了解不同物流方式的速度。

了解不同物流方式的联系方式，在手边准备一份各个物流公司的电话，同时了解如何查询各个物流的网点情况。

了解不同物流方式应如何办理查询。

了解不同物流方式的包裹撤回、地址更改、状态查询、保价、问题件退回、代收货款以及索赔的处理等事宜。

02 谦和的服务态度

坐在办公室里通过聊天软件与客户沟通，接受客户的询价等，这是网店客服要做的基本工作。在与买家的沟通中，对买家保持谦和友好的态度是非常重要的。

1. 微笑是对买家最好的欢迎

当迎接买家时，哪怕只是一声轻轻的问候，也要送上一个真诚的微笑，虽然说网上与买家交流看不见对方，但言语之间可以感受到客服的诚意与服务。多用旺旺表情，并说"欢迎光临！"、"感谢您的惠顾"等用语。加与不加旺旺表情给人的感受完全不同。如图15-1所示添加旺旺表情与顾客沟通。

图 15-1 添加旺旺表情与顾客沟通

2. 保持积极态度，树立买家永远是对的理念

当卖出的商品有问题时，无论是买家还是快递公司的问题，都应该及时解决，而不是回避、推脱。积极主动与买家沟通，对买家的不满要反应积极；尽量让买家觉得自己

是受重视的；尽快处理买家反馈意见，让买家感受到尊重与重视；能补最好尽快再给买家补发货过去。除了与买家之间的金钱交易之外，更应该让买家感受到购物的乐趣和满足。

3. 礼貌待客，多说谢谢

礼貌待客，让买家真正感受到"上帝"的尊重，买家询问之前先来一句"欢迎光临，请多多关照。"或"欢迎光临，请问有什么可以帮忙吗"。诚心致意，会让人有一种亲切感。有时买家只是随便到店里看看，客服人员也要诚心地感谢人家说声："感谢光临本店"。

4. 坚守诚信

网络购物虽然方便快捷，但缺陷就是看不到摸不着。买家面对网上商品难免会有疑虑和戒心，所以对买家要用一颗诚挚的心，像对待朋友一样。诚实地回答买家的疑问，诚实地告诉买家商品的优缺点，诚实地向买家推荐商品。

5. 凡事留有余地

在与买家交流中，不要用"肯定、保证、绝对"等字样，这不等于售出的产品是次品，也不表示对买家不负责任的行为，而是不让买家有失望的感觉。因为每个人在购买商品的时候都会有一种期望，如果保证不了买家的期望最后就会变成买家的失望。如已卖出的商品在运输过程中，我们能保证快递公司不会误期吗？不会被损坏吗？为了不让买家失望，最好不要轻易说"肯定"、"保证"。可以用"尽量"、"争取"、"努力"等，给自己留有一点余地。

6. 处处为买家着想，用诚心打动买家

让买家满意，最重要一点体现在真正为买家着想。这也是人人知道的技巧。但是请自问："我真的做到了吗？如果客服真能站在顾客角度，就会发现有很多不能理解的都理解了，有很多不能接受的要求也都接受了。处处站在对方的立场，想买家所及，把自己变成一个买家助手。

7. 多虚心请教，多听听买家声音

当买家上门时，需要先问清楚买家的需求，需要什么样的商品，是送人还是自用，送给什么人等。了解清楚买家的情况，才能对买家准确定位，了解买家属于哪一种消费者，如学生还是白领等。尽量了解买家的需求与期待，努力做到只介绍对的不介绍贵的商品给买家。做到以客为尊，满足买家需求才能走向成功。

当买家表现出犹豫不决或不明白的时候，也应该先问清楚买家困惑的内容是什么，是哪个问题不清楚。如果买家表述也不清楚，客服人员可以把自己的理解告诉买家，问问是不是理解对了，然后针对买家的疑惑给予解答。

8. 要有足够的耐心与热情

常常会遇到一些买家，喜欢打破砂锅问到底。这时客服人员就需要耐心热情地细心回复，给买家信任感，不要表现出不耐烦。即使没有成交也要说声"欢迎下次光临"。服务好了这次不成下次有可能还会来。在价格上在彼此能够接受的范围内可以适当让一点，如果确实不行也应该婉转回绝。如说"真的很抱歉，没能让您满意，我会争取努力改进"或者引导买家换个角度来看这件商品让她感觉货有所值，就不会太在意价格了。也可以建议买家先货比三家。总之要让买家感觉卖家是热情真诚的。

9. 做个专业卖家，为买家准确推介

不是所有的买家对店铺的产品都是了解和熟悉的。对产品不了解的买家就需要客服人员熟悉产品专业知识，这样才可以更好地回复买家，帮助买家找到适合他们的产品。如果一问三不知，会让买家没有信任感，谁也不会在这样的店里买东西。

10. 坦诚介绍商品优点与缺点

在介绍商品时切莫夸大其词介绍自己的商品，若介绍与事实不符，最后失去信用也失去买家。

15.3　网店客服技巧大揭秘

一个网店的客服，在某些程度上会影响交易是否能正常进行。网店客服，讲究的就是服务态度，服务好，买家评价就好，回头客就增加。

01　网店客服人员如何说服客户

一个善于用语言艺术说服顾客的客服人员，他的营销业绩要比不善于用语言艺术说服顾客的客服人员的经营业绩高得多。

（1）调节气氛，以退为进。首先应该想方设法调节谈话的气氛。如果你和颜悦色地用提问的方式代替命令，并给人维护自尊和荣誉的机会，气氛就是友好而和谐的，说服也就容易成功；反之，不尊重他人，拿出一副盛气凌人的架势，那么说服多半是要失败的。

（2）争取同情，以弱克强。渴望同情是人的天性，如果你想说服比较强大的对手，不妨采用这种争取同情的技巧，从而以弱克强，达到目的。

（3）消除防范，以情感化。一般来说，说服别人时，彼此都会产生一种防范心理，尤其是在危急关头。这时候，要想使说服成功，就要注意消除对方的防范心理。

（4）站在他人的立场上分析问题，给他人一种为他着想的感觉，这种投其所好的技巧常常具有极强的说服力。

（5）寻求一致，以短补长。习惯于顽固拒绝他人说服的人，经常都处于"不"的心理组织状态之中。对付这种人，你得努力寻找与对方一致的地方，先让对方赞同你远离主题的意见，从而对你的话感兴趣，再想法将你的主意引入话题，而最终求得对方的同意。

（6）赞美顾客。说服顾客，可以先从发现和巧妙赞美顾客的优点开始，使顾客得到一种心理上的满足。

02 如何应对讨价还价

网络交易中，买卖双方是一对矛盾体，卖家希望以高价成交，赚取最多的利润，而买家则希望以最少的费用购买到最好的商品。有些卖家面对顾客的讨价还价却避而不谈，有些卖家觉得浪费时间等。

在沟通过程中，买家一般会对商品的价格提出异议，并讨价还价。事实告诉我们，讨价还价的过程可能直接影响乃至决定交易的成败。作为一个网店经营者必须掌握一些讨价还价的策略和技巧。这里就列出九种常见的应对买家砍价的技巧。

1. 证明价格是合理的

无论出于什么原因，任何买家都会对价格产生异议，大都认为商品价格比他想象的要高得多。这时，店主必须证明商品的定价是合理的。证明的办法就是多讲商品在设计、质量、功能等方面的优点。通常，商品的价格与这些优点有相当紧密的关系，正是所谓的"一分钱一分货"。店主可以应用说服技巧，透彻地分析并讲解商品的各种优点。

当然，不要以为价格低买家一定会买。大幅度降价往往容易使买家对商品产生怀疑，认为它有缺陷，或是滞销品。只要你能说明定价的理由，买家就会相信购买是值得的。

2. 在小事上要让步

在讨价还价的过程中，买卖双方都要做出一定让步。尤其是作为店主而言，如何让步关系到整个沟通成败的关键。

就常理而言，虽然每一个人都愿意在讨价还价中得到好处，但并非每个人都是贪得无厌的，多数人是只要得到一点点好处就会感到满足。

因此店主在沟通时要在小事上做出十分慷慨的样子，使买家感到已得到优惠或让步。比如免费向买家提供一些廉价的、微不足道的小零件或包装品则可以增进双方的友谊。

3. 较小单位报价法

就是将报价的基本单位缩至最小，以隐藏价格的"昂贵"，使买家产生"价格不贵"的错觉。如名牌鞋垫一打是12元，那么说每双1元会让买家听起来很舒服；每斤海参价格达到5000元钱，99块钱25克更容易被人认可，如图15-2所示。买家听到这种形式不一样而实质却一样的报价，心理感受是大不相同的。

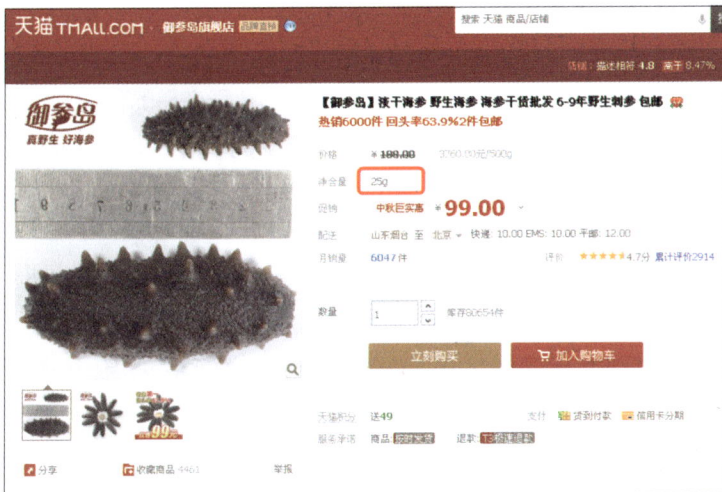

图 15-2 较小单位报价

4.尾数报价

店主报价时，保留价格尾数，采用零头标价，如报价为9.99元，而不是10元，使价格保留在较低一级的档次，如图15-3所示。这样，一方面给人便宜感，另一方面又因其标价精确给人信赖感。

图 15-3 尾数报价

5. 比较法

为了消除价格障碍，店主在沟通中可以多采用比较法，往往能收到良好的效果。

比较法通常是拿所推荐的商品与另外一种商品相比，以说明价格的合理性。在运用这种方法时，如果能找到一个很好的角度来引导买家，效果会非常好，如把商品的价格与日常支付的费用进行比较等。如一位家电店主这样解释商品的价格：这件全自动洗衣机的价格是3000元，但它的使用期是10年，这就是说，你每年只花300元，每月只花25元左右，每天还不到1块钱。考虑到它为你节约了那么多的时间，一块钱算什么呢？

6. 讨价还价要分阶段进行

和买家讨价还价要分阶段一步一步进行，不能一下子降得太多。有的买家故意用夸大其词甚至用威胁的口气，并装出要离开的样子吓唬你，如"价格有点贵，我看看在说吧"，这时你千万不要上当，一下子把价格压得太低。你可以表现出很棘手的样子，使用交流工具打出一个思索的图标，实在没办法就比原来的报价稍微低一点，切忌降得太猛了。

7. 讨价还价不是可有可无

首先，买家会相信店主说的都是实在话，他确实买了便宜货。同时也让买家相信店主的态度是很认真的，不是商品质量不好才让价，而是被逼得没办法才被迫压价，这样一来，会使买家产生买到货真价实的商品的感觉。

店主千方百计地与对方讨价还价，不仅仅是尽量卖个好价钱，同时也使对方觉得战胜了对手，获得了便宜，从而产生一种满足感。假使让买家轻而易举地就把价格压下来，满足感则很淡薄，还会有进一步压价的危险。

8. 不要一开始就亮底牌

有的店主不讲究价格策略，沟通一开始就把最低价抛出来。店主的这种做法其成功率是很低的。要知道，在沟通的初始阶段，买家是不会相信店主的最低报价的。

9. 如何应付讨价还价型买家

在买家中，确实有一种人胡搅蛮缠，没完没了地讨价还价。这类买家与其说想占便宜不如说成心捉弄人。即使你告诉他了最低价格，他仍要求降价。对付这类买家，网店主一开始必须狠心把报价抬得高高的，在讨价还价过程中要多花点时间，每次只降一点，而且降一点就说一次"又亏了"。这样降五六次，他也就满足了。

总之，面对买家的砍价，灵活运用以上策略，就能够轻松自如地应付。

03　如何与买家沟通

客户服务是一种技巧性较强的工作，作为网店的客服人员，更是需要掌握和不断完善与客户沟通的技巧。

1. 使用礼貌有活力的沟通语言

态度是非常有力的武器，当客服人员真诚地把买家的最佳利益放在心上时，买家自然会以积极的购买决定来回应。因此良好的沟通能力非常重要，在沟通过程中客服人员如何回答很关键。

让我们看下面小细节的例子，感受一下不同说法的效果。

"您"和"MM您"比较，前者正规客气，后者比较亲切。

"不行"和"真不好意思哦"；"恩"和"好的没问题"。都是前者生硬，后者比较有人情味。

"不接受见面交易"和"不好意思我平时很忙，可能没有时间和你见面交易，请你理解"相信大家都会觉得后一种语气更能让人接受。

2. 遇到问题，多检讨自己少责怪对方

遇到问题的时候，先想想自己有什么做的不到的地方，诚恳地向买家检讨自己的不足，不要上来先指责买家。如有些内容明明写了，可是买家没有看到，这时不要光指责买家不好好看商品说明，而是应该反省自己没有及时提醒买家。

3. 多换位思考有利于理解买家的意愿

当遇到不理解买家想法的时候，不妨多问问买家是怎么想的，然后把自己放在买家的角度去体会他的心境。

4. 少用"我"字，多用"您"

要从内心深处尊重客户。多用"您"，多写短句，多按Enter键，别让客户久等。少用"我"字，让买家感觉卖家在全心为他考虑问题。

5. 表达不同意见时尊重对方立场

当买家表达不同的意见时，要尽力体谅和理解买家，表现出"我理解您现在的心情，目前……."或者"我也是这么想的，不过……"来表达，这样买家能觉得你在体会他的想法，能够站在他的角度思考问题，这样，他也会试图站在你的角度来考虑。

6. 认真倾听，先了解买家的情况和想法，再做判断和推荐

有时买家常常会用一个没头没尾的问题来开头，如"我送朋友送哪个好"，或者"这个好不好"，不要着急去回复他的问题，而是先问问买家是什么情况，需要什么样的东西。

7. 多使用旺旺表情

旺旺表情是所有交流工具中最美最丰富的表情。初次接触多用微笑、握手，熟悉了用憨笑、大笑、干杯。使用表情是旺旺的优势，是沟通的润滑剂。如图15-4所示为丰富的旺旺表情。

图 15-4 丰富的旺旺表情

8. 经常对买家表示感谢

当买家及时完成付款，或者很痛快地达成交易，客服人员都应该衷心地对买家表示感谢，谢谢他为我们节约了时间，谢谢他给我们一个愉快的交易过程。

9. 坚持自己的原则

在销售过程中，会经常遇到讨价还价的买家，这时应当坚持自己的原则。如果作为商家在定制价格时已经决定不再议价，那么就应该向要求议价的买家明确表示这个原则。

10. 保持相同的谈话方式

对于不同的买家，应该尽量用和他们相同的谈话方式来交谈。如果对方是个年轻的妈妈在给孩子选商品，应该表现站在母亲的立场，考虑孩子的需要，用比较成熟的语气来表述，这样更能得到买家的信赖。如果客服人员自己表现得像个孩子，买家会对推荐表示怀疑。

04 如何看透买家的购物消费心理

如果卖家经销的商品能够满足顾客的需求，成交几率会大增。这必须将买家的心理摸透，才能"对症下药"。如果不能了解对顾客心理，就难以激起顾客的购物愿望。

1. 求实心理

这是目前消费者普遍存在的心理动机。购买物品时，买家首先要求商品必须具备实际的使用价值。店内产品的质量一定要过硬，这样才能保证以后更多交易的继续。如果是必需品（如生活用品）的卖家，商品描述中要突出商品实惠、耐用等字眼。

2. 求新心理

这是追求商品时髦和新颖为主要目的的心理动机。他们购买商品时重视"时髦"和"奇特"，对于商品是否经久耐用、价格是否合理等因素考虑较少。

其实，这类顾客多数时候是最没有主见的，很容易受到别人意见的左右。只要稍加引导，很容易使他们下定购买的决心。所以在商品描述中可以突出"时髦"、"奇特"之类的词汇，图片处理得要鲜艳，这类顾客多为青少年。

3. 求美心理

美的东西撞击到我们的神经和情感时就会使我们产生强烈的满足和快乐。这类顾客在选购商品时不以实用价值为宗旨，而是关注商品的风格和个性，强调"艺术美"。他们不仅仅关注商品的价格、性能、质量和服务，而且也关心商品的包装、款式、色调和造型等欣赏价值。

4. 名牌心理

这是一种以显示自己的地位和威望为主要目的的购买心理。他们特别重视商品的品牌，牌子要响亮，以此来炫耀自己的社会地位和购买力。这部分顾客的消费动机核心是"显名"和"炫耀"，同时对名牌有一种安全感，觉得质量信得过，不容易上当受骗。

精明的卖家总是善于利用顾客的求名心理做生意，所以在描述中要突出品牌的名字和相关尊贵的字眼，商品图片要有光泽。

5. 求廉心理

这是一种"少花钱多办事"的心理动机，核心是"廉价"。这类顾客在选购商品时，往往要对同类商品之间的价格差异进行仔细比较，还喜欢选购折价或处理商品，只要价格低廉，其他一切都不太在意。

绝大多数买家到网上买东西都是图便宜，而且随着卖家数量的增多，价格越来越透明化。针对这个特点，需要选取几种质量不错的商品设置特别低的价格来吸引顾客。举个例子来说，一些大超市每逢周末或节假日都会出售一些价格低的商品来吸引顾客到店里转转，只要进来肯定还会"顺便"买一些其他东西，商家就要这个效果。实体店如此，网店也可以采取这种"以点带面"的促销措施，当然这得看自己的技巧了。

6. 好奇心理

现实生活中人们都喜欢到处活动、旅游、观看新景致和追求生活中的新刺激，这种欲望其实年轻人比老年人更强烈。作为卖家可以利用人本身的好奇心来吸引他们对某些商品的注意和兴趣，以诱发他们购买商品的行为。在年轻人当中普遍存在着这样的心理：凡是新事物，他们就要试试，他们追求新奇感、新刺激的欲望比任何人都要强烈。对于这类顾客，需要强调商品的新颖独特，唤起他们的购买欲望。

7. 跟风从众心理

其实不仅是网上的买家，大多数人都有这种心理，看到别人买的商品不错，周围的人都会一窝蜂地随着到一个地方去买。即使是同样的商品、同样的价格，卖势不错的店会聚得越来越多的买家，而没有开好头的店铺就冷冷清清了。所以新手卖家要拿出十二分的诚信和热情才能完成一笔交易，而且只要有买家光顾，卖家一定要充分发挥时间上的优势，不厌其烦并认真地完成交易的每一步。

在商品的销售过程中，可以利用这种购物心理，但一定要在商品描述中表明这件商品如何受众人喜爱，也可以把以前的成交记录或买家的评价都加在商品描述中。

8. 隐秘性心理

有这种心理的人，购物时不愿为他人所知，常常采取秘密行动。他们一旦选中某件商品，无旁人时便迅速成交。在网上购买成人用品时常有这种情况，因此成人用品在网上有很大的销售市场，卖家在宣传中可以强调隐秘性。

9. 安全心理

有这种心理的人，他们要求商品在使用过程中和使用以后，必须要保障安全，如食品、药品、护肤品、电器用品和交通工具等，不能出任何问题。

10. 疑虑心理

这是一种瞻前顾后的购物心理动机，其核心是怕上当吃亏。他们在购买商品的过程中，对商品质量、性能、功效持怀疑态度，怕不好使用，怕上当受骗，因此反复向卖家询问，仔细地检查商品，并非常关心售后服务工作，直到心中的疑虑解除后才肯购买。卖家和这类顾客打交道时，要说明商品的质量经得起考验，如果出现质量问题可以退货等。

05 客服人员如何应对未支付订单

造成订单没有支付的原因有很多，可能是因为买家自身原因，临时不便做出购买决定，也可能是新手正在熟悉购物流程，也可能是买家对网店还存在各种顾虑，致使他不能立即决定购买，或者操作到付款环节时出现了犹豫，而退出支付系统。遇到这些问题该怎么解决呢？

1. 消费者因为自身原因，临时不便做出购买决定

有些订单当时没有支付，但过一两天之后又完成了支付，这种情况也较为常见。例如某些买家购买商品时还会要争取他人的同意，或者身边并没有携带银行卡等，这样买家在购物并形成订单后，晚上回到家里征询了家人的意见或找到银行卡后，再将这个未支付的订单完成支付。

面对这样的问题，客服人员应当做好一个完善的与买家进行交互的系统，例如能够针对这个订单自动发送一封邮件给买家，使用委婉的说法提醒买家这个订单的存在。

2. 消费者在支付页面时，心存顾虑

这类的买家较为慎重，可能对店铺的商品心存顾虑，会再次询问在线客服。网店客服人员应该做好网店的各项基本工作，比如产品描述、售后服务等，从各方面解决顾客的疑虑。

3. 新手体验购买流程

这种情况比例很小，因为这一类型的买家绝大部分只会浏览商品信息，并不会深入到购物流程中形成订单。

针对这一类型的客户，如果店铺能够给他们带来兴趣，让他们记住你的店铺，当他们有需求时还会回来。他们也会将这些内容推荐给朋友，无形中也是一种口碑营销。

15.4 如何培训和管理网店客服

客服是网店与买家之间的桥梁，客服工作做好了，网店的成交量就一定会节节攀高。所以，店主们一定要重视客服的力量，让客服的每个动作都有结果。怎样管理和培训客服呢？

01 网店店主如何培训客服新手

网店客服是网店交易中重要的角色，如何帮助这些职场新兵迅速进入角色，让他们为网店创造更大的价值至关重要。怎样培训新员工呢，有如下几点需要注意。

1. 制定标准化制度

根据各项标准要求所做出来的模板，是员工日常工作的参照物。店主可以按各种工作标准做出模板，每一步流程怎么走，以及工作中遵循的规则等。以最直观的方式让客服新手明白什么是正确的，如何去操作。

在标准化的制度下，只要店主依规定执行，客服们便会自觉地在你为他们划定的圈子内施展所长。

2. 协助带领员工一起做

带领陪同员工完成各项工作。店主按工作标准做出模板后，亲自和被培训者按样板要求共同完成各项工作，如何与客户沟通、如何收款、如何发货等。这样一方面使客服人员更深入理解制度标准中的内容，另一方面可以帮助新手解决初次工作遇到的困难和心理障碍。

3. 工作中跟踪指点

通过对其工作全过程的观察，以了解客服在工作中的优缺点。经过前两个步骤，被

培训者已具备一定的操作技能，这时应该让客服独立完成每一项流程。这时，店长此时也应当站在客服旁边，进行观察记录，对做得不足的地方及时指出来，对做得好的地方进行肯定和表扬。

4. 强化记忆，打造凝聚力

强化即按照样板标准坚持做下去，最终形成习惯。强化是一个长期的过程，必须逼迫客服不断坚持去做，而且要根据样板标准做出考核指标，没达到标准的要进行处罚。久而久之，客服就能养成谨慎细致的习惯。

02 如何避免客服人员跳槽

网上招聘的客服人员流动性很大，一些员工现在工作只是为了学习一些关于店铺产品的相关知识和经营管理方法。一旦时机成熟，他们就会脱离原来的店铺自立门户。

常见的状况是这样的，新员工到了网店，先接受一些制度、流程的培训，就开始上岗实习。因为客服的门槛较低，比较容易上手，很多人在工作一段时间后就会有自己当老板的想法，再加上客服劳动强度大，工作比较复杂，这样很容易造成客服人员的流失。

然而目前对于创业期的淘宝网店店主来讲，要做的是如何防止和避免员工跳槽？

1. 实施人性化管理

实客服工作是比较辛苦的，整天对着电脑，跟各种各样的人通过网络沟通，是个费脑力的事情。作为掌柜，应该尽量对客服员工好一点，不要过于限制他们的"工作自由"。

2. 采取激励制度

对于客服人员来讲，收入才是最真实的。要真正实施收入和能力挂钩的工资制度，不能等他们真正做到较高交易额的时候，又舍不得兑现当初的提成承诺。绩效考核制度必不可少，要给员工制订出工作标准，让他们知道什么可为，什么不可为，做得好自然会被嘉奖，这样有利于提高工作绩效。让员工的辛勤劳动与个人收入直接挂钩。另外公司对员工自身素质的培养也做了很多工作，如定期的讲座培训等。

3. 不想当老板的员工不是好员工

为了能让客服人员留在店里，首先不要怕你的员工当老板，不想当将军的士兵不是好士兵，不想当老板的员工也不是好员工。招员工首先告诉他们欢迎他们来这里学习淘宝或者网店的经营管理，也希望他们能把网店当作自己的网店来做。

不管是什么样的招聘渠道，不管是什么样的员工，网店店员的管理应引起店长的高度重视。对员工的价值要有正确的定位，使员工潜力得以发挥、个人利益得到满足。只有经营者和员工相互尊重，同心同德，才能把店铺经营好。

03 如何考核淘宝网店客服

如果所有客服的工资都一样，势必会影响客服的工作积极性。做的好的客服会心里不平衡，做的不好的客服会毫无压力。这就形成一个恶性循环，店铺发展及公司发展情况，可想而知。

管理好客服团队，对客服绩效考核，只有一个原则——公平。如何对客服的工作进行考核呢?

1. 制定绩效考核制度

为了带动员工工作的积极性，制定客服的绩效考核制度，客服的绩效考核主要是根据每个人每天的订单量来确定，做好员工每天的工作量日统计，并为每个客服单独设立绩效档案，以绩效考核的结果为标准。同时以客服的绩效考核指标为参照，为员工设立合理的任务额度，还可以了解客服的工作是否尽心尽力。

2. 营业额

营业额即通过客服落实的付款金额。

3. 询单到最终付款成功率

顾客咨询客服到顾客最终付款的一个比例，最终付款人数/询单人数。

4. 客单价

客单价即当日平均每个顾客的购买力。举个简单的例子，当日100个顾客购买了5万元商品，那么客单价为50000/100=500元。客单价是考核客服绩效的一项非常重要的指标，是对客服工作能力的一个重要体现。一个好的客服，在工作中做的，不仅仅是接待，而是会在接待的同时，主动引导，推荐顾客购买相关商品，从而提高客单价，最终会提高个人及整个店铺的营业额。

5. 协助跟进人数

顾客下单前的协助服务称之为协助下单，顾客下单后的协助服务称之为协助跟进。协助跟进人数，即客服服务过的已经成功购买的顾客人数，这些不会计入客服的正常绩效中，但因为客服同样服务过，并且多半是因为有他们的协助跟进，顾客才真正完成购买，所以统计协助跟进人数，也能从中了解到客服的工作情况。

6. 旺旺回复率

旺旺回复率和响应时间，是考核客服的工作态度及状态。旺旺回复率即客服回应顾客咨询人数的一个比例。

7. 响应时间

响应时间，是指顾客咨询到客服回应的每一次的时间差的均值。这个值一般跟店铺接待情况及客服同时接待客户数有关。一般来说，五六十秒的响应时间是相对正常的，做得好的客服会把响应时间控制在二三十秒内，做的不好的可能让响应时间达到一百秒甚至更高。顾客咨询半天客服才回应，这很容易导致客户流失，非常冤枉。

Q&A 实战技巧问答

Q **1. 网店客服人员上岗前要做好哪些准备工作？**

A

1. 借助商品介绍做好充分的知识准备

赢得客户的兴趣是客服在进行销售前首先碰到的挑战。要充分利用好商品介绍，顾客对产品的了解是从商品介绍开始的，一个好的商品介绍，不但可以使顾客更直接了解产品的属性是否符合需要，还可以省去向买家介绍产品的大量精力。客服人员在做商品介绍时一定要学会用合适的语言描述自己的产品。

2. 固定的工作时间

买家总是希望可以面对面的与你交流，以快速、直接的方式获得自己想要的信息。所以，让买家了解你的固定在线时间，可以更方便地找到你。当买家想要对你提出一些问题，而你又不在线，就可以用站内信和留言来提问。这样顾客会感觉自己受到了重视，卖家也比较专业，而且也不会让顾客盲目等待你的回信。所以要保证有一个固定的时间来回复买家的来信和留言以杜绝客户的流失。

3. 应对顾客讨价还价时的固定套路

网购时，顾客即便知道价格已经很低了，但讨价还价已经养成一种习惯了，除了想实惠的买到宝贝以外，其实也在享受还价。

Q ◀ **2. 网店客服如何以个性化服务留住更多买家?**

A

（1）首先，当新客户来询问的时候，使用快捷回复：您好，欢迎光临！我是客服XX，很高兴为您服务！在客户询问的当口，首先要快速查看一下对方的信用度和购买记录，对对方的消费能力和购买习惯有个大致的了解，就比较容易推荐适合他的产品。

（2）在大致分析过对方的基础上，客服人员可以推荐店里性价比最高或者单价比较便宜的东西。目标是让客户最满意，而不是让自己赚到最多的钱，建立彼此信任的关系对买断客户终身是非常重要的。

（3）提供跟价格等同的服务。产品定价高没关系，只要提供跟价格匹配的质量和服务，就会有回头客。

Q ◀ **3. 客服如何让语言有亲和力?**

A

作为一个卖家，最好能在回答买家问题的时候注意回答方式，很小的语言细节往往会导致完全不同的结果。因此最好使用积极的语言，如"我们一起来看看是不是这件衣服更适合你"就比使用主动语言"你自己感觉一下这件衣服到底怎么样"，要让买家觉得亲切很多。

1. 营造亲切感

在淘宝网上，卖家都习惯叫买家为"亲"，原本是叫"亲爱的"，后来简化为"亲"。一般来说，买家在发消息时，第一句都是"老板，在吗"、"老板，这个xx有货吗？"、"你好"。在线客服回复消息都是这样回复的，"在的"、"有的"或者是"你好"。虽然这样回答没有问题而且也直接地回答了买家咨询的问题，但是亲和度在哪里呢?大家可以想一下，当打客服热线的时候，不管是自动台还是人工台，对方的第一句话是"您好，欢迎拨打……"或者"您好，很高兴为您服务……"。在淘宝网上，虽然在线客服面对的是虚拟的网络，但是礼貌也是必不可少的，一句"您好"可以让买家觉得卖家彬彬有礼，同时也拉近了买家和卖家的距离。

2. 交谈过程中的礼貌用语

当在线客服询问买家一些问题的时候，一定要用"请"。如卖家不知道买家需要什么颜色的衣服时，卖家要说"请问您需要哪种颜色呢？"，而不要说"你要哪个颜色"。虽然看起来两句话意思差别不大，第二句也并没有不尊重买家，但是第一句话的精髓在于卖家把买家放在了一个很高的位置，其中的"请"和"您"都能让买家有一种优越感。当买家意识到卖家把自己当作上帝一样来看待的时候，会充分地向卖家表达自己的购买意愿，那么在卖家的店里购买的可能性也会增加。

3. 售后服务中的礼貌用语

如果卖家出售的货品让买家觉得不满意，无论是谁的原因，首先需要道歉的是卖家，这当然不是贬低卖家。在遇到退货的问题时，卖家先礼貌地说一句"很抱歉，我们的商品给您添麻烦了"，相信大多数买家无法拒绝卖家的诚意。然后卖家和买家再进行沟通和解释，相信只要不是货物的问题，家也不会和卖家继续纠缠。

4. 要接受买家的建议

买家在咨询的时候或者收到货品之后可能会给卖家提出一些很恰当的建议，卖家一定要对买家说"感谢您的建议，我们会努力改进。"虽然是简单的一句话，但是让买家感觉到自己的看法得到了卖家的重视，这样会让买家对卖家的信任感有所增加。

Q 4. 大的网店客服有哪些分类呢？

A 一般的小规模的网店，往往一人身兼数职，对客服并没有进行细分，但有些较有规模的网店则往往实行较细的分工，网店客服的分工达到相当细致的程度。

（1）有通过旺旺、电话，解答买家问题的客服。

（2）有专门的导购客服，帮助买家更好地挑选商品。

（3）有专门的投诉客服，处理客户投诉。

（4）有专门的推广客服，负责网店的营销与推广。

（5）专业做仓储物流保障的客服等。

Q ◀ 5. 网店客服怎样才能促成交易呢?

1. 利用"怕买不到"的心理

人们常对得不到、买不到的东西,越想买到它。可利用这种"怕买不到"的心理来促成订单。当对方已经有比较明显的购买意向,但还在最后犹豫中时。可以用以下说法来促成交易:"这款是我们最畅销的了,经常脱销,现在这批又只剩2个了,估计不要一两天又会没了,喜欢的话别错过了哦"或者:"今天是优惠价的截止日,请把握良机,明天你就买不到这种折扣价了。"

2. 利用顾客希望快点拿到商品的心理

大多数顾客希望在付款后你越快寄出商品越好。所以顾客已有购买意向,但还在最后犹豫中时。可以说:"如果真的喜欢的话就赶紧拍下吧,快递公司的人过10分钟就要来了,现在支付成功的话,马上就能为你寄出了。"

3. 采用"二选其一"的技巧来促成交易

当顾客出现购买信号,却犹豫不决时,可采用"二选其一"的技巧促成交易。譬如,你可对他说:"请问您需要第10款还是第6款?"或是:"请问要平邮还是快递给您?",这种"二选其一"的问话技巧,只要准顾客选中一个,就是你帮他拿主意,下决心购买了。

4. 帮助准顾客挑选,促成交易

许多准顾客即使有意购买,也不喜欢迅速签下订单,他总要东挑西拣,在产品颜色、规格、式样上不停地打转。这时候你就要改变策略,暂时不谈订单的问题,转而热情地帮对方挑选颜色、规格和式样等,一旦上述问题解决,你的订单也就落实了。

5. 巧妙反问,促成订单

当顾客问到某种产品,不巧正好没有时,就得运用反问来促成订单。举例来说,顾客问:"这款有金色的吗?"这时,你不可回答没有,而应该反问道:"不好意思我们没有进货,不过我们有黑色、紫色、蓝色的,在这几种颜色里,您比较喜欢哪一种呢?"

6. 积极的推荐,促成交易

当顾客拿不定主意需要你推荐的时,尽可能多地推荐符合他的要求的款式,在每个链接后附上推荐的理由。不要找到一个推荐一个。"这款是刚到的新款,目前市面上很少见","这款是我们最受欢迎的款式之一","这款是我们最畅销的、经常脱销"等,以此来尽量促成交易。

成功案例 商业银行争相在网上开店

金融业牵手电商抢食网购"蛋糕"

目前光大银行、交通银行都在淘宝上开店,既卖产品又卖服务,吸引不少网友的关注。去淘宝上存钱,听起来很新鲜,其实已经有5万多人尝试了。

•上网"卖"存款,累计成交5万多笔•

在淘宝上开银行,光大银行、交通银行是先行者。在淘宝的光大银行网上营业厅看到,这里推出了一款在淘宝首发的"定存宝"产品,起点只要50元,利息自动滚存。从介绍来看,"定存宝"起购金额为50元,只要有支付宝账户的用户就可以在线购买,不需要办理光大银行实体卡。从成功交易的记录里看到,有50元、100元的小单,也有上万元甚至5万元的大买家,交易相当活跃。

交通银行在天猫上的旗舰店里产品则更丰富,主页上有贵金属、基金、保险、贷款、银行卡和贵宾专区6个服务板块,分别是贵金属、基金、保险、贷款、银行卡和贵宾专区。不过和普通的网店相比,银行网店更侧重展示功能,能直接下单的商品很少。

尽管如此,银行开网店这种全新的交易模式刚出现还是赚足了眼球。据报道,交通银行去年7月进驻淘宝,"交通银行旗舰店"上线仅半个月,就获得了将近4万人次的点击量。

•网店成本低,或成银行抢占市场又一渠道•

"通过电商渠道来挖掘和培养客户,其性价比比较高。"光大银行宁波分行零售部相关人士说,在利差收窄的压力下,节省成本、缩减开支是银行经营的第一要义,而在淘宝网上开店就是其中之一。网络营销因为成本较低,又能吸引"网购一族",对银行而言可谓一举多得。但是,作为一种新模式,在起步阶段难免会遇到"状况",在促销期间,淘宝网买家购买光大银行"定存宝",除享受上浮定存利率外还有1%返利,依此计算,淘宝平台的存款利率高于目前央行规定的1.1倍上限。

光大银行客服回应称,返利是淘宝网和支付宝用自己的资源对买家的回馈,并非来自光大银行,淘宝网上卖金融产品不失为一种渠道创新的好方式。

"现在可供买家下单的品种不多,我们现在还处于摸索阶段,不排除以后会增加可直接购买的品种。"交通银行宁波分行电子银行部相关人士说。

业内人士认为,如果交通银行和光大银行在淘宝上探索出一条"可行之路",其他银行可能也会跟进,因为这是银行战略转型增加中间业务收入的一块"大蛋糕"。

处理交易纠纷

开淘宝店的时候经常会遇到买卖纠纷、宝贝质量问题、快递过程中损坏问题、买家主观认为的问题或是买家故意找问题……有交易就会有纠纷。

16.1 为客户提供最好的售后服务

在这个飞速发展的新经济时代，产品价格到产品品质上的比拼已经转化到售后服务的比拼了。尤其在淘宝交易中，有的卖家认为商品卖出后就"万事大吉"了，其实不然，好的售后服务可能会给你带来更多忠实的买家。

01 售后服务的作用

售后服务是整个交易过程的重点之一。售后服务和商品的质量、店铺信用同等重要，在某种程度上售后服务的重要性或许会超过信用，因为有时信用不见得真实，但是售后服务却无法做假。

（1）贴心周到的售后服务会给买家带来愉悦的心情，从而成为你的忠实客户，以后会经常来购买你的商品。

（2）售后服务增加了与买家交流的机会，同时拉进了与买家之间的距离，增强信任，买家很可能会介绍更多的亲朋好友来光顾。

02 售后服务具体事项

在淘宝开店要把售后服务做好，回头客绝对不会少，贴心周到的售后服务会给买家带来愉悦的心情，从而成为你的忠实客户，以后会经常来购买你的商品。那么淘宝开店如何做好售后服务呢？新手卖家可能不了解售后服务的具体事项，下面就来详细介绍一下。

1. 随时跟踪包裹去向

买家付款后要尽快发货并通知买家，货物寄出后要随时跟踪包裹去向，如有运输意外，要尽快查明原因，并和买家解释说明。如图16-1所示为跟踪物流包裹去向。

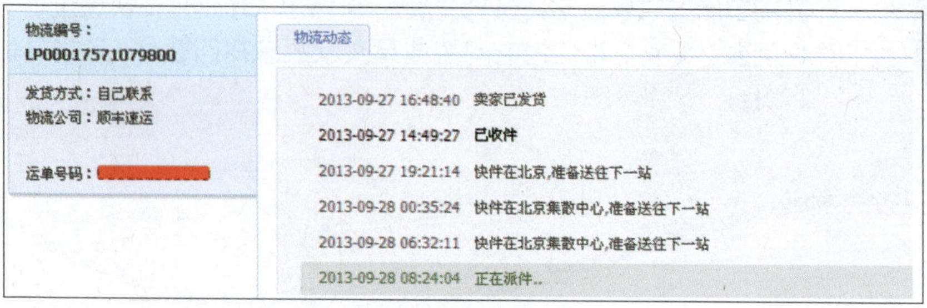

图 16-1 跟踪物流包裹去向

2. 交易结束及时联系

货到后及时联系对方，询问对货品是否满意、有没有破损。

3. 认真对待退换货

货品寄出前最好认真检查一遍，千万不要发出残次品，也不要发错货。如果因运输而造成货物损坏或其他确实是产品本身问题而买家要求退换货时，一定要先补偿顾客，不要在物流责任还是网店责任中周旋，最后顾客讨厌的只会是店家。

4. 平和心态处理投诉

在淘宝交易都会不可避免出现各种各样的纠纷，能和平解决的尽量和平解决，如果真正遇到居心不良或特别顽固的买家，店主也要拿起淘宝的合法武器去据理力争。

5. 管理买家资料

随着信誉的增长，买家越来越多，那么管理买家资料也是很重要的！除了记录买家的联系方式之外，还可以记录这些信息：货物发出和到货时间；买家喜欢自己挑选还是别人推荐，是急性子还是慢性子，在价格或产品问题上是随意还是苛刻……建立这些资料的作用有两点：一是如果买家再次购买可用不同的方式沟通，二是可以积累实战的经验。

6. 定时联系买家，发展潜在的忠实买家

交易真正结束后，不要以为什么事也没有了，就此冷落了买家。适时发出一些优惠或新品到货的信息，有空也可以关怀客户两句。你真诚地关怀客户，客户也不是铁做的心，怎么不会为你而感动呢？发个关心信息并不难，难得的是坚持的关怀。当然，也有人不喜欢这些，自己要适度掌握并灵机应变，尽量挑选自己认为比较随和、有潜在性的买家去发展，从而使其成为忠实的买家。

世界之大，买家也是"千奇百怪"，再完美的售后服务也无法使每一位买家都能如

愿所偿，我们只要认真去做，但求无悔。愿每位卖家的辛苦付出都有良好的回报，发展出越来越多的忠实买家哟！

03 售后服务精髓——快速回复

顾客最担心的事情是店家的欺诈，针对这种心理，网店的售后服务一定要迅速。因为网店与实体店不同，后者在面对面的交易中，可以把很多问题讲述明白。即使遇到了问题，顾客也可以到店面来询问。网店则不同，顾客遇到问题之后，只能通过旺旺、电话和邮件来查询，如果数天之内都没有答复，顾客很有可能会觉得遇到了黑心店家。

对于顾客的问题，一定要迅速答复。卖家一定要明确说明处理时间。如果你每天都有大量时间用于网络，也最好固定几个时间段来查询和回复这样的问题；而且你应该明确告诉所有顾客，你会在某段时间来处理问题，如果遇到问题，你会在多长时间内给出答复。

如果顾客的问题你自己处理不了，也应该先告诉顾客你注意到他提出的问题了，正在协商或处理之中，会在多长时间之内给对方答复。一般而言，顾客并不是要你把所有问题都解决，而是希望自己的问题得到重视，这不仅是服务问题，也关系到顾客的自尊心。

另外，卖家不要因为顾客问题多而感到厌烦。实际上，顾客能够不断询问，正说明他对商品感兴趣，即使真的是购买的货物有问题，只要他能够在你这里得到完善的售后服务，以后有了需求，他还会习惯性地到你这里来。

04 制定合理的退货和换货规则

由于顾客不能亲眼见到网店的商品实体，因此出现对商品不满意而提出退货或者是换货的可能性很大。这时，作为卖家就更应该明确退货的规则。

1. 先对退换货进行说明

能否方便地退换货，是影响顾客购买动机的最大因素，甚至超过了顾客服务的商品的选择。对于退货，不但要兼顾双方的利益和责任，还要讲究专业和方法。不是顾客要退什么就退什么，要换什么就换什么。尽管顾客是上帝，要尊重顾客的意愿，但是也不排除部分顾客出于非正当的考虑而提出退货的可能性。根据实际退货情况，必须退货的一定要退；必须换的一定要换，不该退的就不要退或少退，不要换的就不换。所以，在店铺中最好能有退换货情况的详细说明。如图16-2所示在店铺中有详细的退换货说明。

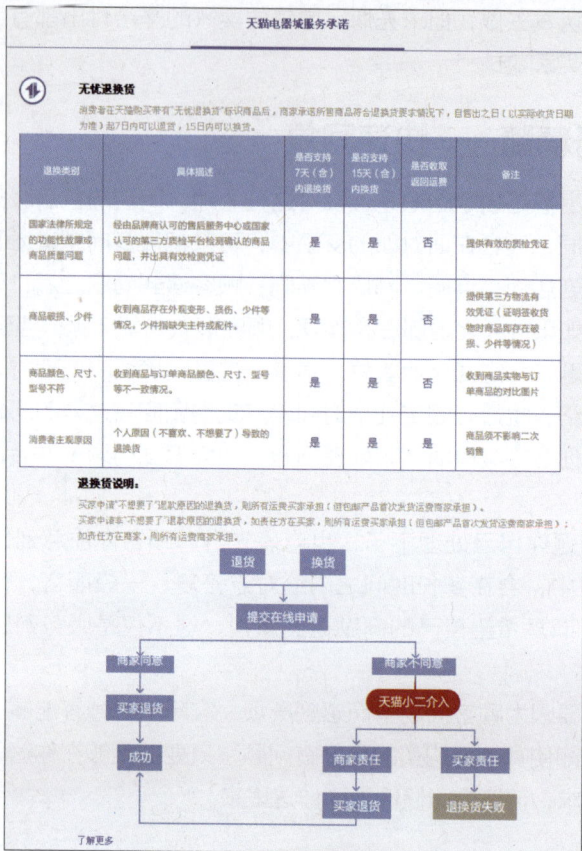

图16-2 在店铺中有详细的退换货说明

2. 当顾客提出退货时应先了解原因

当买家提出退换货要求的时候，作为卖家，首先要了解顾客为什么要换货，确定是由谁的原因造成的，也就是责任归属问题。

退换货的原因通常有以下几种。

❶ 商品的质量问题。

❷ 顾客所收到的商品与描述和图片不符。

❸ 商品本身没问题，顾客只是想更换商品。

❹ 商品运输过程中的磨损。

❺ 顾客使用不当，引起商品损坏。

如果是卖家的责任，要勇于承担，同时要尽快同买家达成换货协议，否则容易使买家感到失望而丧失再次购买的欲望；如果是买家的责任问题，一般是不予退换的，但也要向买家详细地说明原因，最好能为对方提供相应的弥补建议，切忌在沟通中冷言冷语。

3. 界定退换货运费归属问题

通常情况下，运费的归属问题是根据责任的划分来确定的，像由于商品的质量问题、运输磨损等引起的退换货要由卖家负责运费，而由于买家的原因，例如想换一种产品或买家使用不当造成的商品损坏引起的退换货则由买家负责运费。

05　怎样避免买家退货

退货已是每个商家必须面对的一个重要问题。那么商家如何预防退货，使得退货损失最小化？

1. 制定合理的退货政策

对于退货条件、退货手续、退货价格、退货比率、退货费用分摊、退货货款回收等方面以及违约责任制定标准。利用一系列的约束条件，平衡由此产生的成本和收益。一定要多多熟悉淘宝网规则。

2. 加强验货

加强验货服务，可以在进货等各个环节的各个过程中进行，以确保尽可能在产品未发给买家前及时发现产品上的缺陷。

3. 有效进行单品管理，减少商品退损率

商品管理相对于传统的商品实行的柜组管理，大类管理而言。实行单品管理便于管理人员准确、全面、实时地把握每一单品网店销售业绩的细节，及早组织货源，买家最喜欢对其有价值的优良品。

4. 少进勤添

采取"少进勤添"的进货方式，加大进货质量、把握好进货种类。加强每日销量的预测，不要一次进太多的产品，合理高效安排供应货，少进勤添，以减少盲目进货的"危险"，千万不要贪图进货量大就可以得到便宜的价格，如果销售不出去，资金就无法周转。

5. 引入供应链信息化管理，建立预警系统

现在网店的管理基本是手工+大脑，属于粗放型管理体制，无法准确、实时地把握商品管理的每个细节。沃尔玛建立了世界上最先进的供应链信息化管理系统，能精确、全面、适时地把握全球任何地方每一卖场销售业绩的细节，这使沃尔玛退货率全球最

低，平均不足0.5%。在淘宝网，专业化或者说皇冠以上的卖家都引进了供应管理系统，只要买家报上他的名字或者会员名，就可以查看他具体的消费情况。如图16-3所示为管店宝软件可以进行退换货的管理。

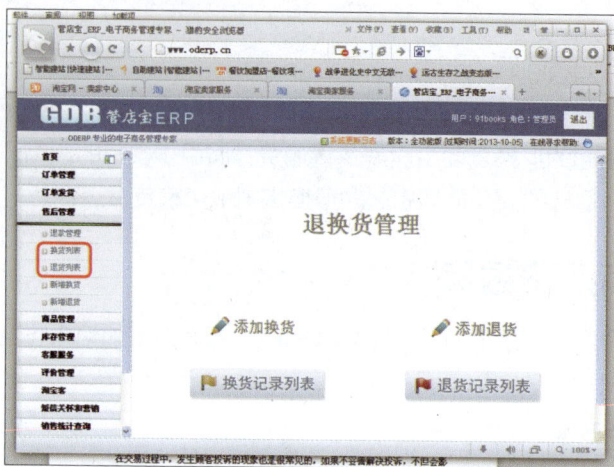

图 16-3 管店宝软件可以进行退换货的管理

16.2 坦然面对顾客投诉

在交易过程中，顾客投诉也是很常见的，但如果不妥善解决投诉，就会影响这笔生意，而且会直接影响店铺的信誉度。

01 顾客投诉的处理流程

当网店规模大了之后，交易肯定会增多，顾客的投诉必然会增加。所以有必要做一个连贯的处理投诉流程，不但便于员工处理投诉事件，也便于店铺的管理。对于那些只有自己经营的卖家来说，了解这样的一个流程也是很有帮助的。

1. 倾听顾客的发泄

顾客投诉的时候，肯定会有很多怨气，这时候千万不要争辩。即使你是对的，若顾客被反驳得无话可说，他心里的怨气却没有发泄出来。最好的选择就是倾听。顾客发泄之后，他就没有愤怒了。要耐心听清楚问题的所在，然后记录下顾客的用户名和购买的商品，和顾客一起分析问题出在哪里，才能有针对性地找到解决问题的办法。要保持情感上的交流，认真听取顾客的话，把顾客遇到的问题判断清楚。

2. 迅速回复，并表达歉意

顾客认为商品有问题，一般会比较着急，怕不能得到解决，也会不高兴。这个时候要快速反应。即使店家没有做错，或者只是一个误会，也不妨先礼貌地道歉，如果你已经非常诚恳地认识到自己的不足，顾客也不好意思继续不依不饶。紧接着迅速记下他的问题，及时查询问题发生的原因，帮助顾客解决问题。有些问题不是能够马上解决的，也要告诉顾客我们会马上解决，或者现在就处理。

3. 认同客户的感受做出安抚和解释

客户在投诉时会表现出烦恼、失望、泄气或发怒等各种情感，你不应当把这些表现当作是对你个人的不满。首先，我们要站在顾客的角度想问题，顾客一般不会无理取闹。我们要先设想一下，如果是自己遇到这个问题会怎么做，怎么解决。要先跟顾客说，"我同意您的看法"、"我也是这么想的"，这样顾客会感觉到你是在为他处理问题，也会增强顾客对你的信任感。

4. 及时提出补救措施

对于顾客的不满，要及时提出补救方式，并且明确告诉顾客，让顾客感觉你在为他考虑、为他弥补，并且很重视他的感觉。一个及时有效的补救措施，往往能让顾客的不满化成感谢和满意。

5. 提出完善的解决办法

顾客的所有投诉和抱怨归根到底是要求解决问题，或者得到某种补偿。另外，问题解决之后，为了拉拢人气，店主也应该送一些对双方都有好处的东西。比如现在很多饭店送的优惠券，看起来顾客是占了便宜，但是顾客想要优惠，还必须再来店里消费，实际上是一个双赢的事情。除此之外，也可以送一个电子贺卡，或者打折卡。这样，你自己不用花费任何金钱，却能够多交一个朋友，同时也让售后服务更加完善。

6. 通知顾客并及时跟进

对顾客采取的什么样的补救措施，现在进行到哪一步，都应该告诉给顾客，让他了解你的工作，了解你为他付出的努力。当顾客发现商品出现问题后，首先担心能不能得到解决，其次担心需要多长时间才能解决，当顾客发现补救措施及时有效，而且商家也很重视的时候，就会感到放心。

7. 跟踪服务

处理完投诉并不是万事大吉了。在网络商务时代，追踪服务根本不用花费什么金钱。给顾客发送邮件，表达问候，同时，还可以发送网店新品和促销广告。

出现纠纷不要回避，要积极解决。出现纠纷也不一定是坏事，这是店主对顾客进行二次营销的极好机会，只要纠纷处理及时且恰当，一定能增强顾客的归属感，带来更多回头客。

02 中差评产生的原因

网店经营中，难免会碰到一些急躁的顾客，在卖家还没有做出反映之前就产生抱怨，给了差评。作为卖家，莫名其妙得到一个差评，不仅扣分还会觉得冤屈。在看到有差评时，要心平气地看看是什么原因造成的。

一般差评有如下几种情况。

❶ 心急的买家抱怨物流速度慢。

❷ 对客服人员的服务态度不满意。例如，有些客服人员总是一味介绍自己的产品，根本不去了解买家的偏好和需求，同时对买家所提出的问题也不能给予满意的答复，或在销售的过程中，出现轻视顾客、不信任顾客的现象。

❸ 买家对产品的质量和性能不满意。出现这种抱怨的原因很可能是因为广告夸大了产品的价值功能，结果当买家见到实际产品时，发现与广告不符，由此产生了不满。

如果是卖家的过错，要想办法去弥补，即使是运输过程出了问题，也不要让买家去完全承担。但是往往就是有些人抓住卖家的这种心理，利用差评要挟，特别是新手卖家，一定要注意。如果遇到以差评要挟的，一定要找到有力证据，要与这样的买家斗争到底，坚决维护自己的利益。

03 怎样避免买家的中差评

随着新规则的出台，好评率也成了搜索排名的一个因素。这使得很多卖家开始重视好评的问题。那么怎么才能避免买家的中差评呢？

商品质量是根本

作为卖家首先要保证的是商品无质量问题，确保交易诚实、服务良好。网上购物，买家只能通过图片和商品描述来了解商品，如果你的商品是实物拍摄，你的商品描述是全面客观的。那么因商品质量问题而引起的中差评机会就会大大减少。即使买家收到货后由于个人原因不满意，他也不好意思说商品有质量问题而要求退换，他可能会找出其他理由要求退换货。这就到了下面要说的"服务"。

服务态度是决定好评的法宝

商品没有质量问题，客户却要求退换货，怎么办？遇到这种事情，首先要反省一下自己，在客户购买前有没有给客户做详细的解释，虽然出现质量问题包退换，但前提是货物要完好，无质量问题退换货邮费自理。也许这样给客户说会显得有些生硬，但在顾客购买之前必须把可能遇到的问题向客户解释清楚，以免事后产生不必要的麻烦。

如果确实是卖家原因，请力所能及地退换货，也是减少中差评的有效途径。从长远考虑，退货远比得到差评合算，很多朋友拒绝退货，得到中差后反而乞求对方修改，甚至给与退款，这样不如开始痛快退货了事，要知道钱是赚不完的，但精力和时间是有限的，不要做得不偿失的后悔事情。

由于很多问题是快递的送货态度和送货时间引起的，因此应多合作几家快递公司，或者询问下客户希望发哪家快递。

买家的风格决定你是否能得到好评

用最通俗的话说就是，买家来买东西，你要评估一下买家属于哪类人，再决定要不要和他交易。卖家的百分百好评离不开买家，因此，在交易前查看一下买家的信用度，买家对别人的评价以及别人对买家的评价。再综合各类买家的不同特点来区分对待。

1. 一直要求优惠、反复讨价还价

这样的顾客比较多，热衷于磨价格，哪怕到最后去个几毛的零头也好。这类卖家很多都是想满足下成就感，感觉自己一次杀价成功，心里很舒服。

应对技巧：遇到这类买家要先看一下他的信誉度，如果有中差评就要注意了，要看一下中差评里的评价内容。遇到这类买家要么给他点优惠，或最好给他赠送一些小礼品，买家收到商品的同时，必定对你心怀感激，给一大大的好评。当然另一方面也要综合考虑自己能否满足他的胃口，如果满足不了就不要勉强交易，因为这样的买家有可能因为没有达到自己的目标，就以中评或差评作为报复手段，到时候吃亏的是自己了。

2. 新手买家，随意评价

这类买家往往第一次来网上购物，买卖信用都为零。他看上了店铺的商品，但他们对网络交易还很陌生，对卖家缺乏信任，这类买家需要卖家有足购的耐心去引导他们。在购买前不妨与他多沟通，让他对你产生信任是很重要的。这类买家最大的缺点就是发货后不及时确认货款，不给评价，或者不联系卖家随便给中差评等。

怎样确认他是新手买家呢？一般我们看注册时间和星级，再就是通过聊天来了解他们的性格。对于这类买家，要多引导，通过言语沟通建立信任，事先解释清楚需要买家配合的环节，达成共识才能愉快交易。

3. 喜欢给中评的买家

在这类买家的思维里，中评就等于好评。如果碰上这样的买家，并且你重视好评，以100%好评作为经营中的伟大目标，还是不要交易的好。

4. 上来就威胁你"不要有色差，不要有质量问题，否者直接差评"

一般这样的顾客都是大买家，常在网上买东西。他知道这样你会更加谨慎地选货和发货。这样告诉你是想强调提醒，建议店主认真核对、仔细检查货品。

04 中差评处理流程及方法

中差评不可怕。中差评是顾客对店铺不满的表现。很多时候店主在分析自己店铺销量很低的原因时，找不到缺点，不知道自己哪里做的不好。中差评显示了自己的不足，如果能改进，比好评带来的意义更大。

中差评是开网店不可避免出现的情况，很多中差评都是误会引起的，并且在跟买家沟通后都能得到修改。

1. 给买家旺旺联系前的准备工作

了解中差评的内容，查看购买的商品以及当时的聊天记录，分析大致原因。看看是质量问题、客服的服务态度问题还是物流原因。针对中差评的态度，首先要抱着积极的态度去和客户沟通。另外对自己现有的售后处理方式要了解，在后面的处理过程中才能有效地沟通和解决。

2. 给买家沟通前的开场白

"您好，我是的XX店铺的售后专员，我叫XX名字，我想给您个回访，您看现在方便吗？"这样做的目的很简单，要征求买家的意见，如果不方便过段时间再联系，给买家留下个好印象。如果正好有时间，可以询问宝贝使用的情况等，而且是要一一记录下来。

3. 引入正题

"是这样的，看您在我们家购买了商品XXX，已经确定收货了，但是看您给我一个中评/差评呢，您说……"在买家回答的时候，要特别认真地倾听，并做好记录，看看问题究竟出在哪里。倾听顾客说话，需要不时和顾客确定，让顾客说完，再进行解释。

语气很重要，要打消客户的警惕心理。只有这样客户才会相信店主，才会把问题告诉店主，店主也就可以找到缺口和客户沟通。客户把问题抛出来，店主认真给他解释之后，一般双方都是会理解的。

达成一致意见后，卖家可以提出自己的要求，如"我有个小小的请求，您能否为我修改一下评价？真的很感谢您为我们提了很好的建议和意见，希望以后多多合作！"这个时候有的买家愿意修改，有的买家还是不愿意修改。

顾客接受修改评价：我们就要感谢买家"感谢您的理解"、"谢谢您帮我们修改这个评价"等。

顾客不接受修改评价：可以给买家一些补偿，这个根据店铺情况，自己制定好。不过，如果买家最终无论如何都不愿意对评价进行修改，也要保持理性的态度，有少数几个中差评也是可以理解的。

16.3 网店的管理技巧

对于一个网店来说，除了销售，还需要有管理这支后勤队伍来支持。在商业竞争中，一个管理有方的销售团队是所向披靡的，因此，对于一个网店经营者来说，销售和管理，两手都要抓。

01 选择合适的员工

在人力资源管理中，用人和留人也许是最让管理者们头疼的两个环节，而恰恰正是这两个环节左右着店铺的命运。实际上，人用好了，留人则成功了一半。无论是引进人才还是使用人才，都应因势利导、知人善任，使人各尽其用，发挥人才的最大功效。

在招聘人员的时候不能任人唯亲、任人唯熟，但这仅仅是最低要求。要想真的在合适的位置安排合适的人，可是一个花时间的过程。明白要招聘什么样的人，还必须透过应聘人员的应聘技巧，看到真实的应聘者。然后花大量的时间，对尽可能多的应聘者进行考察，这样才可能找到真正合适的人。

当然仅仅重视招聘工作，而没有从细节方面加以认真考察，那么在思想上再重视也是没有用的。面试时除了考察专业所需的条件外，还要注意细节问题。这些细节应包括应聘者待人接物的态度，是否具有严谨的态度、良好的习惯等。

另一重要之处就是要看应聘者的性格，看他是否具有本行业所要求的职业倾向，以及符合店铺的文化传统。

店主应该在新员工入职后15天~30天内密切留意其工作情况，这段时间称之为"观察期"。观察期内店主应随时随地与新员工交流工作心得，给予工作技能指导，灌输企业精神和发展远景。因为面对陌生的工作环境，新员工都会面临一个磨合适应的过程，若引导不当，很容易使其产生烦躁、茫然的情绪。

一般来说，通过观察期的观察与"密切跟踪"，基本上可以把员工分为四种：投入工作且有能力的；投入工作但无能力的；不投入工作但有能力的；不投入工作且无能力的。

1. 培育高绩效员工

第一种员工通过观察期的引导和磨合，会很快适应工作环境，能充分发挥出自己的聪明才干，全身心地投入到该职位的工作中。在此情况下，店主应制定出培养计划，并帮助其做出与店铺相匹配的职业生涯规划，在满足其物质需求的基础上增加精神激励，用有价值的个人目标和组织目标促进其成长，使其认同企业文化，逐渐把店铺的发展等同于自己的事业。

2. 指导平庸者

面对喜欢该职位但却因为能力问题无法取得高绩效的员工，店主应该侧重于工作技能的培训，甚至和该员工一起深入一线找出实际操作的不足和偏差，现场培训和指导的效果要远远强于事后的总结。

3. 培养忠诚度和向心力

有些员工具备取得高绩效的能力，但个人发展愿望与志向可能与所在职位存在差异，所以该类员工总是这山望着那山高，只是把现有职位当作通往高薪的跳板。如果出现太多这类员工，那么则应该反思一下薪酬制度、企业文化是否出现了问题。

4. 淘汰不可救药者

招聘面试的目的是挑选具备任职资格又拥有升迁潜力的人选，如果是观察期后被鉴定为既不投入工作又没有能力的员工，则应该立即调动岗位甚至给予辞退。因为这种员工在工作态度和行为上，会给其他员工带来不良影响。

02　成为进货的业务精英

对于店主来说，进货是一门大学问。进货时掌握一定的要领，有助于进货成功。一般来说，进货成功的要领有以下几个方面。

1. 遵从顾客的需求

顾客的需求可作为决策的向导，进货时可以遵循以下要领：设置工作手册，设立顾客意见簿，有意识地记录顾客对商品的反映，然后将这些意见整理；建立缺货登记簿，对顾客需要、但缺货的商品进行登记，并以此作为进货的依据；应对顾客意见簿进行长期检查，用心聆听顾客们的建设性意见。

这样可以准确预测市场，了解顾客对商品的质量、品种和价格等方面的需求，从而采购到适销的商品，避免积压库存而造成不必要的损失，使经济效益得到提高。

2. 进货时机巧把握

对于货源不足、供不应求的商品，应根据市场需求来开辟货源，随时掌握进货情况，随供随进；对季节生产、季节销售的日常用品，应该本着"季初多进，季中少进，季末补进"的方针；新产品要先试销，打开销路后，进货量应从少到多。

3. 比较供货商

为了进到价格合理、品质优良的产品，可以让多家供货商提供价格表以作参考，然后从中挑选合适店铺经营的商品。

4. 先进货后付款

进货后再付款可以更多地赚取利息，对中小型店铺还能起到规避风险的作用。

5. 按不同商品的供求规律进货

对于供求平衡、货源正常的商品，少销少进，多销多进。对于货源时断时续，供不应求的商品，根据市场需求来开辟货源，随时了解供货情况，随时进货。对于采取了促销措施，仍然销量不大的商品，应当少进，甚至不进。

6. 注意季节性

新手往往并不知道服装进货时间其实一般会比市场提前两到三个月，在炎炎夏季时，批发市场的生产厂家们已经在忙着准备秋衫了。如果不明白这个道理，还在大张旗鼓地进夏季尾货，还在为占了厂家清季而处理的便宜货得意时，乐的可是批发商，而你进的货也可能会因转季打折而卖不了好价钱，或需求少导致销售不理想；因此看准季节时机慎重进货也是一个方面。

7. 进货的数量

进货数量包括多个方面，如进货总额和商品种类数量等。确定进货金额有个比较简单的方法，即把整个店铺的单月经营成本加起来，然后除以利润率，得出的数据就是每月要进货的金额。

进货商品种类第一次应该尽可能的多，因为需要给顾客多种选择的机会。当对顾客有了一定了解时，就可以锁定一定种类的产品了，因为资金总是有限的，只有把资金集中投入到有限的种类中，才可能单个产品进货量大，要求批发商给予更低的批发价格。

8. 勤进快销

勤进快销是加快资金周转、避免商品积压的先决条件，也是促进网店经营发展的必要措施。店铺经营需投入较少的资金，经营种类齐全的商品，从而加速商品周转，将生意做活。当然，也不是进货越勤越好，需要考虑网店的条件及商品的特点、货源状态、进货方式等多种因素。

9. 积累丰富的商品知识

一些店主在进货时通常会一味杀价，而对于其他交易条件从不考虑。这样一来，就会十分容易陷入别人的圈套。倘若供货商知道进货者有这种习惯，一定会有所准备地提高价格，来等待进货人员砍价。因此店主在进货时应该洞悉市场动向，商品知识丰富，这样才不至于被欺骗。

掌握以上各条进货要领，就会进到称心如意的商品，进一步符合顾客的意愿，满足市场的需要。

03 打造完美团队，做大做强网上生意

当销售规模达到一定程度时，仅凭店主一个人经营很吃力，再想扩大经营会力不从心，这时候就需要组建一个网络销售团队。根据管理范围和内容不同，在专门的网络销

售团队中，有客服人员、库房管理人员、财务出纳人员以及采购人员等。

1. 客服人员

客服主要负责与顾客联系、建立客户档案并进行管理、收发邮件、到帐查款、信用评价、给顾客发送促销活动通知等繁琐的日常工作，是网店和顾客间的纽带和桥梁。所以第一个应该增加的职位是客户服务。一般安排一个人专职做就可以了，如果你分类多交易大，或是还有其他网站的业务，可以安排两三个人分工负责。客服最好是细致、耐心、机灵点的女孩，最基本的要求是普通话要标准、打字速度要快，反应灵敏。

为了加强与顾客间的良好关系，保证和拓宽客户群，客服人员最好花一些时间来研究顾客的购物心理，分析他们对服务方面的需求。如果有空余时间可以陪顾客或网友聊聊天，培养潜在的顾客，但一定要注意时间的把握，在不耽误自己其他工作的前提下适当安排时间。

2. 商品拍照登录人员

这个职位是网上生意的"核心技术"，很多卖家都是自己做。当网店达到一定规模，有成千上万的商品后，就需要一个专人来管理在线商品，而这个又必须和客服人员分开。店主应该把主要精力放在进货上，至于拍照、描述、登录最好也找个有网页设计基础的人来做。第一可以保证页面制作美观专业，第二可以增加推广力度。任何职位工资要与业绩挂钩，这个职位的提成也可以用网上拍下商品的数量，或商品的浏览量来计算提成等。

3. 财务统计人员

作为网店卖家，记账方法可以不必按照专业要求，但前提是自己一定要能看懂，能够通过相应的统计报表判断出自己劳心劳力的店铺是赚是赔、有无库存积压、有多少资金可以周转和进货，以及还有多少剩余资金可以用来再发展店铺。作为个人卖家，统计员需要身兼会计、统计和库管为一身，不仅要会统计和分析，还要克服账面暂时没有赢利的失望心理，只有拥有信心，才能坚持把店铺一直经营下去。

4. 库管员

如果商品种类多数量大，可以请一个专职库管员。库管员是一个较辛苦的角色，作为库管员，除了要满足库管员的职业要求外，还必须具有较强的工作责任心和热情的服务态度。随时关注店铺的库存余量，确定哪些商品已经缺货，以便将其及时下架，以免给有此商品需要的顾客造成困扰。此外，通过定期盘点库存，并推出相应的促销活动来清仓，还可以快速动销产品、盘活资金。对于服装、食品等时效性较强的商品来说，及时清仓是减少亏损的一种有效方法。

5. 采购人员

网店商品的采购一般是店主自己做，也可以招聘专门的采购人员，一般可以用下面的两种人。

第一种是随遇而安型，这种人一般没什么太大野心，对生活也没有太多要求。可以跟着干很久，一直都是个帮手，没有自己创业的魄力。缺点是进取心不强，另外可能会贪小便宜吃点回扣，只要不太过分完全可以采用。

第二种是豪爽型，这种人可能胸怀大志，野心不小，但是为人正直，性情中人。他不贪朋友的小便宜，而且进取心强，主动性很高。缺点是天下没有不散的宴席，也不可能让人家干很久，只要走后不用你的关系与你在同一个平台竞争就不算过分。

6. 管理员

在所有的管理人群中，管理员的工作量最大、最繁杂，除了每天要回答顾客的提问，及时处理商品的上架和下架外，还要根据不同的交易状态对售出的商品进行分类管理，同时还要制定商品的促销方案以及店铺经营策略等。另外，还必须利用休息时间到论坛上发帖、回帖，做好网店的宣传推广工作，尽一切可能，寻找更多能让别人记住店主、商品和店铺的机会。

7. 做好老板的学问

要成为一个好老板首先要把自己摆正位置，在管理的原则上真正为员工服务，得到员工的认可，让他们把公司当成自己的，达到赢利赚钱的目的。下面两种是较好的老板。

第一种：为人谦和，容易沟通，重情重义型。这是儒家学说的典范，与员工兄弟姐妹相称，以德服人，员工往往发自内心地想把工作做好。

第二种：身先士卒，赏罚分明，说一不二型。坚定的法家拥护者，以法制赢天下。制定严格的纪律并且主动遵守，该赏则赏，该罚必罚。虽然严厉了一点，但是新的员工也容易融入体制，不怕人员流动。

Q&A 实战技巧问答

Q **1. 对付差评有哪些办法？**

A

1. 第一次网上购物的初级买家

这类买家往往是朋友介绍或者是无意中来到淘宝，他们对网络交易还很陌生，因而对卖家缺乏信任，需要卖家们的引导。这类买家不少因不了解交易规则，发货后不及时确认货款，不给评价，或者随便给中评等，令卖家们又爱又恨。

评估标准：一看注册时间，二看心级，三是通过聊天了解他们的性格。

对策：多引导，通过言语沟通建立信任，事先解释清楚需要买家配合的环节，达成共识可愉快交易。

2. 购买时间紧迫的买家

经常有些买家对到货时间有特别要求，如果达不到要求，他是不会购买的，对于这类买家，店家应正确评估物流公司，如果能及时到货的可能性在80%，则交易；否则，就算这笔交易能多赚钱，也不要轻易成交。

评估标准：通过言语沟通就可以迅速确定了。

对策：正确评估自己的到货时间是否能够达到买家的要求，达不到就不要成交。

3. 贪婪的买家

这类买家生性贪婪，喜欢赠品，喜欢红包，追求其利益的最大化就是他购买的终极目标。

评估标准：一定要你给赠品才购买，红包要够大才有吸引力。

对策：建议各卖家们自己综合考虑，看自己能否满足到他们的胃口，如果满足不了，就不要勉强交易；这样的买家有可能因为没有达到自己的目标，就以中评或差评作为报复手段。

4. 购物顶多给中评的买家

这类买家相信很少，但却是存在的；在他的信念当中，中评就等于好评，如果碰上这样的买家，还是少交易为妙。

评估标准：看过往交易记录和对其它卖家的评价。

对策：如果你重视好评，以100%好评作为经营中的伟大目标，还是不要交易的好。

Q 2. 如何避免职业差评师？

（1）到你家买东西，不问你有没有货，东西质量怎么样，是否可以便宜点，直接就拍东西，这样的顾客就要注意一下了，首先看看这个顾客的地址，是否很远，其次看看顾客购买了什么样的产品，产品价格如何，产品是否易碎。

（2）如果你要做这单生意，那么注意以下几点。

发货前更仔细地检查，(平时发货要仔细检查，这次要更仔细地检查)进行拍照，条件允许的情况下可以拍视频。

包装一定要更仔细，保证做到万无一失。

和买家联系，让买家收货的时候当着快递面验货，如果有问题，当时就拒收，只要签收了，就证明产品没有任何问题，这些话最好能留下证据，以便以后出现问题拿出来处理问题。

（3）如果买家要求必须走某个快递，并且不管运费是多少，即使相差很大也不建议，别的快递就拒收。

Q ◀ **3. 产生交易纠纷的原因有哪些？**

当交易中出现纠纷，采取积极主动的方法来处理问题往往获得卖家的赞誉。交易纠纷产生的原因主要有以下几点。

（1）商品本身存在问题，比如买衣服，一个袖子长一个短。

（2）发错货或少发，尤其是在买家签收后，提出卖家少发货物，买家以确实没有收到货物要求卖家退款，卖家以为什么买家在签收时不拒绝收货为由拒绝赔款，这种纠纷往往难以评判谁对谁错。

（3）货物到买家手中已经损坏，而在签收时没有向承运公司提出赔偿。

（4）客服态度差，遇到问题不积极处理而是采取回避的态度。

（5）买家对商品期望值太高，拿到货物比较失落，决定给中评或差评。

（6）竞争对手的恶意报复行为。

在交易过程中，记住"顾客就是上帝"这一道理，处理好和买家的关系。即使买家有抱怨也不能以牙还牙，如果自己处理不了，可以交由淘宝网裁定孰是孰非。

成功案例 网上开店卖化妆品月赚万元

低成本笼络老顾客

何方在网上开化妆品店半年就招了一个帮手，现在她已经有三个要开工资的帮手了，而她却仍在兼职做网店的生意。何方表示，既然兼职工作与正职工作之间不冲突，要顾及两边，必须要让一个团队完成兼职工作。

●经营秘诀两头兼顾●

在网上开店做得好的卖家,即便原来是有正职工作的,也会因为网店事情太多,两头无法兼顾而选择辞掉工作。这种做法并不适用于何方。何方表示,三年前她开网店的时候就是兼职,现在一直没有变过。到现在她还在一个大公司的物流部门任职。

其实何方开店半年左右时,就发现难以两边兼顾,虽然家里人也帮忙,但毕竟不是长远之计,所以何方开始找帮手,帮她处理配送等事情。何方表示,刚开始找的一个人由于不够勤快被炒掉了,随后她便说服她的姐姐辞掉工作,帮助她一同做大网上化妆品品店。何方称,当时是花了双倍人工才挖角成功,虽然当时网店经营刚刚持平,但有人帮忙她不仅轻松,也可以集中精力做好网店的管理工作,而不必拘泥于琐事。

就算出国,何方也基本可以通过互联网进行遥控。她一般上班时工作并不繁重,而且姐姐是自己的员工,现场交给她管理也很放心。

●笼络老顾客●

何方表示,她开店的成本很低。现在办公地点也是利用家里的一个房间。而且最开始选择在网上开店,也是为了节约成本。何方称,原来她也开过实体店,但是发现收入中有1/2~2/3给了房东交房租,这样做生意不值得。

何方节约成本的目的是回报老顾客。何方说,她不会用价格战的方式来吸引老顾客购买,对于网上各个分类的大卖家而言,价格战不是一个好办法。她一般会给老顾客免掉邮费,这相当于给老顾客打了一个长期折扣。老顾客也可以同时拥有一元起拍和特价区的优惠。至于买满200元加10元可以购买促销品的做法,则更多是模仿网下传统店铺的做法。

●投资建议 2000 元投入即可●

何方表示,新手一般都不需要大成本投入。她开店至今都没有问家里要过一分钱,正职工作的收入基本上就可以支撑网店的发展,开始也不过是投入了2000元买货,靠慢慢积累做大。

何方表示,一般新手在网上开一个店铺就够了,等慢慢做大后,可以专门申请一个域名空间,设立一个产品长期展示的网页,更方便买家找到产品。

刚开始开店的时候,何方家里人并没有认同她的做法。而且认为网上开店前景不明。这种也是很多新手碰到的情况,当家里人反对或者阻挠的时候,再怎么说服都是很难的。最好的办法就是靠自己的资金做成网店,有了赚钱的交易,家里人看到了自然就不会再过多怀疑网店的前景。